Siegfried Müller
Es gibt keine Grenzen für Jesu Macht

Siegfried Müller

Es gibt keine Grenzen für Jesu Macht

Missionswerk Karlsruhe
76232 Karlsruhe, Postfach 10 02 63

ISBN 3-89132-003-5

1. Auflage Oktober 1983
2. Auflage August 1984
3. Auflage Februar 1986
4. Auflage Juli 1990
5. Auflage Mai 1993
6. erweiterte u. überarbeitete Auflage Dezember 2000

Lektorat und Satz: Das gute Wort, Rainer Doering,
Sinsheim/Els. u. Günzburg
Umschlaggestaltung: Karl-Heinz Schablowski, Brombachtal
Herstellung: Druckerei Clausen & Bosse, 25917 Leck, Birkstraße

Inhaltsverzeichnis

1
Vorwort von Dr. David Y. Cho

Dr. Siegfried Müller ist mir ein lieber Freund und über viele Jahre hinweg gehört er als treues Vorstandsmitglied der Church Growth International (Gemeindewachstum) an. Er ist ein wirklicher Experte auf dem Gebiet des Gemeindewachstums.

Ich möchte das Buch von Dr. Müller „Es gibt keine Grenzen für Jesu Macht" deshalb empfehlen, weil ich weiß, dass es eine Inspiration und Ermutigung für alle diejenigen sein wird, die es lesen.

Als Dr. Müller 1973 in Seoul/Korea war, empfing er eine besondere Salbung sowie eine Vision vom Herrn, die sowohl sein Leben als auch seinen Dienst prägten. Damals hatte er 35 Gemeindemitglieder und jetzt ist sein Missionswerk so gewachsen, dass die Christus-Kathedrale, die er in Karlsruhe baute, zu einem bedeutenden Kirchenkomplex in Europa geworden ist.

Die Christus-Kathedrale bietet mit den dazugehörenden Sälen, Schulungs- und Seminarräumen bis zu 5 000 Personen Platz. Schon vor 25 Jahren habe ich Dr. Müller gesagt, dass er ein Gebäude haben sollte, das 5 000 Menschen Raum bietet, und nun ist diese Prophezeiung von Gott erfüllt.

Ich empfehle dieses Buch allen Christen, die Einsichten für ihr eigenes Leben und ihren persönlichen Dienst erhalten wollen.

In diesem Buch wird eine begeisternde, echte Lebensgeschichte über das aufregende Abenteuer eines Mannes beschrieben, der ein erfolgreiches Gemeindewachstum erlebt hat.

Dr. David Y. Cho

PS: Anschließend sei darauf hingewiesen, dass Siegfried Müller, auf Anregung von Dr. Cho, am 30. Oktober 1993 von der Bethesda-Universität in Los Angeles die Ehrendoktorwürde verliehen wurde. Siegfried Müller nahm diese Ehrung nicht ohne ausdrücklichen Hinweis auf Johannes 15,5 entgegen, wo Jesus sagt: „Ohne mich könnt ihr nichts tun."

2
Vorwort von Hartmut Sattler

Jesus Christus, und sein Botschafter Siegfried Müller – der Leiter des Missionswerkes „Der Weg zur Freude“ in Karlsruhe –, sind der Mittelpunkt dieses in einer Neuauflage völlig überarbeiteten und erweiterten Bestsellers „Es gibt keine Grenzen für Jesu Macht“.

Siegfried Müller ist ein großer Gottesmann, ein Visionär mit Charisma, Sendungsbewusstsein und Führungskraft, der nur für Jesus, sein Reich und nicht für sich selber lebt. Er gibt Gottes Vision mit Überzeugung und Durchschlagskraft weiter, sodass sie schon von vielen übernommen wurde. Wenn er in Erfüllung des Missionsauftrages (Mk 16,15) das Evangelium und die Wundertaten Gottes verkündet – packend, bildhaft und kompromisslos, predigt er immer mit klarer Zielrichtung und großer Bestimmtheit, weil sein ganzes Denken auf dem Fels des Glaubens, Jesus Christus, gegründet ist und die Fackel der Verheißungen Gottes hell in seinem Herzen brennt.

Da er über jede Situation, wie auch immer sie sein mag, nur das Allerbeste denkt, ist er daher nie zu entmutigen, weil er ganz einfach daran glaubt, dass er letztendlich mit der Hilfe Gottes siegreich sein wird. Seine Botschaft, die er verkündet, ist klar und deutlich. Die von ihm in selbstloser Weise wahrgenommene Leiterschaft benutzt er nie für eigene Zwecke, sondern allein dafür, das von ihm so hoch geachtete Evangelium und die Vision Gottes für seine Zuhörer mit Autorität und Durchschlagskraft weiterzugeben.

Ich sehe Siegfried Müller in diesem Buch als einen von Gott auserwählten Verkünder des Wortes Gottes. Beständig ruhen seine Augen auf dem Herzen Gottes. Weil er Jesus Christus über alles liebt, versteht er es, die Begeisterung für ihn immer wieder neu zu wecken. Sie ist wirklich ansteckend. Hinzu kommt die aus seinem Glaubensleben fließende Integrität. Beide Eigenschaften zusammen machen die erwähnte starke Führungspersönlichkeit aus. Wer eine so große Liebe zu Jesus hat und alles daran setzt, ihn zu erhöhen, der besitzt auch eine leidenschaftliche Liebe zur Wahrheit, zur Freuden- und Friedensbotschaft Jesu Christi.

Seine Predigten haben meistens Bezug zum Alltagsleben und kommen für jeden verständlich aus einem liebenden und brennenden Herzen heraus. Viele streben nach solch einem Charisma, wie Gott es ihm gegeben hat. Aus dieser Liebe heraus vermag er den Menschen den Himmel zu öffnen, ihnen für jetzt und für die Ewigkeit Hoffnung zu geben. Sichtbar hält Gott seine Hand über ihm.

Wie nur wenige Prediger nutzt Siegfried Müller die ihm von Gott auf seine Schultern gelegte Kraft und Vollmacht in Verbindung mit der Gabe der Liebe Gottes aufs Vortrefflichste. Wie Jesus seine Botschaft mit Zeichen seiner Macht bekräftigt hat, so darf auch er erleben, dass seine Predigten von Zeichen und Wundern begleitet werden. Er gibt dem Wirken des Heiligen Geistes Raum und Freiheit, geht auf die gegenwärtigen Nöte und Probleme im Alltag der Menschen ein und fleht die Offenbarungen der Macht Jesu auf seine Zuhörer herab. Wie ein breiter Fluss strömt die Liebe Gottes während der Predigt zu den Menschen und wirkt Verwandlung.

Den vom Herrn im Jahr 1976 erhaltenen Auftrag, seinem Namen ein Haus als Heiligtum zu bauen, hat Siegfried Müller in aufopferungsvoller Weise ausgeführt. Der lange Zeitraum vom Grundstückskauf bis zur Einweihung der Christus-Kathedrale, der voll mit Hindernissen und Glaubensprüfungen jeglicher Art war, zeugt von der Ausdauer und der Disziplin, die hier erforderlich waren, um diese große Aufgabe zu vollenden.

Stets konzentrierte er sich, ohne anderes völlig aus den Augen zu verlieren, mit einem Berge versetzenden Glauben auf diese Aufgabe, bis sie endgültig und erfolgreich abgeschlossen war. Aus einer ehemaligen Hinterhof-Gemeinde ist jetzt ein weltweit beachtetes Missionswerk geworden.

Ich kann dieses wunderbar spannende Buch allen empfehlen, weil der Kerninhalt deutlich macht, dass es bei Gott kein Unmöglich gibt. Wer dieses Buch gelesen hat, wird immer wieder zu sich sagen: „Es gibt keine Grenzen für Jesu Macht."

Hartmut Sattler

3
Der Auftrag

Es war durchaus nicht immer so – wie wir es heute bei unserer Arbeit im Missionswerk in Karlsruhe nahezu täglich erleben dürfen –, dass Gott in mächtiger Weise segnet und Gnade gibt und die Kraft des Gebets und des Heiligen Geistes spürbar über der Gemeinde ausgebreitet liegt. Wir mussten durch manche Tiefen hindurchgehen, als ich mein Amt aus den Händen des Herrn übernahm.

Das war Anfang der siebziger Jahre. Die Gemeinde war klein, geradezu erschreckend klein. Wir befanden uns damals schon in der Bachstraße. Viele Geschwister hatten seinerzeit die Gemeinde verlassen und die Zahl der Verbliebenen war buchstäblich über Nacht auf etwa 35 Gläubige gesunken. So war es nicht verwunderlich, dass sich unter den noch verbliebenen Gemeindemitgliedern Enttäuschung und Mutlosigkeit ausbreiteten – und auch mir ging es wie damals David in der Höhle, als er in schwerer Bedrängnis die Hilfe des Herrn erbat:

„Ich schreie zum Herrn mit meiner Stimme“, heißt es in Psalm 142, „ich flehe zum Herrn und schütte meine Klage vor ihm aus und zeige ihm an meine Not!“

Mein Vater, Erwin Müller, hatte mir die Gemeinde zu einem Zeitpunkt übergeben, der als denkbar ungünstig betrachtet werden musste. Es war nicht nur zahlenmäßig ein beträchtlicher Tiefstand zu verzeichnen. Die wenigen verbliebenen Gotteskinder waren zwar dem Herrn treu ergeben, aber sie kamen sich vor wie damals die Jünger, nachdem Jesus sie allein zurückgelassen hatte.

Auch mein Vater war in jener Zeit sichtlich verzagt und tief enttäuscht über die Gründe, die zu der tragischen Spaltung geführt hatten. Es waren Vorkommnisse, wie sie uns auch in anderen Gemeinden hin und wieder begegnen, ohne jedoch gleich ein derart unglückliches Ausmaß anzunehmen. Viele der weggegangenen Gemeindemitglieder hatten sich in ihrer konservativen Denkweise nicht damit abfinden können, dass ich, dem Wunsche meines Vaters gemäß, die Leitung der Gemeinde übernehmen sollte. Sie hatten diesbezüglich andere Vorstellungen.

Aber Gott entschied auf seine Weise. Er ist ein treuer und gerechter Gott und wir dürfen immer wieder mit David in Psalm 145 loben: „Gnädig und barmherzig ist der Herr, geduldig und von großer Güte ... Der Herr erhält alle, die da fallen, und richtet alle auf, die niedergeschlagen sind!"

So hat er auch die Gemeinde und mich wieder in wunderbarer Weise aufgerichtet und ermutigt.

Wenn ich heute an diese Zeit zurückdenke, die im Wesentlichen identisch ist mit dem Zeitpunkt, an dem mich Gott berufen hatte, sein Wort zu verkünden und aktiv am Bau seines Reiches mitzuarbeiten, so bin ich trotz aller anfänglichen Schwierigkeiten dankbar für jeden Tag und jede Stunde, die ich in seinem Namen dienen durfte. Seinerzeit gab Gott mir auch den Auftrag und auch ganz klare Anweisungen, das Missionswerk „Der Weg zur Freude" zu gründen.

Inzwischen sind nahezu drei Jahrzehnte vergangen und der Herr führte uns in dieser Zeit durch weitaus mehr Höhen als Tiefen. Lob und Dank sei IHM dafür gesagt!

Aber bevor wir die Herrlichkeit Gottes sehen und erleben durften, ging es mir wie Hesekiel, als ihn der Herr mit der Messschnur durch das Wasser führte, das ihm erst nur bis an die Knöchel ging. Und nach jeweils tausend Ellen stieg das Wasser bis an seine Knie, dann bis an die Lenden und schließlich immer höher, bis er schwimmen musste. „An beiden Seiten des Ufers standen viele Bäume", so lesen wir es in der Bibel, „und sie waren fruchtbar, ihre Blätter wurden nicht welk, und mit ihren Früchten hatte es kein Ende; denn das Wasser floss aus dem Heiligtum... Ihre Früchte wurden zur Speise und ihre Blätter zur Arznei."

Es war im Jahr 1973 – „und das Wasser reichte mir damals nur bis an die Knöchel". Weil es aber dem Herrn gefiel, „das Wasser weiter steigen zu lassen", bedachte er mich mit einem Ereignis, das zu den schönsten und ergreifendsten Erlebnissen meines bisherigen Lebens zählen sollte und das ich nie vergessen werde.

Eine Glaubensschwester übergab mir 1973 eine Einladung zu einer großen christlichen Weltkonferenz, die in Seoul, der Hauptstadt von Südkorea, stattfand. Ich meldete mich sofort an, denn ich spürte in meinem Herzen, dass Gott etwas Besonderes mit mir vorhatte. Mitte September führte dann unser Flug über Hamburg und Alaska zunächst nach Tokio.

Ich erinnere mich noch, dass meine Gedanken während des langen Flugs oft voller Sorgen zu Hause bei meiner Gemeinde waren. Es ging mir so vieles durch den Kopf, was mich bewegte. Wenn ich die Augen schloss, sah ich meine lieben Geschwister vor mir, wie sie an jedem Sonntag zu Beginn des Gottesdienstes besorgt und erwartungsvoll nach hinten schauten, ob nicht doch noch ein paar Stühle besetzt würden. Es war eine beängstigende und entmutigende Leere im Saal. Doch das waren bei weitem nicht alle unsere Sorgen. Wir hatten nicht einmal mehr einen Orgelspieler. Was aber noch viel schwerer wog, – auch das geistliche Leben der Gemeinde entsprach keineswegs den Erwartungen, die Gott in seine Kinder setzt. Es erschien mir viel zu kraftlos und Gott erhielt nicht die Möglichkeit, sich in seiner ganzen Herrlichkeit zu offenbaren.

Dabei wusste ich schon aus meinen frühesten Jugendjahren, dass unser Gott weitaus mehr zu geben hat, als das, was ich seinerzeit erlebte – dass es keinesfalls genügen kann, den Gottesdienst nur mehr oder weniger formell zu absolvieren.

Ich glaube, solange ich auf dieser Erde lebe, werde ich ein ganz bestimmtes Erlebnis aus meiner Kindheit nie vergessen, das mein späteres Leben, und besonders auch mein Glaubensleben, so entscheidend beeinflusst hat. Gott hat sich mir damals in wunderbarer Weise geoffenbart.

Es war im August des Jahres 1945, vier Wochen vor meinem zehnten Geburtstag. Mein lieber Vater befand sich noch in russischer Kriegsgefangenschaft. Man hatte auch ihn, wie so viele andere, noch kurz vor Ende des Kriegs zum Militär eingezogen. Auf meinem Geburtstagszettel stand diesmal der Wunsch: Vater möchte an diesem Tag aus der Gefangenschaft heimkehren, um meine Mutter und mich endlich wieder in die Arme schließen zu können. Ich glaubte wirklich ganz fest daran, dass Gott meine große Bitte erfüllen würde.

Meine Mutter hatte seit einem halben Jahr keine Post mehr von ihrem Mann erhalten. Am Tag vor meinem Geburtstag weinte sie sehr. Es war der 10. September. Als ich sie nach dem Grund ihres Kummers fragte, sagte sie mir: „Nun hast du so ernstlich gebetet, dass der Papa zu deinem Geburtstag heimkommt, und er ist doch nicht gekommen."

Aber schnell und voller Zuversicht antwortete ich ihr: „Ich habe doch heute noch keinen Geburtstag, er ist doch erst morgen!"

So ging meine Mutter dann weinend zu Bett, denn sie hatte nicht nur selbst Heimweh nach unserem Papa, sondern sie hörte auch meine kindlichen Gebete, die ich immer wieder zum Himmel sandte, dass der Heiland doch meinen guten Vater zu meinem Geburtstag heimbringen möge.

Als ich am nächsten Morgen erwachte, dachte ich zuerst, ein Engel habe mich geweckt und ich sei bereits im Himmel. Vor mir stand mit strahlenden Augen mein lieber Vater! Er holte mich aus dem Bett, und mit Tränen in den Augen nahm er mich in seine Arme.

Er war in jener Nacht genau um ein Uhr heimgekehrt. Die Tränen meiner Mutter waren noch nicht ganz getrocknet, als mein Vater des Nachts an den Rollladen unserer kleinen Parterrewohnung klopfte und freudig rief: „Elsa, ich bin wieder da, mach mir auf …!“

Am nächsten Morgen lief meine Mutter überglücklich zu den Nachbarn, um sie davon zu verständigen, dass ihr Mann nach Hause gekommen sei. Sie meinten jedoch nur: „Wir wissen es bereits, Frau Müller, denn wir haben ihn heute Nacht in den hellsten Freudentönen singen gehört, als er kam!“

Mein Vater war so unbeschreiblich glücklich, dass es alle wissen sollten, dass der Herr ihn heimgebracht hatte. Und ebenso glücklich war auch ich, denn Gott hatte – auf den Tag genau – mein Kindergebet erhört.

Wenn ich heute diese Erinnerung niederschreibe, denke ich dabei unwillkürlich an das 12. Kapitel der Apostelgeschichte, worin es heißt: „Und siehe, der Engel des Herrn kam daher und errettete ihn. – Petrus klopfte dann an die Tür des Hauses von Maria, wo viele beisammen waren, die für ihn gebetet hatten …“

Wie jeder Prediger des Wortes Gottes, so hatte auch mein Vater einige Stellen in der Bibel besonders gern. Darunter befand sich auch das Glaubenskapitel aus Hebräer 11. Dieses Kapitel beginnt so wunderbar: „Es ist aber der Glaube eine gewisse Zuversicht des, das man hofft, und ein Nichtzweifeln an dem, das man nicht sieht.“

Ich habe mir dann besonders in späteren Jahren stets ein lebendiges und dynamisches Christentum vorgestellt, ein persönliches Gotterleben mit Macht und Herrlichkeit.

Es waren, wie gesagt, so viele Gedanken, die mir während des Flugs nach Korea durch den Kopf gingen. Freudige Erlebnisse wechselten mit weniger schönen Begebenheiten ab. Aber alles überschattete jedoch immer wieder die tiefe Besorgnis um den Zustand meiner kleinen Gemeinde zu Hause, bis ich dann endlich alle diese Gedanken einfach verscheuchte und meine Bibel aufschlug, um mich, wie schon so oft in Prüfungsstunden, an den Propheten des Alten Testaments aufzurichten.

Da war das Buch Jeremia und ich las im 33. Kapitel, wie der Herr zu ihm sprach, als Jeremia im Wachthof gefangen war: „Rufe mich an, so will ich dir antworten und will dir kundtun große und unfassbare Dinge, von denen du noch nichts weißt ... So spricht der Herr: An diesem Ort, von dem ihr sagt, er ist wüst, ohne Mensch und Vieh in den Städten Judas und auf den Gassen Jerusalems, die so verwüstet sind, dass niemand mehr darin ist, weder Mensch noch Vieh, wird man dennoch wieder hören den Jubel der Freude und Wonne, die Stimme des Bräutigams und der Braut und die Stimme derer, die da sagen: Danket dem Herrn Zebaoth, denn er ist freundlich und seine Güte währet ewiglich, wenn sie Dankopfer zum Hause des Herrn bringen."

Ich ahnte damals noch nicht, wie sehr sich dieses Wort bald darauf in unserer Gemeinde in Karlsruhe in der ganzen Fülle seiner Verheißung offenbaren würde. Zu den drei Dutzend Glaubensgeschwistern von damals haben sich inzwischen bis zum heutigen Tag viele, viele tausend Seelen hinzugetan, die unser Missionswerk im Glauben und mit ihren Gebeten tragen.

Doch damals standen wir, wie gesagt, vor einem Neubeginn – zwar mit gläubigem Herzen, aber mit leeren Händen. Und wir warteten alle darauf, dass Gott diese Hände füllen möge, die wir ihm in unserem Gebet so flehentlich entgegenhielten.

So kam ich dann in Seoul an mit dem tiefen Verlangen im Herzen, den wahrhaftig auferstandenen Jesus Christus mit vielen Brüdern und Schwestern aus aller Welt ganz neu zu erleben.

Schon auf dem Flughafen von Seoul verkündeten große Plakate jedem Ankommenden, dass diese Stadt ganz im Zeichen der Weltkonferenz stand. Die liebevolle Aufnahme sowie die vorbildliche Organisation für Unterbringung und Versorgung waren geprägt von einer aus tiefstem Herzen kommenden und zu Herzen gehenden Gastfreundschaft und Liebe in Jesu. Heute weiß ich: Alles, was mir damals in Korea begegnete, lag im wohl vorbereiteten Plan Gottes.

Ich werde nie meine erste Begegnung mit Pastor Dr. Cho vergessen. Zusammen mit einem Glaubensbruder aus Deutschland betrat ich gerade die Eingangshalle des Cousun-Hotels in Seoul. Genau auf uns zu kam ein adrett gekleideter, gut aussehender, schlanker Koreaner. Mein Begleiter machte mich sofort darauf aufmerksam, dass dies Dr. Cho sei.

„Wer ist dieser Dr. Cho?“ fragte ich mit zunächst keineswegs überwältigender Neugier.

„Aber Siegfried“, erhielt ich zur Antwort, „das ist doch der Veranstalter der Konferenz hier in Korea!“

„Oh ja“, sagte ich verdutzt, „Preis sei Gott, Dr. Cho, angenehm, Sie kennen zu lernen!“

Wenn ich heute über diese völlig unvorbereitete Begegnung mit diesem gesegneten Gottesmann nachdenke, muss ich nachträglich noch darüber lächeln, wie naiv ich mich doch bei diesem ersten Zusammentreffen verhalten hatte. Aber damals war Dr. Cho noch kein Begriff für die Christen in Europa. Heute ist dies jedoch erfreulicherweise ganz anders geworden.

Allein in unserem missionseigenen Verlag haben wir mehrere Bücher aus der Feder von Dr. Cho veröffentlicht, die jeweils eine außerordentliche Resonanz gefunden haben. Ganz abgesehen davon, dass dieser gesegnete Gottesmann inzwischen bereits mehrmals in verschiedenen Ländern der Erde sowie auch hier in Deutschland und insbesondere in

Karlsruhe bei Großveranstaltungen zu vielen Tausenden von Menschen gesprochen hat.

Gleich am nächsten Tag besuchten wir dann den ersten Gottesdienst unserer koreanischen Glaubensbrüder in der neu erbauten Kirche, die damals schon sage und schreibe 10 000 Sitzplätze hatte. Man muss sich dies als Deutscher einmal vorstellen – zehntausend Sitzplätze in einer Kirche, und dazu war schon damals diese Kirche bei jedem Gottesdienst bis auf den letzten Platz besetzt!

Nach wenigen Jahren wurde dieses Kirchengebäude zu klein und musste beträchtlich vergrößert werden. Heute werden dort an jedem Sonntag sieben Gottesdienste mit jeweils bis 40 000 Gläubigen abgehalten. Hinzu kommen weitere zwölf Kirchen in verschiedenen Stadtteilen von Seoul mit jeweils 2 000 Sitzplätzen, in denen sonntags ebenfalls mehrere Gottesdienste stattfinden.

Das sind Dimensionen, die mit europäischen Maßstäben überhaupt nicht gemessen werden können. Dabei sind die rein zahlenmäßigen Fakten bei weitem nicht das Entscheidende, was das Bild dieser koreanischen Kirchengemeinde prägt. Es ist vielmehr die tief empfundene und machtvolle Demonstration eines lebendigen Christentums, das nicht nur den Namen CHRIST trägt, sondern wo das ganze Leben der Menschen hinter dem eindeutigen Bekenntnis „Ich glaube an Jesus Christus“ steht.

Ich war damals einfach überwältigt, als zehntausend Menschen mit erhobenen Händen Gott so mächtig anbeteten, dass man die Gegenwart des Herrn so spürbar fühlte, als könnte man sie mit Händen greifen. Ja, diese Koreaner haben Gott wirklich so gewaltig angebetet, dass Dr. Cho durch das Mikrofon nicht einmal „Amen“ sagen konnte. Er musste, um sich verständlich zu machen, eine Glocke vor das Mikrofon halten, damit die Gläubigen wussten: Jetzt müssen wir AMEN sagen.

Während ich also diese geisterfüllte Anbetung miterlebte, wusste ich im selben Augenblick: „Hier bin ich am richtigen Platz, das ist genau das, was ich schon so lange gesucht habe!"

Nach dem Gebet hat sich der Herr in mächtiger Weise unter den Anwesenden offenbart. Viele Kranke wurden augenblicklich geheilt und das Feuer Gottes fiel für mich deutlich wahrnehmbar auf diese ihm völlig ergebenen Menschen.

Was mich bei diesem Gottesdienst in Seoul noch ganz besonders beeindruckt hat, war die ungewöhnliche und auffallende Disziplin dieser Gläubigen, die mit den besten Kleidern, die sie besaßen, in ihr Gotteshaus kamen, um in demütiger Ehrfurcht dem lebendigen Gott, dem König aller Könige, die Ehre zu geben. Dabei sollte man nicht vergessen, dass Südkorea, zumindest in damaliger Zeit, noch ein relativ armes Land war, mit einem Lebensstandard, der mit unseren westlichen Maßstäben keineswegs verglichen werden konnte.

Am Abend desselben Tages, nachdem tagsüber Seminare mit Rednern aus aller Welt durchgeführt worden waren, fand dann eine Großevangelisation im Hyoschang-Stadion statt. Nach vorsichtiger Schätzung haben daran etwa 50 000 Besucher teilgenommen, um die Botschaft des Evangeliums zu hören.

Während die Koreaner allgemein auf dem Spielfeld saßen, das im Übrigen nur aus Sand bestand, und nicht wie bei uns mit Rasen bepflanzt ist, hatte man für die Europäer und die Amerikaner, die ebenfalls zahlreich vertreten waren, eigens eine Tribüne gebaut. Die Koreaner lagerten also regelrecht auf der Erde, nur mit einer Zeitung als Unterlage. Ihrer Lebensgewohnheit und einfachen Art entsprechend benötigten diese keine Stühle oder sonstige Sitzgelegenheit, sondern nur ein einfaches Plätzchen auf dem

Sand, wo sie mit überkreuzten Beinen sitzen konnten. So priesen und lobten sie Gott, sangen und beteten und klatschten immer wieder vor Freude in die Hände.

Etwas für mich Ungewöhnliches beeindruckte mich an diesem Abend ganz besonders. Ich wollte gerade einen Film in meine Kamera einlegen, als sich ganz plötzlich wie ein rauschender Donner ein machtvolles Brausen aus dem Stadion erhob. Im ersten Moment glaubte ich, ein Düsenjäger hätte die Schallmauer durchbrochen, so gewaltig wie ein Orkan war das Geräusch. Vor Schreck hätte ich beinahe die Kamera fallen lassen. Dann fragte ich verwundert meinen Nachbarn: „Du, was war das soeben?“, und er entgegnete nur: „Die haben JESUS gerufen!“

Als das Feuer Gottes in so herrlicher Weise auf die ihm völlig ergebenen Menschen da unten im Stadion fiel, hielt ich es nicht mehr länger auf meinem Ehrentribünenplatz aus. Ich wurde plötzlich „hellwach“ und ging hinunter mitten unter das Volk, das Gott lobte. Denn es wurde mir klar, da unten „brannte“ das Feuer Gottes, während ich hier oben nur „im Rauch“ saß. Auch viele andere Besucher, die aus allen Teilen der Welt angereist waren, gingen daraufhin ebenfalls nach unten auf das Feld, um bei den koreanischen Brüdern und Schwestern einen Platz zu suchen. Diese Herrlichkeit, wie wir hier Gott erleben und anbeten durften, hatte ich zuvor in diesem Ausmaß noch nicht erlebt!

Unterwegs, während ich nach unten ging, fiel mir Psalm 89, Vers 8 ein, wo es heißt: „Gott ist sehr mächtig in der Versammlung der Heiligen und wunderbar über allen, die um ihn sind!“ – So wunderbar erschien er auch mir in dieser geheiligten Stunde in diesem Stadion in Seoul.

Wenn ich heute an die Stunden von damals zurückdenke, fällt es mir sichtlich schwer, mit Worten, wie sie der menschlichen Sprache zur Verfügung stehen, das zum Ausdruck zu bringen, was mich im Innersten meines Herzens dort bewegt hatte. Ich glaube fest, wenn ich seinerzeit nicht schon bereits Christ gewesen wäre, wäre ich es in dieser Stunde mit Sicherheit geworden.

Ich wollte Gott unmittelbar erleben, deshalb zog es mich mitten unter diese Menschen. Als die Koreaner mich kommen sahen, haben sie sich so sehr gefreut, dass sie mir gleich eine Zeitung als Sitzunterlage anboten. Anschließend amüsierten sie sich sichtlich, als sie meine krampfhaften Anstrengungen beobachteten, meine langen Beine bei der ungewohnten Sitzstellung in die richtige Position zu bringen. Doch ich war zusammen mit den Koreanern so glücklich, dass ich mit lauter Stimme und vollem Herzen meinen Gott pries. Ein ganz neues Gotterleben war es, was ich in diesem Augenblick wollte. Um dieses bat ich den Herrn mit ganzer Seele und die Salbung des Heiligen Geistes war spürbar.

Unsagbar glücklich fuhr ich später nach Beendigung des Gottesdienstes mit dem Omnibus zu unserem Hotel zurück. Während der Fahrt sah ich fast ständig zum Fenster hinaus; denn ich weinte ununterbrochen, noch ganz ergriffen von dem wunderbaren persönlichen Erleben im Stadion. Die Tränen flossen mir nur so von den Wangen, derart mächtig war die Salbung des Heiligen Geistes über mir, die ich immer noch verspürte.

Im Hotelzimmer warf ich mich voll innerer Ergriffenheit auf mein Bett und redete zum Herrn: „Oh, mein Gott, nun offenbare dich auch mir; denn ich weiß, du bist ein lebendiger Gott.“ Dann nahm ich meine Bibel zur Hand und schlug sie auf. Mein Blick fiel auf Matthäus 4, Vers 4, wo Jesus sagt: „Der Mensch lebt nicht vom Brot allein, sondern von jeglichem Wort, das aus dem Munde Gottes geht.“

Jetzt wusste ich, hier war das, was ich schon so lange gesucht hatte; hier in diesem Land habe ich es gefunden. In meinem Herzen hatte ich es schon lange geahnt, dass dies nicht alles sein könne, was wir als Christen zu Hause erleben. In einem Brief, den ich an meine liebe Frau Hannelore und meine Eltern schrieb, erwähnte ich dann unter anderem voller Begeisterung: „Was für die Katholiken Rom ist und für den Islam Mekka, das ist für uns Christen Korea!" So sah ich es damals nach diesem bewegenden Erlebnis.

Dr. Cho wurde einmal gefragt, was das Geheimnis des phänomenalen Wachstums seiner Gemeinde sei. Seine Antwort war schlicht und einfach: „Wir predigen: ‚Jesus Christus derselbe gestern, heute und in alle Ewigkeit!' Wir glauben an Wunder und wir erleben sie. Gott nahm mich an, einen sterbenden, fluchenden Buddhisten, und machte einen erlösten, gesunden und geisterfüllten Christen aus mir. Davon muss die Welt noch mehr haben. Hier ist mehr als Philosophie, mehr als Religion, es ist die Gegenwart des lebendigen Gottes!"

Ja, auch wir glauben an Wunder, und wir erleben diese Wunder seither ebenso jeden Sonntag beim Gottesdienst in Karlsruhe. Sie geschehen gleicherweise bei all unseren Evangelisationseinsätzen in Europa. Auch wir erfahren immer wieder die Gegenwart des lebendigen Gottes, wie er sich so vielfältig offenbart, sei es in Form von Heilungen, der Rettung verlorener Seelen oder in Form sonstigen Segens.

Ich war in Seoul vom 17. bis zum 23. September 1973. In diesen Tagen habe ich viel erlebt und in Erfahrung bringen dürfen, dass das Feuer des Glaubens, das im Stadion Hyoschang brannte, nicht nur in den Tagen der Konferenz vorhanden war. Dr. Cho berichtete uns in kleineren Versammlungen überzeugend vom Wachstum und dem ungewöhnlichen Glaubensleben seiner Gemeinde. Den damaligen Stand hatte die Gemeinde innerhalb von nur zwölf Jahren erreicht. Was war die Arbeitsmethode, die zu diesem Ergebnis führte? Die Antwort ist sehr kurz: Gebet, Gebet und nochmals Gebet!

Die auf diese Art und Weise geschaffene Verbundenheit mit Gott ist das Fundament eines solchen Werks. Die bereits erwähnte mächtige Kirche, die Dr. Cho baute – die größte ihrer Art in der Welt –, steht nicht etwa in einem Hinterhof, sondern direkt neben dem Regierungsgebäude in Seoul. Dieses Bauwerk allein schon ist ein überwältigendes Zeugnis dieser entschiedenen Christen, ein strahlender Beweis, dass das in ihnen lodernde Feuer alles andere als ein Strohfeuer ist.

Inzwischen konnten wir Mitte des Jahres 1980 in unserer missionseigenen Zeitschrift berichten, dass rund um die „Full Gospel Central Church" in Seoul ein beachtliches Missionszentrum entstanden ist, unter anderem mit einem Jugendzentrum und einem riesigen Gästehaus, das den Besuchern aus aller Welt Platz bietet. Im Jahr 1973 zählte die Gemeinde bereits über 13 000 aktive Mitglieder, inzwischen ist sie auf über 800 bis 820 000 angewachsen.

Jeden Freitagabend bis Samstagmorgen wird in der Kirche von sich abwechselnden Gruppen von Gläubigen permanent durchgebetet. Eine besondere Segensstätte ist der „Full Gospel Prayer Mountain" (Gebetsberg), wo ständig Tausende von Menschen zusammenkommen, um die göttliche Kraftwirkung zu erfahren, die durch Beten und Fasten erlangt wird. Der Gebetsberg liegt in einer bildschönen Gegend in der bekannten entmilitarisierten Zone zwischen Nord- und Südkorea.

Der Leser möge es verstehen, wenn ich bei meinen Erlebnissen in Korea etwas intensiver verweile; denn hier wurde seinerzeit in mir etwas geboren, was später das Wachstum unserer Gemeinde in Karlsruhe in entscheidender Weise beeinflusst hat. Ich werde darauf noch eingehender im nächsten Kapitel zu sprechen kommen, wenn ich davon berichte, wie Gott so machtvoll gewirkt hat, als Dr. Cho zum ersten Mal zu uns nach Karlsruhe kam.

Was mich bei den Darlegungen von Dr. Cho damals in Seoul besonders beeindruckte, war die Schilderung der bewundernswerten Opferbereitschaft der Gemeindeglieder, die ihrem Herrn zum Teil buchstäblich das Letzte auf den Altar legten.

Wie bereits erwähnt, musste für die ständig wachsende Gemeinde eine entsprechend große Kirche gebaut werden. Doch allein schon der Erwerb des Platzes und die Genehmigung zum Bau erforderte eine besondere Gebetserhörung. Mit 100 000 Dollar wurde dann im Glauben dieses Zweieinhalb-Millionen-Projekt gestartet. Dies war für die mit materiellen Gütern nicht gerade gesegnete Gemeinde zu jener Zeit eine astronomische Summe.

Doch jeder gab, was er konnte, um zur Deckung der riesigen Kosten beizutragen. Viele Frauen ließen sich sogar ihr langes Haar abschneiden und zu Perücken verarbeiten, weil sie sonst nichts anderes dem Herrn geben konnten. Der Erlös floss in die Gemeindekasse zum Bau der neuen Kirche.

Eine andere Schwester der Gemeinde, die bettelarm in den Slums von Seoul lebte, hatte auch von dem Kirchenbau erfahren. Als eines Tages Dr. Cho sie und ihr krankes Kind in ihrer armen Behausung besuchte, wollte sie unbedingt ebenso etwas zum Bau der Kirche beitragen. So bot sie, da sie nichts anderes hatte, ihre Reisschüssel mit den beiden Stäbchen dem Pastor an.

Er konnte es kaum fassen, dass eine solch arme Frau so ein großes Opfer bringen wollte, und er sagte ihr, dass er diese Gabe unmöglich annehmen könne. Aber hier brannte ein Herz in Liebe zu Jesus, und dieses Feuer hatten weder Armut noch Krankheit auslöschen können. Die Schwester bestand darauf, dass Dr. Cho ihre Gabe annähme; denn nicht einem Menschen, sondern Gott wolle sie dieses Opfer bringen. Und dann geschah ein Wunder …

Zutiefst berührt nahm Dr. Cho diese ergreifende Opfergabe, die verbeulte Reisschüssel mit den zwei Stäbchen, an. Als er am nächsten Tag die Frau wieder besuchte, sah er ein Bild, das er nie mehr vergessen wird: Diese arme Frau, die ihr Letztes dem Herrn gegeben hatte und jetzt nichts mehr besaß als ihr krankes Kind, kauerte am Boden und aß ihren Reis mit den Händen aus einem Karton. Bis ins Innerste bewegt, berichtete Dr. Cho am selben Abend von seinem Erlebnis der Gemeinde und zeigte ihnen dieses kostbare Opfer.

Ein gerade zu Besuch weilender Amerikaner war zutiefst erschüttert und bat, diese Schüssel kaufen zu dürfen. Es ist verständlich, dass der Pastor dies ablehnte mit dem Argument, dass diese Reisschüssel unverkäuflich sei, aber schenken könne er sie ihm. Der Besucher nahm dieses Geschenk an. Er hinterließ der Gemeinde dann einen Scheck, dessen Höhe den Einnahmen der Gemeinde für mehrere Monate entsprach.

So also hat unser gnädiger Gott das wenige dieser armen Frau mehr als gesegnet. Diese wundervolle Geschichte erinnert mich unwillkürlich an die arme Witwe – von der uns in 2. Könige 4 berichtet wird –, die in ihrer Not zu Elisa schrie. Sie hatte drückende Schulden und nichts mehr im Hause, mit dem sie ihre Schulden hätte bezahlen können – außer einem leeren Ölkrug. Auf Elisas Geheiß erbat sie sich von allen ihren Nachbarn leere Ölkrüge und Gott füllte sie alle randvoll, sodass sie ihre Schulden von dem Erlös des Öls bezahlen und wieder Nahrung kaufen konnte.

Die Berichte aus dem Munde von Dr. Cho bewegten mich natürlich sehr. Das ist aus dem Gebet geborene Liebe zu unserem Herrn und hierin liegt auch der Schlüssel zu dem Geheimnis dieses wahrhaft lebendigen Christentums, das mir dort in Korea begegnete. Ständige Verbindung mit Gott im Gebet sollte die erste Grundregel im Leben eines jeden

Christen sein. Die Bibel spricht vom „Beten ohne Unterlass“. Was das bedeutet, habe ich in Seoul erlebt. Nur mit ihren Gebeten im Glauben an die Verheißungen Gottes haben diese Gläubigen Wunder über Wunder erfahren. Das war die Grundlage der Erweckung in Korea.

Begonnen hatte der Glaubenskampf der koreanischen Christen während einer eisigen Februarnacht des Jahres 1961. In jener Nacht bestiegen einige Glaubensbrüder den über Seoul dominierenden Sankak-Berg, wo sie gleichzeitig nach Nord- und Südkorea blicken konnten. Bei einer Temperatur unter null Grad weihten sie damals in einer Gebetsnacht neu ihr Leben dem Herrn Jesus und begannen mit der Evangelisation des koreanischen Volkes.

Heute bestehen allein in Seoul über 50 000 Hauskreise, die der Kirche von Dr. Cho angehören, in welchen Gebets- und Bibelstunden abgehalten werden.

Was sich mir in jenen Tagen im Jahr 1973 in Korea bot, war von Gott selbst gewirktes Leben. Die dort gewonnenen Eindrücke werden wohl immer unvergesslich für mich bleiben. Menschen aus einem Volk und Land tiefster Armut und Not hießen uns so herzlich willkommen und nahmen uns unbeschreiblich liebevoll auf! Sie trugen dazu bei, dass wir ein neues und überwältigendes Erlebnis mit Gott erfahren durften.

Auf dem Rückflug von Korea nach Deutschland war ich erfüllt mit Zuversicht, neuer Kraft und dem Bewusstsein, dass mir Gott einen ganz neuen Auftrag gegeben hatte. Eine neue Ära meines Glaubenslebens hatte begonnen. Während ich an die Gemeinde zu Hause in Karlsruhe dachte und an die vor mir stehenden Aufgaben, gab mir der Herr ein Wort aus Josua, Kapitel 1, Vers 5-9, das mich im Innersten meines Herzens traf:

„Es soll dir niemand widerstehen dein Leben lang. Wie ich mit Mose gewesen bin, so will ich auch mit dir sein. Ich will dich nicht verlassen noch von dir weichen! Sei nur getrost und ganz unverzagt und lass das Buch dieses Gesetzes nicht von deinem Mund kommen; sondern betrachte es Tag und Nacht, dass du hältst und tust in allen Dingen nach dem, was darin geschrieben steht. Dann wird es dir auf allen deinen Wegen gelingen, und du wirst es recht ausrichten. Siehe, ich habe dir geboten, dass du getrost und unverzagt seiest. Lass dir nicht grauen und entsetze dich nicht, denn der Herr, dein Gott, ist mit dir in allem, was du tun wirst."

„In allem", sprach der Herr, und er hat sein Wort gehalten bis auf den heutigen Tag.

4
Das erste große Wunder

Als ich wieder zu Hause bei meiner Gemeinde war, geschah etwas ganz Besonderes. Wie nie zuvor verspürte ich die Salbung des Heiligen Geistes, als ich gleich beim ersten Gottesdienst über meine Erlebnisse in Korea sprach. Ich kam mir vor wie David, als er von Samuel gesalbt wurde. Wie ein Leitstern zog sich durch meine Predigt das Wort, das ich vom Herrn in meinem Hotelzimmer in Korea bekommen hatte, ... dass ein jegliches Wort, das aus seinem Munde kommt, Speise sein werde.

Die Gemeindemitglieder spürten auch sofort, dass mit mir etwas geschehen sein musste. Sie haben mich kaum wieder erkannt. Dies war einfach ein ganz anderer Siegfried, der da vor ihnen stand, „und von dessen Leib Ströme lebendigen Wassers flossen", wie es die Bibel in Johannes 7, Vers 38, denen verheißt, die an den lebendigen Gott glauben.

Ich predigte von nun an in Vollmacht und Gottes Wort wurde verklärt durch den Heiligen Geist. Jeder im Saal fühlte: Jesus ist mitten unter uns. – Die Geschwister hielten den Atem an, sie lobten und priesen Gott, wie sie es zuvor noch nie getan hatten.

Diese Atmosphäre der unmittelbaren Gegenwart Gottes hat von dieser Stunde an bis auf den heutigen Tag angehalten. Preis und Dank sei Gott dafür! Seit dieser Stunde ist die Gemeinde ständig gewachsen. Der Segen Gottes war von nun an spürbar über uns.

Mein Vater stand mir stets treu zur Seite; wir waren sozusagen „geistlich auf derselben Wellenlänge". Er half mir noch nach besten Kräften, die Gottesdienste abzuhalten. Doch als er bemerkte, dass Gott mich in einer besonderen Weise durch seinen Heiligen Geist ausgerüstet hatte, hat er dann auch die letzte Verantwortung an mich übertragen. So sagte er mir dann eines Tages: „Siegfried, übernimm du jetzt die Gemeinde ganz. Der Herr wird mit dir sein. Ich werde dich natürlich noch unterstützen, so gut ich kann."

Ich muss an dieser Stelle noch bemerken, dass zu dieser Zeit, Mitte der siebziger Jahre, der Umfang der Gemeinde auch nicht im Entferntesten mit dem heutigen Stand des Missionswerks „Der Weg zur Freude" zu vergleichen war. Ich konnte mit meiner Familie von den Scherflein der Geschwister, die zahlenmäßig ja ohnehin nur wenige waren, unmöglich leben. So ging ich noch eine Zeitlang meiner beruflichen Tätigkeit nach, obwohl mich der Dienst am Evangelium beträchtlich in Anspruch nahm.

Ich möchte hierbei erwähnen, dass wir von Anfang an ein Glaubenswerk gewesen sind und nie mit festen und kalkulierbaren Beträgen rechnen konnten. Nahezu ein jeder gibt zwar seinen „Zehnten", wie es Gott in der Bibel (Mal 3,10+11) gebietet. Aber wir haben keinen Tag eine Garantie dafür, dass wir die nötigen finanziellen Mittel auch tatsächlich immer bekommen, die wir brauchen, um unseren Verpflichtungen nachkommen zu können.

So ist das bis auf den heutigen Tag geblieben. Aber Gott hat uns auf wunderbare Weise immer wieder reich gesegnet. Ja, wir dürfen sagen: „Unser himmlischer Vater ernährt uns doch!"

Wie hat Jesus einmal zu Martha gesprochen, als sie sich erst ängstlich weigerte, seinen Anweisungen nachzukommen: „Habe ich dir nicht gesagt, wenn du glauben könntest, so würdest du die Herrlichkeit Gottes sehen!" (Joh 11,40). Ja, wir haben ganz einfach und kindlich geglaubt und durften so Gottes Herrlichkeit erleben.

So hat schon damals bei den Gottesdiensten in der Bachstraße der lebendige Gott wunderbar gewirkt. Ich war erfüllt von dem Erleben in Korea und wusste, dem Gott, der sich mir dort offenbart hatte, dem will ich jetzt mit meiner ganzen Kraft dienen. Und die Gemeinde wuchs nunmehr auffallend.

Im Sommer 1975 kam ein lieber Freund von mir, Harold Herman, aus Amerika nach Karlsruhe. Wir waren schon seit vielen Jahren gut befreundet. Bevor er zum Glauben kam, war er in Hollywood ein bekannter und gefragter Kameramann. Er ging in der Welt der Filmstars ein und aus. Während des Krieges arbeitete er sogar zeitweilig als Filmfachmann im Stab von General Mac Arthur. Sein Stern stieg unaufhörlich, aber gleichzeitig wuchs auch die innere Leere in ihm, trotz des Glanzes von Hollywood, der ihn schmeichlerisch umgab. Er lebte in einem Strudel von Geldgier, Luxus, Ruhmsucht und allen Arten von Philosophien und Ersatzreligionen.

Eines Tages entdeckte er, dass all die Stars rings um ihn her mehr als andere Menschen selbst das Glück suchten, dass sie sich in Wirklichkeit nach etwas sehnten, was sie mit all ihren vielen Millionen Dollar nicht erwerben konnten. Diese Götzen der Leinwand, die von Millionen Fans in aller Welt angebetet wurden, waren innerlich leer und ausgebrannt, hoffnungslos verzweifelt und versklavt. Einige von ihnen fanden das Leben inmitten ihrer Reichtümer und Märchenschlösser so unerträglich, dass sie sogar Selbstmord begingen.

Die eigentliche innere Wandlung in Harold Herman geschah nach dem Krieg. Besonders seine Erlebnisse, als ihn die Regierung der Vereinigten Staaten mit der Leitung einer besonderen Nachrichten- und Kameraabteilung in den Urwäldern von Neuguinea betraute, und wobei Gott ihn in dieser Zeit nicht weniger als fünfmal vor dem Tod bewahrte, veranlassten ihn zu ernsthaftem Nachdenken. Es war an einem Palmsonntag, als er dann Jesus Christus sein Leben übergab.

1948 kehrte er Hollywood endgültig den Rücken. Er wurde ein unermüdlicher Verkündiger des Evangeliums. Dabei reiste er in zehn Jahren viermal um die Welt und der Herr segnete seine Arbeit ganz außerordentlich. Er war es übrigens auch, der das überkonfessionelle Evangeliums-Center am Nollendorfplatz in Berlin gründete.

Als wir uns, wie gesagt, im Sommer des Jahres 1975 wieder einmal trafen, überbrachte er mir eine wichtige Neuigkeit. Er erzählte mir, dass er in Korea gewesen sei und mit Dr. Cho gesprochen habe. Irgendwann während der Unterhaltung habe ihm Dr. Cho auch seinen Terminkalender gezeigt, der randvoll mit Einladungen war. Ohne lange zu überlegen, erklärte er ihm – als sei dies die selbstverständlichste Sache der Welt – er solle doch eine Reihe seiner Termine streichen und dafür unter allen Umständen nach Karlsruhe kommen.

Dr. Cho war zunächst begreiflicherweise verdutzt. Aber aus reichhaltiger Erfahrung wusste er, dass Gottes Wege manchmal anders sind als unsere, und so erklärte er sich nach kurzer Überlegung damit einverstanden. Allerdings wollte er zuvor noch die konkrete Einladung aus Karlsruhe abwarten.

Als mir mein Freund Harold dies mitteilte, musste ich erst einmal tief Luft holen. „Mein Gott", dachte ich, „was soll dieser große Gottesmann, den Gott als Werkzeug auf der ganzen Welt so mächtig gebraucht, bei uns machen, wenn er nach Karlsruhe kommt?" – Meine Gemeinde zählte damals erst knapp 100 Personen. Im Stadion von Seoul sah ich jedoch 50 000 Menschen auf einem Platz und Pastor Chos Gemeinde war inzwischen auf über 200 000 aktive Mitglieder angewachsen!

Aber dann dachte ich an Josua, zu dem der Herr gesagt hatte, dass er ganz getrost und sehr freudig sein solle; denn ER wolle bei ihm sein, bei allem, was er tue.

Wer mich persönlich kennt, der weiß sowohl um meine Eigenschaften als auch speziell um mein Temperament. Ich wollte schon immer nur ganze Sachen machen, sozusagen Nägel mit Köpfen. Und so dachte ich: „Wenn Gott mit mir ist, dann kann ich auch Dinge wagen, von denen ich zuvor nicht einmal zu träumen gewagt hätte." Deshalb sagte ich: „Herr, ich bin ganz auf dich angewiesen; aber im Vertrauen auf dich werde ich handeln."

So habe ich mich hingesetzt und die Einladung an Dr. Cho geschrieben. Bereits kurze Zeit später kam postwendend die Antwort aus Korea. Er teilte mir mit, er würde sich sehr freuen und ich solle vor allen Dingen eine große Halle mieten.

Nachdem ich den Brief aus Korea gelesen hatte, habe ich in den folgenden Nächten nicht mehr geschlafen. Ich muss zugeben, in jenen Tagen hatte ich große Anfechtungen. Oft fragte ich mich selbst: „Was willst du eigentlich mit deiner kleinen Gemeinde in einer großen Halle? Ganz Karlsruhe wird sich über dich lustig machen und höhnisch sagen: ‚Jetzt ist der Müller doch tatsächlich größenwahnsinnig geworden!'"

Jeder, der den Feind kennt, weiß um die Versuchungen, denen ein Christ immer wieder ausgesetzt ist, solange der Widersacher in dieser Welt regiert. Der Christ weiß aber auch, wer stärker ist, wie man den Feind besiegen kann und wovor er sich am meisten fürchtet: Das ist das Gebet des Glaubens!

Immer wenn ich mich in einer schwierigen Situation befinde oder vor einem schier unlösbaren Problem stehe, halte ich mich an das Wort Gottes, das er zu seinem Volk Israel sprach: „Fürchte dich nicht, denn ich bin mit dir; weiche nicht, denn ich bin dein Gott. Ich stärke dich, ich helfe dir auch, ich halte dich durch die rechte Hand meiner Gerechtigkeit!" (Jes 41,10). Dies ist eine der schönsten Zusagen unseres treuen Gottes und ich habe in späteren Jahren immer wieder besonders gern über diese Verheißung gepredigt.

So raffte ich mich also auf und ging zur Stadtverwaltung. Bei der zuständigen Stelle fragte ich an, ob ich einen Saal mit 1000, vielleicht auch 2000 Sitzplätzen bekommen könnte. Ich dachte dabei an das Konzerthaus, welches rund 1000 Personen Platz bietet, oder an die damalige Stadthalle, in der wir etwa 2000 Leute unterbringen konnten.

Zunächst musste ich erfahren, dass die Stadthalle bereits auf längere Zeit im Voraus verplant sei. Nur noch das Konzerthaus sei frei, wurde mir gesagt. Da mir jedoch das Konzerthaus mit dem erwähnten Fassungsvermögen zu klein erschien, gab es für mich nur noch eine Alternative – entweder das Konzerthaus oder die Schwarzwaldhalle. Ich muss hier hinzufügen, dass die Schwarzwaldhalle zu jener Zeit insgesamt 4000 Sitzplätze hatte.

Schließlich marschierte ich mit gemischten Gefühlen direkt in die Schwarzwaldhalle. Als ich ganz allein mitten in der großen Halle mit ihren Tausenden von leeren Sitzplätzen stand, kam es mir vor, als würde in diesem Moment ein riesiges Krokodil mächtig und Furcht erregend seinen gewaltigen Rachen aufsperren, um mich zu verschlingen. Ich fühlte ganz tief im Innern meines Herzens, wie mein Glaube langsam anfing zu schmelzen. Dann dachte ich: „Bei einem vollen Saal dieser Größenordnung brauche ich allein schon meine ganze Gemeinde, nur um sie als Ordner und Helfer einzusetzen."

Dann kam mir ein Gedanke, und ich hielt diesen Gedanken für besonders klug. Ich dachte: „Wir werden das Bild optisch etwas verändern, indem wir beispielsweise einfach breitere Gänge machen, so als sei dies eine polizeiliche Vorschrift." Mit Hilfe dieses Tricks glaubte ich, erscheine der Saal als gefüllt, wenn zumindest zwei- bis zweieinhalbtausend Personen kämen.

Dabei hatte ich mir aber gar nicht überlegt, dass es Gott nicht nötig hat mit Tricks zu arbeiten. Das überlässt er dem Teufel, der darauf angewiesen ist. Und plötzlich hieß es in meinem Herzen: „Ist das eigentlich dein ganzer Glaube…?" Ich schämte mich und bat Gott um Vergebung.

„Herr", sagte ich, „ich miete diese Halle im Glauben, und wenn sie noch so groß ist. Ich unterschreibe den Vertrag für Samstag und Sonntag. Du hast mir ja verheißen, dass du mit mir bist in allem, was ich tue. Und wenn diese Halle nur zur Hälfte oder mit noch weniger Personen besetzt wird, dann ist es deine Blamage. Du weißt, ich hätte von mir aus die kleinere Stadthalle genommen; aber ich konnte sie ja für das Wochenende leider nicht bekommen. Und dann, Herr, ist es ja letzten Endes nicht nur deine, sondern schließlich auch meine Blamage. Stell dir mal vor, was so manche Leute denken werden, wenn dies danebengeht! Sie werden sagen: ‚Jetzt ist er aber hereingefallen, dieser Prahlhans!' – Herr, ich lege dir jetzt mein ganzes Renommee als Verkünder deines Worts auf den Altar und bitte dich, nimm du jetzt alles in deine Hände."

Für Donnerstag und Freitag mietete ich dann das Konzerthaus. Ich ließ große Werbeplakate drucken und in der ganzen Stadt wurden damit die uns genehmigten Werbeflächen beklebt. Überall prangte das Bild mit dem bis dahin noch unbekannten Dr. Cho aus Korea. Auch ging ich zu einer politischen Partei und fragte, ob ich ihre Wahlständer haben könne. Man kam mir wohlwollend entgegen und so wurden von uns fast an jeder Straßenkreuzung in Karlsruhe die Ständer mit dem Bild unseres Gastredners aufgestellt. Selbstverständlich mobilisierte ich auch meine auswärtigen Freunde und in unserer Zeitschrift kündigten wir schon Monate vorher die Großveranstaltung an.

Trotzdem fing ich immer wieder an zu rechnen. Wenn ich des Nachts wegen dieser erdrückenden Sorgen schlaflos im

Bett lag, gingen mir ständig Zahlen im Kopf herum. Ich dachte: „Wenn die Schwarzwaldhalle voll werden soll, dann müssten doch, rein rechnerisch, mindestens hundert Omnibusse voll mit Leuten anreisen. Aber wo sollten die alle nur herkommen?“ – Mit meinem menschlichen Verstand betrachtet schien mir dies einfach unmöglich. Konkret wusste ich nur von drei Omnibussen, die mit Sicherheit kommen würden – einer von der schwäbischen Alb, einer aus Frankreich und einer aus der Schweiz.

In der Woche vor den geplanten Veranstaltungen hatten wir in der Gemeinde noch eine Gebetswoche und wir haben auf den Knien zu Gott geschrien, er möge uns doch bei all dem helfen.

So kam dann der Donnerstag, der 20. November 1975, heran. Der erste Gottesdienst im Konzerthaus war für 19.30 Uhr angesetzt. Zuvor hatte ich Dr. Cho in seinem Hotel abgeholt und auf der Fahrt zur Konzerthalle versucht ihm klarzumachen, dass wir eine relativ kleine Gemeinde hier in Karlsruhe sind, und er möge sich, da er an Zehntausende von Besuchern gewöhnt ist, keine allzu großen Hoffnungen machen.

Aber Dr. Cho winkte nur ab, als sei dies die unwichtigste Sache der Welt. Ich solle mir gar keine Gedanken machen, es würde schon alles recht werden.

Als wir vor der Halle ankamen, flatterten unsere zehn Fahnen im Wind, die ich hatte anfertigen lassen, mit der Aufschrift „Missionswerk – Der Weg zur Freude“.

Da meine Gemeinde, wie gesagt, sehr klein war, hatte ich jedes Gemeindemitglied als Helfer eingeteilt. So würde zwar an jeder Ecke ein Helfer stehen; aber die Stühle mussten von den Fremden besetzt werden.

Ich werde es nie vergessen – gleich an diesem ersten Abend, als wir das Konzerthaus betraten, hat mein Herz gejubelt! Der Saal hat all die Menschen, die hereinströmten, einfach nicht fassen können. Sie standen seitlich in den Gängen und überall dort, wo man überhaupt noch stehen konnte. Es war kein einziger Sitzplatz mehr zu haben.

„Herr, ich danke dir!", sagte ich immer wieder überwältigt, und durch mein Herz floss ein Strom tiefsten Glücksgefühls und unsagbarer Dankbarkeit.

Ich wusste nicht, wo all diese Menschen hergekommen waren. Der Saal platzte fast aus den Nähten. – „Wie groß ist doch Gottes Liebe", dachte ich, „und wie wunderbar seine Güte!"

Als ich dann zu Beginn der Veranstaltung die aus allen Himmelsrichtungen herbeigeströmten Menschen begrüßte, hatte ich das Gefühl, als müsste ich spontan jeden einzelnen Besucher da unten umarmen.

Gastredner aus Frankreich und der Schweiz überbrachten die herzlichsten Grüße der dortigen Gemeinden. Dann trat mein lieber Freund Dr. med. Paul Weigel ans Mikrofon. Er grüßte mit einem Wort Gottes und sprach voller Zuversicht von den uns in der Bibel zugesagten wunderbaren göttlichen Verheißungen.

Zum besonderen Segen wurde auch der Maranatha-Chor, er war damals einer der besten christlichen Chöre Europas. Nahezu neunzig Sängerinnen und Sänger sangen zur Ehre des Herrn.

In der Samstag-Ausgabe vom 22. November 1975 berichtete eine der größten Regionalzeitungen, die „Badischen Neuesten Nachrichten", von diesem Ereignis unter der Überschrift „Wunderheilung im Konzertsaal: Glaubensbrüder kamen sogar aus der Schweiz, aus Frankreich und Luxemburg. Das Missionswerk DER WEG ZUR FREUDE hatte seinen großen Tag… Alle sangen voller Fröhlichkeit: Jesus ist so wunderbar!"

Es war eine unbeschreibliche Stimmung, eine geheiligte Atmosphäre, und immer wieder wurde aus vollem Herzen der Chorus gesungen: „In Jesus sprudelt hell ein wunderbarer Quell, sein Wasser hat meinen Durst gestillt ...!"

Dann sprach Dr. Cho, vollmächtig das Wort verkündend. Die Anwesenden waren von der Predigt tief beeindruckt. Von Anfang an spürte man, dass Gottes Heiliger Geist gegenwärtig war. Wie Maschinengewehrsalven feuerte der Redner seine Worte in die Menge, die andächtig und mit brennendem Herzen dem gewaltigen Zeugnis dieses großen Gottesmannes lauschte.

Wenn ich heute an diese unvergesslichen Stunden zurückdenke, dann muss ich gestehen, dass ich eigentlich von Dr. Chos Predigt kaum etwas mitbekommen habe; denn ich saß nur, wie verwandelt, auf meinem Platz auf dem Podium, schaute über die vielen Menschen da unten und sagte nur immer und immer wieder: „Danke, oh ich danke dir, Herr ...!"

Als ich einmal zu meinem Vater hinübersah, traute ich meinen Augen nicht: Er lachte und strahlte, ergriffen von Freude und Dankbarkeit! So hatte ich ihn nur selten gesehen.

Am Ende seiner Predigt rief Dr. Cho zur Entscheidung für Jesus Christus auf. Viele folgten dem Altarruf nach vorn. Jugendliche und Erwachsene kamen nach vorn, um ihr Leben dem Herrn Jesus zu übergeben. Einige weinten, als sie das Gebet eines Sünders beteten und Gott baten, dass er ihnen ihre Sünden vergeben, sie als seine Kinder annehmen und ihren Namen in das Buch des Lebens einschreiben möge.

In der Zwischenzeit zeigte Gott Dr. Cho in Visionen Krankheiten, die augenblicklich geheilt wurden. Der Herr hat in diesem Auditorium viele an Leib und Seele wunderbar berührt. Alle, die von den verschiedensten Krankheiten geheilt wurden, standen zu einem lebendigen Zeugnis auf, Gott lobend und preisend.

Ich selbst habe nicht gezählt, wie viele es waren; aber die zuvor erwähnte Karlsruher Zeitung sprach von ca. fünfzig Personen, die bereits am ersten Abend durch die Kraft Gottes Heilung fanden. Wie viel Menschen über die Tage dieses Evangeliumsfeldzugs überhaupt geheilt wurden, weiß nur Gott allein.

Ich weiß allerdings von einem besonders nachhaltigen Ereignis, das sozusagen am Rande der Gottesdienste geschah. Irgendwo in einem süddeutschen Ort wurden zwei ungläubige Omnibus-Chauffeure beauftragt, Fahrgäste nach Karlsruhe zur Großevangelisation zu bringen. Sie taten es zwar, weil es ja ihr Beruf war, sagten aber zuvor ihrem Chef, dass sie lieber etwas anderes tun würden als „fromme Leute" zu befördern. So fuhren sie dann doch mit voll besetzten Bussen 170 Kilometer nach Karlsruhe.

Beide Busfahrer waren krank. Der eine litt an einem Bandscheibenschaden und der andere Fahrer hatte infolge eines Verkehrsunfalls ständig Schmerzen in den Beinen.

Nachdem sie in Karlsruhe angekommen waren, blieben sie aber sonderbarerweise nicht etwa draußen in ihren Fahrzeugen sitzen, um zu warten, sondern sie kamen in den Saal, um nur mal zu sehen, was sich da eigentlich tut. Sie stellten sich unter die Saaltür und hörten das Wort Gottes. Plötzlich spürten die beiden Busfahrer, dass ihre Schmerzen verschwunden waren. Das konnten sie zuerst gar nicht fassen. Als dann aber Wochen vergangen waren und die Schmerzen nicht mehr wiederkamen, wussten sie, dass an ihnen ein Wunder geschehen war. Gott hatte sie auf der Stelle geheilt.

Voller Freude sagte später ihr Chef zu einem unserer Ältesten: „Zu diesem Jesus, den ihr jetzt habt, möchte ich auch kommen!"

Am nächsten Abend, dem 21. November, kamen noch viel mehr Besucher in das Konzerthaus, als einen Tag zuvor.

Mein Herz war erfüllt von einer unbeschreiblichen Dankbarkeit und ich jubelte mit dem Psalmisten: „Lobe den Herrn, meine Seele, und vergiss nicht, was ER dir Gutes getan hat … barmherzig und gnädig ist der Herr und von großer Güte!“

Am folgenden Tag mussten wir die Veranstaltungsstätte wechseln und in die Schwarzwaldhalle umziehen, die sich in unmittelbarer Nähe des Konzerthauses befindet.

Obwohl bisher mit dem Segen des Herrn alles gut verlaufen war, befürchtete ich doch, dass uns nunmehr ein Problem entstehen könnte. Ich muss zugeben, es waren damals wirklich ernsthafte Sorgen, die sich in mein Herz einschlichen; mich beschäftigte der erdrückende Gedanke: „Einen Saal mit 1000 Personen kann man ja gegebenenfalls noch füllen, aber stell dir mal vor, die Schwarzwaldhalle hat 4000 Sitzplätze!“

Doch dann dachte ich an das Wunder der beiden vorangegangenen Tage und bat den Herrn, mich erneut zu stärken. Im Vertrauen auf seine Verheißungen nahm ich meine Bibel zur Hand, um mich wieder einmal, wie so oft schon, an dem Propheten Jesaja aufzurichten. Nicht weit von meiner Lieblingsstelle – Jesaja 41, Vers 10 – fiel mein Blick auf den 18. und 19. Vers im 43. Kapitel, wo es heißt:

„Gedenket nicht an das Frühere und achtet nicht auf das Vorige. Denn siehe, ich will ein Neues schaffen … Ich mache einen Weg in der Wüste und Wasserströme in der Einöde!“

In diesem Augenblick wusste ich, dass der Sieg auf meiner Seite ist. – Am Samstagabend kamen dann schon zweieinhalbtausend Menschen in die Schwarzwaldhalle zur Versammlung.

Für den Sonntagmorgen war der Frühgottesdienst auf 9.30 Uhr angesetzt. Es war ungefähr 9 Uhr, als nur etwa hundert Personen erschienen waren. Da kam mein lieber Freund Dr. Weigel auf mich zu und sagte. „Siegfried, komm mit, wir wollen uns etwas zurückziehen und beten." – So gingen wir unter das Podium, wo sich ein kleiner Raum befindet.

Wir hoben gemeinsam unsere Hände zum Himmel empor und beteten zu unserem Heiland: „Herr, wecke die Leute aus dem Schlaf und schicke sie zum Gottesdienst. Fülle bitte die Halle mit Menschen, du siehst, wie viele Stühle noch frei sind!"

Als wir dann nach dem Gebet nach oben kamen, waren zu unserem Erstaunen wiederum ca. zweieinhalbtausend Menschen versammelt. Dr. Cho predigte an diesem Morgen wieder gewaltig, wie immer. Es wurde ein gesegneter Gottesdienst, und auch an diesem Morgen wurden wieder viele der Anwesenden von den verschiedensten Krankheiten geheilt. Auch übergaben erneut viele Menschen Jesus ihr Leben.

Am Nachmittag war der Haupt- und Abschlussgottesdienst. Er war auf 14.00 Uhr angesetzt. Ich fühlte mich, als hätte ich Fieber. Mein Herz schlug mir bis zum Hals. Wir Brüder beteten und beteten..., wir erflehten nochmals eine mächtige Demonstration des Heiligen Geistes.

Dann habe ich eines meiner größten Wunder erlebt. Ich saß neben Dr. Cho auf dem Podium und traute meinen Augen nicht. Die Leute strömten in großen Massen herbei. Immer wieder neue Menschen. Ich konnte mir nicht vorstellen, wo die alle nur herkamen. Die Schwarzwaldhalle wurde voll bis auf den allerletzten Platz. 4000 Personen waren gekommen. Preis sei dem Herrn, für dieses große Gotteswunder, das er tat!

Dr. Cho war in diesem Augenblick selbst überwältigt, weil er spürte, dass Gott hier etwas ganz Besonderes getan hatte. Dies kam dann auch bei der Predigt zum Ausdruck. Er sagte, Gott habe sehr klar zu ihm gesprochen, dass gerade Europa noch eine große Erweckung erleben werde. Er sprach wörtlich: „Dieselbe kann von Karlsruhe ausgehen und ich möchte dabei sein und mich von Jesus gebrauchen lassen."

Es ist in diesem Zusammenhang bezeichnend, dass nur wenige Jahre später der Herr in einer Weissagung zu meinem Vater redete: „Ich sehe ein großes Land und Menschen. Es ist eine Gemeinde. Sie fasst sich an der Hand und bildet einen Kreis um das ganze Land. Ich sehe, wie alles Land eingenommen wird. Fragt nicht: ‚Ist es möglich?' Ich sage euch, meine Kinder, ich selbst, der Meister, vollführe alles. Ihr sollt nur im Gehorsam folgen; ihr sollt vorwärts gehen und die Siege eures Herrn feiern, alle Tage eures Lebens. Ihr werdet schauen und bewundern die Hand eures Gottes, die alles vollführt. So spricht der Herr, euer Gott."

Wiederum wurde auch der Abschlussgottesdienst von vielen Krankenheilungen geprägt, darunter war auch die Heilung eines Kindes. Ich erinnere mich noch gut, als Dr. Cho plötzlich seine Predigt unterbrach und sagte, dass soeben ein Kind geheilt würde, und zwar von einem ganz bestimmten Leiden. Alle schauten umher, wer dieses Kind wohl sei.

Aber wenn sich in diesem Augenblick auch noch niemand meldete, weil die Heilung vielleicht körperlich noch gar nicht verspürt werden konnte, so ging kurze Zeit später bei unserem Missionswerk ein Brief ein, in dem uns die Eltern des Kindes voller Freude mitteilten, dass ihr Kind völlig geheilt und wieder alles normal sei, seit sie in Karlsruhe gewesen sind. Als Dank wollten die Eltern Gott ein Opfer geben.

Ich glaube, es sollte in diesem Zusammenhang nicht unerwähnt bleiben, dass bei späteren Evangeliumsfeldzügen von Dr. Cho in Karlsruhe Gott immer wieder in ebenso wunderbarer Weise Menschen geheilt hat, teils sogar von todbringenden Krankheiten. Eine ehemalige Arzthelferin aus der Gegend von Luzern kam mit zwei Brusttumoren in den Gottesdienst nach Karlsruhe. Einer der Tumore war so groß wie eine Apfelsine und der andere war als kantiges, hartes Gebilde sogar durch die Kleider zu spüren. Ohne weitere Operation gaben ihr die Ärzte keinerlei Lebenschancen mehr.

Da sie zuvor jedoch schon achtmal operiert worden war, wollte sie sich nicht mehr ins Krankenhaus begeben. Einer der Ärzte erklärte ihr sogar – nachdem sie ihm zu verstehen gegeben hatte, dass sie in ihrer Not vor allem Gott vertraue –, auf ein Wunder könne sie lange warten!

Inmitten seiner Predigt hielt Dr. Cho plötzlich inne, zeigte mit dem Finger in den Saal und suchte unter dem viertausendköpfigen Publikum diese eine kranke Frau aus der Schweiz. Als er sie entdeckt hatte, sagte er, in ihre Richtung deutend und zur Überraschung aller Anwesenden. „Noch bevor dieser Gottesdienst zu Ende ist, sind Sie geheilt!“

Danach konnte sie an ihrem Körper verspüren, wie die Geschwülste kleiner und kleiner wurden. Dr. med. Weigel hat sie dann anschließend im Sanitätsraum untersucht und dabei festgestellt, dass die Tumore vollends verschwunden waren. Jesus hatte an dieser Frau ein großartiges Wunder getan.

Jesu Kraft war allerdings nicht nur inmitten der viertausend Besucher in der Schwarzwaldhalle gegenwärtig; für SEINE KRAFT gibt es keine Grenzen! So hat uns einige Monate später ein Studiendirektor in einem Brief das Folgende berichtet:

„Im Herbst 1975 schenkte Gott uns, meiner Frau und mir, die Gelegenheit, an den Evangelisationsversammlungen des koreanischen Missionars Dr. Cho in der Schwarzwaldhalle in Karlsruhe teilzunehmen. Ich hielt den Verlauf der Veranstaltungen vom Anfang bis zum Ende auf Tonband fest, damit später auch andere Menschen an dem Reichtum dieser gesegneten Stunden teilhaben könnten.

Am Heiligen Abend 1975 waren wir bei einem katholischen Ehepaar zu Gast, das in der Steiermark in der Nähe von Graz lebt. Da die Abendstunden nach dem Essen etwas eintönig verliefen, kam mir der Gedanke, dass auch wir zur Gestaltung des Festabends etwas beitragen könnten. Ich holte also meinen Kassettenrekorder, stellte ihn mitten auf den Tisch und ließ eine der Predigten von Dr. Cho ablaufen.

Während wir mit unseren Bekannten andächtig und ergriffen dem Wort Gottes aus dem Mund des bekannten Evangelisten lauschten, zeigte mir Gottes Heiliger Geist seine Gegenwart in fühlbarer Weise an. Das Wort der Heiligen Schrift, ‚... denn wo zwei oder drei in meinem Namen versammelt sind, da bin ich mitten unter ihnen' (Matth 18,20), wurde für uns nun erlebte Wirklichkeit.

So wurde der Abend vom Herrn selbst durch die Gegenwart seines Geistes geheiligt und für uns alle zu einem unvergesslichen Heiligen Abend.

Als wir am ersten Weihnachtsfeiertag unsere österreichischen Freunde wieder besuchten, berichtete uns der Gastgeber, ein Doktor der Rechtswissenschaft, der jetzt bereits über siebzig Jahre alt ist, dass er am Heiligen Abend während der Predigt etwas Eigenartiges erlebt hätte; er könne aber erst jetzt darüber sprechen, da er gestern noch nicht wusste, was dies alles bedeute. Er glaube, dass er während der Predigt das Gefühl gehabt hätte, als ob etwas von seiner rechten Schulter ausgehend den rechten Arm hinunter in die Hand fließe.

Nun habe er sich über Nacht überlegt: Sollte Gott am Heiligen Abend in das kleine steirische Dorf gekommen sein und ihn gefunden haben? Sollte es wirklich wahr sein, dass Gott gerade ihn angerührt und geheilt habe? Er konnte es nicht fassen. Aber es war tatsächlich geschehen. Er konnte

– nach rund fünfzig Jahren zum ersten Mal – seinen rechten Arm wieder schmerzfrei über den Kopf erheben und nach hinten bewegen.

Seine Frau bestätigte, dass ihr Mann, seit sie ihn kenne, Schmerzen in der rechten Schulter gehabt hätte, und sie ergänzte den Bericht ihres Mannes, indem sie von ihrem eigenen Erlebnis erzählte: „Seit langer Zeit wachte ich Tag für Tag mit starken Kopfschmerzen auf und musste mir regelmäßig mit Schmerztabletten etwas Erleichterung verschaffen. Aber heute, am Morgen des ersten Weihnachtsfeiertages, erwachte ich zum ersten Mal seit langem wieder schmerzfrei. Der Kopfschmerz war weg. Gott sei Lob und Dank dabei!"

Der Schreiber dieses Briefs stellte dann abschließend fest: „Gott ist allgegenwärtig – in der Evangelisations-Versammlung in Karlsruhe ebenso wie am Heiligen Abend im kleinsten steirischen Dorf in der Wohnstube eines kleinen Hauses. Seine Liebe gehört allen Menschen; ganz gleich welcher Konfession sie angehören.

Er liebt die Heiligen wie die Sünder. Er bedient sich sogar moderner elektronischer Geräte als Hilfsmittel, um seine Kinder zu erreichen – selbst wenn sie noch nicht heilig sind und in ihren Herzen noch mancherlei Zweifel nagen, um sie von seiner grenzenlosen Güte zu überzeugen. Er heilt und befreit alle, die mit aufrichtigem Herzen zu ihm kommen und seine Gegenwart mit heißem Verlangen suchen. Ihm allein gebührt Ruhm und Ehre!"

Soweit dieses Zeugnis. – Ich darf dazu nachträglich noch vermerken, dass der obige Brief erst viele Monate nach der Predigt von Dr. Cho bei uns eintraf. Die Heilung des erwähnten Ehepaares war also keine Eintagsfliege, sondern von Dauer. Wir haben damals auch diesen Bericht in unserem Rundbrief veröffentlicht, unter dem Titel „Heilung vom laufenden Band".

Um nochmals auf den Abschlussgottesdienst mit Dr. Cho in der Schwarzwaldhalle zurückzukommen. Die Salbung des Heiligen Geistes war dort so mächtig über mir, dass ich beispielsweise ganz vergaß, das Opfer bei den viertausend Anwesenden einsammeln zu lassen. Die Helfer unten im Saal wurden bereits ganz nervös. Als ich später dieses Versäumnis dann bemerkte, waren die Besucher aber schon im Aufbruch.

Immer noch von der überströmenden Liebe Gottes überwältigt, und unter dem gewaltigen Eindruck dieses Gotteswunders an diesem Sonntagnachmittag stehend, betete ich zu meinem Vater im Himmel und sagte: „Herr, du weißt, ich habe jetzt diesen ‚Fehler' gemacht; du weißt auch, wie hoch alle Ausgaben und die Miete für diese Halle sind, so hilf du jetzt bitte nochmals, damit wir die großen Unkosten decken können."

Gott erhörte auch dieses Gebet und über Spenden ging später so viel an Geld ein, dass wir die Rechnungen bezahlen konnten. Auch für dieses Wunder dankten wir dem Herrn.

Gleich nach dem letzten Gottesdienst fuhr ich Dr. Cho zum Flughafen nach Stuttgart. Unterwegs auf der Autobahn – ich weiß es noch ganz genau, es war in Höhe der Ausfahrt Karlsbad – gab Gott mir eine Vision und sprach zu mir deutlich: „Baue meinem Namen ein Haus mit 2000 Sitzplätzen!"

Ich wandte mich während der Fahrt zu Dr. Cho und teilte ihm mit, was Gott soeben zu mir gesprochen hatte.

Er war in keiner Weise überrascht und meinte lediglich etwas nachdenklich: „2000 Sitzplätze...? Nein, Pastor Müller, deine Kirche soll 5000 Sitzplätze haben."

„Aber Pastor Cho", entgegnete ich, „weißt du überhaupt, was deutsche Verhältnisse sind? Das kann jemand in Korea machen, aber nicht in Deutschland."

Jedenfalls hatte Gott zu mir von 2000 gesprochen, und als wir uns später auf dem Flughafen herzlich verabschiedeten, ahnte ich noch nicht, was durch diese Vision des Herrn, die zugleich auch ein Auftrag war, in nächster Zeit noch alles auf mich zukommen würde.

5
Ich bin dein Herr

Von dem Tag an, da ich sah, was Gott mit einer Handvoll Leute tun kann, die ihm zuvor ihren ganzen Glauben auf den Altar legten, wurde in mir eine völlig neue Kraft geboren. Das Wunderwerk der vollen Schwarzwaldhalle inspirierte mich auf eine ganz neue Art. Plötzlich war für mich – mit der Hilfe des allmächtigen Gottes – kein Ding mehr unmöglich!

„Mit meinem Gott kann ich über Mauern springen ...“, sagt die Bibel. Mir erschien es, als müsste ich von dieser Stunde an auf alle möglichen Widerstände losstürmen, wie David auf Goliath. Kein Problem war mir mehr zu groß.

Ich hatte die ganz klare Instruktion vom Herrn erhalten, IHM ein Haus zu bauen. Einerseits wusste ich zwar, dass unsere Gemeinde zahlenmäßig geradezu bemitleidenswert klein war; aber andererseits hatten wir trotzdem ein großes Wunder erlebt. Und ich wusste auch, was in Markus 11, Vers 23 steht: „Wahrlich, ich sage euch: Wer zu diesem Berg spräche: Hebe dich und wirf dich ins Meer! und zweifelte nicht in seinem Herzen, sondern glaubte, dass es geschehen würde, was er sagt, so wird's ihm geschehen.“

Ein gewaltiges und großartiges Wort! – Inzwischen habe ich festgestellt: Von dem Zeitpunkt an, als die Salbung über mir war und Gott zu meinem Herzen gesprochen hatte, hat er auch begonnen, über alle Maßen zu segnen. Überall sind Türen aufgegangen.

Mit dieser Zuversicht im Herzen trat ich am darauf folgenden Sonntag vor meine Gemeinde. Es brannte in mir und ich konnte die Botschaft nicht schnell genug loswerden. Ich war davon überzeugt, meine lieben Glaubensgeschwister werden bestimmt eine riesengroße Freude haben, wenn sie erfahren, was der Herr zu mir geredet hat. Ich dachte ernstlich, das wird sie ganz einfach von den Stühlen reißen.

Gleich zu Beginn des Gottesdienstes ließ ich die Bombe los. „Geschwister“, sagte ich voller Begeisterung, „der Herr hat mir den Auftrag gegeben, ihm ein Haus zu bauen mit 2 000 Sitzplätzen!“

Ich wollte noch „Halleluja“ sagen; aber als ich die Gesichter da unten sah, blieb mir das Wort im Hals stecken. Zunächst war es erst einmal beängstigend still. Keiner sagte ein Wort. Kein „Preis dem Herrn!“ und kein „Lob und Dank“. Gar nichts. Nur ungläubige Gesichter. Es herrschte Totenstille; und sie sahen mich an, als rede ich von etwas völlig Unerreichbarem. Manche werden wohl gedacht haben: „Heute hat unser Pastor aber einen schlechten Witz gemacht!“

Im ersten Augenblick war ich wie erschlagen. „Herr, habe ich es dir nicht gleich gesagt“, sprach ich zu mir in Gedanken, „mit solchen Zweiflern soll ich eine Kirche bauen? Die haben doch überhaupt nicht begriffen, was du willst!“

Aber da sprach sehr sanft die Stimme Gottes zu mir: „Diese haben dir ja auch nicht den Auftrag gegeben, sondern ICH!“

Und so fragte ich meine Gemeinde, die immer noch kleingläubig dreinschaute: „Habt ihr denn keine Freude, wenn wir aus unserem Hinterhofsaal herauskommen und uns Gott ein neues Haus gibt?“

Da wandelte der Herr langsam ihre Sinne und gab ihnen Erkenntnis; und einige begannen sogar, zögernd zu klatschen. Schritt für Schritt fingen sie an, sich an den Gedanken eines neuen Gotteshauses zu gewöhnen. Der Glaube wuchs und der Heilige Geist tat ein Übriges. Nach meinen ersten Berechnungen benötigten wir ein Baugrundstück von ca. 10 000 Quadratmetern. Ich wusste, dass ein derartiges Gelände in einer einigermaßen ansprechenden Lage mit einer guten Infrastruktur mindestens eine Million kosten würde. Unser seinerzeit verfügbares Kapital betrug aber höchstens 200 000 DM.

Das störte mich jedoch keineswegs, denn ich hatte inzwischen gelernt, dass Gott mit Nullen rechnen und großartig „multiplizieren" kann.

Trotzdem war der Weg, den wir in den folgenden Jahren gehen mussten, mit mancherlei Schwierigkeiten gepflastert. Es gab eine Reihe Probleme, die uns immer wieder sehr zu schaffen machten und mit denen wir mit Gottes Hilfe fertig werden mussten. Es war ein langer, aber auch ein sehr gesegneter Weg. Ich will nun versuchen, die wichtigsten Etappen dieser Epoche in der Geschichte unserer Gemeinde zu schildern:

Begonnen hatte es im Jahr 1977, nachdem wir inzwischen so viel Geld zusammengespart hatten, dass wir uns an den Kauf eines Grundstücks in der für uns vorstellbaren Größe wagen konnten. Ich wandte mich zunächst ordnungsgemäß an die zuständige Stelle der Stadtverwaltung, an das Liegenschaftsamt, um über diese Instanz zu einem einigermaßen preiswerten Grundstück zu kommen.

So wurde uns zunächst in der Gemarkung Oberreut, einem Stadtteil von Karlsruhe, ein Grundstück mit der Fläche von 9 700 Quadratmetern in Aussicht gestellt. Es wäre auch für den Bau einer Kirche durchaus geeignet gewesen.

Nachdem ich der Stadtverwaltung unser Interesse an dem Projekt bestätigt hatte, begann ich mich auch sogleich nach einem geeigneten Architekten umzusehen. Das war aber gar nicht so einfach. Es musste schon eine Kapazität sein, denn eine Kirche, wie sie mir vorschwebte, war nicht nur ungewöhnlich in der gesamten Architektur, sondern auch nicht landesüblich. Sie sollte schlicht und dennoch repräsentativ sein. Ich wollte in keinem Fall einen der heute üblichen Betonklötze. Leider gibt es derzeit eine nicht unbeträchtliche Zahl von Kirchen, die von dieser modernen Stilrichtung geprägt sind und bei deren Anblick der Betrachter unwillkürlich eine gewisse Kälte verspürt. Nein, die Kirche, die wir Gott bauen wollten, sollte ein wahres Schmuckstück werden, wie damals der Tempel von König Salomo; denn schließlich wird es ja das Haus Gottes sein, in dem CHRISTUS der HERR des Hauses ist.

Ich wusste es eigentlich von vornherein, dafür kam im Grunde genommen nur ein Mann in Frage, der uns dabei helfen konnte. Aber dann kamen mir auch schon Bedenken, denn dieser Mann, an den ich dachte, hatte mir vor Jahren einmal große Schwierigkeiten gemacht. Aber trotzdem, je mehr ich darüber nachdachte, desto klarer wurde mir die wertvolle Bedeutung gerade dieses Mannes. Er könnte uns wirklich viel nützen, wenn er bereit wäre, uns zu helfen. Aber wie sollte ich ihm mein Anliegen nur klarmachen?

Also fragte ich wieder einmal den Herrn, der nicht nur unser Tröster, sondern auch unser Helfer ist, und er antwortete mir: „Nimm ihn doch einfach mit nach Korea und zeige ihm die Kirche von Pastor Cho. Da kann er dann einen Eindruck bekommen, was du eigentlich willst; wenn auch beileibe nicht in solcher Größenordnung."

Ich muss hier einfügen, dass wir gerade zu jener Zeit wieder eine Missionsreise nach Korea planten. Wir waren zu einem Seminar bei Pastor Cho eingeladen worden.

Drei Tage lang rang ich mit mir, und während dieser drei Tage brannte die Frage in meinem Herzen, ob ich diesen Mann anrufen sollte oder nicht. Irgendwie hatte ich noch große Hemmungen und ich fürchtete mich offensichtlich vor einer blamablen Absage seinerseits. Doch das Drängen des Heiligen Geistes in meinem Herzen ließ nicht nach, und so rief ich ihn schließlich dann doch an.

Und nun nahm Gott die Sache selbst in die Hand und regelte sie auch auf seine Weise.

Dieser entsprechende Mann – nennen wir ihn der Einfachheit halber Johann M. (sein richtiger Name lautet anders) – war selbst am Apparat, als ich ihn anrief. Ich nannte meinen Namen und fragte ihn gleich ohne Umschweife, ob er eventuell bereit sei, unserem Missionswerk beim Bau einer Kirche zu helfen. Wir würden beabsichtigen, eine große Kirche in Karlsruhe zu bauen.

Zuerst wurde es einmal ganz still am anderen Ende der Leitung. Ich hörte nur, wie er sich räusperte; dann, anscheinend um Zeit zu gewinnen, fragte er mich:

„Sind Sie nicht dieser Herr Müller, mit dem ich vor längerer Zeit einmal zu tun hatte?"

„Ja", antwortete ich mit fester Stimme, „das bin ich", und ohne weiter auf seine Frage einzugehen, fuhr ich in sorglosem Plauderton fort:

„Wissen Sie, das ist eine nicht ganz unkomplizierte Sache mit der Kirche... Wir haben da unsere ganz speziellen Vorstellungen... Das lässt sich auch nicht so ohne weiteres erklären. Das Beste wäre schon, Sie würden sich solch eine Kirche ganz einfach einmal ansehen."

„Hm, ansehen", meinte er erstaunt, „wo denn?"

Ich holte erst einmal tief Luft und zwang mich, ihm ganz ruhig zu antworten:

„In Korea..."

Wieder war es am anderen Ende unnatürlich still. Wahrscheinlich dachte er jetzt, ich wollte ihn auf den Arm nehmen. „In Korea, sagten Sie? Können Sie mir aber auch erklären, wie ich nach Korea kommen soll?"

„Ja, das kann ich", antwortete ich, „ich fliege in Kürze mit einer Gruppe nach Seoul und Sie kommen einfach mit."

„So", meinte er, „ich komme ganz einfach mit? Wissen Sie, das ist ja ganz schön! Aber selbst wenn ich wollte, ich habe dazu im Moment gar nicht das Geld. So eine Reise kostet doch mit allem Drum und Dran bestimmt eine Menge Geld!" Schließlich fügte er seinen Worten noch hinzu: „Und ob ich zu jener Zeit Urlaub bekommen kann, ist auch mehr als fraglich."

„Herr M.", erwiderte ich und legte besonderen Nachdruck in meine Stimme, „ich habe Sie, wenn Sie mich recht verstanden haben, nicht gefragt, ob Sie Geld haben, sondern ob Sie mitkommen. Das andere lassen Sie ruhig meine Sorge sein."

Er brauchte daraufhin erst eine Weile, bis er zu einem Entschluss kam. Dann sagte er: „Herr Müller, lassen Sie mir drei Tage Zeit, dann werde ich Ihnen Bescheid geben..."

Als ich den Hörer aufgelegt hatte, war ich zunächst erst einmal sichtlich erleichtert. Ich pries den Herrn und sagte: „Danke, danke, danke Herr! Er hat zumindest nicht ‚nein' gesagt."

Nach drei Tagen rief ich Herrn M. an. Gleich zu Beginn des Gesprächs fragte er mich noch einmal, ob ich das mit der Einladung nach Korea auch wirklich ernst gemeint hätte.

„Aber natürlich", antwortete ich ihm, „sonst hätte ich Sie doch gar nicht eingeladen."

„Na schön", meinte er plötzlich kurz entschlossen, „dann komme ich mit!"

Wir verabschiedeten uns und verblieben so, dass ich ihm sobald wie möglich nähere Einzelheiten zur Reise mitteilen sollte.

Wiederum sagte ich: „Preis und Dank sei dem Herrn!" – als ich erleichtert aufgelegt hatte.

Um ehrlich zu sein, ich hatte aber zu diesem Zeitpunkt das Reisegeld ebenso wenig wie Herr M. Im Gegensatz zu ihm brauchte ich es aber nicht, denn ich hatte einen Freiflug. So ging ich dann nochmals zum Reisebüro und erklärte der freundlichen Dame am Schalter:

„Wie Sie wissen, habe ich für 82 Personen die Flugreise nach Korea gebucht. Eigentlich müsste doch bei dieser Anzahl noch ein Freiflug drin sein."

Ich muss wohl einen sehr selbstbewussten Eindruck gemacht haben, denn nach kurzer Rücksprache mit ihrem Chef kam die Dame wieder und teilte mir lächelnd mit:

„Das geht in Ordnung, Herr Müller!"

Mir fiel ein weiterer Stein vom Herzen.

So war schließlich der Tag unserer Abreise. Nach über 23 Stunden Flugzeit kamen wir spät in der Nacht in Seoul an. Alle waren glücklich, endlich wieder festen Boden unter den Füßen zu haben.

Die Freude war groß, als uns Dr. Cho persönlich in Korea herzlich willkommen hieß. Alle Teilnehmer fühlten sich sofort wie zu Hause.

Als die Zimmer verteilt wurden, mussten wir feststellen, dass leider nur sehr wenige Doppelzimmer vorhanden waren. Die meisten der Ankommenden mussten in größeren Mehrbettzimmern untergebracht werden. Damals war das große Hotel gleich neben der Kirche von Dr. Cho noch nicht fertig gestellt.

Ich wurde von den Koreanern gefragt, wer von meiner Gruppe Pastoren sind, denn für sie würden einige Doppelzimmer zur Verfügung stehen. Da ich mich für mein Sorgenkind persönlich verantwortlich fühlte, dachte ich: „Den Mann kannst du doch nicht in einem Mehrbettzimmer unterbringen!" So machte ich ihn kurzerhand zu einem „Pastor". Gott wusste, dass das eigentlich nicht ganz richtig war, was ich da tat. Aber wie sich später herausstellte, hat unser gütiger himmlischer Vater hierbei aus der Not eine Tugend gemacht.

So bekam Herr M. eine Karte an das Revers seiner Jacke geheftet mit der Aufschrift „Pastor Johann M. vom Missionswerk DER WEG ZUR FREUDE". – Wenn er in diesem Moment allerdings gewusst hätte, was damit noch alles auf ihn zukommen würde, wäre er bestimmt lieber in die Gruppenunterkunft gegangen.

Gleich am nächsten Morgen begann ein volles Programm. In dem Raum, in dem das Seminar von Dr. Cho abgehalten wurde, befanden sich lange Reihen von Tischen und Stühlen. Ich ging gleich nach vorn und setzte mich direkt vor die Tafel.

Als ich mich umsah, um meinen neu gebackenen „Pastor" zu suchen, hatte er sich wohlweislich in die hinterste Ecke verdrückt. Ich dachte: „Lass ihn nur, wenn er sich da wohl fühlt. Er muss sich ja erst einmal akklimatisieren." Außerdem war es sicher das erste Mal, dass er sich in einer solchen Situation befand und zudem in einer Gemeinschaft, in der das volle Evangelium gepredigt wurde.

Während des Vortrags von Dr. Cho hatte jeder Teilnehmer sofort das Gefühl: „Hier spricht ein auserwähltes Werkzeug des Herrn." Wir erlebten Ströme von Segnungen und auch Heilungen während des Unterrichts. Wir sahen Gottes Herrlichkeit und eine heilige Atmosphäre tiefer Gläubigkeit breitete sich über diesen Raum und über alle Versammelten aus.

Als ich wieder mal zwischendurch verstohlen nach hinten schaute, sah ich, wie sich unser Freund offensichtlich interessiert Notizen machte, und mit vornüber gebeugtem Kopf war er einer der eifrigsten Schreiber.

„Halleluja!", dachte ich, „Herr, nimm dich seiner ganz besonders an. Am besten, du begegnest ihm und kommst in sein Herz."

Unsere Gemeinschaft im Seminar wuchs von Tag zu Tag im Glauben mehr zusammen und mein „Pastor" war einer der aufmerksamsten Zuhörer. Wir wohnten in unmittelbarer Nähe der großen Kirche von Dr. Cho. Eines Nachts konnten wir nicht einschlafen, denn wir hörten immer wieder ein ununterbrochenes, vieltausendstimmiges Beten und Singen.

So standen wir einfach auf und gingen hinüber in die Kirche. Es war morgens um 2 Uhr. Mein „Pastor“ rieb sich noch verschlafen die Augen. Aber als er dann plötzlich in dem riesigen Auditorium 10 000 Menschen betend auf den Knien liegen sah, war er mit einem Mal hellwach. So etwas hatte er noch nie zuvor gesehen. Die ganze Nacht über versammelten sich die Gläubigen in der heiligen Andacht vor ihrem Gott.

Wir waren beide am nächsten Tag still und nachdenklich geworden, und so ging das Seminar allmählich seinem Ende entgegen.

Zuvor hatte mich Dr. Cho allerdings noch eingeladen, beim Sonntagnachmittagsgottesdienst um 14.00 Uhr in seiner Kirche zu zehntausend Koreanern zu sprechen. Ich werde diese Predigt nie vergessen, denn die Salbung des Heiligen Geistes war mächtig spürbar.

Zum Abschluss unseres gesegneten Aufenthalts in Seoul wurden die Teilnehmer noch mit den Hausbibelkreisen bekannt gemacht, damit jeder Einzelne von uns das vorbildliche Glaubensleben der Koreaner auch an der Basis, also mitten im Alltag, erleben konnte. Deshalb wurde unsere Delegation in fünfzehn kleinere Gruppen eingeteilt und für jede Gruppe wurde extra ein Leiter bestimmt, der Englisch sprach.

Mein „Pastor“ hatte keinerlei Bedenken, als ich ihn als Gruppenleiter einteilte, und bereitwillig zog er mit seiner Gruppe los. Ich war mit einer anderen Gruppe unterwegs, und so gingen wir in verschiedene Richtungen der Stadt. Erst am Abend trafen wir wieder zusammen.

Beim Gedankenaustausch am selben Abend erzählte er mir mit strahlenden Augen, was sich an diesem Tag ereignet hatte. Ein koreanischer Pastor, der seine Gruppe zu dem

Hausbibelkreis begleitet hatte, sagte ihm bei der Ankunft, er möchte doch zu Beginn der Veranstaltung beten.

Damit hatte er nicht gerechnet, dass er beten sollte, ganz allein und frei vor circa drei Dutzend Leuten, die ihm außerdem fremd waren. Und überhaupt, im Beten hatte er ja all die Jahre so wenig Übung gehabt, und wann hatte er gar zum letzten Mal in die Bibel geschaut?

Als er so vor den Leuten stand und auch nicht nein sagen konnte, wurde es ihm zuerst einmal abwechselnd heiß und kalt. Er fing an zu schwitzen und sein Mund wurde immer trockener. Seine Kehle war wie zugeschnürt und er brachte kein Wort heraus.

„Lieber Gott!", sagte Johann M. innerlich, „hilf du mir jetzt, ich habe doch in den letzten Tagen gelernt, dass du es kannst..."

Und mit einem Male wurde er ganz ruhig. Er wunderte sich noch, aber da sprach er auch schon die ersten Worte, und die Worte, die er sprach, gab ihm der Heilige Geist ein. Das Gebet kam ihm so leicht über die Lippen, dass er ganz glücklich wurde.

Er sprach das Gebet des Glaubens, während Tränen seine Wangen benetzten, und bat in diesem Moment den allmächtigen Gott, sich seiner zu erbarmen und auch ihn als sein Kind anzunehmen als sein persönliches Eigentum.

Danach fühlte er sich frei wie nie zuvor in seinem Leben. Alle Versammelten spürten zutiefst, dass hier etwas Wunderbares geschehen war, und sie beteten mit ihm und lobten Gott für seine Gnade, die er diesem Mann erwiesen hatte. Manche weinten mit ihm und umarmten ihn.

Nachdem ich von diesem Erlebnis hörte, umarmten auch wir beide uns, denn wir waren nunmehr Brüder geworden. Der Apostel Paulus schreibt: „Ist jemand in Christus, so ist er eine neue Kreatur, das Alte ist vergangen, und siehe, es ist alles neu geworden!"

Wir sind heute, nach vielen Jahren, immer noch gute Freunde. Mein Pseudo-Pastor von Korea, Johann M., ist mir eine große Stütze und außerordentlich behilflich bei allen unseren Bauvorhaben gewesen.

Ich erinnere mich bei dieser Gelegenheit noch an eine bemerkenswerte Episode am Rande des Seminars in Seoul. Unsere Delegation setzte sich aus deutschen und schweizerischen Teilnehmern zusammen. Irgendwann im Laufe des Seminars erwähnte Dr. Cho auch die Arbeit eines Pastors aus Deutschland und erklärte sich bereit, diesen beim Bau einer Kirche mit einem enormen Betrag - ich glaube, er sprach dabei von zwei Millionen US-Dollar – unterstützen zu wollen.

Offen gestanden, ich konnte mir diese Zusage von Dr. Cho zunächst nicht erklären. Nachdem er seinen Vortrag an diesem Tag beendet hatte, ging ich zu ihm und fragte ihn, ob er sich nicht etwa bei der Ortsangabe geirrt hätte. Er hatte seinerzeit in Karlsruhe zum Ausdruck gebracht, dass die Erweckung in Deutschland möglicherweise von Karlsruhe ausgehen werde.

Dr. Cho meinte darauf, er wisse zwar, dass unsere Arbeit in Karlsruhe sehr gesegnet sei, aber der Herr müsse ihm erst noch letztlich Klarheit darüber geben. Diese Klarheit zu einer größeren finanziellen Unterstützung unserer Gemeinde habe er aber im Augenblick noch nicht.

Ich war in diesem Moment tief deprimiert, zumal ich wusste, welch einen mühsamen Kampf wir gerade zu dieser Zeit wegen des Baus einer Kirche zu führen hatten. Eine große Traurigkeit überfiel mich, und als ich später wieder allein auf meinem Zimmer war, war ich regelrecht niedergeschlagen, als hätte mir jemand einen gewaltigen Hieb versetzt.

Ich wusste, dass zum Bau unserer Kirche der Arm Gottes ungewöhnlich mächtig bewegt werden müsse. Ein Projekt dieser Art liegt von vornherein in der Größenordnung von mehreren Millionen Mark. Deshalb ist es nicht verwunderlich, dass ich in diesem Moment der Meinung war, einen ersten Fingerzeig Gottes zu erkennen.

So kamen mir abschließend allerlei Gedanken in den Kopf. Aber dann ging ich auf meine Knie und warf mein ganzes Anliegen auf den Herrn.

„Herr", sprach ich, „dieser Bruder bekommt zwei Millionen Dollar, für die er nicht zu glauben braucht. Aber ich muss für zwei Millionen glauben. Das kann doch nicht dein Wille sein. Du hast mir doch in mein Herz gelegt, in Karlsruhe die Kirche zu bauen und das Missionswerk zu errichten."

Zwei Stunden lang betete ich und mein Herz blieb schwer, immer wieder quollen die Tränen voller Enttäuschung aus meinen Augen, aber „... der Herr ist nahe bei denen, die zerbrochenen Herzens sind, und er hilft denen, die ein zerschlagenes Gemüt haben", sagt der Psalmist. Und an anderer Stelle heißt es: „Wenn die Gerechten schreien, so hört der Herr sie und errettet sie aus all ihrer Not" (Ps 34,18).

Als meine Hoffnung schon ziemlich gesunken war, hörte ich auf einmal eine leise und sehr zarte Stimme, die ganz eindringlich zu meinem Herzen sprach:

„Bin ich dein Gott oder ist es Pastor Cho ...?"

Als ich dies vernommen hatte, war alle Traurigkeit mit einem Mal verschwunden. Eine große Freude erfasste mich. Ich stand auf, hob meine Arme empor und betete laut:

„Herr Jesus, vergib mir. Ich weiß, dass du mein Herr und Gott bist und nicht Pastor Cho. Ich danke dir, dass du mich wieder aufgerichtet hast!"

Nach einigen Jahren erfuhr ich, dass sich die beabsichtigte finanzielle Unterstützung für jenen Pastor unerwartet zerschlagen hatte. Sie ist aus irgendwelchen Gründen nicht realisierbar geworden. Aber schließlich bekam er seine Kirche trotzdem und wir in Karlsruhe die Christus-Kathedrale, und das ohne finanzielle Hilfe von Pastor Cho.

Gott hat somit wieder einmal deutlich bewiesen, dass er nicht auf bestimmte Menschen angewiesen ist, um sein Werk zu bauen, sondern dass ER selbst es tut.

„Gottes Wege sind vollkommen“, sagt David in einem seiner Psalmen und ruft uns zu: „Harre auf den Herrn und halte seinen Weg, so wird er dich erhöhen, dass du das Land erbest!“

6
Durch die Wüste

Ich habe mich jetzt bei der Schilderung der Episoden unseres Korea-Aufenthalts etwas von dem Bericht über unsere damaligen Baupläne entfernt. Doch wer mich von meinen Predigten her kennt, der weiß, dass ich öfters gern mal abschweife, wenn mir gerade etwas in den Sinn kommt, mit dem ich auch an praktischen Beispielen Gott verherrlichen kann.

Etwa Mitte 1978 bekamen wir von der Stadtverwaltung eine Aufforderung, wonach wir umgehend zusammen mit der Bauskizze auch gleichzeitig einen Finanzierungsplan vorlegen sollten. Es musste also eine vorläufige Berechnung der Baukosten vorgenommen werden. Zu bezahlen war aber zunächst natürlich nur der Bauplatz.

Bis zu diesem Zeitpunkt hatten wir immerhin eine gewisse Summe gespart. Das Grundstück kostete aber einschließlich Anliegerkosten beträchtlich mehr. So haben wir dann alle Konten geleert und das Letzte zusammengekratzt, damit wir die erforderliche Summe dem entsprechenden Ausschuss präsentieren konnten.

Als ich den Geldtransit glücklich beendet hatte und dachte, dass ich nun wieder mal eine große Schwierigkeit überwunden hätte, erklärte mir mein Sohn Daniel mit sorgenvoller Miene, es hätten sich gerade jetzt Rechnungen von einigen Tausend Mark angesammelt, die unbedingt in den nächsten Tagen bezahlt werden müssten.

An diesem Abend legte ich im Gebet erneut mein Problem vor den Herrn hin und bat ihn, er möchte doch dafür sorgen, dass auch diese Rechnungen bald bezahlt werden können. Am nächsten Morgen, ich saß noch nicht lange in meinem Büro, da vermittelte mir eine Mitarbeiterin ein Telefongespräch von auswärts. Eine mir unbekannte Frau war am Apparat. Ich hatte ihren Namen noch niemals zuvor gehört. Das erste, was sie sagte, überraschte mich gleich. Sie fragte nämlich: „Herr Müller, für welchen Betrag beten Sie…?"

Zuerst wusste ich gar nicht, was ich ihr antworten sollte. Ich musste mich erst mal etwas erholen; denn auch ein freudiger Schreck ist immerhin ein Schreck.

In meinem Herzen dachte ich, du kannst ihr doch nicht sagen, wie viel Geld uns gerade in diesem Augenblick in der Kasse fehlt, und so antwortete ich ihr: „Der Herr weiß es."

Die Frau am Telefon antwortete darauf erst lange Zeit nicht. Ich hatte den Eindruck, als denke sie angestrengt über etwas nach. Plötzlich sagte sie ganz ohne Übergang, sie lasse sich von Gott leiten.

Als ich den Hörer aufgelegt hatte, war es mir, als sei ich mit einem Engel im Himmel verbunden gewesen.

Zwei Tage darauf brachte mir meine Frau Hannelore, die die Tagespost erledigt, den Scheck mit einem Begleitschreiben. Mit Tränen in den Augen sagte sie nur: „So hat Jesus dich lieb!" Dann las sie mir den Brief vor, in dem die mir bis dahin unbekannte Frau unter anderem schrieb, dass sie nur getan hätte, was Gott ihr aufgetragen hat. Seit sie den Scheck ausgeschrieben habe, sei eine übernatürlich große Freude in ihrem Herzen eingezogen.

Wir erlebten in dieser Zeit im Zusammenhang mit der Suche nach einem geeigneten Grundstück immer wieder neue Überraschungen. Gott führte uns wie die Israeliten erst eine Zeit lang durch die Wüste der vielen Widerwärtigkeiten und Enttäuschungen, bevor er das Meer teilte.

Das Projekt im Stadtteil Oberreut zerschlug sich unerwartet und wir mussten erneut auf die Suche nach einem geeigneten Bauplatz gehen. Als Nächstes bekamen wir in unserer Nachbarstadt Ettlingen ein geradezu ideales Gelände angeboten. Aber auch in diesem Fall zerschlug sich das Projekt.

Das nächste, was uns offeriert wurde, war ein Grundstück mit Gebäude in Hagsfeld, einem Vorort von Karlsruhe. Wir vereinbarten mit dem Verkäufer einen Termin und besichtigten das Bauwerk eingehend. Es entsprach durchaus unseren Vorstellungen. Um es vorwegzunehmen, infolge verschiedener Schwierigkeiten war aber der Erwerb dieses Grundstücks ebenfalls nicht zu realisieren.

Es sollte jedenfalls noch viel Wasser den Rhein bei Karlsruhe hinunterfließen, bis wir „das Gelobte Land" endlich sehen konnten.

Während der Verhandlungen zum Erwerb des Grundstücks in Hagsfeld kamen wir in der Gemeinde jeden Abend zum Gebet zusammen. Wir brachten unser Anliegen dem Herrn dar und baten ihn, nun das seine dafür zu tun. Den Ältesten in der Gemeinde berichtete ich ständig über den Verlauf der Verhandlungen. Die Brüder ermunterten mich und waren überzeugt davon, dass Gott noch alles zum Guten wenden würde.

Es war an einem Samstagabend, nachdem die letzte Gebetsstunde vorüber war, ich ging nach Hause und legte mich mit allerlei Gedanken belastet müde in mein Bett. Ich schlief nach einiger Zeit unruhig ein. Gegen zwei Uhr in der Nacht weckte mich der Herr und sagte zu mir: „Gehe ins Wohnzimmer und schlage die Bibel auf, ich habe dir etwas zu sagen!"

Spontan stand ich auf, bewegte mich aber trotzdem leise, um meine Frau Hannelore nicht zu wecken, und ging hinüber ins Wohnzimmer. Dort holte ich „Die gute Nachricht"-Bibel aus dem Schrank und schlug das Alte Testament auf. Dabei fiel mein Blick auf das Buch Ruth, auf das 3. Kapitel und den Vers 18: „Du kannst nun ruhig abwarten, wie die Sache ausgeht." In der Luther-Übersetzung wiederum lautet dieser Text: „Warte, bis du erfährst, wo es hinaus will.“

Mein Herz war mit einem Mal wieder voller Freude. Ich durfte abwarten, ganz einfach und ruhig abwarten, denn der Herr würde es für mich tun. Ich stand in seiner Fürsorge, in seinem Wohlwollen und seine segnende Hand war über uns. Voller Glück und sehr beruhigt ging ich wieder zurück ins Schlafzimmer.

Inzwischen war meine Frau wach geworden, und als sie mich kommen sah, fragte sie: „Was ist denn los?“

Ich erzählte ihr ganz freudig, dass der Herr zu mir durch sein Wort gesprochen habe, ich solle ruhig abwarten, wie die Sache mit dem Grundstück ausgeht.

„Das ist doch seltsam“, erwiderte sie, richtete sich im Bett auf und war mit einem Male hellwach. „Gestern kam mir das gleiche Wort in mein Herz und ich las es auch ...“

Als in jenen Tagen die Verhandlungen mit der Stadtverwaltung gerade auf Hochtouren liefen, rief mich eine liebe Schwester aus Zürich an. Ohne große Vorrede fragte sie mich am Telefon sofort: „Bruder Müller, brauchst du Geld?“

„Wieder ein Engel direkt vom Himmel!“, dachte ich und sagte dann noch etwas zögernd zu ihr:

„Ja, eigentlich schon; wir sind nämlich gerade dabei, ein Grundstück zu kaufen.“

Daraufhin meinte sie, im ruhigsten Tonfall, den man sich denken konnte:

„Der Herr hat heute früh zu mir geredet, dass ich eurem Missionswerk einen gewissen Betrag überweisen soll. Ich wusste zwar nicht, warum dies so dringend sei, aber er hat es gesagt!“

Vor Freude wäre ich fast vom Stuhl aufgesprungen, so überwältigte mich wieder einmal die unendliche Treue unseres Gottes. Wenn er seinen Kindern einen Auftrag gibt, dann sorgt er auch für die erforderlichen Mittel.

Jedoch auch diesmal sollten, wie gesagt, die Schwierigkeiten leider nicht ausbleiben, wie sich im weiteren Verlauf der Verhandlungen zeigte. Zwar hatte uns der Herr „Land verheißen“ – das hatte er mir klar und deutlich zu verstehen gegeben –, aber wir mussten es erst noch mühsam durch Gebet erkämpfen und einnehmen.

In den nun folgenden Verhandlungen mit verschiedenen Instanzen konnte leider keine für uns positive Entscheidung erzielt werden.

Das war ein harter Schlag für mich. Und in meinem Herzen betete ich deshalb immer wieder zu Gott: „Herr, hast du dies alles gesehen? Was ist nun mit deinem Haus, das zu bauen ist?“

Nun aber, während die Verhandlungen auf Hochtouren liefen, wollte es Satan mit allen nur erdenklichen Mitteln verhindern, dass das Gotteshaus gebaut wird.

Sogar die Presse schaltete er ein, die genüsslich, auf amüsante Art und Weise, über unser Vorhaben berichtete. Man konnte es eben nicht fassen, dass ein einfacher Bürger, der in dieser Stadt geboren und aufgewachsen ist, eine solche Kirche bauen will, die 2000 Sitzplätze hat.

Wie bei Noah die Menschen ihren Spott hatten, als er unermüdlich 120 Jahre an seiner Rettungsarche baute, erging es auch mir. Nein, ich ließ mich nicht beirren und hielt an dem von Gott erteilten Auftrag fest. – Mein Gott hatte mich nicht verlassen!

Als ich eines morgens erwachte, war mir plötzlich klar geworden, dass ich nunmehr ganz einfach selbst die Initiative ergreifen musste, um etwas völlig anderes als bisher zu unternehmen.

Also musste ich Gott nochmals fragen, und ich griff wieder, wie schon so oft in solchen Situationen, zu meiner Bibel und sagte: „Herr, jetzt brauche ich ein ganz bestimmtes Wort von dir, ich muss jetzt eine Antwort vom Himmel haben.“

Da lenkte Gott mein Auge auf die Stelle in Vers 10 in Jesaja 60, wo geschrieben steht: „Fremde werden deine Mauern bauen…"

„Danke, Herr", sagte ich, „das ist himmlischer Balsam für meine Seele!"

Wenn ich heute, da ich inzwischen den entsprechenden Abstand gewonnen habe, an diese Zeit zurückdenke, so ist mir vor allem eines dabei klar geworden, und das möchte ich auch allen denen weitergeben, die sich manchmal über Gottes Wege wundern, und was Gott zulässt, nicht immer gleich begreifen.

Wir erkennen oft nicht sofort, was gut und was schlecht für uns ist. Manchmal macht Gott Umwege, um uns zu erziehen und um uns daraufhin noch deutlicher seine Herrlichkeit offenbaren zu können. Wir haben zuerst gedacht, es sei Gottes Wille, dass wir das Grundstück in Hagsfeld bekommen.

Aber hätte er unser diesbezügliches Gebet erhört, wären wir in Karlsruhe hoffnungslos ins Hinterdorf geraten. Über alle Schwierigkeiten hinweg hat er uns letztlich doch zum Sieg verholfen. Wir baten um Silber und Gott gab uns Gold!

Wie war es denn damals, als ich beim ersten Besuch von Dr. Cho in Karlsruhe die Stadthalle nicht für unsere Veranstaltung bekommen konnte? Ich war zunächst enttäuscht. Aber hätte mir Gott die Stadthalle gegeben, dann hätte ich an die Schwarzwaldhalle überhaupt nicht gedacht! Ich wäre mit 1000 Besuchern in der Stadthalle zufrieden gewesen; der Herr aber nicht, deshalb zwang er mich, die Schwarzwaldhalle zu mieten.

Das verstand ich damals aber noch nicht und stand alle möglichen Ängste aus. Doch dann schuf Gott zu seiner Verherrlichung ein noch größeres Wunder, als es in der Stadthalle möglich gewesen wäre, und ich durfte mit Paulus sagen: „Was ich für Schaden hielt, das ist mir zum Gewinn geworden!"

Ganz genauso hat es sich mit dem Erwerb des Grundstücks für unsere Kirche verhalten. Ich musste erst durch große Prüfungen gehen und Gott hat mich vieles dabei gelehrt.

7
Im Gelobten Land

„Ich will dich unterweisen und dir den Weg zeigen, den du wandeln sollst; ich will dich beraten, mein Auge auf dich richtend ...“, so spricht Gott durch den Psalmisten.

Als ich nach den vorstehend erwähnten Schwierigkeiten immer deutlicher feststellen musste, dass offensichtlich Gott etwas anderes vorhatte, fragte ich ihn nochmals ganz eindringlich: „Herr, was soll ich nun tun, nachdem alle meine Bemühungen gescheitert sind?“

Gott antwortete mir und sprach mit deutlichen Worten: „Gib ein Inserat auf, und zwar in der Frankfurter Allgemeinen Zeitung.“

So gab ich dann bei dieser Zeitung ein auffallendes Inserat auf, gut platziert und in nüchtern geschäftlichem Stil, ungefähr folgenden Inhalts: „Im Raum Karlsruhe oder Ettlingen suchen wir ein Grundstück zwischen 5000 bis 20000 qm für Verwaltungszwecke.“

Ich wollte mit dieser Angel einen ganz besonderen Fisch an Land ziehen. Wie Simon warf ich im Glauben das Netz aus.

In der Bibel steht an dieser Stelle: „Und da sie das taten, fingen sie eine große Menge Fische, und ihre Netze begannen zu reißen.“

Der Herr segnete uns zwar nicht mit einer großen Menge, dafür aber mit einem ganz besonderen Fisch.

Es war etwa eine Woche später, als wir einen Brief von der Karlsruher Möbelfabrik erhielten, die in der Nähe des Westbahnhofs ihren Betrieb hatte.

Ich vereinbarte einen Termin, und wenige Tage später saß ich den verantwortlichen Herren der Möbelfabrik in deren Büro gegenüber.

Als ich mich vorgestellt hatte und ihnen erklärte, dass wir das Gelände für den Bau eines Gotteshauses erwerben möchten, sahen sie mich erst einmal ganz erstaunt an. Ihren Gesichtern sah ich an, dass sie zweifelten, dass für ein Kirchengebäude solch ein großes Grundstück benötigt wird. Jedenfalls, als die Herren nach einiger Zeit den Irrtum ihrer voreilig falschen Einschätzung erkannt hatten, wurden wir uns eigentlich sehr schnell einig.

Gott schenkte uns genau das Grundstück, auf das wir schon so lange gewartet hatten – von angemessener Größe und in zentraler Lage. Es befindet sich an einem geradezu hervorragenden Standort, direkt an der Südtangente mit Anschluss an die Autobahn Basel–Stuttgart–Frankfurt. Gegenüber liegt eine Bus- und Straßenbahn-Haltestelle, sodass das Missionswerk für alle gut und bequem zu erreichen ist. Außerdem ist nebenan eine gepflegte Parkanlage. So hat uns der Herr wieder einmal reichlich gesegnet. IHM sei alle Ehre und Dank dafür gesagt!

Nun waren wir also endlich so weit. Im Jahr 1975 hatte ich von Gott den Auftrag bekommen, ihm ein Haus zu bauen, und mittlerweile war es bereits 1981 geworden. Es gab zwar zwischenzeitlich eine Menge von Schwierigkeiten und es bedurfte vieler Gebete, bis das „Gelobte Land" eingenommen werden konnte. Auch mussten viele Steine aus dem Weg geräumt werden, aber der Herr gab Sieg! Das „Meer" teilte sich, der „Berg" ward ins Meer geworfen und die „Mauern Jerichos" waren gefallen.

Gott wusste, dass wir gerade zu diesem Zeitpunkt dringend ein neues Gotteshaus benötigten. Die Räume in unserem ehemaligen Hinterhofgebäude in der Bachstraße waren hoffnungslos zu klein geworden. Sonntag für Sonntag hatten wir Mühe, die Geschwister, die oft aus allen Teilen Deutschlands kamen, beim Gottesdienst unterzubringen. Für unsere Evangelisationsveranstaltungen mussten wir immer teure Säle mieten. Wir hatten mehrmals im Jahr international bekannte Evangelisten in Karlsruhe zu Gast. Aber auch unsere Büroräume platzten inzwischen aus allen Nähten, da die weltweite Missionsarbeit immer größeren Umfang angenommen hatte.

Nun war also die Zeit gekommen, dass ein neues, größeres Gotteshaus gebaut werden sollte. An dem Tag, als die Kinder Israels begannen, ihren Tempel zu bauen, sprach Gott durch den Propheten Haggai zu ihnen. „Von heute an werde ich euch Segen geben und alles gedeihen lassen" (2,19) – und an anderer Stelle: „Ich stehe euch bei, ich, der Herr sage es!" (1,13).

In der Bibel wird uns verheißen, dass von Gott alle gesegnet werden, die sich am Bau seines Hauses beteiligen. Selbst das kleinste Opfer segnet und vermehrt der Herr in seinem Weinberg – wie die fünf Brote und zwei Fische in den Händen des Knaben am See Genezareth. Was Gott selbst ins Leben gerufen hat, darin wird er sich auch herrlich offenbaren. Er wird Verlorene retten, Gebundene befreien und Kranke heilen.

Damals gab mir Gott auch das Wort aus der Schriftstelle in 1. Könige 6, Vers 13. „Ich werde in diesem Haus, das du mir baust, mitten unter meinen Kindern wohnen und mein Volk niemals im Stich lassen."

Es sollte auch bei uns so kommen, wie damals bei Salomo. Als Salomo den Tempel einweihte, den er dem Herrn gebaut hatte, konnten die Priester ihren Dienst nicht fortsetzen, denn die Herrlichkeit des Herrn erfüllte das Haus.

Eine kleine Begebenheit am Rande hat damals mein Herz mit besonderer Freude erfüllt. Als ich mit meinen Gemeindeältesten das Gelände besichtigte, stellten wir mit Erstaunen fest, dass darauf zwei ganz besondere Bäume stehen –, nämlich ein Feigenbaum und eine Zeder – zwei typisch biblische Pflanzen. Wir konnten es kaum fassen, dass der Feigenbaum in unserem Karlsruher Klima gedeihen kann. Bei Gott sind eben alle Dinge möglich! Der ehemalige Besitzer des Grundstücks, ein Jude, hatte wahrscheinlich die beiden Bäume aus Israel mitgebracht und eingepflanzt. Sie hatten sich trotz des ungewohnten Klimas prächtig entwickelt.

Als wir vor dem Feigenbaum standen, konnten wir mit großer Freude feststellen, dass der Baum gerade, gleichzeitig mit den Blättern, neue Früchte hervorbrachte. Auch in den folgenden Jahren hat dieser Feigenbaum noch viele und wunderbare große Früchte gebracht, sodass wir unsere wahre Freude an ihm haben.

In Matthäus 24,32 sagt der Herr: „An dem Feigenbaum lernet ein Gleichnis. Wenn sein Zweig saftig wird und Blätter gewinnt, so wisst ihr, dass der Sommer nahe ist."

Wir spürten sehr deutlich, „dass der Sommer nahe war", und der Herr in diesem Gotteshaus in Karlsruhe noch Großes tun wird, denn ER selbst ist das Fundament und der „Eckstein".

Wie stets in der Vergangenheit, wenn es galt, die Gaben in die Scheuer des Herrn einzufahren, wurden unsere Geschwister und Missionspartner mobil. Der Herr gab uns die Mittel, die wir brauchten, und zehntausende von Betern standen hinter uns.

Eine ältere Glaubensschwester, die den Herrn von ganzem Herzen liebt, brachte auch ihr „Scherflein" als Baustein. Mit strahlenden Augen sagte sie: „Kinder habe ich keine. Ich möchte aber nicht, dass meine ungläubigen Verwandten die Mittel verprassen, die mir Gott geschenkt hat. Wenn der Herr mich von dieser Welt abberuft und ich bei ihm bin, soll mein Geld für das Reich Gottes weiterarbeiten."

Wir hatten nach dem Grundstückskauf natürlich eine Menge Rechnungen zu bezahlen. Eines Tages kam mein Sohn Daniel, der unter anderem auch die Buchhaltung führt, voller Sorgen zu mir ins Büro mit einem Stapel Rechnungen in der Hand. „Papa“, sagte er, „sieh dir das an. Die warten alle auf ihr Geld und unser Konto ist wieder einmal so gut wie leer.“

„Ach, Daniel“, tröstete ich ihn, „mach dir keine Sorgen. Du weißt doch, bei Gott sind alle Dinge möglich. Er wird uns bestimmt wieder aus der Klemme helfen.“

Als ich dann am nächsten Morgen zur Bank ging, um nochmals wegen unserer Finanzen zu disponieren, traute ich meinen Augen nicht. Auf dem neuesten Auszug stand auf der Habenseite weitaus mehr, als wir im Augenblick benötigten.

Im ersten Moment dachte ich, der Bank wäre wohl ein Fehler unterlaufen. Vielleicht hat auch der Computer verrückt gespielt. Das kommt ja immer wieder mal vor, wie wir alle wissen. Aber als ich die Angelegenheit nochmals überprüft hatte, stellte sich heraus, dass die Buchung durchaus korrekt war.

Wie ich später erfuhr, hatte eine ältere Glaubensschwester ein Grundstück verkauft, und, ohne uns vorher zu informieren, das Geld überwiesen. Als ich mich dafür bei ihr am Telefon bedankte, erklärte sie mir, dass sie von Gott einen sehr deutlichen Auftrag bekommen hätte, einen bestimmten Betrag nach Karlsruhe zu überweisen.

Das war für mich erneut ein wunderbares Beispiel, wie der Herr hinter unserer Arbeit steht, und zugleich eine Ermutigung, mit frohem Herzen auf dieser Straße weiter zu marschieren – bis zum endgültigen Ziel.

In einem anderen Fall hat Gott ebenso zu einer Glaubensschwester geredet, sie solle speziell für den Bau in der Keßlerstraße ein besonderes Opfer überweisen. Diese Frau wusste jedoch nicht, dass mir der Herr zu jener Zeit einen ganz speziellen Auftrag für den Kirchenbau gegeben hatte.

Einige Tage zuvor war ich mit einer Pilgergruppe in Israel. Als wir mit dem Bus durch die Straßen von Jerusalem fuhren, wurde auf einmal mein Blick auf die mit Jerusalemer Kalkstein verkleideten Hausfassaden gelenkt und in meinem Herzen vernahm ich, wie der Heilige Geist sehr, sehr deutlich zu mir redete: „Diese Steine sind stille Zeugen von den großen Wundertaten Gottes, die hier geschahen. Bestelle solche Steine und bringe sie in meinem Haus, das du in Karlsruhe bauen wirst, an der Wand an, an der das Kreuz befestigt wird."

Dieser göttliche Befehl erweckte in mir solch eine mit Worten nicht zu beschreibende Freude, dass ich mich spontan mit einem Baustoffhändler in Verbindung setzte und 150 qm Steine bestellte. Es sind dies grob behauene, rosafarbene und rechteckige Kalksteine, mit denen in Jerusalem jedes neu erstellte Haus durch behördliche Auflage fassadenverkleidet werden muss.

Jeder, der schon einmal in Jerusalem gewesen ist, kennt diese eigenartigen Steine. Es sind sehr schöne, attraktive Steine und sie kommen aus dem Land, aus dem auch Jesus kam.

Diese Frau, zu der Gott so deutlich redete, war eine Oberlehrerin i. R. und wohnte in Kaiserslautern. In einem Brief hat sie uns seinerzeit geschildert, wie sie in jenen Tagen mit dem Herrn eine regelrechte Diskussion geführt habe.

Erst gab er ihr zu verstehen, sie solle einen gewissen Betrag überweisen, was sie dann auch gerne tat. Dann sprach einige Tage später der Herr wieder zu ihr: „Überweise nochmals denselben Betrag." Auch dies tat sie wiederum bereitwillig. Als aber Gott zum dritten Mal zu ihr redete, begann sie etwas zu tun, was sie bisher noch nie getan hatte. Sie rebellierte und sagte: „Herr, das kann doch nicht sein, das hast du bestimmt nicht so gemeint, das kann wohl nicht deine Stimme gewesen sein!"

Aber es war Gottes Stimme, das spürte sie dann sehr deutlich. Jesus sagte einmal zu den Juden, und das gilt auch heute noch: „Meine Schafe hören meine Stimme und ich kenne sie, und sie folgen mir…“ (Joh 10,27).

Wie uns diese Frau später in einem ausführlichen Brief schrieb, sprach der Herr sehr klar und deutlich zu ihr: „Dich könnte ich nicht als Engel gebrauchen, weil du mir ungehorsam bist!“

Daraufhin gehorchte sie Gottes Anweisung und tat, was er ihr befahl. Es war gerade der Betrag, den die Steine einschließlich Transport nach Karlsruhe gekostet hatten.

In der Bergpredigt sagt unser Herr Jesus: „Gebt, so wird euch gegeben. Ein voll, gedrückt, gerüttelt und überfließend Maß wird man in euren Schoß geben; denn eben mit dem Maß, mit dem ihr messet, wird man euch wieder messen!“

Als Christen wissen wir aus reichhaltiger Erfahrung: Einen Auftrag des Herrn auszuführen, ist immer ein Akt des Glaubens. Alle Menschen, die Gott gebrauchen wollte, mussten ihren Glauben unter Beweis stellen. So wurde auch der Bau in der Keßlerstraße ein Akt des Glaubens und zum Zeugnis des Vertrauens, mit dem wir Gott ehren wollen. Wir wissen, der Herr hat viele Mittel und Wege, und er lässt uns in unseren Schwierigkeiten nie allein. Das hat er uns in all den Jahren immer wieder zur Genüge bewiesen. Wir sind darüber voller Lob und Dankbarkeit.

So durften wir Tag für Tag neu erleben, dass der Herr es ist, der den Befehl zum Bauen gab. Immer und immer wieder unterstützten uns Missionsfreunde, die wir zum Teil nicht gekannt oder noch nie gesehen hatten.

Oftmals schrieben sie: „Der Herr hat zu mir geredet…“ Und wir wissen es, der Herr spricht immer noch, damit sein Wille geschieht, sowie sein Reich gebaut werde und der Segen des Evangeliums auch von Karlsruhe aus weltweit in alle Himmelsrichtungen fließen kann. Großes hat der Herr sich vorbehalten und die Zeit der Erfüllung ist da.

Ich erinnere mich noch sehr gut an jene Zeit, als der Herr viele unserer Missionspartner beauftragt hat, unser Vorhaben aktiv zu unterstützen. Damals erreichten uns vereinzelt auch Briefe, in denen Geschwister zum Ausdruck brachten, dass man in einer Zeit, in der so viele Kirchen leer stehen, das Geld doch besser den Armen geben sollte. Dieses mehr als fragwürdige Argument begegnet uns auch sehr deutlich im 12. Kapitel des Johannesevangeliums bei der Salbung Jesu zu Bethanien:

„Da nahm Maria ein Pfund Salbe von ungefälschter köstlicher Narde..." heißt es im 3. Vers, „und salbte die Füße Jesu und trocknete sie mit ihren Haaren ab. Das Haus aber ward voll vom Geruch der Salbe."

Johannes berichtet dann weiter: „Da sprach seiner Jünger einer, Judas Iskariot, der ihn hernach verriet: Warum ist diese Salbe nicht verkauft worden um dreihundert Groschen und den Armen gegeben?"

Was mir als sehr bezeichnend an den vorerwähnten Briefen immer wieder aufgefallen ist, war sonderbarerweise der sich stets wiederholende Begleittext, der ungefähr folgendermaßen lautete:

„Bitte, Pastor Müller, beten Sie für mich, dass Gott mir helfen möge; ich bin in großer Not, ich bin krank..." Und es war oft eine ganze Reihe von Problemen, mit denen diese Briefschreiber belastet waren. Ich habe es übrigens auch ansonsten immer wieder erleben können, dass es denen, die den Belangen des Herrn engherzig begegnen, im Leben oft schlecht geht. Wenn wir das erste Kapitel im Buch des Propheten Haggai betrachten, so können wir gerade hierzu sehr bezeichnende Worte finden:

„So spricht der Herr Zebaoth: Dies Volk sagt: Die Zeit ist noch nicht da, dass man des Herrn Haus baue. Und des Herrn Wort geschah durch den Propheten Haggai: Aber eure Zeit ist da, da ihr in getäfelten Häusern wohnt, und mein

Haus muss wüst dastehen. Nun, so spricht der Herr Zebaoth: Schaut doch darauf, wie es euch geht. Ihr sät viel und bringt wenig ein; ihr esset und werdet doch nicht satt; ihr trinket und bleibt doch durstig; ihr kleidet euch und könnt euch doch nicht erwärmen; und wer Geld verdient, der legt's in einen löchrigen Beutel... Warum das? spricht der Herr Zebaoth: Weil mein Haus so wüst dasteht und ein jeder nur eilt, für sein Haus zu sorgen. Darum hat der Himmel über euch den Tau zurückgehalten und das Erdreich sein Gewächs."

Wenn der Herr an anderer Stelle dieses Buchs die wunderbaren Worte spricht: „Es soll die Herrlichkeit dieses neuen Hauses größer werden, als die des ersten gewesen ist", so traf dies auch in vollem Umfang auf unser Gotteshaus zu.

Das Grundstück, das uns der Herr geschenkt hat, ist nahezu zwei Hektar groß. Die Produktionshallen der ehemaligen Möbelfabrik mussten abgerissen werden. Das Verwaltungsgebäude, das um die Jahrhundertwende gebaut worden war, wollten wir zwar auch abreißen, doch auf ausdrücklichen Wunsch meines Vaters ließen wir es stehen und renovierten es, so gut wir konnten. In diesem Haus wurden dann zunächst nur unsere Büros und Lager untergebracht, da wir auf den neu gewonnenen Platz dringend angewiesen waren.

Bereits am 27. September 1981 – es war ein Tag überschwänglicher Freude – haben wir das Missionsgrundstück eingeweiht und dazu eine der Fabrikhallen, die seinerzeit noch nicht abgerissen waren, als Saal benutzt.

Schon zum Morgengottesdienst waren aus nah und fern etwa 1000 Besucher gekommen, um zu sehen, was der Herr hier Großes getan hat, und um ihre Verbundenheit mit dem Missionswerk zu bekunden.

„Das ist vom Herrn geschehen und ist ein Wunder vor unseren Augen. Dies ist der Tag, den der Herr gemacht;

lasst uns freuen und fröhlich an ihm sein!" – Dieser Psalm stand als unsichtbare Losung über dem neu erworbenen Grundstück. Und das erste Lied, das an diesem Morgen gesungen wurde, lautete: „Großer Gott, wir loben dich, Herr, wir preisen deine Stärke!"

Während meiner Predigt verwies ich auch auf die Weissagung, die mein lieber Freund Jean Peterschmitt aus Frankreich im Jahr 1970 vom Herrn bekam. Er empfing sie in einer Zeit, in der unsere Gemeinde in ihrer schwersten Krise stand und durch viele Tiefen gehen musste. In der damaligen Weissagung hieß es, dass Gott die Gemeinde in Karlsruhe noch zum großen Segen setzen werde.

Diese Prophetie wurde übrigens bei der Einweihung von Gott erneut gegeben und Jean Peterschmitt bekräftigte sie auch vor diesem Forum im Jahr 1981 nochmals mit folgenden zuversichtlichen Worten:

„Ihr könnt euch darauf verlassen, ihr werdet in Karlsruhe noch Großes erleben!"

Die Weissagung von Pastor Peterschmitt wurde an diesem Tag von mehreren Geschwistern ausdrücklich bestätigt, die dieselbe Eingebung vom Herrn bekamen. Es waren insgesamt sechs Personen. Im 1. Korintherbrief, Kapitel 15, heißt es dazu bekanntlich: „Propheten aber lasset reden zwei oder drei, und die anderen lasset die Rede prüfen." Genauso war es an diesem Tag. Sechs Personen hatten die Rede geprüft.

Ein weiterer Festredner, ein Gemeindeältester, erinnerte nochmals an die vielen Probleme während der Schaffung des neuen Missionswerkes in der Keßlerstraße, und er verheimlichte auch nicht, dass uns noch große Anstrengungen bevorstünden, bis das Werk vollendet sei. Er sagte dann abschließend: „Der Kampf, den unser lieber Pastor Siegfried Müller in den nächsten Jahren noch wird führen müssen, wird nicht leicht sein. Aber wenn das Fundament stimmt, wenn Gott selber der Baumeister dieser Stätte ist, wird Herrlichkeit sein, und Gott wird mit ihm sein."

Wir erlebten an diesem Festtag in den Predigten und vielen Grußbotschaften so recht die Herrlichkeit und Souveränität des lebendigen Gottes, seine immer währende Gnade und seine überströmende Liebe. Und immer wieder kam die Freude zum Ausdruck über die Treue, mit der Gott seine Verheißungen erfüllte und dem Missionswerk dieses einmalig günstige Gelände gab, das ihm an diesem Tag geweiht wurde.

Was lag in dieser Stunde näher, als dass ich mich in meinen Worten an die Gemeinde mit dankbarem Herzen meiner geistigen Wurzeln erinnerte. Ich denke dabei vor allem an meinen lieben, inzwischen heimgegangenen Vater, der den Grund zu dem heutigen Missionswerk als ein weiser Baumeister auf den „Felsen Jesus Christus" gelegt hat.

Noch am 16. August 1981, also wenige Tage vor seinem Heimgang zu seinem über alles geliebten Heiland, hatte mein Vater – es war noch in der Bachstraße – eine Vision, die in ihrem Inhalt so ungemein treffend auf das Werk Gottes in unserem neuen Gemeindezentrum ausgerichtet war. Der Herr sagte ihm:

„Ich sehe im Geiste einen wunderbaren, strahlenden Tisch, der mit köstlicher Speise bedeckt ist. Es scheint, als ob Strahlen von dieser Speise ausgingen. Ich sehe, wie etliche kommen und von diesem Tisch etwas nehmen und essen. Und die Freude des Herrn ist groß über jedem Einzelnen, der da nimmt."

Dann redete der Herr durch meinen Vater: „Und so sage ich euch, meine Kinder: Nehmet doch mein ganzes heiliges Leben. Die Speise ist das Heiligtum, das die Majestät eures Gottes in euch verklärt, wodurch ihr gesund werdet nach Geist, Seele und Leib... Sehet doch an die Fülle in dieser Stunde, die ich für jeden Einzelnen habe. Und ich sage euch:

Ihr sollt als ein neues Volk diesen Raum verlassen, auf dass jedermann erkenne, dass ihr vom Himmel her gespeist seid, und dass ihr Kraft habt alle Tage eures Lebens, spricht der Herr."

Wenn ich an meinen Vater denke, an sein schöpferisches Wirken und seine unermüdliche Arbeit für das Reich Gottes, dann kommt mir immer der bekannte Vers 8 aus Jeremia 17 in den Sinn: „... der ist wie ein Baum, am Wasser gepflanzt, der seine Wurzeln zum Bach hinstreckt. Denn, obgleich die Hitze kommt, fürchtet er sich doch nicht, sondern seine Blätter bleiben grün; und er sorgt sich nicht, wenn ein dürres Jahr kommt, sondern er bringt ohne Aufhören Früchte."

Mein Vater war ein Gottesmann, den der Herr wirklich wunderbar gebrauchen konnte. Sein Werdegang war typisch für so viele Königskinder, die Gott ausgewählt hat, ihm auf eine besondere Weise zu dienen.

Er wurde 1909 in Karlsruhe-Durlach geboren. Mit neun Geschwistern wuchs er unter ausgesprochen ärmlichen Verhältnissen auf. Sein Vater war ein Trinker. Die meisten seiner Geschwister sind an Schwindsucht gestorben; denn es war nie genug zu essen vorhanden und die Armut der Familie lag wie eine erdrückende Last auch über ihm.

Seine Mutter war eine tief gläubige Magd des Herrn. Ihr größter Wunsch war es, dass doch wenigstens eines ihrer Kinder von Gott zur Ausbreitung des Evangeliums berufen werden möge. – Schon in früher Jugend übergab mein Vater sein Leben dem Herrn Jesus. Bald erhielt er auch Gottes Auftrag, sein Wort zu verkünden.

Schon in russischer Kriegsgefangenschaft hat der Herr zu ihm geredet, dass er ihn gesund nach Hause bringen werde, da er eine große Aufgabe für ihn habe.

Aufgrund einer schlimmen Furunkulose (mehrere Blutgeschwüre) hat ihn der Arzt im Gefangenenlager wegen der unangenehmen Krankheit „abgeschoben“. Doch Gott hat ihm noch unterwegs auf dem Transport plötzlich sämtliche Furunkel sehr schnell abheilen lassen, sodass er schon gesund zu Hause eintreffen konnte. – Auch das war ein großes „Heimkehrer-Wunder“.

„Ja, denen, die Gott lieben, müssen wirklich alle Dinge zum Besten dienen“, sagt der Apostel Paulus (Röm 8,28). Kurz nach seiner Heimkehr begann mein Vater in unserer kleinen Wohnung in Karlsruhe-Durlach Gottesdienste abzuhalten. Ich erinnere mich noch gut an diese Zeit, da ich zu der ersten Handvoll Leute gehörte, die bei uns zu Hause zusammenkamen.

Als sich dann die Zahl der Teilnehmer unserer Andachten auf etwa fünfzig erhöht hatte, mussten wir Sonntag für Sonntag nicht nur unser Wohnzimmer räumen, sondern auch das Schlafzimmer abschlagen, um Platz für die ständig zunehmende Gemeinde zu schaffen. Die Möbel wurden vor dem Gottesdienst einfach auf den Hof gestellt, denn wir hatten keine andere Möglichkeit, egal ob es regnete oder schneite.

So lag auf dem Herzen meines Vaters immer eine Last und er betete inständig, dass Gott ihm doch einen Ausweg aus dieser Notlage schaffen möge. Und der Herr erhörte ihn. Mein Vater durfte dabei sein erstes größeres Wunder erleben.

Es war am Silvesterabend 1947, er diente gerade in seiner kleinen Gemeinde mit dem Wort Gottes. Da sprach der Herr zu ihm:

„Du sollst meinem Namen ein Haus bauen!“ Mein Vater war zunächst sehr erstaunt und dachte: „Wie soll das nur zugehen?“

In der schweren Nachkriegszeit, etwa ein halbes Jahr vor der Währungsreform, waren alle Baumaterialien streng bewirtschaftet. Für alles mussten amtliche Bezugsscheine vorhanden sein. Überall herrschte Trostlosigkeit, lediglich die Schwarzmarktgeschäfte blühten. Für Waren aller Art musste man oft Schlange stehen. Die Bevölkerung hungerte und das Geld hatte seinen Wert verloren. Jegliche Initiative schien zum Scheitern verurteilt zu sein.

Aber alle diese dunklen Wolken konnten meinem Vater nicht den Blick zum Himmel verwehren, denn in seinem Herzen wusste er: „Wir bekommen ein neues Haus für den Herrn!"

Am 2. Januar 1948 reiste er in den Schwarzwald, um Freunde zu besuchen. Ständig begleitete ihn nun die freudige Gewissheit, dass die immer mehr wachsende Gemeinde bald ein Gotteshaus bekommen würde, in dem endlich mehr Platz vorhanden wäre. Wir würden dann nicht mehr jeden Sonntag unsere Möbel auf den Hof stellen müssen, um die Gottesdienstbesucher unterzubringen.

Als er in jenem kleinen Schwarzwalddorf so frohen Herzens seines Wegs ging, sah er plötzlich in einem Spenglerladen zwei kleine Kamintüren. Irgendwie wurde er in diesem Moment innerlich getrieben nachzufragen, ob man diese beiden Türchen auch ohne Bezugsschein kaufen könne.

Nachdem der Geschäftsinhaber seine Frage zu seiner großen Überraschung bejahte, bat er ihn, ihm die beiden Türchen einzupacken. Er bezahlte sie und ging mit seinem Päckchen voller Freude nach Hause. Seine Freude war so groß, als würde sich nun schon das ganze neue Gotteshaus in seinem Paket befinden.

Zu Hause angekommen, war bei uns die Neugierde natürlich groß, was wohl in dem eigenartigen Paket sein mochte. Dann erst erzählte er meiner Mutter, was Gott zu ihm geredet hatte, und er sagte ihr auch gleichzeitig, die beiden Kamintürchen seien der Anfang zum neuen Gotteshaus.

Meine Mutter meinte es gut mit ihm und versuchte, ihm mit ernster Besorgnis klarzumachen, dass es besser wäre, wenn er niemandem in der Gemeinde etwas von diesem Kauf sagen würde. Sonst könnten die Geschwister möglicherweise denken, er sei, zumindest gegenwärtig, nicht ganz richtig im Kopf.

Wörtlich fügte sie noch hinzu: „Das ist etwa das Gleiche wie bei jenem Kind, das auf der Straße eine Runkelrübe fand, diese freudestrahlend nach Hause brachte und seinem Vater erklärte: So Vater, die Rübe haben wir schon, jetzt fehlt uns nur noch die Kuh!"

Aber wunderbar sind die Wege des Herrn! In jenen Tagen hielt mein Vater etwa 30 Kilometer von Karlsruhe entfernt eine Hausversammlung ab. Nach Beendigung des Gottesdienstes fragte ihn ein Bruder beiläufig, ob er auf dem Nachhauseweg seiner Tante in Karlsruhe etwas überbringen könnte, was er dann auch gerne tat. Als mein Vater dann dorthin kam, erzählte ihm diese Frau im Laufe des Gesprächs, dass sie in Karlsruhe-Durlach in der Kärntnerstraße ein Grundstück gepachtet habe, das ihr jetzt von der Stadtverwaltung gekündigt worden sei. Schon immer habe sie sich gewünscht, dass dieser Platz einmal zum Bau eines Gotteshauses dienen sollte. Mein Vater sah darin sofort die Führung Gottes und fasste den Entschluss, diesen Bauplatz zu übernehmen.

Kurze Zeit danach ging er zur Stadtverwaltung und erklärte dem zuständigen Beamten, er sei an dem Platz in der Kärntnerstraße interessiert. Der Beamte sah ihn kaum an. Er sagte ihm nur ganz förmlich, es seien schon weit über hundert Grundstücksbewerber da. Er solle erst einmal ein Gesuch einreichen. Wenn er an der Reihe sei, würde er schon ganz automatisch benachrichtigt werden.

„Mein Gott", dachte mein Vater, „über hundert Bauplatzsuchende sind schon vor mir! Herr, kannst du mich in dieser Reihe nicht einfach nach vorne schieben? Du weißt doch, in welchen Nöten wir stecken!"

Zu Hause beteten wir – Vater, Mutter und ich – und dankten dem Herrn, dass wir ja schon den Anfang zum Bau hätten, und mit Freude dachten wir an die beiden Schornsteintürchen. Mein Vater holte sie immer wieder liebevoll hervor und sah im Geist schon unser neues Gotteshaus. Denn er wusste: Was Gott verheißen hat, das wird er auch geben. Gott ist allmächtig und hält seine Verheißungen, wie er sie Abraham gegeben hatte.

Es dauerte nicht lange, da bekam mein Vater eine amtliche Vorladung, in welcher er aufgefordert wurde, zwecks Bauplatzbesprechung aufs Rathaus zu kommen. Als er sich dort gemeldet hatte, fragte ihn der zuständige Beamte sofort: „Können Sie auch wirklich bauen?"

Mit lauter Stimme antwortete mein Vater: „Ja!" Denn er wusste, dass es Gottes Wille war, und ER selbst stand hinter ihm. Sein Wort richtete ihn auf und machte ihn stark: „Der Herr wird für euch streiten... Ihr sollt euch nicht fürchten und nicht verzagen; denn nicht ihr kämpft, sondern Gott!" (2 Chr 20,15).

Nach einer Weile sah der Beamte von seinen Papieren auf und meinte nur: „Also, dann bezahlen Sie erst mal die Anliegerbeiträge, Straßenkosten usw. Das macht insgesamt 846 Mark, und dann werden wir weitersehen, ob Sie bauen können."

Das war damals, kurz nach der Währungsreform, und der Normalbürger hatte bekanntlich vom Staat nur ein Anfangs-Startgeld von lediglich 40 DM erhalten. 846 DM waren also seinerzeit sehr viel Geld, ein kleines Vermögen sozusagen, das wir keineswegs besaßen.

Ich muss hier erwähnen, dass meine im Jahr 1943 heimgegangene Großmutter sich einen kleinen Gemüseanbau aufgebaut hatte, um ihre vielen Kinder wenigstens notdürftig versorgen zu können. Gleichzeitig ging sie damit auch regelmäßig auf den Wochenmarkt in Karlsruhe. Diesen Gemüseanbau hat meine Mutter dann weitergeführt, bis mein Vater von der Kriegsgefangenschaft nach Hause kam. Der Herr hat dabei überreich gesegnet.

Aber nun kam die Währungsreform, und über Nacht verloren auch meine Eltern noch das wenige Geld, das sie hatten. So standen wir also erneut vor dem Nichts, als mein Vater die Auflage bekam, die Anliegerkosten etc. für den Bauplatz aufzubringen. – „Woher so plötzlich nehmen?“, dachte er. Aber der Herr hat keinen Mangel!

In jenem Frühjahr hatten wir auf unserem Ackerfeld etwa 80 Ar Rettiche eingesät und nun ernteten wir ausgerechnet nach der Währungsreform so große Mengen Rettiche, wie nie zuvor in einem Jahr. Wir ernteten und ernteten und mussten immer wieder von vorn anfangen.

Als dann die Forderung des Liegenschaftsamtes über die Abgaben fällig war, zählten meine Eltern zu Hause das eingenommene Geld von der Retticherernte. Es waren genau 846 DM.

Nach wie vor fehlte meinem Vater jedoch das Geld zum eigentlichen Baubeginn. Wie gesagt, die Währungsreform im Jahr 1948 brachte fast unüberwindliche finanzielle Schwierigkeiten mit sich. Trotzdem gab aber mein Vater in diesen Tagen dem Bauunternehmer grünes Licht. Er traf diese Entscheidung allein im Glauben.

Der Unternehmer begann die Baugrube einzurüsten, und zwar mit Stangen aus Tannenholz, wie es zu damaliger Zeit üblich war. Aber dann stockten die Vorarbeiten doch wieder und infolge Geldmangels blieben die Gerüststangen mehrere Monate stehen.

Die Baustelle bot kein ermutigendes Bild, und allmählich begannen die Leute im Ort, meinen Vater zu verspotten. So sagten sie zu ihm, mehr schadenfroh als belustigend, er solle doch die Stangen lieber wieder herausziehen, sonst würden sie sicherlich noch „Wurzeln ziehen …“

So ähnlich musste es damals Noah ergangen sein, von dem die Bibel berichtet, dass er ein frommer Mann und ohne Tadel war. Er wandelte mit Gott und der Herr sprach zu ihm: „Mache dir einen Kasten von Tannenholz." Und als er im Glauben die Arche baute, wurde er von vielen Leuten verlacht und verspottet.

Durch Gottes treu sorgendes Eingreifen erteilte die Baubehörde eine Ausnahmegenehmigung zur Errichtung des kleinen Gotteshauses. Mein Vater begann mit wenig Geld, aber großem Gottvertrauen, das Haus des Herrn zu bauen. Viele liebe Glaubensgeschwister halfen dabei mit ihrer Hände Arbeit. Die kleine Gemeinde durfte auch hierbei wieder überzeugend erleben, dass bei Gott alle Dinge möglich sind.

Am 17. September 1949 konnte dann durch die Gnade des Herrn das neue Haus in der Kärntnerstraße feierlich eingeweiht werden. Aus nah und fern kamen viele Freunde. Es waren fast 300 Personen, obwohl der neue Saal nur höchstens 100 fasste. Doch der Herr schenkte genau an diesem Tag besonders schönes Wetter, sodass mein Vater drinnen und draußen über Lautsprecher mit dem Wort Gottes dienen konnte.

Bis zum Jahr 1955 wurden also die Gottesdienste in der Kärntnerstraße abgehalten. Dann platzte der kleine Saal hoffnungslos aus den Nähten. Immer dringender wurde die Notwendigkeit eines neuen, größeren Raums für die Gemeinde; denn viele neu gewonnene Seelen mussten mit dem Wort Gottes versorgt werden.

Für die Sonntagsgottesdienste wurde vorübergehend ein Theatersaal in der Karlsruher Innenstadt gemietet. Aber auch dieser erwies sich bald als zu klein. Kurz darauf bekam mein Vater zudem noch die Kündigung für den Theatersaal. Nun begann ein neuer Glaubenskampf im Gebet. Jedes Gemeindemitglied flehte zu Gott, dass er einen größeren Saal schenken möge.

In jener Zeit war ein Pastor aus Kanada bei uns in Karlsruhe zu Besuch. Für den Gottesdienst mit ihm wurde die Festhalle in Durlach gemietet. Während seiner Wortverkündigung kam der Geist des Herrn über diesen kanadischen Gottesknecht und er weissagte: „Die Zeit ist da, dass ihr eure Zeltpflöcke weiter steckt; denn ihr sollt euch weiter ausbreiten!“

Mein Vater wusste zuerst gar nicht, was der Herr mit dieser Weissagung wohl meinte, bis er bereits am nächsten Morgen schon einen ungewöhnlichen Telefonanruf erhielt. Eine Fabrikantenwitwe aus Karlsruhe teilte ihm ohne große Vorrede mit, sie habe gehört, dass er ein Baugelände suchen würde. In der Bachstraße sei ein solches zu haben. Es gehöre ihr und sie sei gerne bereit, den Platz zu verkaufen. Es handele sich um ein Ruinengrundstück aus der Zeit der Luftangriffe. Der Kaufpreis würde 65 000 DM betragen.

Am darauf folgenden Sonntag informierte mein Vater sofort die Gemeinde über das vorliegende Angebot und fügte hinzu, dass die Summe von 65 000 DM innerhalb von vier Tagen zu bezahlen sei.

Wieder einmal war die Gemeinde auf ihren Glauben angewiesen, denn in der Kasse befand sich damals auch nicht nur annähernd ein solch hoher Betrag.

Doch innerhalb von drei Tagen erhielt mein Vater von den Gemeindemitgliedern in Form von Darlehen diesen Betrag. An Ostern 1960 konnte der neue Saal, der 220 Sitzplätze hatte, in der Bachstraße feierlich eingeweiht werden.

In dem neu erbauten Gotteshaus erlebte die Gemeinde in den vergangenen 23 Jahren, bis zum Umzug in die Keßlerstraße, ungezählte Segensstunden. Ich werde dazu noch an anderer Stelle ausführlicher berichten.

„Wenn jemand nicht an Wunder glauben kann“, so rief mein Vater während des Dankgottesdienstes aus, „der soll nach Karlsruhe kommen und das neue Haus in der Bachstraße betrachten. Dir aber, treuer Gott und Vater, und dir, unserem herrlichen Erlöser Jesus Christus, unserem Herrn und Heiland, und dir, du werter Heiliger Geist, unserem Helfer und Beistand, sei Ehre, Preis und Ruhm und Anbetung für alle unverdiente Gnade!"

Das war mein Vater – ein Mann Gottes mit unaussprechlichem Glaubensmut – und alle, die ihn gekannt haben, haben ihn wegen seiner großartigen Menschlichkeit und tiefen Gottesfurcht geliebt und geachtet.

Nach einem überfließend gesegneten Leben hat ihn der Herr am 26. August 1981 zu sich in die ewige Heimat heimgeholt. Er darf nun beim Herrn sein, dem er über vierzig Jahre lang mit großer Freude und Hingabe in Treue gedient hat. Nach dem Wort aus Apostelgeschichte 20 hat er seinen Lauf vollendet.

In seiner letzten Predigt im August 1981 stärkte er nochmals die Gemeinde mit dem Wort aus Jesaja 35,10: „Die Erlösten des Herrn werden wiederkehren und gen Zion kommen mit Jauchzen; ewige Freude wird über ihrem Haupte sein, Freude und Wonne werden sie ergreifen, und Schmerz und Seufzen wird entfliehen!"

Ich bin dem Herrn sehr dankbar dafür, dass mein lieber Vater vor seinem Heimgang noch mit großer Freude das uns von Gott geschenkte Missionsgrundstück in der Keßlerstraße sehen durfte. So wie Simeon in Lukas 2,29+30 hat auch er sagen dürfen: „Nun kann ich in Frieden heimgehen; denn meine Augen haben Gottes Herrlichkeit gesehen."

Ich glaube, heute darf ich – immer wenn ich an meinen lieben Vater denke – mit großer Dankbarkeit sagen: „So wie der Segensmantel des Elia auf Elisa gefallen ist, so ist der Mantel meines Vaters auf mich gefallen."

In der Bibel lesen wir im 1. Buch Mose, Kapitel 48: Als der alte Vater Jakob spürte, dass Gott ihn bald zu sich in die Ewigkeit abberufen würde, ließ er seinen Sohn Joseph zu sich an sein Bett kommen. Der von Gott gesegnete Vater wusste, er konnte nicht länger bei seinen Lieben auf dieser Erde bleiben, denn seine Sterbestunde war gekommen. Aber er verließ seinen gottesfürchtigen Sohn Joseph ohne Sorge; denn er konnte zuversichtlich sagen: „Siehe, ich gehe hin, aber Gott wird mit dir sein…“

Diese Bibelstelle lässt in meinem Leben immer wieder eine trostvolle Parallele aufkommen, denn genau so war es bei meinem Vater und mir.

Nie werde ich den letzten Gottesdienst vergessen, den mein Vater und ich in der Bachstraße in Karlsruhe erlebten. Ich musste am nächsten Tag nach China fliegen, um erneut auf ein Missionsfeld zu gehen, auf dem wir seit vielen Jahren segensreich tätig waren.

Es war inmitten der Andacht, da redete der Herr in einer Weissagung zu einer Schwester. Darin hieß es, dass mir mein lieber Vater noch seinen Segen geben solle, bevor ich abreise. Niemand konnte zu dieser Stunde wissen, dass dies das letzte Mal sein würde, dass ich meinen Vater in seinem Leben sah.

Mein Vater stand wortlos auf und ging zum Altar, wo ich gerade mit dem Wort diente. Ich kniete nieder und er legte mir seine segnenden Hände auf und betete über mir.

Ein paar Tage später rief mich Hannelore in Peking an und teilte mir mit, dass der Herr unseren lieben Opa zu sich in seine Herrlichkeit genommen habe.

Gottes Wege sind wirklich wunderbar. So danke ich dem Herrn auch für den Segen meines Vaters, denn seit diesem Augenblick weiß ich, dass ein doppelter Segen auf mir und unserer Missionsarbeit ruht. Auch mein Vater konnte wie Jakob sagen: „Gott wird mit euch sein.“

Und bis auf den heutigen Tag darf ich immer wieder dankbar bezeugen, dass Gott mit uns ist. Er hat unser Werk bis zur Stunde sichtbar gesegnet und gebraucht es als ein Werkzeug in seiner Hand zur Verherrlichung seines Namens.

Die erste Etappe des Glaubenswerkes in der Keßlerstraße konnte so bei der Einweihungsfeier des neu erworbenen Grundstücks im September 1981 abgeschlossen werden, wie wir es in Römer 11,16 lesen: „Ist der Anbruch heilig, so ist auch der Teig heilig, und so wie die Wurzel heilig ist, so sind auch die Zweige heilig."

Begleitet von diesem und einem weiteren Glaubenswort aus einer Predigt des Einweihungstages – „Kommt, lasst uns die Mauern Jerusalems wieder aufbauen" (Neh 2,17) – gingen wir ab diesem Tage an das nächste große Ziel, die totale Umgestaltung des Geländes und den Bau eines vorläufigen Gotteshauses im früheren Verwaltungsgebäude der Möbelfabrik.

Bereits im Mai 1982 konnte ich in unserer Zeitschrift unter dem Titel „Hier entsteht das Haus des Herrn" mit großer Freude berichten:

„Immer, wenn ich aus den Fenstern unseres alten Bürogebäudes blicke und das wunderschöne Baugrundstück betrachte, auf welchem das neue Gotteshaus gebaut werden soll, werde ich an den Tempelbau des Königs Salomo erinnert. Jeder Mann wusste beim Tempelbau, was er zu tun hatte, ob Handlanger, Arbeiter oder Baumeister. Es wurde mit großem Eifer am Tempel gearbeitet; denn Gott hatte Salomo den Auftrag gegeben, ihm ein Haus zu bauen."

So war es auch bei uns. Obwohl mit dem eigentlichen Bau der neuen großen Kirche noch nicht begonnen werden konnte, weil wir über die erforderlichen finanziellen Mittel noch nicht verfügten, wurde ein großer Eifer für die Vorarbeiten an den Tag gelegt. Das Wort aus Jesaja 60,10 erlebten wir buchstäblich: „Fremde werden deine Mauern bauen."

Das ehemalige alte Verwaltungsgebäude der Karlsruher Möbelfabrik wurde als erstes renoviert, damit wir die Büro-

und Lagerräume, einen Jugend- und Sonntagsschulraum sowie das Tonstudio darin fertig stellen konnten.

Obwohl wir für unsere verschiedenen Missionszweige – besonders in Israel und China – große finanzielle Verpflichtungen hatten, waren wir uns klar darüber, dass die Bauarbeiten so schnell wie möglich vorangetrieben werden mussten, denn der Auftrag des Herrn musste erfüllt werden. Die Sache des Königs hat Eile.

Immer wieder denke ich mit tiefer Dankbarkeit an die große Opferbereitschaft und Treue all derer, die mithalfen, unseren Auftrag durchzuführen. Gott wird ihnen ihre Liebe und Selbstlosigkeit reichlich belohnen, verheißt er doch in Haggai 2,18+19:

„Nun aber achtet doch darauf, wie es euch ergehen wird von diesem Tage an, da der Tempel des Herrn gegründet ist. Achtet darauf, ob noch der Same in der Scheuer dahinschwindet und ob Weinstock, Feigenbaum, Granatapfelbaum und Ölbaum noch nicht tragen. Denn von diesem Tage an will ich Segen geben!“

Ein Opfer ist nie Verlust, sondern ist Gewinn. Hingabe macht nicht ärmer, sondern reicher. Und der Dienst für Gott erntet immer Segen. Das sind göttliche Prinzipien. Sie galten nicht nur den aus der Gefangenschaft heimgekehrten Juden.

Am 10. Oktober 1982 war es dann so weit. Dieser Tag war ein weiteres Etappenziel, das wir mit Gottes Hilfe erreicht hatten. Die Einweihung des von Grund auf neu renovierten Altbaugebäudes im Missionszentrum wurde eine ganze Woche lang gefeiert, wie zur Zeit der Tempeleinweihung unter König Salomo. Das Haus war gefüllt mit Gästen aus dem In- und Ausland.

Auch dieses Mal wurde wieder mit dem Lied „Großer Gott, wir loben dich“ der erste Gottesdienst feierlich eröffnet. Mit tiefer innerer Bewegung und Dankbarkeit habe ich bei meiner Predigt aus dem 118. Psalm den Vers 23 zitiert: „Dies ist vom Herrn geschehen und ist ein Wunder vor unseren Augen.“

Als Nächstes steuerten wir den Bau der großen Kirche an. Vorbild für unsere Planung bezüglich des Gemeindezentrums war schon immer die Oral-Roberts-Stiftung in Tulsa/Oklahoma, USA. Es waren auch schon Studentengruppen dieser Universität zu Gast bei uns. Sie wurden seinerzeit sogar im Karlsruher Rathaus empfangen. Natürlich planten wir keine neue Hochschule, aber die Verbundenheit mit unseren amerikanischen Glaubensbrüdern in dem bekannten Zentrum in Oklahoma war für uns schon immer ein Segen.

Wie mein Freund, Dr. med. Paulus Weigel, der zwischenzeitlich vom Herrn in die obere Heimat abberufen wurde, bei der Einweihungsfeier unter anderem festgestellt hat, ist der Bau des Missionswerks in der Keßlerstraße angesichts der vielen wirtschaftlichen Zusammenbrüche und der zunehmenden Depressionen als ein wahres Wunder zu bezeichnen. Darin offenbare sich sichtbar die Größe Gottes.

In den letzten Monaten des Jahres 1982, in dem die Einweihungsfeierlichkeiten stattfanden, durften wir noch etwas Wunderbares erleben, was uns ebenfalls wie ein Zeichen des Himmels erschien. Es war zwar nicht der Stern von Bethlehem, aber ein „Stern von Jerusalem“. Jedenfalls hat es für uns eine hohe sinnbildliche Bedeutung.

Wir waren überaus freudig überrascht, als uns unsere jüdischen Freunde in Israel wissen ließen, dass es ihnen gelungen sei, über das Archäologische Institut der Universität von Jerusalem für uns einen Originalstein aus dem Tempel Salomos zu bekommen. Das ist eine ganz seltene Kostbarkeit, wofür wir sehr dankbar sind.

Wir hatten jetzt also, um Gottes Auftrag, den Bau der großen Kirche auszuführen, nicht nur bereits den Bauplatz, sondern auch schon den ersten symbolischen Baustein, direkt aus dem Gelobten Land.

Als ich diese freudige Nachricht aus Israel erhielt, wurde in mir eine Erinnerung wach, die mich sehr nachdenklich stimmte. So war es damals bei meinem Vater, als er irgendwo im Schwarzwald die beiden Kamintürchen bekam, die den Grundstock zum Bau seines ersten Gotteshauses bildeten.

8
Als sie das Wort hörten

Jetzt bin ich mit meinem Bericht doch tatsächlich schon bis zu den Ereignissen der Gegenwart vorgedrungen, obwohl dazwischen noch viele Begebenheiten liegen, die in der Geschichte unserer Gemeinde von Bedeutung sind. Das geschah aber zweifellos dadurch, dass sich bei der Abhandlung der Geschehnisse um das Grundstück und den Bau der Kirche eine chronologische Schilderung ganz zwangsläufig aufdrängte. Im Übrigen hat schon unser Heiland gesagt: „Wem das Herz voll ist, dem geht der Mund über…“ Und wer mich persönlich kennt, besonders durch meine Predigten, der weiß, dass dem auch bei mir so ist.

Wie bereits erwähnt, sind die Aufgaben unseres Missionswerkes sehr vielfältig. Eine dieser Aufgaben ist das Radioprogramm. Das ist ein sehr wichtiger Missionszweig, wenn wir uns vor Augen halten, in welcher Zeit wir heute leben. Als Christen wissen wir, dass das größte Ereignis der Weltgeschichte, nämlich die Wiederkunft unseres Herrn Jesus Christus, nahe bevorsteht.

Nach der Geburt und dem Tod Jesu mit der nachfolgenden Auferstehung gibt es für uns kein Ereignis von größerer Bedeutung. Das Wissen um diese Wahrheit verpflichtet uns in einer ganz besonderen Weise, das Evangelium allen Menschen, die wir nur irgendwie erreichen können, als die große erlösende Botschaft nahe zu bringen.

„Seid bereit für diesen Tag, an dem ich komme!“ – Dies hat der Herr zu seiner Gemeinde gesagt. Und im 2. Kapitel der Apostelgeschichte lesen wir, was auch der Prophet Joel zuvor schon verheißen hat: „…es soll geschehen in den letzten Tagen, spricht der Herr, da will ich ausgießen von meinem Geist auf alles Fleisch.“

Gott wird sich dazu in erster Linie seiner Gemeinde bedienen und dafür hat er uns auch u.a. die Rundfunksendungen geschenkt. Damit begonnen haben wir eigentlich schon in den sechziger Jahren. Schon unsere ersten Bemühungen waren von Erfolg gekrönt und haben bei vielen Hörern im In- und Ausland eine lebhafte Zustimmung gefunden. Hunderte von Leserbriefen erreichten uns, nachdem wir jeden Sonntagmorgen über den Satellit Astra und Mittelwelle von Radio Luxemburg das Evangelium verkündeten.

An dieser Stelle möchte ich noch etwas ganz Persönliches einfügen, was eigentlich selbst unter meinen Freunden nur wenigen bekannt ist: Als ich noch ein kleiner Junge war, habe ich unter einer Behinderung gelitten, die zwar nicht weh tat, aber ebenso schlimm ist. Bekanntlich treten während der Sprachentwicklung bei Kleinkindern nicht ganz selten gewisse Sprachstörungen in Erscheinung, die sich verschiedenartig äußern können. Bei mir war es das Stottern. Jeder kennt diese immer währende Unterbrechung des Redeflusses, die für den Betroffenen nicht nur äußerst peinlich, sondern oft ebenso die Ursache für frühzeitige Komplexe ist.

Ich weiß noch, wie mich meine Schulkameraden oft gehänselt und ausgelacht haben. Damals habe ich noch nicht gewusst, dass Gott mich einmal in seinen Dienst rufen und für die Wortverkündigung zurüsten würde. Es war eine schlimme Zeit für mich und ich kann noch heute mit jedem fühlen, der unter Stottern leidet. Es sind äußerst bedauernswerte Menschen.

„Doch die Güte des Herrn reicht, so weit der Himmel ist...", freut sich der Psalmist, und mit ihm darf auch ich sagen, wie schon Jona im Alten Testament: „Mit Dank will ich dir Opfer bringen. Mein Gelübde will ich erfüllen dem Herrn, der mir geholfen hat."

Heute predige ich das Wort Gottes nicht nur in den Gemeinden und bei unseren Evangeliumsfeldzügen, sondern auch über Radio. Wir haben bereits in den ersten Jahren viel in unsere Rundfunksendungen investiert; nicht nur materiell, sondern vor allem auch seelsorgerlich. Immer wieder durften wir auch über die Ätherwellen bezeugen, dass Jesus lebt und allen Menschen seine Liebe und Hilfe anbietet, dass er Seelen retten, Kranke heilen und Gebundene freimachen will.

Schon in den siebziger Jahren haben wir nicht nur über Mittelwelle, sondern auch über Kurzwelle gesendet. Nachdem wir unsere Radioansprachen auf Freitag verlegt hatten, jeweils morgens und abends, nahmen wir noch zwei Sendungen für montags hinzu. Zur Eröffnung der wöchentlichen zweiten Sendezeit wurden wir veranlasst, nachdem wir aus allen Teilen Europas einen erfreulichen Zuspruch erhielten und dadurch sehr ermutigt wurden, die biblische Wahrheit noch mehr über den Rundfunk auszustrahlen. Unsere Botschaft ging weit über die Landesgrenzen in die damalige DDR und bis tief in die osteuropäischen Staaten hinein, natürlich auch nach Westeuropa. Nur Gott allein weiß es, wie viel Millionen Hörern wir dadurch Trost und Hoffnung bringen konnten.

Seit Jahrzehnten bieten wir von allen Sendungen auch Kassetten an, um unseren Hörern bei eventuell schlechtem Empfang die Möglichkeit zu geben, die Radiobotschaft noch einmal deutlich zu hören oder diese missionarisch weiterzureichen.

Der Missionsauftrag, den Jesus seinen Jüngern gab, ist klar, und wir nehmen ihn sehr ernst: „Ihr werdet die Kraft des Heiligen Geistes empfangen, welcher auf euch kommen wird, und ihr werdet meine Zeugen sein zu Jerusalem, in ganz Judäa und in Samarien, ja bis an das Ende der Erde“ (Apg 1,8).

Da wir uns in jeder Beziehung vom Heiligen Geist leiten lassen wollen, müssen wir genau nach den Anweisungen des Herrn handeln, damit wir treu den Missionsauftrag nach seinem Willen ausführen.

Etwa Mitte des Jahres 1975 erhielten wir von Radio Luxemburg einen neuen Vertrag. Damals kostete eine 15-Minuten-Sendung schon annähernd 1000 DM. Das war zu jener Zeit sehr, sehr viel Geld. Aber die inflationäre Entwicklung war seinerzeit schon rapide und die Kosten liefen uns oftmals buchstäblich davon. Kurze Zeit später haben uns die verantwortlichen Herren in Luxemburg eine bessere Sendezeit angeboten.

Das war für uns zunächst natürlich verlockend; doch die Höhe der Kosten sorgte sofort dafür, dass wir gleich wieder nüchtern wurden. Ich überlegte lange hin und her, was wir machen sollten, und erwägte immer wieder das Für und Wider. Tagelang dachte ich darüber nach. Ich betete und bat den Herrn um eine Antwort, denn schließlich wollten wir auch hierin im Zentrum seines Willens sein.

Das Problem war gar nicht so einfach. Es ging praktisch um alles oder nichts! Radio Luxemburg hatte zur damaligen Zeit die Absicht, die religiösen Sendungen ganz einzustellen. Man stellte uns einfach vor die Alternative: „Entweder ihr nehmt die bessere Sendezeit, die jedoch 6000 Schweizer Franken pro 15-Minuten-Sendung kostet, oder ihr seid endgültig weg vom Fenster!"

Ich betete ernstlich zu meinem Gott und bat ihn, wie so oft schon zuvor: „Herr, tu ein Wunder!" Und Gott sprach zu mir, wie damals zu dem Propheten Haggai: „Ist mein nicht Silber und Gold?"

„Danke, Herr, dass ich dein Kind sein darf und dadurch so gesegnet bin", sagte ich und wartete ab, wie er mir antwortete. In diesem Moment erfüllte mich der Heilige Geist mit neuem Glauben und neuer Kraft aus der Höhe. Ohne auch nur einen Augenblick länger zu zögern, unterschrieb ich den Vertrag über die neuen Sendezeiten, einzig im Glauben an die Verheißungen der Bibel, im blinden Vertrauen auf das Wort Gottes, und ich dachte dabei an das „Senfkorn", von dem im Matthäusevangelium geschrieben steht.

Rein menschlich betrachtet war die Situation zu diesem Zeitpunkt bei uns folgende: Über 300 000 Franken kosteten pro Jahr die neuen Radiosendungen, für die ich in Luxemburg unterschrieben hatte. In der Kasse hatten wir effektiv nicht einmal den zehnten Teil dieser Summe.

Ein „vernünftig" denkender Mensch würde in dieser Lage wohl sagen: „Das ist unverantwortlich, das ist heller Wahnsinn, das ist überdies unseriös" und vieles andere mehr. Aber wir achten in einem solchen Fall nicht auf die Menschen und ihre Argumente sowie auf wirtschaftliche Definitionen, sondern wir hören nur die Stimme des guten Hirten, der gesagt hat: „Alle Dinge sind möglich dem, der da glaubt!" Ja, bei Gott sind eben tatsächlich alle Dinge möglich.

Sicher, menschlich gesehen hätte ich einen Vertrag dieser finanziellen Dimension ohne den erforderlichen materiellen Rückhalt nie unterschreiben dürfen. Doch nach menschlichem Ermessen hätte Gideon mit seinen 300 Mann auch nicht gegen die feindliche Übermacht der Midianiter antreten dürfen. Menschlich gesehen hätte auch Josaphat nicht gegen drei feindliche Heere, nur mit seinen Lobpreisern an der Spitze, kämpfen können. Ebenso wäre auch Daniel in der Löwengrube von den hungrigen Bestien unweigerlich zerrissen worden, wenn Gott ihn nicht beschützt hätte. Menschlich gesehen hätte sich auch das Rote Meer nicht teilen dürfen.

Und wenn Petrus sich nur von seinem Verstand hätte leiten lassen, wäre er auch nicht auf dem Wasser gewandelt. Desgleichen hätte auch die blutflüssige Frau in Kapernaum nicht ihre Heilung empfangen können, nur weil sie ein Stück Stoff berührt hatte. Und all die vielen anderen großen Wunder, von denen uns in der Bibel berichtet wird, hätten nicht geschehen können, wenn gläubige Menschen nicht großes Vertrauen an den allmächtigen Gott aufgebracht hätten. Nein, nach menschlichem Ermessen wäre dies alles nicht möglich gewesen.

Als wir aber Jesus Christus in unser Leben aufgenommen haben, ist ein Wunder geschehen; denn er hat uns umgewandelt. Ein Christ ist ein Mensch, der so denken soll, wie Jesus gedacht hat.

Vielfach hört man von Skeptikern oder Leuten, die sich besonders erhaben fühlen und davon überzeugt sind, gewissermaßen über den Dingen zu stehen, in Bezug auf Glaubenswunder den Einwand: „Na ja, das ist eben mal Zufall gewesen." Solchen Leuten können wir nur antworten: „Seitdem wir an ‚Zufälle' glauben, erleben wir Wunder über Wunder. Bei Gott gibt es nämlich keine Zufälle, sondern nur klare Führungen!"

Unser Gott ist ein Gott, der alle diejenigen Menschen Wunder erleben lässt, die fest an ihn glauben; ihnen wird er immer treu zur Seite stehen. Er hat unserem Missionswerk auch stets zur rechten Zeit treulich geholfen, weil wir ein Glaubenswerk sind, das heißt, weil wir dem Herrn auch für all unsere finanziellen Bedürfnisse blindlings vertrauen. „Alle Quellen sind in IHM", so sagt es David im 36. Psalm, in dem er die Güte Gottes besingt.

Ich erinnere mich noch genau. Es war an einem Freitagabend und wir hatten in unserem ehemaligen Gotteshaus in der Bachstraße unsere regelmäßige Singstunde. Als ich an diesem Abend dort ankam, lag eine dringende Nachricht für mich vor. Jemand hatte im Büro angerufen und gebeten, ich möchte doch unbedingt zurückrufen. Ich ging also gleich nach oben ins Büro und wählte die angegebene Nummer. Es meldete sich eine junge Frau, die sich als Nichte einer gewissen Frau Weidmann ausgab.

Als ich den Namen Weidmann hörte, erinnerte ich mich, dass ich mit einer Frau dieses Namens seit einiger Zeit in brieflichem Kontakt stand. Jedenfalls erklärte mir die Nichte am Telefon, dass ihre Tante sehr krank sei und der Arzt angeordnet habe, dass sie in den nächsten Tagen unbedingt ins Krankenhaus müsse. Zuvor möge sie aber noch alle persönlichen Angelegenheiten regeln.

Ich entgegnete ihr daraufhin, dass wir für ihre Tante selbstverständlich beten würden. Aber sie unterbrach mich sofort. „Nein, nein“, sagte sie, „das allein ist es nicht. Natürlich wünscht sie auch Ihr Gebet. Aber sie möchte, wie sie mir sagte, Ihrem Missionswerk noch etwas zukommen lassen. Wenn es Ihnen möglich ist, kommen Sie doch bitte, sobald Sie können, hierher.“

An einem der nächsten Tage fuhr ich dann zum vereinbarten Termin in dieses kleine Dorf in der Nähe von Nürnberg, in dem Frau Weidmann wohnte. Ich hatte diese Frau zuvor noch nie gesehen.

Als ich an der Haustür der mir angegebenen Adresse klingelte, öffnete mir ihre Nichte und führte mich in die Küche zu der kranken Frau, die auf dem Sofa lag. Ich werde es nie vergessen; als mich die Kranke sah, hob sie ihre beiden Arme mit letzter Kraft zum Himmel empor und betete aus vollem Herzen:

„Vater im Himmel, ich danke dir, dass du mir jetzt Pastor Müller, deinen Knecht, hergeschickt hast, den ich so oft im Radio höre und durch dessen Sendungen ich so reich gesegnet werde!“ Nachdem sie ihr Gebet abgeschlossen hatte, bat sie mich, doch Platz zu nehmen. Dann schickte sie ihre Nichte hinaus, wandte sich mir ganz konkret zu und begann, ihre Worte sorgsam wählend, mir mitzuteilen, was sie bewegte.

„Wissen Sie, Pastor Müller", begann sie, „Gott hat mich auf dieser Erde sichtbar gesegnet. Ich habe hier eine kleine Gärtnerei. Aber glauben Sie mir, geschenkt bekam ich in meinem Leben nichts. Ich musste zeitlebens immer schwer arbeiten. Mein Mann hat mich schon vor dreißig Jahren wegen einer anderen Frau verlassen. Kinder habe ich keine. So möchte ich das, was der treue Herr mir auf dieser Erde geschenkt hat, ihm wieder zurückgeben. Wenn er mich heimholt, möchte ich nicht, dass mein Vermögen an meine ungläubigen Verwandten fällt, die mich so oft schon um meines Glaubens willen verlacht haben. Wenn ich bei meinem Heiland dort oben in der Herrlichkeit bin, will ich die Beruhigung haben, dass mein Scherflein im Reich Gottes weiterarbeitet."

Das sagte sie alles so zuversichtlich und mit freudigem Herzen, dass ich zunächst ganz still wurde angesichts des frohen Glaubens dieser kranken Frau.

Nach einer Weile der Stille sagte ich ihr dann, wenn sie ihre Angelegenheiten ordnungsgemäß in dieser Weise erledigen wolle, wäre es allerdings erforderlich, einen Notar hinzuzuziehen.

Damit erklärte sie sich sofort einverstanden und beauftragte unverzüglich ihre Nichte, den Notar, der sich im Nachbarort befand, zu verständigen. Bereits nach einer halben Stunde etwa erschien dann auch schon der Notar. Er hatte seinen Sekretär mitgebracht und mit einer Schreibmaschine in der Hand kamen sie in die Küche.

Nachdem Frau Weidmann uns dann gegenseitig bekannt gemacht hatte, merkte ich erst, in welch einer komischen Situation ich mich in diesem Augenblick befand. Von einer gewissen Verlegenheit befangen, erklärte ich dem Notar so gut wie möglich: „Sie sollten wissen, Herr Notar, ich habe Frau Weidmann heute zum ersten Mal in meinem Leben gesehen. Sie hat mich in ihrer schweren derzeitigen Lage hierher kommen lassen, und nun bin ich da. Was sie jedoch im Einzelnen beabsichtigt, weiß ich nicht."

Der Notar war sehr freundlich, offensichtlich damit vertraut, den ungewöhnlichsten Situationen zu begegnen. Er bat mich höflichst, einstweilen hinauszugehen. Ich begab mich dann in das anschließende Gewächshaus. So blieb der Notar mit Frau Weidmann und seinem Sekretär allein in der Küche.

Nach einer halben Stunde etwa rief mich der Notar wieder ins Haus und erklärte mir mit feierlicher Miene, dass Frau Weidmann unserem Missionswerk die ganze Gärtnerei vererbt habe.

Zunächst war ich sprachlos, dann habe ich aber im Stillen gedacht: „Du liebe Zeit, was sollen wir nur mit einer Gärtnerei anfangen? Wir können doch nicht in diesem entfernten Ort, irgendwo in der Nähe von Nürnberg, plötzlich Gemüse anbauen! Unsere Aufgabe ist es doch, Menschen zu Gott zu bringen und nicht Pflanzen zu züchten." Doch da sprach der Herr mit einem Male sehr deutlich zu meinem Herzen: „Was ich dir gebe, das nimm."

So haben wir dann zusammen die erforderlichen Formalitäten abgewickelt, und alles, was diese gläubige Frau in ihrem Geschäft investiert hatte, schenkte sie dem Reiche Gottes.

Es war genau vier Tage später – ich war längst wieder nach Karlsruhe zurückgekehrt –, da bekam ich erneut einen Anruf von Frau Weidmanns Nichte, die mich davon unterrichtete, dass ihre Tante auf dem Transport zum Krankenhaus gestorben sei. Sie war als ein glückliches Gotteskind zu ihrem Heiland heimgegangen und hatte Frieden im Herrn gefunden, nachdem sie alles, was sie bewegt hatte, noch wunschgemäß regeln und ordnen konnte.

Genau eine Woche nach der Protokollierung, auf den Tag genau, war die Beerdigung in dem kleinen Dorf. Wir fuhren mit dem Chor in unserem Bus zur Bestattungsfeier. Dort sangen wir an ihrem offenen Grab von der Herrlichkeit, die die Erlösten erwartet, wenn sie ihrem geliebten Heiland begegnen.

Nach der Testamentseröffnung rief mich der Bürgermeister des Ortes an, in dem die verstorbene Frau gelebt hatte. Er fragte mich, ob wir nicht eventuell bereit wären, die Gärtnerei zu verkaufen. Sie hätten in der Vergangenheit schon verschiedentlich versucht, das Grundstück zu erwerben, aber leider immer ergebnislos. Für uns hätte die Gärtnerei ja doch keinen praktischen Wert und die Gemeinde beabsichtigte schon lange, auf dem Grundstück ein Rathaus und ein Feuerwehrhaus zu erstellen.

Natürlich waren wir nicht abgeneigt, das Grundstück zu verkaufen. Aber da ich die Interessen der Mission stets optimal zu vertreten habe, fragte ich den Bürgermeister am Telefon: „Wissen Sie auch, dass das viel Geld kostet?“

Natürlich, meinte er, das könne er sich wohl denken, und er wolle den Gemeinderat so schnell wie möglich einberufen. Ich wollte dem Bürgermeister von vornherein unmissverständlich klarmachen, dass wir das Grundstück unter keinen Umständen „verschenken“ könnten; denn schließlich ging es ja um die Sache Gottes.

Kurz darauf entschied sich der dortige Gemeinderat zu genau der Kaufsumme, die wir an Radio Luxemburg zu bezahlen hatten. Durch die Gabe dieser Frau, die durch eine unserer Rundfunksendungen auf unser Glaubenswerk aufmerksam geworden war und die seitdem immer wieder am Radio der frohen Botschaft des Evangeliums lauschte, wurden wir von einem großen finanziellen Druck befreit. So konnten wir ein ganzes Jahr lang die teuren Sendungen von Radio Luxemburg bezahlen. So gut ist Gott.

Zu dieser Zeit stieg die Zahl unserer Zuhörerschaft steil an, und wir hatten alle Hände voll zu tun. Eine Flut von

Post ergoss sich in unserem Büro, von Menschen, die ihre Sorgen, Leiden und Bürden aufgrund unserer Radiobotschaften Jesus zu Füßen legten.

Darunter befand sich auch die Korrespondenz mit einer Frau aus der Schweiz. Wir standen schon jahrelang in brieflichem Kontakt mit ihr. Sie schrieb uns immer wieder, wie sehr sie unsere Rundfunkansprachen im Glauben stärken würden.

Eines Tages war ich wieder einmal unterwegs, um in einer befreundeten Gemeinde das Wort Gottes zu verkünden. Von unterwegs rief ich meine Frau an, um zu erfahren, ob zu Hause etwas Besonderes vorliege. Kaum hatte sie sich gemeldet, als sie mir auch schon voller Freude berichtete, dass Gott erneut etwas Großes getan habe. Vom Amtsgericht in Zürich sei eine Benachrichtigung gekommen, eine Frau habe das Missionswerk in Karlsruhe zum Erben eines größeren Betrages aus ihrem Vermögen eingesetzt.

Ich war zuerst so bewegt, dass ich gar nicht antworten konnte. Aber dann sagte ich zu Hannelore am Telefon: „Das ist eine weitere wunderbare Gebetserhörung, eine Bestätigung dafür, dass Gott mit unserer segensreichen Missionsarbeit ist. So stärkt er unseren Glauben immer wieder erneut."

An diesem Abend predigte ich mit besonders großer Freude und Dankbarkeit. Der 23. Psalm war mir am meisten gegenwärtig: „Der Herr ist mein Hirte, mir wird nichts mangeln. Er weidet mich auf einer grünen Aue und führt mich zu frischem Wasser. Er erquicke meine Seele und leitet mich auf rechter Straße um seines Namens willen."

Gott hat stets aufs Neue die Schatzkammern seines unendlichen Reichtums aufgetan und auch unsere Radiomission bis auf den heutigen Tag gesegnet.

Gerade weil dieser Missionszweig, wie wir alle wissen, eine überaus kostspielige Angelegenheit ist, müssen wir für jeden Monat immer wieder dem Herrn vertrauen, dass die enormen Summen für die teuren Rundfunksendungen an Radio Luxemburg bezahlt werden können.

Im Jahr 1976 erhielten wir wieder eine neue Sendezeit, und zwar zusätzlich am Sonntagmorgen zwischen 7.45 Uhr 8.00 Uhr. Das war eine hervorragende Zeit, da sich um diese Stunde erfahrungsgemäß viele Leute gerade beim Frühstück befinden. Wir sahen darin eine besondere Gelegenheit, den Hörern überall in Europa auch das „geistliche Brot des Lebens" zu bringen.

In diesen Tagen schrieb ich in einem Brief – der in unserer Zeitschrift veröffentlicht wurde – an alle unsere Missionsfreunde: „Gott hat zu Josua gesagt, dass alles Land ihm gehören soll, worauf er seine Füße stellt. Wir stellen unsere Glaubensfüße auf ganz Europa, damit gerade auch durch diese Sonntagmorgen-Sendung eine reiche Ernte in die Kornkammer des Herrn eingebracht wird. An dieser großen Seelenernte haben alle einen erheblichen Anteil durch ihre Gebete und Missionsgaben.

Es ist in Amerika passiert, dass bei einer Getreideernte im Mittleren Westen plötzlich ein kleiner Junge vermisst wurde. Er war spurlos verschwunden. Alle Maschinen wurden sofort abgestellt. Jeder suchte in einer anderen Himmelsrichtung nach dem verlorenen Kind. Doch alles Suchen war erfolglos.

Dann wurden sich alle Arbeiter einig, dass sie dadurch nur die Ernte zertreten. Danach fassten sie sich alle bei der Hand und gingen gemeinsam, Seite an Seite, zielstrebig durch das Erntefeld. Als sie das taten, fanden sie den verlorenen Jungen. Er hatte sich in eine Furche gelegt und war eingeschlafen.

Genauso wollen auch wir uns im Glauben an den Händen fassen und gemeinsam durch das Erntefeld gehen, damit die Verlorenen gefunden werden. Gemeinsam werden wir den göttlichen Auftrag, treu dem Willen des Herrn, ausführen."

Etwa Ende 1976 haben wir festgestellt, dass nicht alle Sendungen, die wir über Radio Luxemburg ausstrahlten, auch überall störungsfrei und deutlich empfangen werden konnten. Das lag aber weniger an den Ätherwellen, als vielmehr an unseren Geräten, die zur Vorbereitung der Funkvorträge dienten. Wir hatten in jener Zeit nur ganz einfache Amateurgeräte, die nun mal nicht die beste Qualität liefern konnten.

Daraufhin haben wir uns entschlossen, ein Studio mit besseren Geräten einzurichten. Diese Anlage, die wir dringend benötigten, hatte allerdings ihren Preis. Doch es gab für uns keine Alternative. Das war wiederum ein großer Glaubensschritt, da wir zu diesem Zeitpunkt die Mittel dafür noch nicht hatten.

Schon seit Beginn unserer Rundfunksendungen und bis auf den heutigen Tag erhielten wir von den verschiedensten Zuhörern am Radio auch immer wieder Zeugnisse über Heilungen, die während der Botschaft und dem Gebet über die Ätherwellen geschahen.

Für uns selbst ist dies absolut nichts Außergewöhnliches. Aus dem Brief von Paulus an die Hebräer wissen wir, dass Jesus Christus derselbe ist – gestern, heute und in Ewigkeit. Er heilt also heute noch, genau wie damals in Galiläa.

Göttliche Heilungen geschehen auf die verschiedenste Art und Weise. Es gibt dafür kein Rezept. Gott ist universal. Seit den Zeiten der Urgemeinde war es in den christlichen Gemeinden, in denen das volle Evangelium gepredigt wird, üblich, dass Kranke geheilt wurden und man Wunder erwartet hat. Eine biblische Begründung für das Aufhören dieses speziellen Wirkens Gottes gibt es nicht. In der Heiligen Schrift suchen wir vergebens danach. Im Übrigen, warum sollte es Gott verlernt haben, die Wunder der Bibel heute noch in gleicher Weise zu tun? Dass zum Beispiel die Geistesgaben heute weitgehend nicht mehr bekannt sind und noch weniger angewandt werden, liegt nicht an Gott, sondern an den Menschen.

Jesus hat uns den ganz klaren Missionsbefehl gegeben, „dass jene, die da glauben, ihre Hände auf die Kranken legen, und sie wieder gesund werden sollen“ (Mk 16,18). – Und an anderer Stelle im 5. Kapitel des Jakobusbriefs heißt es: „Ist jemand krank unter euch, der rufe zu sich die Ältesten der Gemeinde, damit sie über ihm beten und ihn salben mit Öl im Namen des Herrn. Und das Gebet des Glaubens wird dem Kranken helfen, und der Herr wird ihn aufrichten.“ Es gibt noch mehr Bibelstellen ähnlichen Inhalts.

Leider glauben aber die meisten Menschen, dass Heilung durch den Glauben heute nicht mehr möglich sei. Das hätte angeblich nur vor 2000 Jahren gegolten, zur Zeit der Apostel, aber nicht mehr heute. Das ist jedoch ein weit verbreiteter Irrtum und eine glatte Lüge des Teufels! Und selbst viele Gotteskinder fallen leider immer wieder darauf herein. Für Kranke zu beten ist aber der eindeutige Befehl Jesu und der Wille Gottes. So steht es deutlich in der Heiligen Schrift.

Ganz abgesehen von den eindeutigen Aussagen im Alten Testament befassen sich allein im Neuen Testament insgesamt 729 Verse mit göttlicher Heilung. Wer nun nicht, oder nicht mehr, an Heilungen glaubt, der muss nun alle diese 729 Verse aus der Bibel entfernen. Hat er somit die Heilige Schrift regelrecht durchlöchert, muss er sich logischerweise fragen, warum und mit welcher Berechtigung er dann eigentlich noch an den Rest glauben kann.

Eines Tages erhielt ich einen Brief von einem Mann, der sich besonders schlau vorkam. Er schrieb sehr selbstbewusst, ob ich denn wirklich so dumm sei und glaube, dass Gott zwischen den Transistoren im Radio sei. Mit gleicher Post kam aber auch ein anderer Brief von einer Frau, die uns wissen ließ, dass sie durch das Gebet im Radio von Gott berührt und geheilt wurde.

Daran erkennen wir, dass es nur ein Glaubensakt ist. Die einen glauben es – und die anderen nicht. In der Bibel steht jedenfalls, für jeden nachlesbar: „Als sie das Wort hörten, wurden sie gesund."

Bei vielen meiner Radioansprachen fordere ich zum Schluss die Kranken auf, ihre Hand auf die kranke Stelle ihres Leibes zu legen und mit mir zusammen das Gebet des Glaubens zu sprechen. Wir haben in unserer Mission inzwischen schon viele Briefe aus allen Teilen Europas erhalten, worin uns Rundfunkhörer mitteilten, dass sie während des Anhörens unserer Andacht von allen möglichen Krankheiten geheilt wurden.

Wir sind keine „Gesundbeter", sondern wir tun nur das, was die Bibel lehrt, und wir glauben auch, dass wir das empfangen, worum wir bitten. Unser Herr hat uns in Markus 16, Vers 17, den deutlichen Auftrag gegeben, mit der Hilfe seiner göttlichen Kraftwirkung die Kranken zu heilen. Wörtlich sagte er:

„Die Zeichen aber, die da folgen werden denen, die da glauben, sind die: In meinem Namen werden sie böse Geister austreiben, in neuen Zungen reden, Schlangen vertreiben, und wenn sie etwas Tödliches trinken, wird's ihnen nicht schaden. Auf Kranke werden sie die Hände legen, so wird's besser mit ihnen werden."

Es waren seine letzten Worte vor der Himmelfahrt.

Und in Vers 20 dieses Kapitels berichtet die Bibel weiter: „Die Jünger aber gingen hinaus und predigten an allen Orten; und der Herr wirkte mit ihnen und bekräftigte das Wort durch mitfolgende Zeichen."

Wenn wir das Leben Jesu Christi betrachten, so bestand sein Dienst auf Erden zu einem großen Teil darin, den armen, gebundenen und kranken Menschen zu helfen. Auch er wurde damals schon sehr kritisiert. Doch Jesu Kraft ist nicht schwächer geworden! Er hilft auch heute noch allen, die ihn anrufen. Deshalb sage ich bei meinen Radioansprachen allen, die ein Anliegen haben: „Betet aufrichtig und kindlich Gott an, und bittet in Jesu Namen um Gebetserhörung. Er wird die Bittenden erhören, und sie werden ein Wunder erleben. Das ist absolut biblisch!"

Ich fordere unsere Zuhörer am Radio immer wieder auf, uns von ihren Sorgen und Problemen zu schreiben. Auch sind wir gerne bereit, alle Hilfesuchenden in unsere Gebete einzuschließen. Wir können nicht heilen, aber Jesus Christus kann es. Die stärkste Kraft, die wir im Universum haben, ist die Kraft des Heiligen Geistes. Diese göttliche Kraft geht über die Ätherwellen bis in die kleinste Stube im hintersten Ort.

Sie erreichte auch jenen Kranken in Darmstadt, der uns schrieb:

„Lieber Pastor Müller, ich kann nur noch loben und danken. Am letzten Mittwoch hörte ich Ihre Radioandacht. Als Sie zum Schluss aufforderten, die Hände auf schmerzende Glieder zu legen, habe ich im Glauben meine beiden kranken Knie umfasst und mitgebetet. Seitdem spüre ich nicht mehr die geringsten Schmerzen. Lob und Ehre sei unserem treuen Herrn und Gott dafür! Für jeden Schritt, den ich nunmehr ohne Schmerzen gehe, kann ich nur immer wieder danken."

Ein anderer Hörer aus Rüsselsheim schrieb: „Seit der letzten Rundfunksendung, als für die Kranken gebetet wurde, bin ich von meinem Gallenleiden geheilt. Dem Herrn bin ich so sehr dankbar, denn von dem Tag an habe ich keine Schmerzen mehr. Gott hat Großes an mir getan."

Ebenso wie während der Wortverkündigung bei unseren Radiosendungen werden, wie bereits mehrfach erwähnt, selbstverständlich auch bei unseren Gottesdiensten in der

Christus-Kathedrale in Karlsruhe Kranke von ihren Leiden geheilt. Das ist absolut nichts Außergewöhnliches.

Eine Frau berichtete in einer unserer Radiosendungen von ihrem Erlebnis während des Gottesdienstes:

„Als Siegfried Müller gebetet hatte, sagte er: ‚Kommt zu Jesus und berührt den Saum seines Kleides wie einst die blutflüssige Frau in Kapernaum.‘ Da berührte auch ich im Glauben das Gewand unseres Heilands. Ich litt seit längerer Zeit an einem Darmleiden. Am Ende des Gottesdienstes in Karlsruhe gab Bruder Müller bekannt, dass jemand im Raum sei, der von einem Darmleiden geheilt wurde. Ich wusste sofort, dass ich es war. Seit dieser Stunde hatte ich nie wieder Beschwerden am Darm verspürt. Ich lobe und preise meinen Gott von ganzem Herzen!“

Dieselbe Frau berichtete weiter: „Ich möchte aber noch von einem anderen Erlebnis erzählen, das ebenfalls die Herrlichkeit unseres Heilandes offenbart. Vor kurzem litt ich plötzlich unter einem sehr hohen Blutdruck. Hinzu kam, dass ich mich des Öfteren am Tag übergeben und brechen musste; ich konnte kein Essen bei mir halten. Als ich unter dieser Last zu Gott flehte, sagte mir auf einmal eine innere Stimme: ‚Rufe Pastor Müller an!‘ Ich ging sofort zum Telefon und rief im Missionswerk in Karlsruhe an. Er war auch gleich bereit, mit mir zu beten. Unmittelbar nach dem Gebet konnte ich wieder essen und mein Magen behielt die Nahrung. Auch mein Blutdruck war bereits nach Stunden schon wieder vollkommen in Ordnung. Ich kann dem Herrn nur immer wieder danken!“

Ein Mann aus der Schweiz berichtete in unserer Radiosendung, was Gott an ihm in Zürich Großes getan hat, während ich dort einen Gottesdienst abhielt:

„Seit dreißig Jahren war ich mit einem sehr unangenehmen Hämorrhoiden-Leiden geplagt. – Beim Gottesdienst in Zürich hatte Bruder Müller eine Vision. Der Herr zeigte ihm, dass jemand im Saal von einem Hämorrhoiden-Leiden geheilt worden sei. Ich vernahm dies zwar, bezog es aber zunächst nicht auf mich. Erst einige Tage später kam ich zu der Gewissheit, dass meine Krankheit regelrecht verschwunden war. Es waren keine Symptome mehr festzustellen. Ich kann dem Herrn gar nicht genug für dieses Wunder danken, das er an mir geschehen ließ."

Eine andere Frau, die ebenfalls eine Heilung durch Gebet erfuhr, brachte in derselben Rundfunksendung ihre Freude mit folgenden Worten zum Ausdruck:

„Als ich vor drei Wochen beim Gottesdienst in Karlsruhe war, rief Pastor Müller auf, alle, die am Knie Beschwerden hätten, mögen nach vorn kommen; der Herr wolle sie gerade jetzt in diesem Augenblick berühren. Da ich an einer Hüftarthrose litt, die sich oft auch auf die Knie schmerzhaft auswirkte, ging ich ebenfalls nach vorne zum Altar. Seit dieser Zeit bin ich völlig schmerzfrei im Knie. Wir dienen einem Gott, der auch heute noch Wunder tut."

„Ich möchte aber noch etwas hinzufügen", sagte diese Frau weiter: „Als ich eine Woche zuvor zum ersten Mal einen Gottesdienst in Karlsruhe miterlebte, hat es mich sehr beeindruckt, wie ehrfurchtsvoll der Herr dort angebetet wird. Als dann beim Altarruf über mir gebetet wurde, hatte dies eine nachhaltige Auswirkung für mein ganz persönliches Leben. Ich habe seitdem keine negativen Gedanken mehr, sondern nur Gedanken froher Erwartung. Ich bin nur gespannt, was Jesus noch alles mit mir vorhat..."

Ein anderes wunderbares Geschehen, das in diesem Zusammenhang nicht unerwähnt bleiben sollte, nahm seinen Anfang in Frankreich. Es handelt von einem Mann in mittleren Jahren, der sich seit langem schon in einem Zustand furchtbarer Depressionen befand. Wer diese Krankheit kennt, der weiß, dass kein Arzt sie heilen kann. Alles was die moderne Medizin vermag, ist lediglich die vorübergehende medikamentöse Milderung dieses grässlichen Leidens. Dieser Mann war sogar so weit, dass er immer wieder von Selbstmordgedanken gequält wurde. Er betete und flehte zum Herrn in seiner Not.

An einem Sonntagmorgen schaltete er, wie so oft, um sich wenigstens einigermaßen abzulenken, das Radio ein. Anfänglich suchte er nur nach Musik. Aber dann empfing er zufällig die religiösen Sendungen von Radio Luxemburg. Zunächst war es nur eine innere Unruhe, die ihn wie verwandelte. Am nächsten Sonntag suchte er erneut diese Sendungen im Radio. In einem späteren Zeugnis schrieb er an unsere Mission:

„Unter anderem empfing ich auch die Sendung von Siegfried Müller. Als er seine Adresse angab und zum Gottesdienst nach Karlsruhe einlud, sagte ich zu meiner Frau: ‚Da fahren wir am nächsten Sonntag hin.' Mit großer Herzlichkeit wurden wir von den Geschwistern empfangen. Als alle, die Probleme hatten, nach vorn zum Altar gerufen wurden, folgte auch ich dieser Aufforderung. Schon während des Gebets spürte ich sofort eine Veränderung und kann heute dankbar bezeugen, dass mich der Herr aus meinem furchtbaren Zustand der Lebensmüdigkeit herausgeholt hat. Ehre und Dank sei IHM unserem Herrn in alle Ewigkeit!"

In Johannes 14,12 sagt Jesus zu Philippus: „Wahrlich, wahrlich, ich sage euch: Wer an mich glaubt, der wird die Werke auch tun, die ich tue, und er wird Größeres als dieses tun; denn ich gehe zum Vater."

Was kann Jesus damit wohl gemeint haben, als er sagte, „ihr werdet größere Werke tun…"? Können wir denn Größeres vollbringen als unser Heiland selbst?

Zu jener Zeit, als Jesus auf dieser Erde lebte und zu Fuß durch Galiläa zog, um zu predigen und Wunder zu tun, versammelten sich um ihn in der Regel nur einige Dutzend oder ein andermal auch einige Hundert Menschen. Die Bibel berichtet in einem besonderen Fall einmal von 5 000 Männern – ohne Frauen und Kinder.

Heute kann jedoch seine Botschaft aufgrund der modernen Kommunikationsmittel über Rundfunk und Fernsehen mit Hilfe der Satelliten Millionen und Milliarden von Menschen nahe gebracht werden. In den USA zum Beispiel ist es technisch durchaus möglich, dass gleichzeitig alle 220 Millionen Amerikaner eine bestimmte TV-Sendung sehen können.

Das sind Dimensionen, die zu Zeiten Jesu und der Apostel undenkbar waren. Bekannte Evangelisten predigen heute an einem Abend zu mehreren Hunderttausenden von Zuhörern, während die Veranstaltung gleichzeitig über das Fernsehen in die Wohnungen von weiteren Millionen von Zuschauern übertragen wird.

Den Jüngern Jesu kam damals seine Zusage, dass sie noch Größeres tun würden, unbegreiflich vor. Sie konnten es nicht fassen. Aber schon Jesus sagte auch: „... weil ich zu meinem Vater gehe." – Seine Zeit auf dieser Erde war erfüllt. Sie war nur kurz gewesen.

Doch nachdem Jesus zu seinem Vater zurückgekehrt war, sandte er an Pfingsten den Heiligen Geist, wodurch seine Kraft und seine Heiligkeit unter seinen Nachfolgern fortwirkte. Dadurch geschah es auch, dass die ständig wachsende Gemeinde Jesu in den folgenden Jahrhunderten größere Werke tun konnte, als dies ihrem Meister als Einzelnem in den wenigen Jahren seines irdischen Wirkens vor 2 000 Jahren möglich gewesen ist.

Schon die Apostel durften das Evangelium zunächst über die damalige jüdische Welt in verschiedene Länder hinaustragen: zu den Griechen, den Römern und zu der ganzen damaligen zivilisierten Welt. Heute reicht „Die frohe Botschaft Jesu" über den ganzen Erdball.

Wenn ich an den erwähnten skeptischen Briefschreiber denke, der bezweifelte, dass Gott auch über den Rundfunk wirken kann, dann möchte ich sagen, dass ich davon überzeugt bin, dass Jesus, wenn er damals schon ein Telefon gehabt hätte, er sicher ebenso durchs Telefon geheilt hätte.

Hierzu fällt mir eine weitere Begebenheit ein, wie sich Gott moderner technischer Mittel bedient, um sich auch auf diese Weise zu verherrlichen. Es ist noch nicht sehr lange her, da schrieb mir eine Frau aus dem Krankenhaus, ich möchte für sie beten, denn sie sei schwer krebskrank. Hoffnungslos und verzweifelt lag sie in ihrem Bett und dachte ängstlich darüber nach, wie lange es noch dauern würde, bis die Leukämie sie aufgezehrt haben würde. Ihre letzte Hoffnung war das Gebet, und vielleicht erinnerte sie sich gerade in diesem Augenblick ihrer größten Not an den Bibelvers aus Jesaja 53,5: „…und durch seine Wunden sind wir geheilt".

Da die kranke Frau einen Telefonapparat direkt neben ihrem Bett auf dem Nachttisch stehen hatte, gab sie mir auch ihre Telefonnummer an. Als ich sie anrief, weinte sie und sagte mit tränenerstickter Stimme: „Pastor Müller, ich habe unerträgliche Schmerzen. Bitte, beten Sie für mich. Gleich muss ich mich wieder einer weiteren Untersuchung unterziehen."

Ich betete mit ihr durchs Telefon und ich wusste in diesem Moment, dass Gott sich inmitten unseres Gebets befand, denn wir waren – wie es die Bibel sagt – „zwei in seinem Namen versammelt" (Matth 18,20).

Nach dem Gebet sprach ich noch ein paar tröstende Worte zu ihr, dann legten wir auf.

Am Nachmittag desselben Tages rief diese Frau in unserem Büro wieder an und weinte Freudentränen. Sie war so aufgelöst, dass ich sie zuerst gar nicht richtig verstehen konnte. Dann hörte ich, wie sie mit glückseliger Stimme sagte: „Der Arzt kann es kaum fassen; mein Blutbild ist wieder in Ordnung!“

Hier hatte Gott augenblicklich eingegriffen. Ist Jesus nicht wunderbar? Ja, es gibt wahrhaftig keine Grenzen für seine Macht! Lob und Dank sei Gott dafür!

Aus meiner Erfahrung weiß ich aber auch, dass viele Christen mit dem Glauben immer wieder Schwierigkeiten haben, besonders dann, wenn sie vor einer Situation stehen, bei welcher sie nicht wissen, wie es weitergehen soll, wenn sich die Probleme wie unüberwindbare Berge vor ihnen auftürmen.

Handelt es sich um eine relativ kleine Not, dann machen sie sich nicht allzu viele Gedanken und beten, wie sie es gelernt haben. Ist die Schwierigkeit aber größer, oder sogar so groß, dass sie fast unüberwindlich scheint, dann werden sie schwach im Glauben. In solcher Lage meinen sie, ihr Gebet sei nicht stark genug und Gott könne dadurch nicht helfen. Sie glauben nicht mehr daran, dass das Gebet alles vermag, dass es sogar Berge versetzen kann, wie in der Bibel steht.

Sie haben dann auch vergessen, was sie vielleicht einmal selber im Markusevangelium gelesen haben: „Darum sage ich euch: Alles, was ihr bittet in eurem Gebet, glaubet nur, dass ihr's empfangen werdet, so wird's euch werden“ (Mk 11,23-24).

Dies bedeutet nicht nur, ihr werdet es empfangen, wenn ihr darum bittet, dass eure Kopfschmerzen vergehen. Sondern es bedeutet auch, dass selbst der bösartigste Krebs, der Ihren Körper zu zerfressen droht, wieder Ihren Leib verlassen muss, denn Jesus Christus hat uns so deutlich gesagt, damit es jeder verstehen kann: „bei a l l e m, worum ihr bittet“.

Er sagt aber auch noch etwas anderes, was bei der obigen Bibelstelle oft überlesen wird, nämlich „glaubt nur!“

Lieber Leser, wenn Sie keinen Glauben aufbringen, dann tut sich überhaupt nichts. Wenn Sie sich nur auf Ihren Verstand verlassen, dann werden Sie nie ein Wunder erleben. In Sprüche 3, Vers 5, steht dazu die Ermahnung: „Verlass dich auf den Herrn von ganzem Herzen und verlass dich nicht auf deinen Verstand!"

Ich versichere jedem, wenn er das erst einmal voll erfasst hat, dann schießt sein Glaube wie eine Rakete zum Himmel und er wird Gottes Handeln sichtbar erleben. Ich erinnere mich bei dieser Gelegenheit an eine ungewöhnliche Begebenheit, die ein Gastprediger bei einem unserer Gottesdienste erzählte. Er hatte einen Freund in Amerika, einen jungen Mann namens John.

Eines Tages hatte dieser John eine Verabredung mit einem Bekannten. Es ging um eine ganz wichtige und dringende Angelegenheit. Im Zusammenhang mit der Verabredung musste sich John eine Telefonnummer notieren. Das war eine sehr lange Ziffernfolge, denn der Anschluss war in Kalifornien, wo die Telefonnummern besonders umfangreich sind. Zum Notieren hatte John nur einen Kugelschreiber, aber kein Papier. Ausgerechnet in dem Moment nicht.

Kurz entschlossen nahm er eine Fünfdollarnote und schrieb auf den Rand des Geldscheins die Telefonnummer. Bis zum nächsten Tag, spätestens um zwölf Uhr, sollte er in Kalifornien anrufen. Wie gesagt, die Sache war für ihn ungemein wichtig.

Nun aber geschah etwas Verhängnisvolles. Es war heiß an diesem Tag und John bekam Durst. Er ging in ein Lokal und bestellte sich an der Theke etwas zum Trinken. Beim Bezahlen ergriff er ohne es zu merken ausgerechnet jene Fünfdollarnote. Mit diesem Geldschein verschwand natürlich auf der Stelle die Telefonnummer.

Am nächsten Morgen um neun Uhr wollte er in Kalifornien anrufen. Er suchte die Telefonnummer und fand sie nicht. Inzwischen war John aber in einer anderen Stadt. Da erinnerte er sich plötzlich, dass er gestern mit einer Fünfdollarnote bezahlt hatte.

Ein riesiger Schreck überfiel ihn. Die Telefonnummer war weg, verloren, untergegangen im riesigen Ozean des Währungsumlaufs. Was sollte er machen? Er war verzweifelt. Es wurde 9.30 Uhr, es wurde zehn Uhr.

Er stand an irgendeiner Ecke und starrte mit leerem Blick vor sich hin. Er zerbrach sich vergeblich den Kopf, um einen Ausweg zu finden. Als er innerlich ganz leer gebrannt war, als ihm gar nichts mehr einfiel, fing er mitten auf der Straße an zu beten: „Herr Jesus, hilf mir doch", rief er, „ich brauche die Nummer, du weißt doch, es ist so dringend..."

Nachdem er gebetet hatte, lief er noch eine Zeit lang unschlüssig durch die Straßen, bis er plötzlich Hunger bekam. Es war mittlerweile elf Uhr geworden.

An einem Imbissstand kaufte er sich ein Sandwich. Statt mit Cent-Stücken zu zahlen, zahlte er mit einer Zwanzigdollarnote. Als der Verkäufer ihm das Wechselgeld herausgab, war darunter auch eine Fünfdollarnote, und auf dieser Fünfdollarnote stand die Telefonnummer...

Nun muss man sich einmal vorstellen, was die Engel Gottes haben arbeiten müssen, um gerade jetzt, in einer anderen Stadt, die Fünfdollarnote in dem Augenblick landen zu lassen, in dem sie so dringend gebraucht wurde.

John jubelte laut: „Danke, Herr Jesus..." Er sprang vor Freude in die Höhe und lief eilig zum nächsten Telefon, um in Kalifornien anzurufen. Es war genau viertel vor zwölf...

Um es noch einmal zu betonen, Gott segnete von der ersten Stunde an unsere Radiosendungen. So führte er mich in diesem Zusammenhang eines Tages auch nach Kanada. Es war gegen Ende des Jahres 1977, als der Herr mir den Auftrag ins Herz legte, den deutschsprachigen Menschen dort das Evangelium über den Rundfunk zu verkünden, gemäß dem Missionsbefehl Jesu in Markus 16,15: „Gehet hin in alle Welt und predigt das Evangelium aller Kreatur."

Wie wir wissen, leben Millionen deutschsprachiger Menschen in Kanada, von denen noch viele unerrettet sind. Auch sie brauchen Jesus. Nie zuvor dachte ich daran, dass Gott unsere Mission auch einmal in dieses Land bringen würde.

So nahm ich dann Kontakt mit einem kanadischen Freund auf, der Verbindung zu dem kanadischen Rundfunksender Melfort in der Provinz Saskatoon hatte. Es war uns möglich, dort relativ günstige Sendezeiten zu kaufen, und so flog ich kurz entschlossen nach Regina in Kanada, wo mich mein kanadischer Freund abholte. Wir fuhren zusammen zur Verwaltung der Rundfunkgesellschaft und es kam dann auch zum Abschluss des Vertrags.

Zu diesem Zeitpunkt ergab es sich, dass an demselben Ort gerade eine Veranstaltung der Geschäftsleute des vollen Evangeliums stattfand. Der Leiter des Chaptertreffens hatte erfahren, dass ich in Kanada war. Er lud mich kurzerhand ein, der Veranstaltung beizuwohnen und bei der Gelegenheit auch ein Grußwort zu sagen.

Nun kam ich insofern in Verlegenheit, als ich wegen meiner relativ geringen Englischkenntnisse Hemmungen hatte, vor einem größeren Forum aufzutreten; ich befürchtete offensichtlich, in diesem Fall unter Umständen mehr Bedauern als Beifall zu ernten. Andererseits aber brannte mein Herz derart für Jesus und war voller Freude, weil ich sah, wie der Wind des Heiligen Geistes unserer Mission überall mächtig in die Segel blies. So drängte es mich geradezu, von den Erfolgen unserer Arbeit und dem Segen, den Gott dazu gab, begeistert zu berichten.

Aber so nachdrücklich, siegreich und machtvoll, wie ich dies gern zum Ausdruck gebracht hätte, erlaubte es mir mein unvollkommenes Englisch leider nicht. Zu allem war auch an diesem Tag kein geeigneter Übersetzer anwesend, der mich von der deutschen Sprache in die englische hätte übersetzen können. Aber einer war gegenwärtig, der immer da ist; und er half mir auch diesmal wieder, wie schon oft in nahezu aussichtslosen Situationen. Es war der Heilige Geist.

Vorsorglich hatte ich mir einige Notizen gemacht, diese wohlweislich aber in Aussprache-Englisch geschrieben. Gleich zu Beginn der Veranstaltung gab der Leiter des Chaptertreffens bekannt, dass ein Gast aus Germany anwesend sei, der einige Grußworte sprechen würde. Ich war also der erste Redner des Abends, und es kam mir in diesem Moment vor, als wäre ich sogleich mitten ins kalte Wasser geworfen worden.

Nun gab es nur noch eines für mich, ich musste, wie so oft schon in meinem Leben, ganz einfach die Flucht nach vorn antreten. Mit forschem Schritt ging ich zum Rednerpult, hob freudig beide Arme zum Lobpreis Gottes in die Höhe und rief mit lauter Stimme:

,,My name is Siegfried Müller. It is a great joy for me, to be here in Canada!"

Als daraufhin spontaner Beifall einsetzte, wusste ich sofort, dass schon in diesem Augenblick das Eis bereits gebrochen war. Der Herr gab dann noch reichlich Gnade und salbte meine Zunge. Ich verstand in diesem Moment erstmals so richtig, was in Sprüche 16,1 geschrieben steht: „Der Mensch setzt sich's wohl vor im Herzen; aber vom Herrn kommt, was die Zunge reden soll."

Meine Notizen hatte ich völlig vergessen, ich redete vollkommen frei und die englische Sprache floss plötzlich erstaunlich leicht von meinen Lippen. Aus dem anfänglichen Grußwort wurde eine richtige Einleitung der Versammlung, als ich mit begeisterten Worten davon erzählte, was Gott bei uns in Karlsruhe zu seiner Verherrlichung schon alles getan hat. Immer wieder wurde ich von lebhaftem Beifall unterbrochen, so mächtig war die Salbung, die über mich kam. Als später, am Ende meiner Rede, mein Gastgeber mich beglückwünschte, sagte er mir amüsiert, ich hätte doch tatsächlich dem folgenden Gastredner „die Show gestohlen".

Natürlich wollte ich dies nicht im Entferntesten. Das schien von vornherein auch gar nicht möglich. Doch mein Herz war ganz einfach so voll von Liebe und Dankbarkeit zu meinem Heiland, dass mir die Begeisterung wohl Flügel verlieh und mich wie auf Wolken fortgetragen hat. Es ging mir wie einst David, dem Sohn Isais, als er in seinen letzten Worten sprach: „Der Geist des Herrn hat durch mich geredet, und sein Wort ist auf meiner Zunge" (2 Sam 23,2).

9
Predigt allen Völkern

„Vom Aufgang der Sonne bis zu ihrem Niedergang sei gelobt der Name des Herrn!“ So heißt es im 113. Psalm. Und Jesus sagt in Markus 16,15: „Gehet hin in alle Welt und predigt das Evangelium aller Kreatur…“

Wir haben diesen Auftrag unseres Herrn schon vor vielen Jahren sehr ernst genommen und Gott benutzte unser Missionswerk, um das Evangelium in verschiedenen Erdteilen zu verkünden.

So gingen wir eines Tages auch nach China. Ich spürte es deutlich in meinem Herzen, dass es Gottes Wille ist, auch nach China die frohe Botschaft von der Erlösung Jesu zu bringen; denn Asien braucht Jesus genauso, wenn nicht seine vielen Millionen Menschen immer tiefer in die dunkelste Nacht hinabsinken sollen. Darum wollten wir uns von unserem Herrn bereitwillig auf diesem großen Erntefeld einsetzen lassen.

Ab Ende 1978 sendeten wir in Zusammenarbeit mit Asian-Outreach über den stärksten Sender im Fernen Osten, über Radio Manila, das volle Evangelium unseres Herrn Jesus Christus in Mandarin-Chinesisch. Das Rundfunkstudio befand sich in Hongkong. Wir konnten von dort aus nahezu 1000 Millionen Chinesen – also die ganze Volksrepublik China – mit der „Frohen Botschaft“ erreichen. Auch in Nationalchina wurden unsere Sendungen gut empfangen. In Hongkong arbeiteten wir mit einem wunderbaren Team zusammen, das für uns das Programm „Der Weg zur Freude“ in chinesischer Sprache gestaltete.

Unser Missionsfreund in Hongkong, David Wang, berichtete uns, dass von Beginn unserer Arbeit an ein sehr großes Echo auf unsere Sendungen festgestellt werden konnte. Tausende von Briefen trafen vom Festland in der Missionsstation in Hongkong ein. Der Hunger nach dem Brot des Lebens ist in China wirklich groß.

Jeder Chinese, der unser Programm hörte und uns schrieb, bekam von unseren Freunden in Hongkong einen besonderen Brief und eine chinesische Bibel. Viele von ihnen hatten noch nie etwas von Jesus Christus gehört.

Mein alter Freund, der bekannte amerikanische Evangelist Harold Herman, von dem ich bereits schon in einem anderen Kapitel berichtete, schrieb mir Ende 1979 unter anderem: „Ich war sehr glücklich, als ich erfuhr, dass Gott eine große Tür für dein Radioprogramm ‚Der Weg zur Freude' in China geöffnet hat. Dieser 500 000 Watt starke Sender ist der größte in Asien. Dadurch kannst du mit dem Evangelium viele Millionen von Chinesen erreichen."

„Es war für mich auch eine gute Nachricht", schrieb Harold Herman weiter, „als ich hörte, dass David Wang, der übrigens ein Bekannter von mir ist, der Direktor deines Rundfunkprogramms für China ist. Ich habe ihn in seinem Büro in Hongkong besucht und war von der guten Arbeit, die er tut, sehr beeindruckt. Er ist ein guter Sprecher und versteht es, die Botschaft von der Errettung dem chinesischen Volk mitzuteilen. Darüber hinaus ist er aber auch ein wohlbekannter christlicher Führer und bemüht sich sehr, Millionen von Chinesen in ganz Asien das Evangelium Jesu Christi, des Retters aller Nationen, nahe zu bringen. Ich kann hier nicht deutlich genug zum Ausdruck bringen, wie gerade das Programm ‚Der Weg zur Freude' in Asien zum besonderen Segen wurde."

Obwohl wir schon damals jeden Monat hohe Unkosten für unsere Missionsaufgaben hatten, half Gott immer wieder, dass wir unseren weltweiten Auftrag erfüllen können.

Ich war zu Tränen gerührt, als zu Beginn der Radiomission für China einer der ärmsten Brüder unserer Gemeinde zu mir kam, um mir freudestrahlend mitzuteilen: „Bruder Müller, ich bin kein Missionar, aber ich möchte jeden Monat für China eine Rundfunksendung übernehmen. Die vielen Millionen Chinesen sollen auch mit meiner Gabe das Evangelium hören..."

Zu jener Zeit, als wir diese gesegnete Mission durchführen konnten, setzte sich ein katholischer Pfarrer aus München mit mir telefonisch in Verbindung und bat mich, ihm doch die Kontaktadresse von Hongkong mitzuteilen, da er anlässlich einer Asienreise beabsichtige, sich von unserem Dienst in China persönlich zu überzeugen. Er wurde durch die Radiosendungen über RTL auf unsere China-Mission aufmerksam. Wir baten darin um Unterstützung, um „jedem Chinesen eine Bibel" senden zu können.

Etwa vier Wochen später schrieb mir derselbe katholische Pfarrer einen sehr netten Brief und erwähnte darin, dass er zu der Überzeugung gekommen sei, unsere Missionsarbeit für China stehe wirklich unter Gottes Segen. Gleichzeitig verpflichtete er sich in seinem Schreiben, von nun an jeden Monat einen gewissen Betrag für chinesische Bibeln zu überweisen.

Als ich im Mai 1979 von einer Reise nach Korea zurückkehrte, benutzte ich die Gelegenheit, auf dem Rückflug in Hongkong Station zu machen und noch unsere chinesischen Freunde zu besuchen. Mit strahlenden Augen erzählte mir David Wang, wie sehr Gott unser Missionswerk für die Verkündigung seines Wortes benutzt. David sagte: „Seitdem das Missionswerk ‚Der Weg zur Freude' in Hongkong ist, ist die Post von Rotchina, die früher gerade mal ein bis zwei Briefe pro Jahr betrug, auf jetzt über 3 000 pro Monat angewachsen."

Ist das nicht ein Zeichen einer wundervollen Seelenernte? Seit dem Tod von Mao Tse-tung und insbesondere seit der Normalisierung der Beziehungen zwischen den USA und

China im Dezember 1978 ging zu jener Zeit im kommunistischen China eine kleine Tür auf. Sie war zwar nur einen Spalt breit geöffnet, aber wir hatten sofort unseren Fuß hineingestellt.

Es gab ein kleines hoffnungsvolles Signal, als der Nationale Kongress der Volksrepublik China im Jahr 1979 neue gesetzliche Garantien für die freie Religionsausübung verabschiedet hat. Wir betrachteten es als ein besonderes Wunder Gottes, dass die Regierung in Peking ihre Bürger aufforderte, die englische Sprache zu erlernen und Radio zu hören. Zuvor durfte niemand in China mit einem Transistor englische Sendungen empfangen.

Wir hatten uns dies bei unserer Arbeit in Hongkong sofort zu Nutzen gemacht und strahlen in unserem Rundfunkprogramm auch englischsprachige Sendungen aus. Dies geschah jedoch auf unsere Weise. Es handelte sich um ein Lehrprogramm, woraus ich einige Beispiele anführen möchte: Light = Licht. God is light = Gott ist Licht. Life = Leben. Jesus gives life = Jesus gibt Leben usw.

Millionen Chinesen saßen lernhungrig vor ihrem Rundfunkgerät und sagten das nach, was der Lehrer im Radio sie lehrte, und nicht wenige fragten sich: „Wer ist denn dieser Jesus, der Leben gibt?“ Jeder Fragende, der schrieb, erhielt dann, wie bereits zuvor erwähnt, einen Brief und eine chinesische Bibel.

Es war ebenfalls als ein Wunder Gottes zu bezeichnen, dass die Regierung – wenn auch nur vorübergehend – offiziell erlaubte, dass Bibeln nach China gebracht werden konnten. Wir haben deshalb sowohl in unserer Zeitschrift als auch über Radio Luxemburg in den letzten Jahren immer wieder nachdrücklich appelliert, uns zu helfen, damit wir chinesische Bibeln nach China bringen konnten.

Eine solche Bibel kostete uns 10 DM. Für viele Chinesen kann eine einzige Bibel lebensrettend sein. Die Bibeln wurden in der Missionsstation in Hongkong von der englischen Sprache in die chinesische übersetzt und an Ort und Stelle sogleich druckfertig gesetzt. Der Druck erfolgte mittels großer Rotationsmaschinen in Tokio/Japan.

Wie sehr diese Menschen nach der Wahrheit hungern, erfuhren wir in Hongkong von einem Theologieprofessor, den chinesische Studenten fragten: „Wir wissen zwar, was wir nicht mehr glauben, aber wir wissen nicht, an was wir glauben sollen. Wir suchen geistige Realität. Herr Professor, können Sie uns nicht helfen?“

Aus den Briefen, die David Wang in Hongkong erreichten, sind viele erschütternde Hilferufe zu entnehmen:

„Durch Ihr Programm habe ich in meinem Herzen den großen Erlöser der Menschheit kennen gelernt“, schrieb ein Student und bekannte freudig: „Jesus ist in mein Leben gekommen. Ich habe überall nach Wahrheit gesucht.

Bevor ich Jesus kannte, bin ich im Dunkeln getappt. Ich habe versucht, die Spiegelung des Mondes im tiefen Wasser zu ergreifen. Ich war wie ein verlorener Wanderer in einer öden Wüste, ängstlich umherblickend, und von der Sehnsucht erfüllt, einen Führer zu finden, der den richtigen Weg wusste.

Ihre Rundfunkandachten gaben mir große Festigung und Hilfe. Um diesen Erlöser besser kennen zu lernen, würde ich mich unsagbar freuen, wenn ich eine Bibel bekommen könnte. Würden Sie mir diesen Wunsch erfüllen?“

Wir könnten aus Bergen von Briefen viele ähnliche Hilferufe nach dem „Wasser des Lebens“ zitieren.

Für einen Chinesen in der Volksrepublik China ist es noch immer kaum möglich, eine Bibel zu erwerben. Sie kostet ihn einen halben Monatslohn, wenn sie für ihn überhaupt zu erlangen ist. Als einmal in einer Pekinger Buchhandlung zwei Bibeln in chinesischer Sprache auslagen, waren sie sofort vergriffen.

In Jesaja 58,7 sagt die Schrift: „Brich dem Hungrigen dein Brot."

Verzweifelte chinesische Pastoren sind in ihrer Not – und den tiefen geistlichen Hunger ihrer Gemeinde vor Augen – sogar dazu übergegangen, die einzige Bibel, die sie besaßen, mühsam von Hand abschreiben zu lassen, damit jeder der Gläubigen das Wort Gottes selbst lesen kann.

Ein Hörer unserer Radiosendungen schrieb in diesem Zusammenhang nach Hongkong folgende erschütternden Zeilen:

„Hier in unserer Gegend gibt es sehr viele Christen. Aber was uns fehlt, sind Bibeln. Während der Kulturrevolution wurden sämtliche Bibeln verbrannt. Heute besitzen viele christlichen Gemeinden nicht eine einzige Bibel. Vier Gemeinden in der Umgebung teilen sich eine unvollständige Ausgabe des Neuen Testaments. (Das Matthäusevangelium von Kapitel 1 bis 15 und der Judasbrief fehlten in diesem.) Die einzige Ausgabe des Wortes Gottes wird reihum ausgeliehen. Ihr könnt euch nicht vorstellen, welch ein verzweifelter Mangel hier herrscht, die hungrigen Schafe zu speisen."

Wenn wir uns hier in Europa, im christlichen Abendland vorstellen, dass bei uns mancher gut ausgerüstete Christ bis zu zwanzig Bibelübersetzungen besitzt, erscheint uns die Not der Chinesen umso erschütternder.

Als ich im Februar 1980 erneut in Hongkong war und bei dieser Gelegenheit unseren Freunden einen weiteren Scheck für zehntausend Bibeln überreichen konnte, fuhren wir, David Wang sowie einige Brüder vom Billy-Graham-Komitee und ich zusammen zum chinesischen Festland, und zwar nach Kanton.

Wir waren schwer beladen mit Bibeln und zusätzlicher christlicher Literatur. Während unseres Aufenthalts in Rotchina hatten wir eine Reihe von wundersamen Erlebnissen;

aber zu den bewegendsten in meiner Erinnerung gehört zweifellos die Geschichte, die mir viele Monate später wie folgt berichtet wurde:

„Lieber Pastor Müller, erinnerst du dich vielleicht noch, wie du zusammen mit David nach Kanton gereist bist? Wir wissen heute, dass viele Christen aus allen Teilen Chinas nach Kanton kommen, in der Hoffnung, dass die Besucher von Hongkong in irgendeiner Weise christliche Literatur nach dort bringen, die sie an die sehnsüchtig verlangenden Christen weitergeben können.

Du warst nur drei kurze Tage in Kanton und hättest dir sicher nicht träumen lassen, was der Herr im Zusammenhang mit dieser Reise geplant hatte. Während dieser Zeit brachte Gott nämlich auf wundersame Weise noch jemand nach Kanton, und zwar eine so genannte Bibelfrau aus der Inneren Mongolei.

In einer kleinen Stadt in der Inneren Mongolei betreuen sie und ihr Mann eine Gemeinde mit über 1200 jungen Christen. Doch diese Gläubigen besaßen nicht eine einzige Bibel. Sie hören aber unsere Radiosendungen und es ist interessant, dass die Innere Mongolei zu den Provinzen gehört, aus denen wir die meisten Briefe erhalten.

Zu Beginn des Jahres 1980 wurde unsere Schwester durch den Heiligen Geist bewegt, nach Kanton zu fahren. Allerdings, Kanton war mehr als 2000 Kilometer entfernt, und sie kannte dort keinen Menschen. Aber das Drängen des Heiligen Geistes wurde so stark, dass sie diese Reise einfach unternehmen musste.

Ihre christlichen Freunde brachten jedoch nur so viel Geld zusammen, dass es für die Zugfahrt bis Peking reichte. So fuhr die Frau im Glauben erst einmal nach Peking, gespannt, wie der Herr sie dort weiterführen würde. In Peking erhielt sie durch eine Serie von Wundern genügend Geld, um weiter nach Kanton fahren zu können.

Die Reise von der Inneren Mongolei nach Kanton war lang und beschwerlich. Insgesamt hatte sie zehn Tage auf den harten Bänken der Bummelzüge verbringen müssen. In Kanton kam sie dann durch eine ganze Reihe von weiteren wunderbaren Führungen mit David in Kontakt.

Und gerade in diese Zeit fiel dein Aufenthalt mit David in Kanton. Du hattest ja eine beträchtliche Menge von Bibeln und christlicher Literatur mit nach China gebracht. Einen großen Teil deiner Gaben konnten wir nun dieser Schwester überreichen: viele Bibeln und Neue Testamente sowie einen Kassettenrekorder und verschiedene Serien an Predigtkassetten von uns.

Du hättest miterleben sollen, wie glücklich sie darüber war! Sie weinte und hüpfte wie ein kleiner Vogel im Raum herum.

Diese Reise nach Kanton hatte sie unternommen in der Hoffnung, eventuell eine oder vielleicht auch zwei Bibeln zu erhalten. Aber niemals hätte sie sich vorzustellen gewagt, mit welch einem Reichtum der Herr sie hier beschenken wollte!

Seitdem haben wir ihr verschiedene Male weitere Bibeln, Gesangbücher und anderes Lehrmaterial gesandt, wie es für das Werk des Herrn in der Inneren Mongolei eingesetzt werden kann.

Als David sie in diesem Sommer besuchte, berichtete sie, auf welch wunderbare Weise der Herr sie auf der Rückreise bewahrt hatte. Sie hatte sieben schwere Taschen mit Literatur bei sich. Da sie allein unterwegs war, kannst du dir vorstellen, wie schwierig es für diese Frau war, das alles allein zu tragen. Außerdem halten Polizisten auf allen Bahnhöfen Ausschau nach verdächtig aussehenden Personen oder schwer beladenen Reisenden. Wenn ihnen jemand auffällig erscheint, haben sie das Recht, dessen sämtliches Gepäck zu durchsuchen.

Auch unsere Schwester wurde angehalten und gefragt, was sie in den Taschen habe. In aller Einfalt und völlig korrekt antwortete sie: „Speise“. – Es war ja auch Speise, „geistliche Speise“.

Die Polizisten akzeptierten ihre Antwort. Sie durfte unkontrolliert passieren. Auf diese Weise kam sie durch mehrere Kontrollen. Gott sei es gedankt!

Wir wissen es zu schätzen, lieber Pastor Müller, dass ihr mitgeholfen habt, die großen Bedürfnisse dieser Christen in der Inneren Mongolei zu stillen. Sie sind ja so dankbar für die erhaltenen chinesischen Bibeln, die durch eure Mithilfe gedruckt und nach China gebracht werden konnten.“ – Damit schloss der ergreifende Brief aus dem Missionsbüro in Hongkong.

Im September 1981 gab der Herr nochmals Gnade zu einer Reise, die ich nach Peking unternahm. Die Bibeln, die ich bei dieser Gelegenheit nach China überbringen durfte, wurden wieder mit offenen Händen und strahlenden Augen in Empfang genommen.

Auch war es uns möglich, durch Geldspenden unserer Missionspartner mancher großen Not abzuhelfen. Viele unter den Ärmsten der Armen konnten wir dadurch erneut unterstützen.

Wir sind sehr glücklich, dass wir damals, bevor Hongkong wieder von den Engländern an Rotchina zurückgegeben wurde, mithelfen konnten, die dortigen Gemeinden mit christlicher Literatur zu unterstützen. Es ist erstaunlich, wie die Kirche Jesu Christi heute in China wie kaum in einem anderen Land der Erde wächst. Um 1950, dem Zeitpunkt, als alle ausländischen Missionare aus China ausgewiesen wurden, gab es etwa eine Million Christen dort.

Dann folgte eine unvorstellbare „Säuberungsaktion“, die unzählige Opfer und Verfolgungen, Zwangsarbeit für Pastoren und Gläubige sowie die Vernichtung fast sämtlicher christlicher Literatur zur Folge hatte. Die kommunistischen Machthaber waren davon überzeugt, das Christentum in ganz China ausgerottet zu haben. Und was war das Resultat? Man schätzt, dass heute ungefähr 25 Millionen Christen in diesem Land sind. Das Blut vieler Märtyrer während der Verfolgungszeit geht heute als Samen der Kirche Jesu Christi auf.

Es ist ein beglückendes Gefühl zu wissen, dass wir als Missionswerk mithelfen durften, das wachsende Verlangen der Chinesen nach geistlicher Nahrung zu stillen.

Vielleicht haben auch Sie, lieber Leser, irgendwann in den vergangenen Jahren ein Opfer für die China-Mission nach Karlsruhe überwiesen, und Sie werden sich nun beim Lesen dieser Zeilen möglicherweise nachdenklich fragen: „Wer in diesem fernen, mir unbekannten Land, mag wohl meine Bibel erhalten haben?"

Vielleicht ist es gerade jener Arzt in irgendeiner Stadt im großen Reich der Mitte, von dem ich abschließend berichten möchte, weil mir dessen Erleben besonders eindrucksvoll erschien. Die Schilderung seiner Bekehrung wurde uns seinerzeit ebenfalls von David Wang übermittelt.

Er war etwa 45 Jahre alt und hatte bereits eine steile Karriere hinter sich. Dieser Arzt praktizierte im Krankenhaus einer chinesischen Stadt. Die Kommunisten hatten ihn im Sinne ihrer Ideologie erzogen. An Gott glaubte er nicht. Und trotzdem geschah eines Tages etwas, was ihn veranlasste, an seine Mutter, die in Amerika lebte, einen Brief zu schreiben, der eine ungewöhnliche und sonderbare Bitte enthielt. Er bat seine Mutter, sie möge ihm doch eine Bibel schicken...

Seine Mutter hatte Angst, dass sie ihn vielleicht gefährden könne, wenn sie ihm auf dem normalen Postweg eine Bibel zukommen ließe, und daher beauftragte sie unseren Freund in Hongkong, ihrem Sohn eine Bibel zu überbringen, sobald er wieder Gelegenheit hätte, nach Rotchina zu kommen.

Als David dann seine nächste Reise ins Innere des Landes unternahm, besuchte er auch den Arzt. Als er ihm die Bibel überreichte, fragte er ihn, weshalb er sich eigentlich eine Bibel wünsche. Der Arzt erzählte ihm dann, dass er inzwischen Christ geworden sei und an die heilende Kraft Gottes glaube.

„Zwei Monate sind es nunmehr her“, erzählte er weiter, „da brachte man eine sterbende Frau zu mir in die Klinik. Sie hatte einen schlimmen Unfall erlitten. Bei der Schwerarbeit im Steinbruch ist ein großer Felsbrocken auf sie gefallen und hat ihren Brustkorb völlig zerquetscht. Nachdem ich sie untersucht hatte, musste ich erkennen, dass ich ihr mit medizinischen Mitteln nicht mehr helfen konnte. Dennoch ließ ich sie von meinem Assistenzarzt röntgen, das war auch schließlich meine Pflicht.

Die Aufnahmen bestätigten dann, was ich zuvor schon festgestellt hatte. Einige gebrochene Rippen hatten die Lunge durchbohrt. Es war für mich ein hoffnungsloser Fall. So habe ich die arme Frau ins Bett legen lassen und wartete auf ihren Tod. Ich habe während meiner Laufbahn als Arzt und bei meiner langjährigen Tätigkeit in dieser chirurgischen Klinik schon viele Patienten seufzen gehört, bevor sie starben; aber als diese Frau mit ihrem zerquetschten Körper im Bett lag, habe ich kein Klagen und Stöhnen vernommen. Sie hat in ihrem Halbbewusstsein immer nur geflüstert: ‚Jesus, bitte hilf mir und rette mich!‘ – Ich konnte jedoch damit nichts anfangen und bin nach Hause gefahren. Doch dieser Hilferuf, ‚Jesus, rette mich!‘, ging mir nicht mehr aus dem Sinn.

Am nächsten Tag ging ich wieder meinem gewohnten Dienst im Krankenhaus nach. Die todkranke Frau hatte ich fast vergessen. Sicher war sie auch schon längst gestorben.

Als ich aber wie üblich am Vormittag meine Visite machte, saß diese Frau in ihrem Bett und aß Reis.

Ich war vollkommen sprachlos und konnte nur noch sagen: ‚Was, Sie essen Reis?'

‚Ja, Herr Doktor', sagte sie, ‚oder ist das verkehrt, wenn ich jetzt esse?'

Ich sah noch einmal ungläubig nach ihrem Namen auf dem Schild über dem Bett. Aber alles stimmte, sie war es tatsächlich!

Dann habe ich sie selbst geröntgt, weil ich dachte, mein Assistent könnte möglicherweise die Aufnahmen verwechselt haben. Doch beim Vergleich musste ich feststellen, dass beide Aufnahmen von derselben Patientin waren. Auf der neuen Röntgenaufnahme war aber nunmehr jedes zuvor deformierte Knochenstück vollkommen ausgeheilt. Dieser Frau fehlte nichts mehr. Sie war über Nacht völlig gesund geworden.

Von diesem Augenblick an glaubte ich an Jesus Christus und an die Macht des Gebets." Soweit die Ausführungen des Arztes.

Zu jener Zeit unterstützten wir auch die Missionsarbeit unseres damaligen Afrika-Missionars Reinhard Bonnke, der sich bei der Verbreitung des Evangeliums in Südafrika unter anderem des Rundfunks bediente.

Wir freuen uns im Nachhinein sehr, dass auch wir diesbezüglich ein Werkzeug Gottes sein konnten und mithelfen durften, dass in Afrika eine überaus gesegnete Missionstätigkeit entfaltet werden konnte. Mein Vater hat damals Reinhard Bonnke über die Velberter Mission in den schwarzen Erdteil ausgesandt. Danach haben wir ihn über dreizehn Jahre finanziell unterstützt, bis er sich selbstständig machte und seine eigene Missionsarbeit gründete.

Aber nicht nur auf den bereits erwähnten Missionsfeldern wie Kanada, Afrika und China waren wir mit Gottes

Hilfe segensreich tätig und konnten vielen Menschen die Frohe Botschaft unseres Herrn Jesus bringen. Und auch in Israel schlug unsere Arbeit Wurzeln. Und wir werden bestrebt sein, diesen Wurzeln weiterhin Wasser zufließen zu lassen.

Gott selbst hat Israel seinen Augapfel genannt. Deshalb ist es auch für uns als Christen in aller Welt verpflichtend, und zwar um der Sache Gottes willen, den Bedürftigen in diesem Land zu helfen, so gut wir es können. Israel braucht unsere Hilfe.

Wir sollten auch nie vergessen, dass Jesus Christus zunächst einmal der König der Juden war (Matth 27,11), dann unser Herr und König und danach der König aller Könige und der Herr aller Herren (1 Tim 6,15).

Man würde das Evangelium zweifelsohne aushöhlen, wenn man Israel, das im Ratschluss Gottes eine entscheidende Rolle spielt, herauslösen wollte. Deshalb verheißt die Bibel auch deutlich: „Wer Israel segnet, den wird Gott wieder segnen."

Die Hilfe für unsere Freunde in Jerusalem geht auf das Jahr 1981 zurück. Während einer Missionstour nach Israel im Oktober desselben Jahres hatte ich einen ersten persönlichen Kontakt mit dem damaligen Bürgermeister der Stadt Jerusalem, Teddy Kollek. Er empfing mich in seinem Amtszimmer und brachte dabei seine große Freude darüber zum Ausdruck, dass wir immer wieder Reisegruppen aus Europa in das Heilige Land bringen. Bei dieser Gelegenheit versicherte ich ihm, dass wir nicht nur für ihn und die ganze Stadt Jerusalem beten, sondern auch aktiv mithelfen wollen, die Stadt zu bauen. Im Vertrauen zum Herrn sagte ich ihm unsere Hilfe zu.

Diese Kinder, die nicht nur von unseren Gebeten, sondern auch von unserer aktiven Hilfe getragen werden, sollen spüren, dass sie geliebt werden. – „Wünschet Jerusalem

Glück und Frieden! Allen, die dich lieben, soll es gut gehen!" heißt es in Psalm 122,6.

Im Dezember 1981 erreichte uns ein Brief des Jerusalemer Bürgermeisters, in dem er seine große Freude darüber deutlich machte, dass sich das Missionswerk „Der Weg zur Freude" bereit erklärt habe, ein Hilfsprojekt für Kinder aus einem der ärmsten Stadtteile Jerusalems zu übernehmen.

„Dank der monatlichen Unterstützung Ihrer Mission", schrieb Teddy Kollek, „werden wir in der Lage sein, den Einwohnern des Stadtteils Katamon eine wunderschöne Kindertagesstätte zu geben, wo die Kinder nachmittags betreut werden, während ihre Eltern noch arbeiten. Es liegt uns sehr am Herzen, diese Kinder nicht auf der Straße aufwachsen zu lassen.

Ich möchte Ihnen und all Ihren Mitarbeitern und Freunden Ihrer Vereinigung, die dieses Projekt durch ihre Spenden ermöglichen, auch im Namen der Jerusalem-Stiftung unseren herzlichsten Dank aussprechen. Ihr Engagement zugunsten Jerusalems und Ihre Hilfsbereitschaft haben für uns nicht nur materiellen Wert, sondern sind auch eine Ermutigung, in unseren Bemühungen um das Wohl unserer einzigartigen Stadt fortzufahren."

Auch in unserer Hilfe für Jerusalem sehen wir einen klaren Missionsauftrag. In Psalm 122,2 lesen wir im Wallfahrtslied Davids: „Nun sind wir angelangt, wir haben die Tore durchschritten und stehen in Jerusalem!" Dieses Gotteswort bestätigt sich hier und heute. Wenn wir mit unserem Missionsopfer helfen, stehen auch wir mit unseren Füßen in Jerusalem. Gott wird jeden Geber dafür aus Zion segnen.

Am 19. April 1983 war es dann so weit. Dieser Tag zählt zweifellos zu den denkwürdigsten in der Geschichte unseres Missionswerkes. Zur Einweihung unserer ersten Kindertagesstätte in Jerusalem im Stadtteil Katamon waren wir im Rahmen unserer alljährlichen Israel-Missionstour mit einer Delegation von 84 Teilnehmern aus Deutschland, der Schweiz, Österreich und Frankreich angereist.

Es war eine festliche Atmosphäre, als Bürgermeister Teddy Kollek mit sichtbarer Freude seine große Dankbarkeit darüber zum Ausdruck brachte, dass sich unser Missionswerk in großzügiger Weise der armen und bedürftigen Kinder angenommen hatte. Wörtlich sagte er: „Herr Müller, Sie und Ihre Missionsfreunde haben hier eine sehr gute Sache getan."

Auch der Botschafter der Bundesrepublik Deutschland in Israel, Dr. Niels Hansen, war zu der Einweihungsfeierlichkeit erschienen. Seine Freude war sichtlich groß, als er in seinen Grußworten in hebräischer Sprache dem Missionswerk „Der Weg zur Freude" für die vorbildliche Hilfe dankte, die hiermit den Kindern in Jerusalem zuteil geworden sei.

Bei der anschließenden Besichtigung des Kinder- und Jugendzentrums klopfte mir der Botschafter wiederholt anerkennend auf die Schulter und meinte begeistert: „Herr Müller, hier hat Ihr Missionswerk etwas Gutes getan." Bei einer anderen Gelegenheit sagte er etwas äußerst Bemerkenswertes, was mich persönlich mit großer Freude erfüllte: „Wenn ich mal ein besonderes Anliegen habe, dann komme ich zu Ihnen …"

Der deutsche Botschafter war es auch, der dann etwa zwei Wochen später an den Karlsruher Oberbürgermeister einen Brief schrieb, in dem er unter anderem erwähnte: „Es liegt mir sehr daran, Ihnen zu sagen, wie hoch ich es schätze, dass das Missionswerk ‚Der Weg zur Freude' ein Kinder- und Jugendzentrum im Jerusalemer Vorort Katamon gespendet hat.

Die Eröffnungsfeier in Anwesenheit einer Besuchergruppe aus Karlsruhe, bei welcher der Leiter des Missionswerkes, Herr Siegfried Müller, Oberbürgermeister Teddy Kollek und ich selbst das Wort nahmen, verlief sehr bewegend und eindrucksvoll … Ich möchte Herrn Müller und sein Missionswerk herzlich beglückwünschen."

Ebenso würdigte die zur Einweihung erschienene Presse die vorbildliche Initiative unseres Missionswerks. Und am nächsten Tag schrieben etwa die deutschsprachigen „Israel-Nachrichten" unter dem Titel „Bunker wurde zum Spielplatz": „Das Karlsruher Missionswerk ‚Der Weg zur Freude' unter Leitung von Pastor Siegfried Müller finanzierte im Jerusalemer Armenviertel Katamon ein Kinder- und Jugendzentrum, das in Anwesenheit des deutschen Botschafters und des Jerusalemer Bürgermeisters feierlich und fröhlich übergeben wurde.

In ihren Ansprachen bedankten sich die Botschafter und der Bürgermeister für die großen Opfer, die diese Christen hierfür aufbrachten, um damit ein Zeichen des Friedens zu setzen. Pastor Siegfried Müller erhielt in Ehrung für seinen Einsatz vom Jerusalemer Bürgermeister die Jerusalem-Plakette."

Ich werde diese Einweihungsfeier wohl kaum jemals vergessen, als ich zwischen zwei bekannten Persönlichkeiten des öffentlichen Lebens saß. In meinem Herzen dachte ich ganz bescheiden, dass ich eigentlich gar nicht populär genug sei, diesen Platz einzunehmen, denn schließlich bin ich doch nur ein Sohn armer Eltern.

Aber dann sprach der Herr ganz deutlich zu mir: „Bürgermeister Kollek repräsentiert die Stadt Jerusalem und Dr. Hansen ist der Botschafter der Bundesrepublik Deutschland, du aber bist mein Botschafter, ein Botschafter des Himmels." Als ich dies in meinem Herzen vernahm, war jegliche falsche Bescheidenheit vorbei. Denn was kann es Schöneres und Ehrenvolleres geben, als ein Botschafter an Christi Statt zu sein.

Inzwischen hat uns die Jerusalemer Stadtverwaltung gebeten, weitere Kindertagesstätten zu unterstützen. Wir sagten zu, dass wir allerdings nur so helfen können, wie Gott uns die Hände füllt. Um die Jahrtausendwende waren es 24 Kindertagesstätten, die durch unsere Unterstützung in der heiligen Stadt Jerusalem errichtet und in Betrieb genommen werden konnten.

Neben jeder Hauseingangstür der Kindertagesstätten wurde von der Stadtverwaltung eine Tafel angebracht, auf der zu lesen steht, dass dieses Objekt durch Siegfried Müller in Karlsruhe und seine Freunde aus Germany gespendet wurde. Wir beten, dass Gott uns die Hände füllt, damit wir weiterhin den Kindern in der heiligen Stadt Jerusalem helfen können.

Ich glaube, ich darf es ohne Pathos sagen, jene Reise nach Israel war vom Herrn besonders gesegnet. Er hat aber auch darüber hinaus, was die Teilnehmer unserer Delegation betrifft, Großes getan und sich mächtig offenbart. In nie zuvor dagewesenem Ausmaß hat Gott hier in Israel an uns Wunder getan.

Bei unserer Reisegruppe befand sich unter anderem eine Anzahl Katholiken – darunter die Haushälterin eines katholischen Pfarrers –, die im Verlauf dieser Reise allesamt erstaunt bekannten, dass sie so etwas noch nie erlebt hätten, als der Herr (die Kranken) wunderbar berührte und sie heilte.

„Habe deine Lust am Herrn, der wird dir geben, was dein Herz wünscht", sagt schon die Bibel, und genau das durften auch viele der Missionsfreunde in Israel ganz persönlich erleben.

So wurde zum Beispiel eine katholische Schwester gleich am zweiten Tag in Jerusalem von einem langjährigen schweren Asthmaleiden geheilt. „Kein Arzt konnte mir helfen …" bekannte sie. Aber Jesus erbarmte sich ihrer. Sie war darüber so glücklich und dankbar, dass sie sofort beim darauf folgenden Gottesdienst ihr Leben freudig dem Herrn Jesus übergab.

Ein anderer praktizierender Katholik, der in seiner heimatlichen Kirche das Amt eines Organisten und Chorleiters ausübt, wurde am Teich Siloah am Fuß berührt. Seine Tochter, die sich ebenfalls bei unserer Reisegruppe befand, erlebte von einem Darmleiden Heilung. Beide ließen sich einige Tage später zusammen mit anderen Reiseteilnehmern im Jordan taufen.

Eine Frau wiederum wurde bei der Abendmahlsfeier am Gartengrab von quälenden, durch einen Knoten verursachten Halsschmerzen befreit, unter denen sie vier Jahre lang gelitten hatte.

„Bruder Müller", sagte sie mir später dankbaren Herzens, „ich betete immer wieder, dass der Herr mich doch in der Gemeinde in Karlsruhe heilen möge. Nun hat er es hier in Israel getan. Ich habe die erste Nacht schmerzfrei schlafen können..."

Ebenfalls bei der Abendmahlsfeier hat eine Schwester aus Hamburg ihre schrecklichen Hüftschmerzen verloren. Der Herr tat Wunder über Wunder. Ja er hat überaus reich gesegnet. Er hat vielfach wiedergegeben, was wir dem Volk Israel gebracht haben. So durften wir noch eine ganz besondere Erwartung bestätigt finden.

Meine Ausführungen über unseren Auftrag in Israel möchte ich nicht beenden, ohne zuvor noch kurz über eine bemerkenswerte Episode zu berichten.

Seit mehreren Jahren unterstützen wir Israel wie erwähnt auch dadurch, dass wir regelmäßig Missionsreisen ins Heilige Land durchführen. Am Ende des Jahres 1999 waren es weltweit rund zwölftausend Pilger, die mittlerweile durch den Segen Gottes nach Israel hingebracht werden konnten.

Die Teilnehmer kommen dabei jedes Mal aus den verschiedensten geistlichen Richtungen, und zeitweise sind selbst Nichtgläubige darunter, die aber oft alleine schon durch den Aufenthalt in Israel und durch das Miterleben in einer glaubensstarken Gemeinschaft – völlig unerwartet, aber glücklichen Herzens – ihren Erlöser gefunden haben. Die Reisedauer beträgt jeweils bis zu zwei Wochen, und unter anderem haben wir bei dieser Gelegenheit auch fast jedes Jahr eine Tauffeier im Jordan.

Ich erinnere mich hierbei an eine kleine Begebenheit am Rande einer unserer früheren Reisen nach Israel, bei der so typisch zum Ausdruck kam, wie unter dem Eindruck der heiligen Stätten und dem Wandel auf den Spuren Jesu und der Propheten bei manchen bisher Fernstehenden langsam ein gläubiges Bewusstsein durchbrach, das die Liebe und Barmherzigkeit auch zu unseren jüdischen Mitmenschen erwachen ließ.

Während der täglichen Fahrten im Omnibus zu unseren Zielen – wir waren eine fröhliche Reisegesellschaft – wurde immer sehr viel gesungen, und wie bei uns so üblich, dabei auch rhythmisch in die Hände geklatscht. Wir lobten mit lauter Stimme und frohen Herzens unseren Herrn, sangen dazu die Psalmen Davids und freuten uns mit Jesaja: „Es werden die Erlösten des Herrn wiederkehr'n und gen Zion jubelnd kommen…!"

Während ich so restlos glücklich die Sitzreihen meiner Lieben im Omnibus überblickte und aus vollem Herzen durchs Mikrofon mitsang, blieb mein Auge immer wieder an einer Frau haften, die gleich vorn links saß und mich ständig irgendwie scheu und zweifelnd, ja manchmal geradezu ängstlich ansah, als würde sie sich merklich unwohl in ihrer Haut fühlen. Sie sang auch kaum mit.

An einem der darauf folgenden Abende, es war im Kibbuz Shavei Zion, einer wunderschönen Siedlung, direkt am

Mittelmeer gelegen, hielt ich, wie immer nach dem Abendessen, noch einen Gottesdienst ab. In der Regel waren bei den Andachten fast alle Reiseteilnehmer anwesend, darunter auch die Frau mit der merkwürdigen Reserviertheit, die mir im Omnibus aufgefallen war. An diesem Abend sprach ich speziell über die biblische Bedeutung der Erwachsenentaufe, da für den nächsten Tag eine Taufe im Jordan vorgesehen war.

Am Schluss des Gottesdienstes bat ich die Personen, die an der Taufe teilnehmen wollten, noch sitzen zu bleiben. Ich hatte mit ihnen persönlich noch einige Einzelheiten dazu zu besprechen. Zu meiner großen Überraschung – ich traute meinen Augen kaum – blieb die vorerwähnte Frau ebenso zurück.

Dann fragte ich nochmals die zurückgebliebenen Personen: „Wer morgen getauft werden will, der möge die Hand heben." Und siehe da, auch diese Frau hob ihre Hand. Als ich mich noch einmal ausdrücklich bei ihr erkundigte, ob sie ebenfalls getauft werden möchte, da bejahte sie dies mit fester Stimme.

Obwohl sich vor der Abreise nach Israel in Deutschland nur drei Personen zur Taufe angemeldet hatten, ließen sich dann insgesamt bereits elf Personen taufen, darunter auch jene Frau, die anfangs so skeptisch und ungläubig dem Geschehen rings um sie herum gegenüberstand und die nun offensichtlich freudigen Herzens den Chorus entsprechend Hiob 42, Vers 5, mitsingen konnte: „Ich hatte von dir nur vom Hörensagen vernommen, aber nun hat mein Auge dich geseh'n…"

Einen Tag später nahm mich eine gute Bekannte dieser Frau, die mit ihr zusammen ein Doppelzimmer belegt hatte, unauffällig auf die Seite und erzählte mir, dass es sich bei ihrer Zimmerkollegin um eine Kartenlegerin und Wahrsagerin gehandelt habe.

Nachdem sie dann ihr Leben Gott übergeben hatte, wurde sie ein ganz neuer Mensch. Sie taute sichtlich auf, war fortan glücklich und durfte die unendliche Gnade und Liebe unseres Herrn verspüren.

10
Die Führungen Gottes

Ich glaube, es ist an dieser Stelle nunmehr erforderlich geworden, dem Leser einiges über das Wesen und die Beschaffenheit unseres Missionswerkes „Der Weg zur Freude“ in Karlsruhe zu vermitteln. Das Bild, wie es sich uns heute darbietet, war, wie bereits zuvor schon angedeutet, durchaus nicht immer so gestaltet. Vor nun mehr dreißig Jahren sah es in verschiedenen Bereichen unserer Arbeit ganz anders aus. Der Weg, den wir zu gehen hatten, war nicht immer eben und oft mit großen Schwierigkeiten gepflastert. Aber ganz dem Willen des Herrn unterworfen und in unbedingtem Gehorsam gegenüber seinem Wort waren wir stets bereit, uns von ihm formen zu lassen. So hat das Missionswerk mit der immer währenden Hilfe Gottes und dank seiner unendlichen Gnade seine heutige Gestalt angenommen.

Wir betonen es in unserer Zeitschrift immer wieder mit besonderem Nachdruck, dass unser Missionswerk überkonfessionell und unsere Botschaft christozentrisch ist. Auch sind wir bereit, mit den Kirchen und Gemeinden zusammenzuarbeiten, die das volle Evangelium verkünden. Unsere schönste und wichtigste Aufgabe ist es, mühseligen und beladenen Menschen zu helfen und Verlorene zu Jesus zu führen. Das betrachten wir als unseren biblischen Auftrag.

Fast in jedem unserer Gottesdienste in Karlsruhe finden Menschen zu Jesus, werden Menschen wiedergeboren, Verlorene gerettet, Schwache aufgerichtet, Mühselige und Beladene erquickt, Gefangene von Gebundenheiten befreit und Kranke geheilt. Wir beten mit allen, die sich in ihrer Not an uns wenden, und viele durften sofortige Hilfe erfahren.

Ein weiterer entscheidender Anlass zu meiner heutigen geistlichen Prägung und für meine Arbeit im Dienst des

Herrn war neben dem seinerzeitigen Erlebnis in Korea die internationale Konferenz über den Heiligen Geist in Jerusalem mit Kathryn Kuhlman.

Was Kathryn Kuhlman (1907–1976) betrifft, muss man wissen, dass sie eine der bekanntesten Evangelistinnen des letzten Jahrhunderts war. Sie zog schon früh eine große Gemeinde auf und entwickelte im Lauf ihrer Wirksamkeit eine ausgeprägte Salbung für Heilung.

Dort erfuhr ich sozusagen die letzte Klarheit darüber, wie ungemein wichtig es ist, aus jeglicher geistlichen Starre, Traditionsgebundenheit und aus vorhandenen Schablonen engherzigen Denkens herauszufinden. Ich habe manchmal den Eindruck, dass sich um so manche Gemeinde heute ein unsichtbarer Zaun befindet, eine Atmosphäre der Isolation, die nicht nur das äußere Wachstum hemmt, sondern auch das Innere der Gläubigen.

Es war im Herbst des Jahres 1975. Zusammen mit fast 200 Teilnehmern, darunter vielen Freunden unserer Mission, flogen mein Vater und ich nach Israel. Aus aller Welt waren Angehörige verschiedener Kirchen und Gemeinden zusammengekommen und tausendstimmig erklangen in der Ben-Gurion-Kongresshalle in Jerusalem zur Ehre des Heilands die Chorusse: „Dies ist mein Gebot, dass ihr euch liebet einander…“ und „Es werden die Erlösten des Herrn wiederkehr'n und gen Zion jubelnd kommen…“

Den Höhepunkt der Veranstaltung in Jerusalem bildete jedoch zweifellos der Gottesdienst mit Kathryn Kuhlman. Ich bin dieser ungewöhnlichen Magd des Herrn bei diesem Kongress in Israel zum ersten Mal begegnet.

Vom ersten Augenblick an war ich fasziniert von der gewaltigen Ausstrahlung dieser begnadeten Frau. Sie war damals schon über siebzig und trug bei der Predigt ihr legendäres langes Kleid. Bezeichnend war, dass sie immer wieder ganz bescheiden vor Gott gelobte, keine Ehre für sich selbst in Anspruch nehmen zu wollen. Stets betonte sie mit Nachdruck, dass alle Ehre ausschließlich dem Herrn gebühre.

Kathryn Kuhlman durfte im Laufe ihrer jahrzehntelangen segensreichen Tätigkeit, besonders in Amerika, immer wieder erleben, wie Tausende und Abertausende von zum Teil hoffnungslosen und von den Ärzten aufgegebenen Kranken geheilt wurden. Doch sie blieb dabei immer demütig, da sie wusste, dass es nicht ihre, sondern die heilende Kraft Jesu war, die durch sie wirkte.

Nach der Wortverkündigung begann sie gleich mit dem Heilungsgottesdienst. Ich erinnere mich, wie sie dabei auch davon sprach, dass sie oft vor der ihr unbegreiflichen Frage stehe, warum Gott nicht alle heile, die im Glauben und im Gebet um Heilung zu ihm kommen. Sie wisse es einfach nicht, sie könne keine Antwort darauf geben, obwohl sie schon von vielen Menschen danach gefragt wurde. Gott nur allein wisse es. Und dann deutete sie nach unten und rief den Versammelten zu, dass dort so viele Rollstühle stünden. Sie könne nicht sagen, wie viele davon in diesem Gottesdienst leer würden, aber wenn es auch nur ein Dutzend seien, dann sei dies eine wunderbare Verherrlichung Gottes.

Dann sahen wir, wie der Herr durch diese Frau wirkte. Mein Vater, der neben mir saß, war ebenso wie ich von dem gewaltigen Geschehen rings um uns her tief ergriffen. Ohne dass sie auf jemanden die Hände gelegt hatte, fiel die Kraft Gottes auf viele, die geheilt nach vorn liefen, um Zeugnis abzulegen. Wunderbare Dinge geschahen.

Mit einer geradezu unfassbaren Bestimmtheit deutete sie immer wieder in eine andere Richtung des riesigen Auditoriums und rief den einzelnen Kranken mit unwiderstehlicher Siegeszuversicht zu, dass sie gerade in diesem Moment von Gott berührt und geheilt würden – und die Kranken standen augenblicklich auf und lobten und dankten ihrem Heiland.

Jedes ihrer Worte kam mit Macht, mit Präzision, mit der Macht des Heiligen Geistes und wirkte wie ein Hammerschlag. Wir haben wunderbare Heilungen bei diesem Gottesdienst mit Kathryn Kuhlman erlebt.

Aber fast ebenso beeindruckend empfand ich in jenen Tagen auch die seltene Einmütigkeit, welche die aus den vielfältigen geistlichen Richtungen kommenden Personen in der Anbetung und im Glauben bezeugten. Darum war auch der Segen und die mächtige Salbung, die auf allen Versammelten gleichförmig lag, besonders stark zu verspüren.

Da saßen ringsum Katholiken, Presbyterianer, Methodisten, Protestanten, Baptisten, Pfingstler usw. Doch als die Salbung des Heiligen Geistes auf die Anwesenden in der Kongresshalle in Jerusalem herabkam, waren sie alle eins in unserem Herrn Jesus Christus und priesen ihn mit erhobenen Händen. Sogar ein alter, ehrwürdig erscheinender Priester aus der griechisch-orthodoxen Kirche, im langen schwarzen Gewand, wallendem weißen Haupthaar und langem Bart, hob jubelnd seinen Hirtenstab in die Höhe und brachte Gott seinen Lobpreis dar.

Was mir in jenen Tagen in Israel so wichtig geworden ist und mit besonders großer Freude mein Herz erfüllte, war die Erkenntnis, dass wenn der Heilige Geist in uns wirkt, wir alle einig sind in der Gnade und im Geist unseres Herrn. Gott liebt alle, die an ihn glauben, ihm aufrichtigen Herzens dienen und seinem Wort gehorsam sind.

Ich habe dann später vor meiner Gemeinde immer wieder dieses eine bekundet: „Wir brauchen keine Religion, wir brauchen keine Konfession und wir brauchen auch keine besondere Denomination. Was wir brauchen, ist allein die Kraft Jesu!“ Dies ist meine Botschaft bis auf den heutigen Tag geblieben.

Als wir dann wieder zu Hause in Deutschland waren, stand ich noch lange unter der Nachwirkung jener segensreichen Erlebnisse in Israel, und ich bat Gott im Gebet, er möge auch unserer Gemeinde eine neue Salbung geben.

Ich wusste damals noch nicht, wie sehr der Herr meinem Gebet Gnade erweisen würde. Auch ahnte ich zu dieser Zeit noch nichts von der Weissagung, die mein Vater einige Jahre später haben sollte, wobei Gott in einer Vision zu ihm redete. Mein Vater sah, wie der Herr seine Hand auf mein Haupt legte und sprach: „Meine Salbung ist über dir. Du wirst mehr und mehr gesegnet werden, und was ich heute tue, ist erst der Anfang von dem, was ich noch tun werde." Gott stand dann auch zu seiner Zusage – bis auf den heutigen Tag. Lob, Dank und Ehre sei ihm dafür!

Ich hatte zu jener Zeit in Karlsruhe eine geistliche Mutter. Als im Jahr 1976 Kathryn Kuhlman starb, betete diese Frau zum Herrn und sprach in kindlichem Vertrauen und mit gläubigem Herzen die Worte:

„Lieber himmlischer Vater, jetzt nachdem Schwester Kuhlman gestorben ist, ist doch eine Gabe frei geworden. Könntest du diese Gabe nicht auf Bruder Siegfried übertragen?"

Ich wusste damals von dem großen Gebetsanliegen dieser Frau noch nichts; aber von jenem Tag an begann Gott, in unserer Mitte Kranke zu heilen. Zuerst haben wir es gar nicht so bewusst wahrgenommen, als aber dann die Zahl der Heilungen zunahm, und diese Heilungen auch immer nachdrücklicher bestätigt wurden, wuchs auch mein Glaube. Und heute haben wir kaum noch einen Gottesdienst, in dem der Herr nicht heilt.

Die Heilungen geschehen nicht nur, wie bereits vorerwähnt, während des Gottesdienstes, sondern auch beim Anhören unserer Radiosendungen und Kassetten, Videos und Telefonandachten. Auch wenn Empfänger meine Briefe lesen, die ich ihnen in seelsorgerlichen Angelegenheiten schreibe, werden oft Leidende von der Kraft Gottes durchströmt. Der Grund hierfür liegt zweifellos darin, dass auch alle meine Briefe an Hilfe suchende Menschen von unseren Gebeten begleitet werden.

Jeden Morgen um acht Uhr, bevor wir mit unserer Arbeit beginnen, bete ich zusammen mit meinen Mitarbeitern für die vielen Anliegen, die uns täglich in Briefen und Telefonanrufen erreichen. Auch viele Freunde aus dem In- und Ausland vereinen sich um diese Morgenstunde mit uns zu einer starken Gebetskette, um Gottes mächtigen Arm zu bewegen und Sieg über alle Nöte herabzuflehen.

Um den Weg von den Anfängen der Missionsarbeit in der Bachstraße bis zum jetzigen Stand in der Keßlerstraße zu veranschaulichen, gehört auch der Werdegang unserer Missions-Zeitschrift dazu. Die Anfänge hierzu liegen über fünf Jahrzehnte zurück. Schon als ich damals von meinem ersten Besuch aus Korea zurückkehrte und die Gemeinde meines Vaters übernahm, bat ich Gott im Gebet, mir ganz genaue Instruktionen zu geben, wie wir unter anderem auch unsere Zeitschrift neu gestalten können. Ich wollte unter keinen Umständen an alten Traditionen hängen bleiben.

In jener Zeit hatte unsere Zeitschrift nur noch eine Auflage von etwas über 3 000 Exemplaren. Sie hieß „Die letzte Posaune" und hatte das Aussehen eines armseligen Gemeindeblättchens. Die Abonnentenzahl verminderte sich nicht nur, weil natürlicherweise Bezieher starben, sondern vor allem auch darum, weil keine Neubestellungen hinzukamen.

Eines Tages wusste ich dann: „So kann und darf es einfach nicht weitergehen!" Ich bat den Herrn um ein Zeichen und er zeigte einen Ausweg, indem er mir sagte: „Suche dir einen Graphiker und gib ihm den Auftrag zu einer äußerlichen Neugestaltung; aber beeinflusse ihn in keiner Weise, sondern lass ihn den Entwurf ganz allein machen."

Und so tat ich es dann auch. Was dabei herauskam, war eine nagelneue Zeitschrift mit einem ansehnlichen Kopf und in Zweifarbendruck. Der neue Titel „Der Weg zur Freude“ wurde seinerzeit von dem damaligen ersten Mitarbeiter des Blattes, Dr. Wolfgang Sch., erarbeitet. Von diesem Zeitpunkt an spürten wir sehr deutlich, dass Gott seinen Segen auch auf unsere Zeitschrift legte. Sie erfuhr einen gewaltigen Aufschwung und verzeichnet heute noch ständiges Wachstum. So gebraucht Gott ebenso diesen „stillen Missionar“ als ein Werkzeug in seiner Hand. Wir versenden die Zeitschrift nicht nur innerhalb Deutschlands, sondern in über 39 Länder der Erde.

Ich glaube, ich darf ohne besonderes Pathos sagen, wenn wir heute die Entwicklung unserer Arbeit in Karlsruhe in den letzten Jahren überblicken, dann zeigt ihr Werdegang ganz klar, was geschieht, wenn eine Gemeinde den Grundsätzen der Bibel folgt.

Als Jesus Christus sagte: „Auf diesen Felsen will ich meine Gemeinde bauen...“ (Matth 16,18), da sah er, über Jahrhunderte hinweg, auch das Missionswerk in Karlsruhe, so glaube ich. Wenn heute oft die Frage gestellt wird: Können wir als Christen heute noch – oder erneut – die Erfolge der Urgemeinde erreichen und ihre Erweckungsbewegungen nachvollziehen, dann möchte ich mit dem Professor für Klassische Geschichte der Universität in Auckland, Neuseeland, Dr. E.M. Blaiblock, sagen: „Von allen Jahrhunderten nach Christi Geburt gleicht das 20. dem ersten am meisten.“

Wir verkünden den gekreuzigten und auferstandenen Siegesheld von Golgatha – gestern, heute und in alle Ewigkeit! Jeder unserer Gottesdienstbesucher verspürt, wie uns oft bestätigt wird, die Gegenwart des Herrn so überwältigend, als könnte er sie mit Händen greifen.

Nachdem wir das Grundstück an der Keßlerstraße erworben hatten, richteten wir im Erdgeschoss des ehemaligen Verwaltungsgebäudes der Karlsruher Möbelfabrik die Pauluskapelle ein, damit wir von der Bachstraße umziehen konnten. Über der Kanzel ließen wir in großen hinterleuchteten Buchstaben die schlichte Losung: ‚JESUS IST HERR' anbringen. Unsere Herzen waren mit einer unbeschreiblichen Dankbarkeit erfüllt, dass wir nun ein Etappenziel zum Gelobten Land erreicht hatten, auf dem wir unsere Gottesdienste abhalten konnten.

Als ich dann Sonntag für Sonntag vorn auf der Kanzel stand und die Gemeinde vor mir sah, die sich versammelt hatte, wenn ich Stuhl für Stuhl und Reihe für Reihe überblickte, fühlte ich tief in meinem Herzen, dass sie alle etwas Besonderes von Gott erwarten. Ich liebte sie so sehr, alle, die da vor mir saßen, und ich schätzte die Gemeinschaft mit ihnen sowie die Verbundenheit im Geiste. Viele der Gläubigen kannte ich persönlich, teils seit vielen Jahren schon. Jede einzelne Person hat ihre ganz individuelle Geschichte.

Jeder Bruder und jede Schwester hat irgendwann und irgendwo einmal eine erste Begegnung mit Gott erlebt. So habe ich auch viele persönliche Führungen kennen gelernt. Auch habe ich schon viele Briefe von Personen aus allen Teilen des Landes bekommen, die von Freude und Glück erfüllt berichteten, wie sie Gottes Gnade erfuhren, als sie zum Glauben fanden, als ihnen Jesus zum ersten Mal begegnete und zu ihnen sprach: „Kommet her zu mir alle, die ihr mühselig und beladen seid; ich will euch erquicken!"

Stellvertretend für viele möchte ich nachfolgend aus dem Brief eines Mannes aus einem kleinen Ort in Hessen zitieren, nicht nur, weil dieser so typisch für das zuvor Beschriebene ist, sondern weil er auch so nachhaltig und leben dig die Atmosphäre der seinerzeitigen Bachstraße schildert. Es war die Begegnungsstätte, in der wir dreiundzwanzig Jahre lang Sonntag für Sonntag zusammenkamen, gebetet und gerungen, geglaubt und gesiegt haben – und wo Gott zu heilen begann.

Die Zeit in der Bachstraße wurde wahrhaft zu unserer „Lobpreisstraße". Wir haben sie geliebt und sie bleibt uns unvergessen, denn ohne die Bachstraße gäbe es heute auch keine Keßlerstraße.

„Ich war nicht einmal ein Namenschrist", so schreibt dieser Bruder in seinem Bekenntnis, „ich war überhaupt kein Christ, obwohl ich irgendwann einmal getauft und auch konfirmiert wurde. Zu meiner Hochzeit vor vielen Jahren hat mir ein Geistlicher ein Neues Testament geschenkt; aber ich habe es gleich danach gelangweilt in irgendeine Ecke gelegt. Später habe ich damit, soweit ich mich erinnern kann, einmal einen wackeligen Schrank unterlegt und mich danach gefreut, dass der Schrank endlich wieder einen festen Halt hatte.

Ich wusste übrigens auch, dass meine Mutter ziemlich regelmäßig für mich betete, aber das war eine alte Frau, schon immer ein bisschen fromm und offensichtlich mit einem bedauernswerten religiösen Tick behaftet. Ich hatte ihr oft gesagt: ‚Lass den Unsinn, das bringt ja doch nichts. Du verschwendest nur deine Zeit!' Aber meine Mutter betete weiter und verbrachte viel Zeit damit.

Ich liebte die Welt mit all ihren zweifelhaften Vergnügungen, äußerem Glanz, materiellen Werten, modernen Philosophien, atheistischer Literatur, ausgefallenen Ambitionen und allem Schein dieser Welt. Die Erde war nah und der Himmel so fern.

Irgendwann, es war an einem regnerischen Novembertag, brachte mir irgendjemand eine Zeitschrift ins Haus, die zunächst einmal tagelang völlig unbeachtet auf meinem Schreibtisch lag. Ich bedachte sie mit keinerlei Aufmerksamkeit, und trotzdem fiel mein Blick sonderbarerweise immer wieder auf den farbigen Titel ‚Der Weg zur Freude', und darunter stand in großen Buchstaben: ‚Jesus half mir!'

Ich musste darüber lächeln, etwas nachsichtig und mit einem leisen Anflug von Mitleid. Den Weg zur Freude kannte ich doch längst, und Hilfe brauchte ich auch keine. Es ging mir gut und ich hatte so ziemlich alles, was der Mensch heutzutage begehrt, mit Ausnahme natürlich von ein paar Kleinigkeiten.

Das Herz zum Beispiel wollte zeitweise nicht mehr so richtig mitmachen. Aber das ist ja bekanntlich eine typische Wohlstandskrankheit. Wir essen und trinken nun eben mal etwas zu viel. Und dann die Depressionen. Sicher, das ist unangenehm, aber die hat doch heute auch bald jeder zweite. Schließlich bin ich fünfundfünfzig Jahre lang ohne diesen religiösen Kram ganz gut ausgekommen und warum sollte ich mich ausgerechnet im sechsundfünfzigsten damit beschäftigen?

Komischerweise habe ich seit Jahren die Gewohnheit – ich glaube, es ist nur Pedanterie –, eine Publikation, die einmal auf meinem Schreibtisch gelandet ist, nicht ganz ungelesen abzulegen. Und so griff ich, etwas betont überheblich, nach dem frommen Blättchen, natürlich nur, um zum wiederholten Male festzustellen, dass es eigentlich nichts Neues zwischen Himmel und Erde gibt.

Auf der ersten Seite war das Bild eines Asiaten, der lächelte, wie alle Asiaten lächeln; zwar freundlich, aber immer etwas geheimnisvoll. Und ich las dann, was dieser Mann aus Korea auf den ersten beiden Seiten jener Zeitschrift schrieb. Es war alles andere als erbauend. Eine armselige Kreatur, sterbenskrank und ohne jegliche Hoffnung. So lag er in seiner Lehmhütte, in eine schmutzige Decke eingehüllt und wartete auf seinen Tod.

Aber dann geschah plötzlich etwas ganz Sonderbares. Kurz bevor er glaubte sterben zu müssen, geschah ein Wunder, und er wurde buchstäblich über Nacht gesund. Und dabei war nicht einmal ein Arzt in der Nähe.

Ich dachte: Wenn das stimmt, was hier steht, dass Jesus ihn geheilt hat, dann muss dieser Jesus bestimmt mehr sein als nur ein Religionsstifter.

Ich las aber noch mehr in der Zeitschrift von ungewöhnlichen Dingen, die mit dem christlichen Glauben im Zusammenhang stehen. Jedenfalls dachte ich zum Schluss, nachdem meine gewohnte Skepsis religiösen Dingen gegenüber wieder die Oberhand gewonnen hatte: ‚Die machen in ihrer Zeitung ja ganz schön Wirbel mit ihrem Evangelium.‘

Zwei Monate später – ich hatte die Zeitschrift ‚Der Weg zur Freude‘ nur noch in vager Erinnerung – besuchte ich routinemäßig eine alte Tante, die in Karlsruhe in irgendeinem Altersheim lebte, und wie es der ‚Zufall‘ will, die Tante war an diesem Sonntag außer Haus und wollte erst gegen sechs Uhr wieder zurück sein.

Jedenfalls hatte ich nun einen Leerlauf von einigen Stunden, und ich erinnerte mich plötzlich an den komischen Verein mit dem vollen Evangelium. Die saßen doch, wie ich wusste, hier irgendwo in Karlsruhe. Aus dem Telefonbuch ersah ich dann, dass sich deren Versammlungsraum in der Bachstraße Nr. 46 befand.

Getreu meinem Grundsatz versuche ich immer, wenn irgendwie möglich, aus der Not eine Tugend zu machen, fuhr ich also aufs Geratewohl in die Bachstraße. Ich ahnte in diesem Augenblick noch nichts davon, dass gerade an diesem Tag all die unzähligen Gebete meiner Mutter, die sie über drei Jahrzehnte lang flehentlich zu ihrem Gott gesandt hatte, endlich doch noch Gehör finden sollten.

Bevor ich nun weiter berichte, muss ich mir sehr viel Mühe geben, um den Eindruck beschreiben zu können, der mich damals völlig unvorbereitet von der ersten Minute an überwältigte:

Schon von weitem hörte ich fröhliches Singen, und als ich eintrat, fand ich den Saal bereits voll. Ich hatte Mühe, überhaupt noch einen Platz zu finden. Rings um mich her sah ich nur strahlende Gesichter, in denen große Freude stand; und sofort fühlte ich die auffallende Liebe dieser Menschen, die unsichtbar und doch wie zum Greifen nahe mitten im Raum stand.

Eine Frau neben mir hielt mir sofort ihre Hand zum Gruß hin. Ihr Händedruck war herzlich und voller Freude und die anderen ringsum nickten mir ermunternd zu und lächelten. Ich hatte das Gefühl, alle würden mich in diesem Moment umarmen. Solch eine entwaffnende Herzlichkeit hatte ich zuvor noch nie erlebt.

Es ist schwer, meine Ergriffenheit in diesem Augenblick wiederzugeben. Fast körperlich verspürte ich die unermessliche Liebe Gottes, die mich umgab, und fassungslos und in freudiger Erwartung empfand ich ein selten tiefes Glücksgefühl, wie es nur der Heilige Geist zu schenken vermag.

Ich fühlte, dass ich auf geheiligtem Boden stand und mich inmitten einer großen christlichen Familie befand, in der jeder um den anderen besorgt ist und ihn selbstlos liebt. Ein tiefer übernatürlicher Friede kam mit einem Mal in mein Herz. Neues Leben in nie gekannter Fülle erwachte freudig in mir und ich hatte das Gefühl, als würde jede Stimme im Raum nur mir allein im Chor zurufen: ‚Gott segne dich...!‘

Dann sang die Gemeinde den Chorus: ‚Dies ist der Tag, den der Herr gemacht...‘ Und der Gesang, von rhythmischem Klatschen begleitet, war so gewaltig, als dringe er mitten durch die Decke direkt zum Himmel zu göttlichem Lobpreis! Gleichzeitig erhoben sich Hunderte von Händen zum Gebet und das Gebet heiligte die Atmosphäre. Es war die Salbung des Heiligen Geistes, ja der Geist Gottes hatte sich auf ungewöhnliche Art und Weise über die ganze Versammlung ausgebreitet. Jemand rief ‚Halleluja!‘ und gleichzeitig und vielstimmig lobten und dankten die Gläubigen ihrem Schöpfer für seine unendliche Gnade, die er ihnen zuteil werden ließ. Die Herrlichkeit Gottes durchflutete jede einzelne Seele und brachte ein Stück Himmel auf die Erde.

Manche beteten in einer mir fremden Sprache, die aber so harmonisch klang, als würde sie von sanften Harfen begleitet. Sie priesen den Herrn wie seine Jünger am Palmsonntag in Jerusalem und jeder betete frei.

Ich dachte, so muss es damals in der Urgemeinde gewesen sein. Das ist der urchristliche Stil eines Gottesdienstes.

Als dann die Predigt begann, durchflutete erneutes Glaubensbewusstsein und feste Siegeszuversicht den Raum so gewaltig, als müssten die Mauern fallen, denn dahinter stand das gewaltige Wort Gottes, entnommen aus der Heiligen Schrift, der Bibel. Von dieser Stunde an blieb der als eine mächtige Zusage verkündete Psalm 91,7 unauslöschlich in mir haften, worin es heißt: ‚... und wenn auch tausend fallen zu deiner Seite und zehntausend zu deiner Rechten, so wird es doch dich nicht treffen!'

Das war eine Glaubensdemonstration, wie ich sie zuvor noch nie erlebt hatte, und obwohl sie religiöser Art und deshalb für mich absolut ungewohnt war, wirkte sie in mir nach wie ein gewaltiges Naturereignis. Und ich erfuhr augenscheinlich, was die Worte aus dem Kolosserbrief bedeuten, die 23 Jahre lang über dem Podium des Gotteshauses in der Bachstraße standen: ‚Christus in euch – die Hoffnung der Herrlichkeit!' – Ja, lieber Pastor Müller, das war meine erste Begegnung mit dem Missionswerk bei Ihnen in Karlsruhe.

Als ich wieder nach Hause kam, blieb der in dieser gesegneten Gemeinde gewonnene Friede und die Freude in mir verankert und verließen mich bis auf den heutigen Tag nicht mehr. Ich lernte plötzlich an mir selbst begreifen, was die Worte bedeuten, die ich zuvor in der Zeitschrift mit zweifelndem Herzen gelesen hatte: „... Er nahm mich an und machte einen erlösten, gesunden und geisterfüllten Christen aus mir. Davon muss die Welt mehr haben. Es ist mehr als Philosophie, mehr als Religion; es ist die Gegenwart des lebendigen Christus!"

Monate später erlebte ich während eines Gottesdienstes in der Bachstraße bei einem Altarruf meine Wiedergeburt. Es war eine Entscheidung über Leben oder Tod und ich habe mich für das Leben entschieden. Seitdem bin ich ein völlig neuer Mensch geworden und unendlich glücklich darüber, dass nun auch mein Name im Buch des Lebens eingetragen ist.

Es war der 25. April und das Kalenderblatt von diesem Tag habe ich seitdem in meiner Bibel liegen. Es erinnert mich immer daran, dass mich Jesus mit seinem kostbaren Blut von meiner Schuld reingewaschen hat und dass auch ich durch seine Auferstehungskraft den Tod überwunden habe.

Nicht lange nach meiner Wiedergeburt ließ ich mich während einer Missionsreise in Israel im Jordan nach Römer 6 taufen. Und ich darf heute mit großer Freude im Herzen feststellen: Von dem Tag der Glaubenstaufe an erlebte ich Segen um Segen, bis auf den heutigen Tag. Gott hat mir inzwischen nach einem mittelschweren Herzinfarkt nicht nur ein völlig neues Herz geschenkt, er hat mir auch meine Depressionen vollkommen weggenommen, wofür ich ihn lobe, ihm danke und ihm alle Ehre gebe."

Soweit der Brief dieses Mannes.

Meine Vorstellungen von dem geistlichen Fundament unseres Missionswerkes wurden von Anfang an weitgehend von den Geistesgaben bestimmt, mit denen die Gemeinde Jesu an Pfingsten in Jerusalem gesegnet und ausgerüstet wurde, und wie sie im Neuen Testament in den Briefen des Apostel Paulus ausführlich beschrieben sind.

Jesus Christus berief seine Gemeinde und gab ihr Vollmacht, in seinem Namen in der Welt genau so zu wirken, wie er es vor nahezu zweitausend Jahren im jüdischen Land getan hat (Matth 10,1). Jeder Jünger Jesu kann von den Rechten seiner königlichen Priesterschaft und der ihm zur

Verfügung stehenden Vollmacht Gebrauch machen. Die Gaben (Charismen), die uns in der Bibel angeboten werden, sind vielfältig. Der Apostel Paulus erwähnt sie in drei seiner Briefe, und zwar in den Briefen an die Römer und Epheser; hauptsächlich aber an die Korinther (1 Kor 12).

Sie setzen uns in die Lage, den verpflichtenden Auftrag unseres Herrn Jesu getreulich auszuführen. Darum wage ich es, in diesem Zusammenhang zu behaupten: Eine Kirche oder Gemeinde, die diese Gaben nicht anwendet, ist geistlich am Verhungern.

Ich weiß, vieles was in den vorangegangenen Seiten dieses Buchs geschildert wurde und in den folgenden noch geschildert wird und das wunderbare Wirken Gottes an seinen gläubigen Kindern wird für manchen Namenschristen unfassbar, ja geradezu eine Zumutung sein. Sie haben zwar so oft schon in der Bibel über alle möglichen Wunder gelesen, aber geschehen dann diese Dinge in unseren Tagen, dann tun sie sich schwer, daran zu glauben, dass die Bibel lebt. Wie sollten auch Rationalisten beispielsweise verstehen, was mir eine liebe Schwester vor kurzem erzählte und wovon sie auch öffentlich Zeugnis gab.

Es war in der Vorweihnachtszeit und sie wollte Weihnachtsgebäck backen. Dazu verwendete sie, wie gewohnt, die vorgeschriebene Menge von Zutaten, wobei sie erfahrungsgemäß von vornherein wusste, wie viel Plätzchen dies ergeben würde. Da sie sich an diesem Tag auffallend froh und innerlich glücklich fühlte, begann sie während ihrer Arbeit Gott besonders lebhaft zu loben und zu preisen. Als sie dann den vorbereiteten Teig in die Formen goss, geschah etwas, was ihr zuvor noch nie passiert war. Der Teig floss und floss und schien kein Ende zu nehmen. Am Ende hatte diese Schwester ein Vielfaches mehr an Gebäck, als sie mit derselben Zutatenmenge ansonsten erhielt. Wir wissen, dass es in der Bibel Beispiele ähnlicher Art gibt.

Um nun allerdings auf die Charismen zurückzukommen: Wenn die Gemeinde Jesu die Welt erreichen, verändern und aus den Angeln heben will, dann muss sie außerordentlich ausgerüstet sein. Paulus betont in Epheser 4,7: „Einem jeglichen aber unter uns ist gegeben die Gnade nach dem Maß der Gabe Christi."

Die Gnade, von der Paulus hier spricht, bezieht sich auf zwei Dinge – erstens die Gaben des Heiligen Geistes und zweitens die Vollmacht, kraft derer die Gaben ausgeübt werden können. Im griechischen Urtext der Bibel ist für die Gnadengabe das Wort „Charisma" gesetzt. Wenn ein Gläubiger wiedergeboren wird, dann erhält er in der Regel eine, oder unter Umständen auch mehrere Gaben. Setzt sich eine Gemeinde aus vielen oder fast ausschließlich wiedergeborenen Christen zusammen, wie dies bei uns der Fall ist, dann sind auch viele Geistesgaben vorhanden – und da geschehen auch Zeichen und Wunder. Das ist auch das „Geheimnis" unseres Wachstums und all der vielen Wunder, welche die Geschichte unserer Mission begleiten.

Gott schenkt seinen Gläubigen verschiedene Gaben. Die Gaben, die in unserer Gemeinde vorrangig sind, sind neben der Gabe des Glaubens vor allem die Gnadengabe des Heilens, die Gabe des Lehrens und die Gabe der Prophetie.

Betrachten wir beispielsweise die Gabe des Glaubens. Hätten wir diese Gabe nicht, dann hätten wir das Missionswerk in der Keßlerstraße nie aus den Händen des Herrn empfangen können. Dann säßen wir heute noch in der Bachstraße im Hinterhof und würden mit niedergeschlagenem Blick und traurigem Herzen unser Dasein fristen.

So aber beten wir mit erhobenen Händen und frohem Herzen: „Es geschehe, Herr, weil es dein Wille ist – weil du es verheißen hast – und wir danken dir dafür, dass du jetzt gerade in diesem Augenblick unser Gebet erhörst..." Und je größer sich die Schwierigkeiten vor uns auftürmen, desto mehr loben und preisen wir den Herrn, weil wir wissen, Gott lebt im Lobpreis seines Volkes – und der Lobpreis ist die Straße zum Sieg!

Auf dieser Lobpreisstraße weitermarschierend war es uns auch möglich, die große Christus-Kathedrale zu errichten, wozu mir der Herr den Auftrag gegeben hat. Dafür brauchte es aber viel Gebet und Glauben für die Mittel, die nicht vorhanden waren und erbeten werden mussten.

Es gibt nun aber sonderbarerweise immer wieder Leute, die machen es sich besonders leicht und meinen, wie ich es schon öfters gehört habe: „Na ja, denen in Karlsruhe gibt es der Herr im Schlaf…“ Nein, denn wenn dem so wäre, dann bräuchten wir überhaupt nicht mehr zu glauben. Aber in Wirklichkeit ist es so, dass wir jede Mark und jeden Franken vom Herrn erbeten haben, damit wir unsere vielseitigen Missionsaufgaben ausführen können.

Gott hat noch nie denen gegeben, die ihn lediglich „einen guten Mann sein ließen“. Wir machen auch nicht denselben Fehler, vor dem schon Jakobus im vierten Kapitel seines Briefs gewarnt hat: „Ihr habt nicht, weil ihr nicht bittet…“

Das „Geheimnis“ unseres Wachstums liegt vor allem in drei Voraussetzungen begründet: Neben dem unerschütterlichen Glauben an SEINE göttlichen Verheißungen und dem unbedingten Gehorsam seinen Geboten gegenüber ist es nicht zuletzt der Lobpreis, den wir unserem Herrn entgegenbringen. Je mehr wir Gott mit dankbar erhobenen Händen preisen, desto mehr offenbart er uns seine Herrlichkeit.

Ich weiß, in vielen christlichen Gemeinden ist diese Art der Anbetung nicht nur ungern gesehen, sondern gar erst nicht erwünscht. Aber wie wäre es, wenn die dortigen Gläubigen es einmal damit versuchen würden? Denn je größer der Lobpreis, umso größer ist auch der Segen! Ich kann nur jedem empfehlen, es einmal doch selbst auszuprobieren.

David sagt in seinem Aufruf zur Anbetung und zum Gehorsam im 95. Psalm: „Lasst uns mit Danken vor sein Angesicht kommen und mit Psalmen ihm jauchzen!" – Und an anderer Stelle heißt es: „Hebet eure Hände empor im Heiligtum und lobet den Herrn!" – Auch Paulus hat in seinem ersten Brief an Timotheus die Gemeinde ermahnt: „So will ich nun, dass die Männer beten an allen Orten und aufheben heilige Hände ohne Zorn und Zweifel."

Ich habe es schon mehrfach erwähnt, wie reichlich uns der Herr in unserer Gemeinde mit Gnade gesegnet hat, und bevor ich dieses Kapitel spezieller Belange unseres Gemeindelebens abschließe, möchte ich es nicht versäumen, noch eine Besonderheit anzuführen, die mir sehr am Herzen liegt. Ich meine damit den organisatorischen Ablauf der umfangreichen Aufgaben, die wir täglich zu bewältigen haben. Nach dem biblischen Grundsatz, dass jeder Arbeiter seines Lohnes wert ist, will ich bei dieser Gelegenheit mit besonderer Freude und Dankbarkeit auch loben, wo das Lob angebracht ist.

Es sollte nicht unerwähnt bleiben, dass mit der Grund für das rapide Wachstum unserer Mission nicht unwesentlich die wunderbare und selbstlose Mitarbeit meiner ganzen Familie ist. Wenn Paulus einmal gesagt hat, dass ein Ältester zuerst in der Lage sein soll, seinem Haus vorzustehen, bevor er die Gemeinde führt, dann darf ich mit freudiger Genugtuung feststellen, dass es mir meine Familie stets leicht gemacht hat, der biblischen Anforderung zu genügen.

Da ist zunächst meine Frau Hannelore zu nennen. Die Geschichte der christlichen Gemeinden des vollen Evangeliums hat es immer wieder zur Genüge bewiesen: Was wäre ein noch so gesalbter Gottesmann ohne seine ihm von Gott zur Seite gestellte Frau?! Gerade weil die natürliche Bescheidenheit all dieser Frauen so sprichwörtlich ist, sollten wir dies durchaus nicht als selbstverständlich betrachten.

Mit meiner Hannelore hat mir der Herr wirklich einen kostbaren Juwel geschenkt. Sie ist ein wahrer Sonnenschein und Goldschatz zugleich.

Manche älteren Freunde unserer Mission werden sich noch daran erinnern, wie uns im Dezember des Jahres 1957 der weltbekannte und gesegnete amerikanische Evangelist Tommy Hicks in der Karlsruher Schwarzwaldhalle getraut hat. Ungefähr zweieinhalbtausend Personen erlebten damals im Rahmen eines Gottesdienstes unsere Trauung mit. Das hatte die Schwarzwaldhalle zuvor noch nie gesehen. Tommy Hicks hatte uns vor der Hochzeit freudestrahlend versichert, er habe meine Frau und mich so gern, dass er jederzeit vom Ende der Welt nach Deutschland kommen würde, um uns zu trauen. So war es dann auch.

Inzwischen sind die mehr als vier Jahrzehnte unserer Ehe eigentlich wie im Flug vergangen und Gott hat in dieser Zeit reichlich gesegnet. Bei dem täglichen Dienst für die Mission ist Hannelore meine „rechte Hand“ und meine beiden Söhne, Daniel und Thorsten, sind meine „linke Hand“ geworden. Sie ist für mich eine echte Stütze und steht mir in jeder Situation immer treu zur Seite. Sie hilft mit, die vielen Briefe zu lesen, die täglich bei uns eingehen. Keine Mühe für das Reich Gottes ist ihr zuviel. Ihr Engagement ist sehr, sehr vielseitig und überall wird sie gebraucht.

Bin ich einmal abgespannt und übermüdet, was bei den umfangreichen Anforderungen, welche die Reichsgottesarbeit an mich stellt, nicht selten vorkommt, dann ist sie es, die es bewundernswert versteht, mich wieder aufzurichten.

Ich glaube, ein Mann kann seiner Frau kein größeres und schöneres Kompliment machen, als wenn er sagen darf: „Gott hätte mir keine bessere Frau geben können!“

Wenn ich ihr heute an dieser Stelle meinen Dank für all ihre Liebe und Treue abstatten möchte, dann kann ich dies, glaube ich, nicht würdiger tun, als mit Worten aus dem

Buch, das wir beide so sehr lieben. In der Heiligen Schrift steht in Sprüche 31,10-11: „Wem eine tüchtige Frau beschert ist, die ist viel edler als die köstlichsten Perlen. Ihres Mannes Herz darf sich auf sie verlassen."

Gott hat uns in unserer Ehe mit drei lieben Kindern gesegnet. Als ältesten Sohn schenkte er uns Daniel. Er ist durch seine solide Ausbildung im steuer- und wirtschaftsberatenden Fach geradezu ideal geeignet, in bestimmten Bereichen unseres Missionswerks produktiv mitzuwirken. Hinzu kommt eine ausgesprochene Begabung für die Missionsarbeit, die ihn wie von selbst im Laufe der Jahre zu meiner vorerwähnten „linken Hand" im Büro werden ließ. Ich muss gestehen, dass ich ohne ihn der Vielfalt der zu bewältigenden Aufgaben unmöglich gewachsen gewesen wäre.

Daniel ist Pastor und widmet sich voll und ganz dem Gemeindeaufbau und hält für die zur Gemeinde neu Hinzugekommenen Grund- und Aufbaukurse. Er leitet die Gebetsnächte, zu denen Menschen mit Bussen aus ganz Europa anreisen.

Unser Sohn Thorsten ist ebenfalls Pastor und ist fest im Haus des Herrn integriert. Er dirigiert die beiden Gemeinde-Chöre, produziert die Rundfunksendungen, betreut die vielen Telefonandachten und ist Leiter meiner Evangeliumsfeldzüge.

Auch danke ich dem Herrn für meine beiden Schwiegertöchter Isolde und Petra, die ebenfalls fest in der Reichsgottesarbeit engagiert sind. Ich bin davon überzeugt, ohne den aktiven Einsatz unserer Familien wäre die große und weltweite Missionsarbeit, wie sie sich uns heute darstellt, kaum so segensreich gediehen.

Unsere Tochter Esther, wie auch unser Schwiegersohn Lothar, lieben den Herrn Jesus ebenfalls von ganzem Herzen. Sie sind ausgezeichnete Hotelfachleute und leiten im Schwarzwald eine Pension.

So darf ich abschließend mit großer Freude, wie Josua, sagen: „Ich aber und mein Haus wollen dem Herrn dienen."

Im Übrigen hat mir Gott in seiner großen Treue und Güte ein ausgezeichnetes Team zur Seite gestellt, das sowohl im Büro als auch in allen anderen Bereichen unseres Missionswerkes optimal die vielfältigsten Aufgaben bewältigt. Jeder einzelne Mitarbeiter des Teams ist wie eine Präzisionsuhr auf mich eingestellt. Sie können inzwischen sozusagen meine Gedanken lesen und wir sind alle wie aus einem Guss geschaffen. Das ist eine wunderbare Harmonie, die ohne die feste Einheit im Glauben sicherlich nicht möglich wäre und immer wieder erneut von der Kraft des gemeinsamen Gebets getragen wird.

Ein besonderes Wort des Dankes gilt in diesem Zusammenhang natürlich auch unseren Gemeindeältesten. Sie sind besondere geistliche Persönlichkeiten. Ohne sie könnte ich meinen Dienst nicht so tun, wie er mir vom Herrn aufgetragen ist. Wir alle wissen, welch tragendes Fundament gerade die Ältesten schon in der Urgemeinde gewesen sind. Unter den Ältesten unserer Gemeinde befinden sich hochintelligente, aber vor allem auch geisterfüllte Brüder, deren Engagement und Glaubensstärke als vorbildlich bezeichnet werden darf. Es war schon immer als ein besonderer Segen in der Reichsgottesarbeit zu betrachten, wenn sie von solchen Männern getragen wurde, die dem Herrn ihre ganze Kraft zur Verfügung stellen.

So möchte ich dieses Kapitel mit einem Wort aus dem 1. Petrusbrief 2, Vers 9, beschließen:

„Ihr seid das auserwählte Geschlecht, die königliche Priesterschaft, das heilige Volk, Gottes Eigentum; deshalb sollt ihr die großen Taten dessen verkündigen, der euch aus der Finsternis in sein wunderbares Licht berufen hat."

Zu dem auserwählten Geschlecht zählen alle, die ihr Leben dem Herrn Jesus geweiht haben.

11
Es ist vom Herrn geschehen

Ein Bibelvers, der mich schon immer besonders nachhaltig beeindruckt hat, steht im 1. Buch Mose, Kapitel 12, in Vers 2 („Gute Nachricht"-Übersetzung). Darin sprach Gott zu Abraham: „An dir wird sichtbar werden, was es bedeutet, wenn ich jemand segne…!" Das ist eine der gewaltigsten Zusagen, die Gott jemals den Menschen gegeben hat. Er gab sie aber nicht nur Abraham, er gab sie auch Mose und allen denjenigen, die ihm treu nachwandeln. Sie alle dürfen noch immer erleben, wie der Herr auf allen ihren Wegen mit ihnen ist. Denn wir wissen, wenn der Herr eine Verheißung gegeben hat, dann wird er sie auch getreu einlösen.

Auch an uns hat Gott immer wieder wahr gemacht, was er schon zu den Erzvätern gesagt hatte: „An dir werde ich sichtbar machen, was es bedeutet, wenn ich jemand segne!" Dieses Wort hat für unsere Arbeit eine sehr wichtige Bedeutung bekommen. Es hat uns all die Jahre über getreu begleitet und ich möchte hier an drei Beispielen bezeugen, wie sichtbar der Segen Gottes immer wieder auf unser Missionswerk fällt.

Da ist zunächst die Geschichte mit unserem ersten Omnibus. Das war noch in der Zeit des oft schwierigen Aufbaus unserer Gemeinde.

Mein Vater und ich waren eines Tages zu einem Besuch in Atlanta, an der Ostküste der Vereinigten Staaten. Während der letzten Nacht wachte ich auf und Gott redete zu meinem Herzen sehr, sehr deutlich: „Wenn du wieder zu Hause bist, dann kaufe einen Omnibus, damit die auswärtigen Missionsfreunde aus Heidelberg, Mannheim und Ludwigshafen die Möglichkeit haben, zu den Gottesdiensten sowohl zu der Tochtergemeinde nach Neulußheim als auch

nach Karlsruhe zur Hauptgemeinde kommen zu können."
Von der ersten Sekunde an war diese Anweisung für mich so klar, dass ich es kaum erwarten konnte, wieder zu Hause zu sein. Der Rückflug kam mir wie eine Ewigkeit vor.

Als ich wieder in Deutschland angekommen war, rief ich sofort die zuständige Stelle bei der Firma Daimler-Benz an, die sich in Frankfurt befindet. Ich fragte den Leiter der Verkaufsabteilung, ob er zur Zeit einen gebrauchten, aber noch passablen Omnibus zum Verkauf anzubieten habe.

„Selbstverständlich", versicherte er mir sofort, „wir haben hier etwa dreihundert gebrauchte Busse stehen. Kommen Sie nach Frankfurt und suchen Sie sich einen aus."

Zwei Tage später war ich in Frankfurt. Mein Gesprächspartner hatte, als ich ankam, gerade ein wichtiges Telefonat und rief mir über die Schulter zu: „Herr Müller, gehen Sie einstweilen nach hinten auf den Platz, da stehen alle Fahrzeuge. Sie können sich dort in Ruhe umsehen."

Ich ging also zur angegebenen Stelle und besichtigte erst einmal den riesigen Fuhrpark gebrauchter Omnibusse aller Altersklassen. Ich brauchte eigentlich nicht lange, um zu meiner großen Enttäuschung festzustellen, dass es sich bei den meisten der Busse um für uns kaum geeignete Fahrzeuge handelte.

„Herr", dachte ich, „mit diesen ‚alten Schlitten' können wir doch keine Ehre für dich einlegen! Das kann ich dir unter gar keinen Umständen antun!"

So ging ich also umgehend wieder zurück zum Verkaufsbüro, wo mich der Geschäftsführer erwartete.

„Na, Herr Müller, haben Sie etwas gefunden?" empfing er mich lächelnd.

Ich schüttelte verneinend den Kopf.

„Hören Sie", gab ich ihm zu verstehen, „das kann doch nicht Ihr Ernst sein, das sind doch alles ganz alte Fahrzeuge..."

Er war ganz erstaunt und sagte: „Aber ich dachte, Sie wollten bestimmt nicht allzu viel Geld ausgeben. Was wollen Sie denn eigentlich so investieren?“

„Natürlich nicht viel“, antwortete ich.

Ich spürte, wie sein Interesse sofort sichtlich nachließ, und etwas gelangweilt entgegnete er mir: „Na ja, dann können Sie natürlich auch nicht allzu viel erwarten.“

Da ich aber wusste, dass nicht mein Prestige, sondern das meines Herrn auf dem Spiel stand, antwortete ich mit fester Stimme:

„Wissen Sie, das Fahrzeug, auf dem einmal Missionswerk ‚Der Weg zur Freude‘ steht, das muss aussehen wie ein Prachtstück. Das ist mir jedenfalls klar.“

Er sah mich verwundert an, hob die Schultern und sagte nur ein einziges Wort: „Unmöglich!“

Damit drehte er sich um und deutete an, dass sein Interesse an mir erloschen war. Sicher hat er in diesem Moment gedacht: „Das ist bestimmt so ein religiöser Fanatiker, der in höheren Sphären schwebt…“

Ich fuhr dann ergebnislos nach Karlsruhe zurück. Ein paar Tage später bekam ich jedoch einen Anruf von einer Mercedes-Filiale aus Baden-Baden.

Der dortige Vertreter fragte mich sofort: „Herr Müller, haben Sie etwas gefunden?“

Irgendwie musste die Vertretung in Baden-Baden, die für Karlsruhe gebietsmäßig zuständig ist, erfahren haben, dass wir einen Omnibus suchen.

„Nein“, antwortete ich, „Sie haben doch nichts für uns Geeignetes…“

Er ging aber auf meine Worte gar nicht ein, sondern meinte unvermittelt: „Ich werde unsere Liste nochmals durchsehen und gebe Ihnen Bescheid.“ Damit legte er auf.

Zwei Tage später rief derselbe Mann aus Baden-Baden wieder an und teilte mir freudig mit: „Herr Müller, wir haben noch einen Bus gefunden. Er steht in Frankfurt, hat nur 60 000 Kilometer und ist erst ein Jahr gelaufen."

Bevor ich dann nochmals nach Frankfurt fuhr, rief ich erst die damaligen verantwortlichen Mitarbeiter unserer Gemeinde zusammen und informierte sie. Darunter befanden sich auch Frauen. Sie alle wussten, dass der Herr mir aufs Herz gelegt hatte, für unsere Außengemeinde Neulußheim einen Omnibus zu kaufen. Außerdem würden wir natürlich auch mehrere Busfahrer brauchen.

Selbstverständlich wussten aber auch alle, dass wir zu diesem Zeitpunkt die erforderlichen Mittel nicht auf dem Konto hatten. Eine gewisse Skepsis ob der Größenordnung der Summe war unter den Anwesenden zu verspüren.

Nach einigem Hin und Her stand gegen Ende der Aussprache eine Schwester auf, die vom Heiligen Geist inspiriert war, und sagte:

„Bruder Müller, ich meine, wenn der Herr schon will, dass wir einen Bus kaufen und auch noch jemand außerdem die Fahrprüfung machen muss, dann sollten wir auch den größten Omnibus nehmen, den wir bekommen können."

Das kam so spontan, und ich freute mich und sagte im Stillen: „Dank sei dem Herrn! Schwester, du hast mir ganz und gar aus dem Herzen gesprochen!" – Denn ich war schon immer nur für ganze Sachen.

Der erste Präsident des neu gegründeten Staates Israel, Ben Gurion, hat einmal gesagt: „Der einzige Mann, den ich in meinem Kabinett habe, ist eine Frau!" Er meinte damit die frühere Außenministerin Golda Meir.

Genauso schien es damals in dieser speziellen Situation bei uns gewesen zu sein. Als diese Schwester ihre Überzeugung darlegte, wagte keiner der Gemeindeältesten zu widersprechen, denn schließlich wollten doch auch sie mutige „Glaubenshelden" sein. Umgehend fuhr ich erneut nach Frankfurt und sah mir das so eifrig offerierte Fahrzeug an.

Es war in der Tat ein stattlicher Bus – mit 60 Sitzplätzen und zwölf Meter Länge. Er gefiel mir auf den ersten Blick und ich wusste sofort: „Der ist es, den nimmst du!“

Dazu hat mich Gott noch auf eine besondere Art und Weise ermuntert, indem er mir genau zu dieser Stunde den ehemaligen Besitzer dieses Omnibusses, der gerade aus Düsseldorf gekommen war, über den Weg schickte. Wir trafen uns vor dem Fahrzeug, und nach kurzem Wortwechsel sagte er geradeheraus: „Diesen Bus können Sie ohne Bedenken nehmen. Er ist in tadellosem Zustand. Wir haben ihn in Düsseldorf im Linienverkehr gefahren.“

Daraufhin habe ich das Fahrzeug offiziell bestellt. Die Verkaufsfirma war dann noch so kulant und hat neben der Innenausstattung auch noch die Außenbeschriftung übernommen.

Mit dem zufriedenen Gefühl, nun haben wir unseren Omnibus, fuhr ich wieder zurück nach Karlsruhe. Ich wusste, in vierzehn Tagen können wir den Bus abholen.

Zuvor aber, nach ein paar Tagen bereits, rief mich der Verkaufsleiter aus Frankfurt an und sagte: „Herr Müller, wir haben von unserer Verwaltung Anweisung, dass Sie den Bus bar zu bezahlen haben, höchstens aber mit einem Wechsel.“

Die Antwort fiel mir zwar nicht leicht, aber sie war bestimmt: „Hören Sie“, sagte ich ihm, „ich habe in meinem Leben noch nie einen Wechsel unterschrieben. Wenn ich den Bus abhole, dann bringe ich einen Scheck mit, und der ist dann auch gedeckt!“

„Gut“, meinte er, „dann ist ja alles in Ordnung.“

Ich hängte ein und holte erst mal tief Luft.

„Herr“, flehte ich zum Himmel, „nun habe ich wieder mal im Vertrauen auf dich ziemlich viel gewagt. In wenigen Tagen soll ich in Frankfurt den Bus abholen. Und wir haben doch das Geld noch nicht beisammen! Wo sollen wir diese

Summe nur hernehmen? Aber andererseits hast du mir doch in Atlanta gesagt, dass ich einen Bus kaufen soll, und ich habe nun im Vertrauen auf dich den Vertrag unterschrieben. Du musst uns also jetzt weiterhelfen…"

Als hätten es unsere Geschwister gewusst – von überallher kamen in den nächsten Tagen Spenden, und dabei war das Vorhaben mit dem Omnibus-Kauf doch nur meinen engsten Freunden bekannt. Gottes Engel wurden rührig wie selten zuvor. Und pünktlich auf die Stunde konnte ich der Firma Daimler-Benz in Frankfurt einen Barscheck für den Bus vorlegen. Der Verkaufsleiter schaute mich ganz entgeistert an, als hätte er noch nie zuvor so viel Geld auf einmal in seiner Hand gehabt.

Jedenfalls hatte ich nun unseren Omnibus. Und ich werde es nicht vergessen, was für eine Tour das war, als ich dieses lange Monstrum nach Hause fuhr. Ich hatte wohl die Fahrerlaubnis zur Überführung für den Omnibus. „Aber, mein Gott", dachte ich, „was ist das doch für ein langes Geschoss!" Und als ich unterwegs auf der Autobahn in den Innenspiegel schaute, meinte ich: „Der hört ja da hinten gar nicht mehr auf…!"

Bis Darmstadt etwa habe ich ganz schön am Steuer geschwitzt und gezittert, bis ich dann langsam etwas ruhiger wurde. Und auf einmal kam eine ganz große Freude in mir auf. „Herr, das ist dein Wagen!", sagte ich ganz still und glücklich vor mich hin. Dieser Omnibus war für viele Jahre ein großer Segen für unser Missionswerk. Mit ihm begannen wir dann auch unsere Evangeliumsfeldzüge. Gott bewahrte uns, dass wir nie einen Unfall hatten. Ja, Gott sei Dank und Ehre dafür; denn das, was kaum jemand zu glauben wagte, hat Gott möglich gemacht.

Freudigen Herzens konnten wir mit Paulus ausrufen: „Mein Gott aber wird ausfüllen all euren Mangel nach seinem Reichtum in der Herrlichkeit, in Christus Jesus!"

Im November 1978 wurde der Omnibus im Rahmen eines feierlichen Gottesdienstes unserer Außengemeinde Neulußheim übergeben. Voller Dankbarkeit fuhr ich ihn an diesem Tag selbst zu unseren dortigen Freunden. Bisher hatten wir uns in Neulußheim mit einem Kleinbus begnügen müssen, mit dem lediglich 14 Personen befördert werden konnten.

Eine weitere Begebenheit, die auch in diesen Zeitraum fällt, ist mir besonders im Gedächtnis haften geblieben. Zwar hatten sich zwei Brüder – die gleichzeitig auch Älteste unserer Gemeinde waren – bereit erklärt, den herrlichen Bus zu fahren. Um aber für alle Eventualfälle gewappnet zu sein, dachte ich, es wäre gut, wenn ich selbst ebenfalls noch den Führerschein für Omnibusse erwerben würde. Das tat ich dann auch.

Zwar hatte ich, wie vorerwähnt, unseren Bus seinerzeit von Frankfurt nach Karlsruhe gefahren, aber das war ein Ausnahmefall; denn ich hatte die Fahrerlaubnis nur für die Überführung.

So ging ich dann zur Fahrschule und begann eifrig zu lernen. Ich muss offen gestehen, es war eine harte Zeit für mich. Aber auch hierbei half mir der Herr wieder in wunderbarer Weise. An jenem Tag, als ich die Fahrprüfung bestanden hatte, standen wir noch – der Fahrlehrer, der Prüfungsexperte und ich – im Hof der Fahrschule beisammen und unterhielten uns über belanglose Dinge. Plötzlich fragte mich der Prüfer:

„Sagen Sie mal, Herr Müller, wozu brauchen Sie eigentlich den Führerschein für Omnibusse?"

„Weil wir ein Missionswerk sind und ich Leute in unsere Gottesdienste fahren möchte, falls unsere Fahrer einmal ausfallen", gab ich ihm zur Antwort.

Ich sah ihm an, wie er neugierig geworden war, und er wollte mit einem Mal mehr von unserer Missionstätigkeit wissen.

Trotzdem konnte er aber dabei ein gewisses Lächeln nicht ganz verbergen, als wollte er sagen: „Das ist bestimmt auch einer von denen..."

Als ich dies bemerkte, wusste ich, dass es jetzt um Gottes Sache ging. Nun dachte ich, „Siegfried, jetzt ist in der Tat deine Stunde gekommen". So sah ich ihn ganz fest an, trat einen Schritt näher zu ihm und bekannte vor ihm mit fester Stimme:

„Sehr geehrter Herr Prüfer, ich habe in Korea Gott erlebt und ich weiß mit völliger Gewissheit, dass Jesus lebt!"

Er sollte es spüren, dass ein überzeugter Christ vor ihm stand, in dessen Herz die Liebe zu Jesus brannte.

Dann begann ich zu schildern, wie mir der Herr Jesus in Seoul begegnet ist. Ich erzählte ihm auch, wie ich dort Christen gesehen habe, die mitten auf der Straße standen, ihre Hände freudig zum Himmel empor hielten und Gott angebetet haben. Genauso tat ich es dann auch. Und der Prüfer wusste nicht mehr, wohin er blicken sollte, als ich mit beiden erhobenen Armen vor ihm stand. Er wurde richtig verlegen und ging stets schrittweise zurück. Mit erhobenen Armen folgte ich ihm so lange, bis er mit seinem Rücken an einer Hauswand stand.

Jetzt hatten sich die Rollen vertauscht. Ich war nicht mehr bei ihm in der Prüfung – denn schließlich hatte ich ja mein Examen bestanden –, sondern er bei mir. Von Minute zu Minute wurde er verlegener, aber gleichzeitig auch interessierter. Sicher hatte er in seiner bisherigen Praxis einen solch merkwürdigen Abschluss einer Fahrprüfung noch nicht erlebt.

Als nun mein Fahrlehrer sah, wie ich begeistert und überzeugt mit erhobenen Armen vor meinem Prüfer stand, der keinen Schritt mehr zurückweichen konnte, rief mir mein Fahrlehrer schmunzelnd zu: „Herr Müller, es braucht nicht mehr viel, und Ihr Prüfer bekehrt sich auf der Stelle!"

Über diese Worte habe ich mich anschließend mehr gefreut, als über das papierene Dokument der Fahrerlaubnis.

Innerlich zutiefst befriedigt dachte ich an die Schriftstelle, in der berichtet wird, wie sich der Apostel Paulus vor Festus und dem König Agrippa verantwortete und so mächtig Zeugnis ablegte, dass König Agrippa nur noch antworten konnte:

„Es fehlt nicht viel, und du überredest mich, dass ich ein Christ würde“ (Apg 26,28).

Und als Jesus seine zwölf Jünger aussandte, ihnen Vollmacht erteilte und Anweisungen gab, da sagte er zu ihnen: „Wer mich bekennt vor den Menschen, den will ich auch vor meinem himmlischen Vater bekennen!“ (Matth 10,32). So hoffe ich, dass mein bescheidenes Zeugnis damals vor diesem Prüfungsexperten Früchte gebracht hat, zur Verherrlichung des Herrn.

In der Heiligen Schrift, und zwar in Matthäus 21,22, stehen die ermutigenden Worte unseres Heilandes: „Und alles, was ihr bittet im Gebet; so ihr glaubet, werdet ihr's empfangen.“ Auch die Evangelisten Markus und Johannes bestätigen diese wunderbare Zusage Jesu (Mk 11,24 und Joh 15,7).

Wir sind glücklich darüber, dass wir in den letzten Jahren immer mehr gelernt haben, an die Verheißungen der Bibel zu glauben, und deshalb konnten wir auch in so reichem Maße aus der Hand des Herrn empfangen.

So war es auch mit unserem Lastwagen. Es war im Jahr 1979 – wir hatten damals gerade in größerem Stil begonnen, mit unseren Evangelisationen weitere Teile unseres Landes zu erreichen. Dazu war es erforderlich, dass wir außer dem notwendigen kleineren Zubehör auch eine Menge Bücher, die Orgel, die Lautsprecher und die Kassettenkopier-Anlage etc. mitnehmen mussten. Das ließ sich aber auf die Dauer ohne ein größeres Fahrzeug nicht bewerkstelligen. Wir brauchten also dringend einen Lastwagen.

Also gingen wir erneut ins Gebet und legten unser Anliegen dem Herrn vor. In seiner großen Güte ließ uns unser Gott auch nicht lange warten, denn überraschend erhielten wir kurz drauf aus Albstadt einen Anruf. Ein gläubiger Geschäftsmann, der von unseren Plänen durchaus nichts wusste, fragte uns, ob wir einen Lastwagen brauchen könnten.

„Oh, Preis sei Gott!“, sagte ich, „natürlich brauchen wir einen Lastwagen. Ganz dringend sogar! Wie groß ist dieser denn?“

„Siebeneinhalb Tonnen“, antwortete der Bruder und fuhr fort, „es ist ein Magirus-Deutz mit einem Kofferaufsatz aus Aluminium für Möbeltransporte und einer hydraulischen Hebebühne.“

Ich konnte es zuerst gar nicht fassen. „Das ist genau das Richtige für uns“, jubelte mein Herz. Und wir nahmen ihn. Er hat uns keinen Pfennig gekostet. Es war ein Geschenk unseres lieben Freundes aus Albstadt. Er hatte, wie gesagt, gar nicht gewusst, dass wir gerade um solch ein Fahrzeug gebetet hatten. Aber Gott hat zu ihm gesprochen, und wiederum wurde unsere Mission mit einem Geschenk bedacht, das uns schon oft einen hervorragenden Dienst geleistet hat.

Wir ließen dann den LKW neu spritzen und beschriften. Weithin leuchtete an den Wänden des Fahrzeugs die Beschriftung: „Missionswerk Der Weg zur Freude mit weltweitem Auftrag“. Mit dem Psalmisten David durften wir auch hierbei frohen Herzens sagen: „Wirf dein Anliegen auf den Herrn; er wird dich versorgen und wird den Gerechten in Ewigkeit nicht wanken lassen!“

Auch die Sache mit dem Klavier war ein besonders schönes Erlebnis. Ich freue mich immer, wenn ich daran zurückdenke. Wollte ich doch, nachdem ich von der unendlichen Liebe und Güte des Herrn so erfüllt war, sein Haus so schön wie nur möglich gestalten, und dazu war unbedingt auch ein besserer Flügel erforderlich. Das alte Klavier, das wir bisher hatten, war alles andere als ein Schmuckstück und hatte im Übrigen auch technisch seit einiger Zeit bereits starke Mängel. Doch unverständlicherweise war das alte Klavier für manche Geschwister offenbar immer noch gut genug. Da wurde mir das Wort des Herrn in Haggai 1,9 umso wichtiger: „Alles misslingt euch, weil mein Haus öd und verkommen ist…"

Es stand für mich unumstößlich fest: „Zuerst kommt das Haus des Herrn, und das muss herrlich sein!" So wurde der Flügel zu einem vordringlichen Gebetsanliegen. Ich vertraute auch in dieser Sache ganz fest dem Herrn.

Inzwischen hatte ich gelernt: Wenn wir Gott um etwas bitten, dürfen wir auch ganz konkret sagen, was wir im Einzelnen wünschen. Denn die Bibel hat über 33 000 Verheißungen, und jede einzelne ist durch das Blut Jesu abgesichert.

Dr. Cho aus Korea hat es in einem seiner Bücher deutlich zum Ausdruck gebracht: „Sage Gott klipp und klar, was du von ihm erbittest. Sage nicht nur allgemein: Herr, ich bitte dich um deinen Segen… – denn es gibt tausend Arten von Segnungen –, sondern drücke dich so genau wie möglich aus."

Also trat ich im Gebet vor den Herrn und brachte ihm mein Anliegen: „Herr, ich wünsche mir einen Steinway-Flügel, 2,20 Meter lang soll er sein und schwarz."

Es galt mir schon immer als Prinzip, Gott nie das Zweitbeste, sondern stets nur das Beste zu geben. Schließlich hat uns unser himmlischer Vater mit seinem geliebten Sohn Jesus Christus ja auch nicht das Zweitbeste gegeben.

Zuerst habe ich es mit einem Inserat in unserer Zeitschrift versucht. Aber das Echo hierauf blieb schwach. Immerhin gehören Flügel dieser Art ja auch nicht gerade zum selbstverständlichen Inventar einer normalen Wohnung. So machte ich mich also auf und ging direkt in ein entsprechendes größeres Musikgeschäft, das die von mir gewünschte Flügel-Marke führte.

Nach dem Preis eines solchen Instruments, wie ich es mir vorstellte, befragt, entgegnete der Verkäufer, dass wir ungefähr mit 33 000 DM rechnen müssten. Zwar gingen bei Barzahlung noch ein paar Prozente ab, aber ansonsten würde es bei der Größenordnung dieser Summe bleiben.

„Herr“, dachte ich, „das ist wieder so ein ‚Berg‘, den wir erst einmal wegbeten müssen...“ Und wir kamen – wie immer in solchen Situationen – im Gebet zu ihm und erflehten ein weiteres Wunder.

Der Gemeinde versuchte ich klarzumachen, dass so ein Flügel doch in jedem Fall herrlicher klingt, als ein altes, verbrauchtes Klavier.

Nach ein paar Wochen kam jemand zu mir, drückte mir mit einem strahlenden Gesicht, aber ohne groß Aufhebens, ein Kuvert in die Hand und sagte nur: „Das ist als Anzahlung für den Flügel gedacht.“ In dem Kuvert befanden sich 9 000 DM. Freudestrahlend ging ich mit dem Kuvert los. Unterwegs begegnete mir eine liebe Schwester, die ich gleich mit der freudigen Nachricht überraschte: „Stell dir vor, wir haben schon die Anzahlung auf unseren Flügel, und glaube mir, der Gott, der uns diese Anzahlung gegeben hat, der gibt uns auch noch den Rest.“

Ich weiß noch, ich hatte kaum ausgesprochen, da sah mich die Schwester lächelnd an, legte mir die Hand auf die Schulter und erwiderte so beiläufig wie nur möglich: „Bruder Müller, und den Rest gebe ich...“

„Lob, Preis, Dank und Ehre sei dem Herrn!“ hieß es in diesem Moment in meinem Herzen. So kamen wir zu unserem Flügel. Er ist ein Prachtstück, und jeden Sonntag freuen wir uns erneut darüber, wie dieses Instrument himmlische Klangfülle und herrliche musikalische Harmonie hervorbringt zur Ehre Gottes.

Ich muss es auch bei dieser Gelegenheit immer wieder betonen: Wunder sind bei Gott eine ganz normale und alltägliche Sache. Wir wundern uns nicht mehr über Wunder, weil wir an göttliche Wunder glauben. Wir glauben an das Wort der Heiligen Schrift und dieses Buch ist voll von Wundern. Wir erwarten diese Wunder, weil sie Gott uns verheißen hat, und Gott hat noch nie gelogen. Er hat sein Wort immer gehalten, bis auf den heutigen Tag.

Wir glauben an die absolute Wahrheit des geschriebenen Wortes – denn das Wort Gottes ist die größte Macht auf Erden. In diesem Wort lesen wir: „Habe deine Lust am Herrn; der wird dir geben, was dein Herz wünscht“ (Ps 37,4). Eine andere göttliche Zusage lautet: „Was die Gerechten begehren, wird ihnen gegeben werden“ (Spr 10,24).

12
Das Gebet des Gerechten vermag viel

David schreibt in Psalm 63,5: „So will ich dich loben mein Leben lang und meine Hände in deinem Namen erheben." Und in 1. Timotheus 2,8 lesen wir: „Ich will nun, dass die Männer an jedem Ort beten, indem sie heilige Hände aufheben..."

So beten wir mit erhobenen Händen jeden Sonntag beim Gottesdienst in Karlsruhe unseren Herrn an, und der Himmel freut sich über uns; denn unsere Hände sind wie eine Antenne, die zum Himmel ausgerichtet ist - und so empfangen wir Ströme göttlichen Segens.

Im Psalm 47, Vers 1, werden wir aufgefordert: „Ihr Völker alle, klatschet in die Hände!"

Wir lobpreisen mit fröhlichem Herzen und klatschen in die Hände, nicht weil wir religiöse Schwärmer sind, sondern weil diese Form der Anbetung in der Bibel steht und uns dabei der Segen Gottes spürbar durchströmt. Wir sollten immer mit Danksagung vor Gottes Angesicht kommen und nicht mit Klagen und Jammern. Und wenn wir eine Gebetserhörung erwarten, dann danken wir ihm im Voraus dafür, dass er uns erhört. Das ist biblischer Glaube.

Auch Jesus betete so.

In Johannes 11,41+43 steht zu lesen, dass Jesus, als er in Bethanien vor dem Grab stand, in das vier Tage zuvor der Leichnam von Lazarus gelegt wurde, wie folgt betete:

„Vater, ich danke dir, dass du mich erhört hast. Ich weiß, dass du mich allezeit hörst; aber um des Volkes willen, das umhersteht, sage ich's, damit sie glauben, dass du mich gesandt hast." Als er das gesagt hatte, rief er mit lauter Stimme: „Lazarus komm heraus!" Und der Verstorbene kam heraus.

Jesus dankte also schon im Voraus für das Wunder, das er von seinem Vater erwartete. So ist also die biblische Weise, wie man Gebetserhörungen erlangt.

Psalm 95,1+2 sagt: „Kommt herzu, lasst uns dem Herrn frohlocken und jauchzen dem Hort unseres Heils! Lasst uns mit Danken vor sein Angesicht kommen, und mit Psalmen ihm jauchzen!"

Und Jakobus lehrt uns: „Das Gebet des Gerechten vermag viel, wenn es ernstlich ist." Auch Paulus empfiehlt uns: „Betet ohne Unterlass!" Das Gebet – verbunden mit dem Lobpreis – ebnet immer die Straße zum Sieg!

Lassen Sie mich von einer jungen Frau, die ihr Leben beim Altarruf Gott übergeben hat, berichten. Von diesem Tag an ging es in ihrem Leben wunderbar aufwärts. Sie ist Mutter von zwei Kindern. Ihre Familie war so weit intakt, bis auf eine Sache, auf der ein Schatten lag. Ihr Mann verhielt sich gegenüber allem, was mit christlicher Lehre und Glaubensauffassung zusammenhing, total ablehnend. Als sie mir diese ihre große Sorge gestand, tröstete ich sie und sagte ihr, dass wir für ihren Mann beten werden. Und das taten wir dann auch.

Eines Tages geschah es dann. Es war zwar noch kein Sieg errungen, aber es herrschte auch keine völlige Dunkelheit mehr. Am Horizont war ein erster Lichtstreifen zu sehen. Die junge Frau hatte ihren Mann zum Gottesdienst mitgebracht.

Es war nicht leicht gewesen, auch für ihn nicht. Er hatte sich mühsam und mit kaum unterdrückbarem Widerstreben durchgerungen und der Frau lediglich einen unumgänglichen Gefallen getan. Vielleicht hatte er es ganz einfach satt, sich ihr ewiges Drängen anzuhören und kam lediglich „um des lieben Friedens willen" mit.

So saß er dann auch auf seinem Stuhl; innerlich total reserviert, mit trotzigem Gesichtsausdruck und erhaben gegenüber allem, was rings um ihn her vor sich ging. Nur Gott weiß, warum er dann trotzdem noch ein zweites Mal, und danach sogar noch ein drittes Mal, zu unserem Gottesdienst kam.

Bei seinem dritten Andachtsbesuch war die Salbung des Heiligen Geistes besonders mächtig inmitten der Gemeinde und Gott war am Wirken. Wie üblich fragte ich am Schluss des Gottesdienstes: „Wer sein Leben Jesus übergeben will, der möchte nach vorn kommen…" Ich schloss dabei die Augen und betete für jede Seele im Raum, die noch nicht errettet war. Dabei hörte ich die Menschen zum Altar kommen. Als ich meine Augen wieder aufschlug, konnte ich es zunächst gar nicht fassen. Vor mir stand dieser große, starke Mann mit der ursprünglich so verschlossenen und ablehnenden Haltung, und Tränen liefen über seine Wangen.

Als ich dann zu seiner Frau sah, die weit hinten saß, sah ich ihr ebenfalls verwundertes Gesicht. Auch sie weinte vor innerer Ergriffenheit und Freude und konnte es kaum glauben, dass ihr Gebet auf so wunderbare Weise erhört worden war. So erleben wir die ewige Wahrheit der Bibel immer wieder lebendig vor unseren eigenen Augen. Wir durften an diesem Beispiel persönlich erfahren, was in Jesaja 53,12 geschrieben steht: „…er wird sich die Starken zum Raube nehmen!"

Ja, wir wissen, dass uns kaum etwas anderes die Wirklichkeit unseres lebendigen Gottes so überzeugend und erregend erleben lässt, wie gerade die Gebetserhörung. Eine der hoffnungsvollsten Verheißungen, die uns die Bibel anbietet, ist die Gebetserhörung. Die Geschichte der Gemeinde Jesu ist von Anfang an bis in unsere moderne Zeit hinein voll von Glaubenswundern, die uns die ganze Herrlichkeit Gottes offenbaren.

Es war im Januar an einem Sonntagnachmittag in Karlsruhe. Gleich zu Beginn des Gottesdienstes entdeckte ich inmitten der Anwesenden das Gesicht eines lieben, älteren Bruders, der bereits mit meinem Vater zusammen schon manche Glaubensschlacht geschlagen hatte. Als ich ihn vorzukommen bat, um der versammelten Gemeinde ein Zeugnis zu geben, hätte er eigentlich auf einem Fuß zum Altar humpeln müssen. Statt dessen ging er aber ganz normal zum Podium und erzählte in einfachen Worten und mit unverkennbar schwäbischem Dialekt seine ganz persönliche Geschichte:

„Vor zwei Jahren etwa muss es gewesen sein", begann er seinen Bericht, „da kam ich eines Abends vom Gottesdienst nach Hause und fühlte mich ungewöhnlich matt und zerschlagen. Ich bekam Schüttelfrost und Fieber und am nächsten Morgen stellte ich fest, dass ich am Fuß eine schmerzhafte Venenentzündung hatte. Drei Tage später brach der Fuß auf. Am Knöchel war eine derart tiefe Wunde entstanden, dass man ohne Schwierigkeiten ein Ei hätte hineinlegen können. Daraufhin verschlimmerte sich mein Zustand rapide und ich konnte von Tag zu Tag zusehen, wie vom Knöchel aufwärts ein Loch nach dem anderen entstand. Es war ein erschreckender Zustand, verbunden mit Schmerzen und erneutem Fieber. Zudem verursachten die eitrigen Wunden einen kaum vorstellbaren, fürchterlichen Geruch.

Zuerst ließ ich mich lediglich ambulant behandeln, da ich aus unerklärlichen Gründen eine regelrechte Abneigung gegen das Krankenhaus hatte. Dann kam der Zeitpunkt, wo ich nicht mehr selbst laufen konnte, sodass ich auf der Bahre zur Behandlung gefahren werden musste. Es dauerte auch nicht mehr lange, da erklärte mir der Arzt unmissverständlich: ‚Der Fuß muss weg! Wenn Sie sich nicht operieren lassen, gebe ich es Ihnen schriftlich, dass Sie in vier Wochen den Fuß nicht mehr haben!'

Damit war ich aber überhaupt nicht einverstanden und erwiderte ihm mit fester Stimme und zu seiner maßlosen

Überraschung: ‚Herr Doktor, der Fuß bleibt dran! Den hat Gott wachsen lassen. Und ich warte auf ein Wunder meines Herrn.'

Nach einer Pause sagte ich ihm noch: ‚Aber ich befürchte, Herr Doktor, um das zu verstehen, sind Sie wahrscheinlich noch zu jung...'

Zuerst sah er mich ganz entgeistert an. Dann bemerkte ich, wie er zusehends ärgerlich wurde. Voller Wut ließ er mich stehen, ging rasch zum Zimmer hinaus und schlug knallend die Tür hinter sich zu.

Nun begann eine schwere Leidenszeit für mich, die sich über Monate erstreckte. Ich konnte mich während dieser Zeit nur mühsam auf Krücken fortbewegen. Die Schmerzen hielten unvermindert an. Trotzdem war es aber auch eine Zeit engster Gemeinschaft mit meinem Gott. Mit mir beteten auch viele Glaubensgeschwister, was mich sehr getröstet hat. Ich wusste aber vor allem: Gott hört den Schrei meines Herzens und vor meiner Not bleibt sein Ohr nicht verschlossen.'

Als mich der Arzt zwischenzeitlich wieder einmal fragte, ob ich es mir nicht noch anders überlegen wollte, antwortete ich ihm im festen Glauben an die Kraft des Gebets und die Verheißungen unseres lebendigen Gottes:

‚Ich halte mich an die Bibel und sie gibt uns die Zusage: Sie werden springen wie ein Hirsch! (Jes 35,6). Und da heißt es nicht: Sie werden auf der Straße hüpfen mit einem Fuß...'

Dann geschah das Wunder. Zwar nicht so schnell, wie ich es mir gewünscht hatte, aber der Fuß blieb dran, und er ist heute noch dran; denn Gott will, dass es seinen Kindern wohl ergeht. Er ist ein treuer Gott – und ihm gebührt alle Ehre."

Wohlergehen sollte es auch jener Frau, die an der so genannten Basedow'schen Krankheit, einer Funktionsstörung der Schilddrüse, litt. Ein Kropf ist eine sehr unangenehme und entstellende Krankheit.

Es ist noch nicht allzu lange her, da kam diese Frau zu mir und berichtete mir freudestrahlend von ihrer Heilung.

„Bruder Müller", sagte sie glücklich, „sieh mich an, der Herr hat durch das Gebet im Gottesdienst meinen Kropf weggenommen! Zuvor hatte mir meine Hausärztin noch dringend geraten, unbedingt das Krankenhaus in Karlsruhe aufzusuchen und mir einen Operationstermin geben zu lassen. Als sie mich nun wiedersah, gratulierte sie mir und meinte, jetzt, da der Kropf verschwunden sei, sei auch die Operation überflüssig geworden."

Es war übrigens dieselbe Schwester, die einige Zeit zuvor schon zu uns in die Gemeinde nach Karlsruhe gekommen war und von einem Wunder erzählte, das bereits früher an ihr geschehen war. An ihrer Kopfhaut hatten sich Knoten gebildet. Sie meinte, es sei Krebs. Wir beteten mit ihr und siehe da, am anderen Morgen, als sie erwachte, stellte sie fest, dass ihr Kopfkissen feucht war. Die Gewächse waren aufgebrochen und aller Schmutz war ausgelaufen. Sie hatte nicht gemerkt, dass der Herr sie operiert hatte, während sie schlief. So erhört unser Gott Gebete.

Diese Zeugnisse ihrer wunderbaren Heilung verkündete sie dann auch frohen Herzens vor der Gemeinde und alle waren glücklich, lobten den Herrn und gaben ihm alle Ehre, und aus vollem Herzen sang die Gemeinde, wie so oft, den wunderbaren Chorus: „Es gibt keine Grenzen für Jesu Macht ..."

Aus der näheren Umgebung von St. Wendel im Saarland erfuhr eine junge Frau spontane Heilung ihres gelähmten Armes, als sie am Ende eines Gottesdienstes beim Altarruf dem Herrn Jesus bewusst ihr Leben weihte. Während Tränen vor Ergriffenheit ihre Wangen herunterliefen, gab sie einige Tage danach ihr Zeugnis und sagte: „Beim Umbau unseres Hauses hatte ich mich so verletzt, dass mein Arm, die Hand und meine Finger steif und gefühllos wurden. Über fünf Wochen hatte ich starke Schmerzen. Zuerst machten mir die Ärzte im Krankenhaus Mut. Doch als keine Heilung eintrat, wurde ich mutlos und fiel in tiefe Depressionen.

So wurde ich vom Krankenhaus mit einem steifen Arm entlassen. – Am darauf folgenden Sonntag fuhren wir nach Karlsruhe zum Gottesdienst. Beim Altarruf ging auch ich nach vorne und während dem Gebet fühlte ich, wie ein Strom durch meinen Arm ging und die Lähmung augenblicklich verschwand. Vollkommen geheilt konnte ich mit meinen Angehörigen nach Hause fahren. Dafür bin ich dem Herrn Jesus von ganzem Herzen dankbar."

In Jesaja 3,10 steht die Verheißung: „... dass ein lebendiger Gott unter euch ist." Von der ersten bis zur letzten Seite der Bibel haben Menschen jeden Ranges und Alters Zeugnis davon gegeben, wie sie sich voll Ehrfurcht und Entsetzen plötzlich in der strahlenden Gegenwart Gottes befanden. Zu dieser großen Schar gehört Abraham, als er im Hain Mamre am Eingang seines Zelts saß (1 Mose 18,1+15); Mose auf dem Sinai (er war sechs Tage auf dem Berg, ehe der Herr sich ihm offenbarte); Samuel im Tempel (1 Sam 3,4); Elia am Horeb (1 Kön 19,11); Jesaja sah den Herrn auf hoch erhabenem Thron sitzen (Jes 6,1); die drei Jünger auf dem Berg der Verklärung (Matth 17,2); Paulus vor Damaskus (Apg 9,1+8) und Johannes auf Patmos (Offb 1,17+18).

Auf jeden von ihnen kam eine große Aufgabe zu. Ihre Antwort war derjenigen Marias ähnlich: Siehe, ich bin die Magd des Herrn!" (Lk 1,38), oder der des Paulus: „... ich war der himmlischen Erscheinung nicht ungehorsam gewesen" (Apg 26,19).

Eine vergleichbare Erscheinung hatte auch ein Mann von 78 Jahren. Er durfte erleben, wie ihn Jesus von seinem quälenden Hüftleiden komplett heilte. Sein Erlebnis, das er mit Jesus hatte, schilderte er in einem unserer Gottesdienste so: „Das Bett konnte ich kaum mehr verlassen. Ich hatte solch unsagbar quälende Schmerzen im Rücken und am linken Fuß, dass ich nicht mehr auftreten konnte. Bei der Untersuchung stellte man fest, dass fünf Nerven am linken Fuß keine Funktion mehr hatten. Auch wurde ein schwerer Bandscheibenvorfall festgestellt.

Der Arzt gab mir zu verstehen, dass infolge meines fortgeschrittenen Alters nicht mehr operiert werden könne, und der Röntgenarzt sagte mir ganz unverblümt: ‚Sie müssen sich an die Schmerzen gewöhnen und mit Krücken versuchen, den Rest ihres Lebens zu bewältigen.'

Bei mir wurde es immer schlimmer und unerträglicher. Als dann auch der Neurologe meine Krankheit diagnostiziert hatte, meinte auch er, wenn man mich operieren würde, bestünde die Gefahr, dass ich gelähmt werde. Daraufhin gab ich ihm zur Antwort: ‚Herr Doktor, wenn das so ist, dann ist es zwecklos, dass ich weiterhin komme. Ich mache jetzt Schluss; schließlich muss ich nach Ihrer Aussage weiterhin mit den Krücken laufen.'

Als die Kirchendienerin unserer Pfarrei von meiner großen Not erfuhr, sagte sie zu meiner Frau und mir, reisen sie doch einmal nach Karlsruhe zum Missionswerk, denn ich selbst habe dort Heilung an meiner Blase erfahren.

Ihren guten Rat haben wir sofort befolgt und fuhren am darauf folgenden Sonntag nach Karlsruhe. Im Gottesdienst war die Salbung des Heiligen Geistes fühlbar.

Als Siegfried Müller am Ende des Gottesdienstes für mich betete, fühlte ich eine wohltuende Durchströmung meines Körpers, doch sowohl die Schmerzen als auch meine Behinderung waren allerdings noch immer da.

Nun aber, nach drei Tagen, als ich abends gegen 22.30 Uhr mit meinen Krücken im Wohnzimmer stand, wurde es auf einmal um mich herum sehr, sehr hell und ich hörte, wie eine laute Stimme zu mir sagte: ‚Lege die Krücken weg und gehe.' Ergriffen und erschrocken zugleich sagte ich: ‚Das bist ja du, Herr Jesus!'

Daraufhin setzte ich mich in meinen Sessel. Ich dankte, betete und lobte Gott von ganzem Herzen dafür. Da sich meine Frau eine Stunde zuvor zum Schlafzimmer begab und kurz darauf einschlief, bekam sie diese Erscheinung nicht mit.

Am anderen Morgen, beim Erwachen, erzählte ich ihr, dass ich Jesu Stimme gehört hatte und er zu mir gestern Abend im Wohnzimmer sagte: ‚Hermann, leg die Krücken weg und lauf!'

Meine Frau war verständlicherweise verblüfft und zugleich gerührt, als ich ihr das alles der Reihe nach erzählte.

Nun sagte sie, wenn du deine Krücken nicht mehr benötigst, dann stehen wir auf, machen uns das Frühstück zurecht und gehen zum Supermarkt einkaufen.

Sofort war ich damit einverstanden. Da ich jedoch wusste, dass es in unserer historischen Altstadt einige steile Treppenstufen gibt, nahm ich vorsorglich meinen Stock mit. Doch es war umsonst, denselben brauchte ich gar nicht mehr. Nun konnte ich vollkommen schmerzfrei marschieren und habe meiner Frau die schweren Taschen nach Hause getragen."

Nach seiner Heilung kam dieser Mann mit seiner Frau zum Gottesdienst wiederum nach Karlsruhe und berichtete vor der Gemeinde, was er mit Jesus erleben durfte.

Ergriffen sagte er: „Geschwister, hier bringe ich meine Krücken, ich brauche sie nicht mehr; falls sie jemals von jemandem gebraucht werden sollten, kann er sie haben, denn Jesus hat mich vollkommen geheilt."

Nun befinden sich die Krücken schon seit einigen Jahren im Missionswerk.

Als ich ihn vier Jahre später, an seinem 81. Geburtstag, fragte, wie es ihm gesundheitlich gehe, antwortete er mir: „Bruder Müller, die Heilung ist konstant. Der Herr Jesus tat ein ganzes Werk an mir. Ich bin ihm so sehr dankbar." Es gibt eben keine Grenzen für Jesu Macht.

Welche er heilt, die heilt er vollkommen.

Ich empfehle allen, die göttliche Heilung erfahren: „Gehen Sie zum Arzt und lassen Sie sich Ihre Heilung bestätigen."

Obwohl mich täglich viele Briefe erreichen, in denen uns Hilfe suchende Menschen um Gebetsunterstützung für ihre Probleme bitten, wird jeder Brief entweder von mir oder meiner Frau persönlich gelesen und im Gottesdienst wird zusammen mit der Gemeinde dafür gebetet.

Wie sehr freuen wir uns dann darüber, wenn uns hernach berichtet wird, wie der Herr Jesus eingegriffen und geholfen hat.

Obwohl ich vor einiger Zeit ein Buch mit dem Titel: Jesus sagt: „Stehe auf und wandle", geschrieben habe, darin ich über 400 Personen zu Wort kommen lasse, die bezeugen, wie Jesus ihnen half und sie heilte, könnte ein weiteres mit Heilungszeugnissen geschrieben werden.

Zur Ehre Gottes und allein zu seiner Verherrlichung möchte ich nachfolgend von den vielen tausend Personen, die von Jesus Christus Heilung erfahren durften, einen kleinen Auszug wiedergeben:

Zur Ehre Gottes darf ich sagen, dass ich vor 14 Jahren bei einer Chapterveranstaltung der christlichen Geschäftsleute in Innsbruck, die Pastor Müller hielt, von Herpes geheilt wurde. – Bei der gleichen Veranstaltung bekehrte sich u.a. Prov. Gmeiner von den SOS-Kinderdörfern. W.F., Aldrans/Österreich.

Ich hatte Polypen an der Gebärmutter und wurde vor vier Jahren im Gottesdienst in Hannover von Gott geheilt. Es ist alles verschwunden. L. St., Hannover.

Im Herbst 1996 hat mich Jesus Christus im Gottesdienst in Hannover vom Rauchen befreit. K.V., Hildesheim.

Lieber Bruder Müller, für Ihre Nächstenliebe und treue Unterstützung im Gebet möchte ich danken. Gott hat Großes an mir getan und mich tatsächlich von meinem Stottern befreit. Er hat das nach menschlichem Ermessen Unmögliche durch sein heilsames Eingreifen möglich gemacht. Ab kommendem November werde ich sogar Lehrbeauftragter einer Fachhochschule, eine Tätigkeit, die ohne Gottes wunderbarer Heilung unvorstellbar gewesen wäre. Vom „Stotterer" zum Lehrer! S.B., Schw. Hall.

Jahrelang hatte ich Kopfschmerzen und Stiche im gesamten Brustbereich, die bis in den Arm ausstrahlten. Dann rief ich im vergangenen Sommer die Telefonandacht vom Missionswerk in Kiel an. Beim Zuhören wurde ich geheilt. Ich bin nun vollkommen schmerzfrei. J.R., Kiel.

Ein Betrunkener schlug mit der Faust auf meinen Kopf und traf mich an einem Lebensnerv. Darunter hatte ich sehr zu leiden. Im Jahr 1992 besuchte ich einen Gottesdienst von Siegfried Müller und weihte mein Leben dem Herrn Jesus. Pastor Müller betete für mich und gab mir die Verheißung: „Die Tage deines Leidens sollen ein Ende haben"; und so war es auch. Jesus hat mich vollkommen geheilt. K.K., Stadthagen.

Ich hatte eine Blutkrankheit. Im Juni 1997 hatte ich noch 9 000 Blutplättchen. Das war weit unter dem normalen Wert. Mein Arzt behandelte mich mit Kortison. Ich habe dann an Siegfried Müller für Gebet geschrieben. Nun konnte der Arzt mir normale Werte bestätigen. Dem heiligen Gott danke ich von ganzem Herzen, dass ich nun kein Kortison mehr brauche und geheilt bin. K.O., Burgdorf/Schweiz.

Meine Heilung wurde im Gottesdienst in der Stadthalle in Herne von Siegfried Müller ausgerufen. Ich hatte mich aber nicht gemeldet, weil ich mir nicht vorstellen konnte, dass ich es bin. In meiner Kindheit hatte ich ein Gipsbett, denn meine Wirbel waren verschoben. Meinen Nacken konnte ich kaum bewegen, so schlimm waren die Schmerzen. Da fühlte ich eine Wärme und dachte: „Das könnte ich ja sein“, und so war es auch. Ich bin es gewesen, die Heilung auf ihrem Sitzplatz erfuhr. E.K., Bonn.

Ich hörte eines morgens die Radioandacht über RTL von Siegfried Müller. Augenblicklich wurde ich vom Rauchen befreit. Bis auf den heutigen Tag habe ich kein Verlangen mehr danach. U.G., Hamm/Westfalen.

Während eines Gottesdienstes in München wurde meine Frau von Fersensporn und ich von Hämorrhoiden geheilt. Die Heilungen erfolgten sofort. K.-H.K., Ebersberg.

Vor drei Jahren hatte ich einen schweren Bandscheibenvorfall, verbunden mit einer Lähmung im linken Bein. Obwohl ich in der Uniklinik schon zur Operation angemeldet war, ging ich zuvor zum Gottesdienst in den Robert-Schumann-Saal. Dort hat Pastor Müller für mich gebetet und ich konnte daraufhin schmerzfrei und ohne Krücken nach Hause gehen. Auch die Lähmung ist verschwunden. Dafür lobe und preise ich den allmächtigen Gott. M.H., Düsseldorf.

Seit einigen Jahren hatte meine Schilddrüse Überfunktion, mit der Folge, dass ich keinen Fisch essen durfte. Ich musste jedes Quartal zur Untersuchung der Blutwerte zum Arzt. Es wurde stets eine Überfunktion festgestellt. – Bei einem Gottesdienst im Missionswerk verhieß Gott durch Bruder Müller, dass er kranke Schilddrüsen heilt. Bei meinem letzten Arztbesuch sagte der Doktor, dass meine Blutwerte wieder vollkommen in Ordnung sind und keine Überfunktion mehr vorliegt. Nun darf ich wieder zu meiner großen Freude Fisch essen. Wie dankbar ich dem Herrn Jesus Christus bin, weiß nur er alleine. G.H., Ettlingen.

Soweit also ein kleiner Ausschnitt von den vielen, vielen Heilungszeugnissen, die uns mitgeteilt wurden.

Gerade in unserer heutigen Zeit sollte sich die Gemeinde Jesu Christi wieder darauf besinnen, zu den Kräften zurückzukehren, die Gott durch den Heiligen Geist seiner Gemeinde gegeben hat. Um den Auftrag Jesu ausführen zu können, bedarf es der Gaben des Heiligen Geistes und ihrer praktischen Anwendung. Ich denke an dieser Stelle besonders an die Gabe des Glaubens.

Dies ist bei uns in Karlsruhe zur zentralen Aufgabe geworden. Wir versuchen, den Menschen, die aus allen Himmelsrichtungen zu uns kommen – und es sind derer viele –, tatkräftig zu helfen, wenn sie mühselig und beladen sind. Wir sagen ihnen, wie Petrus den Fremdlingen in der Zerstreuung: „Alle eure Sorgen werfet auf ihn; denn er sorgt für euch." – Wir helfen den Leuten, so gut wir es können, indem wir mit ihnen beten.

So auch mit jener Frau aus der Bodenseegegend, die zusammen mit ihrem Mann zu einem unserer Gottesdienste nach Karlsruhe kam. Der Weg war ihnen nicht zu weit, weil sie in ihrer Not etwas suchten, was sie in ihrem gewohnten Kreis offenbar nicht finden konnten, nämlich die unmittelbare Gegenwart des Herrn.

Sie hatten Probleme. Ihre Tochter war psychisch krank. Sie hatte bereits um einen Termin in einer psychotherapeutischen Klinik gebeten. Dann besann sie sich aber plötzlich anders, wie sie uns in einem Brief voller Freude und Dankbarkeit berichtete:

„Eines Tages sagte ich zu meinem Mann, dass ich gern einmal zum Missionswerk nach Karlsruhe fahren möchte. Mein Mann war auch sogleich damit einverstanden, zumal er auch schon selbst daran gedacht hatte. Durch eine Glaubensschwester aus unserer Adventgemeinde sind wir darauf aufmerksam gemacht worden. Sie lieh uns das von Ihnen herausgegebene Buch ‚Leben wie ein Königskind', das uns einige wertvolle Erkenntnisse vermittelt hat.

So kamen wir dann in der Einweihungswoche nach Karlsruhe. Schon beim ersten Gottesdienst verspürten wir die Gegenwart des Heiligen Geistes, nachdem wir dem Altarruf gefolgt waren. Für mich selbst, die ich so sorgenbeladen war, kam das Beste aber erst zwei Wochen später, als ich erneut zum Altar ging und den Herrn bat, mir in allen meinen Nöten zu helfen.

Seitdem hat sich sowohl bei mir persönlich als auch in unserer Ehe vieles grundlegend geändert. Nicht nur mit meinem Mann habe ich nunmehr ein weitaus besseres Verhältnis als zuvor. Seit etwa zehn Tagen hat sich auch der Zustand unserer Tochter wesentlich gebessert. Das alles hat der Herr für uns getan, seitdem wir in Karlsruhe waren und Sie mit uns um Gottes Hilfe und Segen gebetet haben. Ihm sei Ehre, Lob und Dank dafür!"

„Ich bedenke meine Wege und lenke meine Füße zu deinen Mahnungen", heißt es im 119. Psalm.

Viele unserer Freunde müssen ihre Füße manchmal schon ziemlich weit „lenken" und die Wege zu uns sind oft beschwerlich, denn bei Wind und Wetter, Sommer und Winter kommen sie aus allen Himmelsrichtungen zu unseren Gottesdiensten.

Nicht alle Unternehmungen dieser Art sind so extrem, wie das jener Frau aus Dortmund, die mit dem Taxi von zu Hause bis nach Karlsruhe fuhr.

Ebenfalls nicht alltäglich sind auch die Fahrten eines Freundes in Bebra, von Beruf Tierarzt. Eine Strecke seines Wegs nach Karlsruhe beträgt 330 Kilometer. Natürlich muss er denselben Weg mit dem Wagen auch wieder im Winter in der Regel bei Dunkelheit und nicht selten bei schlechtem Wetter zurücklegen. Aber wie er uns einmal bei einem seiner Gottesdienstbesuche in Karlsruhe berichtete, sei dies für ihn durchaus keine Strapaze; denn eine neue Erfüllung mit dem Heiligen Geist entschädige ihn reichlich.

Besonders eine Januarwoche sei ihm nachhaltig im Gedächtnis haften geblieben. Diese Woche begann wettermäßig wenig verheißungsvoll. Das wäre aber normalerweise für unseren Freund nicht von Bedeutung gewesen, hätte er nicht am folgenden Sonntag zu unserem Gottesdienst nach Karlsruhe kommen wollen.

Es war mit einer lang anhaltenden winterlichen Schlechtwetterfront zu rechnen und jeden Morgen, wenn er aus dem Haus ging, sah er zuerst prüfend nach oben, wobei sein Gesichtsausdruck immer bedenklicher wurde. Ein mächtiges Tief hatte sich wie eine dunkle, drohende Faust unheilvoll von Grönland her über ganz West- und Mitteleuropa ausgebreitet. Keinerlei Wetterwechsel war zu erwarten. Die Straßen waren voller Eis und spiegelglatt, sodass es völlig unmöglich schien, mit dem Auto eine größere Strecke zurückzulegen.

Zuerst war er verärgert und ratlos und der Feind flüsterte ihm, wie immer in solchen Situationen, ins Ohr: „Du musst doch nicht ausgerechnet an diesem Wochenende fahren. Karlsruhe läuft dir ja nicht weg! Es gibt doch noch mehr Gottesdienste. Und außerdem, wie willst du denn bei dem Wetter, und noch dazu auf diesen glatten Straßen, dorthin kommen…?“

Aber unser Missionsfreund wusste, dass er eine neue Salbung brauchte, nicht irgendwann, nein, an diesem Wochenende. Und so fing er ganz einfach an zu beten, in kindlichem Glauben, so wie es in der Bibel geschrieben steht. Da er an die Kraft des Gebets glaubte und die Wahrhaftigkeit von Gottes Wort schon selbst am eigenen Körper in wunderbarer Weise erlebt hatte, sprach er gläubigen Herzens: „Herr, du weißt, ich will nach Karlsruhe, egal wie. Greife du jetzt vom Himmel her ein und schiebe dieses Tief weg…“

Am Sonntagmorgen war von dem ungewöhnlichen Tief keine Spur mehr vorhanden. Es war wie weggeblasen. Ein

Hochdruck hatte es abgelöst. Die Straßen waren über Nacht eisfrei und trocken geworden. Die Meteorologen standen vor einem Rätsel, und die Kommentatoren erklärten im Radio, dass diese so plötzlich eingetretene und krasse Wetterveränderung für diese Jahreszeit einfach frappierend sei.

So kam er dann frohen Herzens nach Karlsruhe und strahlend verkündete er vor der Gemeinde sein Erlebnis mit dem lebendigen Gott.

Es war, wie schon erwähnt, nicht das erste Wunder, das dieser Tierarzt mit seinem Gott erfahren durfte. Vor einigen Jahren bereits hatte sich ihm der Herr Jesus schon einmal in seiner ungeahnten Größe offenbart. Doch lassen wir den Tierarzt in seiner erfrischenden Art, die zudem aus einem gläubigen Herzen kommt, selbst erzählen:

„Ich bin ein lebendiges Zeugnis dafür, dass Jesus lebt! Wenn der Herr nicht vor einem halben Jahr seine Hand auf mich gelegt und mich herrlich geheilt hätte, so läge ich heute wahrscheinlich unter dem Sauerstoffzelt oder vielleicht schon unter der Erde. Aber Jesus hat mich berührt und freigemacht von einer 20-jährigen Trunksucht.

20 Jahre! – Zum Schluss war es so schlimm, dass mir die Hände zitterten; ich konnte kaum mehr meinen Namen schreiben. Ich konnte kein Attest und kein Gutachten mehr ausstellen, das musste alles meine Frau schreiben; ich habe dann nur noch so quasi unterschrieben. Nur unter Alkohol konnte ich noch operieren. Ich stand ständig unter ‚Strom'.

Die Polizei hätte mir morgens um 8 Uhr genauso gut den Führerschein wegnehmen können wie abends um 8 Uhr. Morgens, wenn ich aufstand, litt ich unter Brechreiz und Erbrechen. Die Leber nahm immer mehr zu, ich konnte sie durch die Bauchdecke fühlen. Normalerweise schließt die Leber beim Menschen unter dem Rippenbogen ab, sodass man sie nicht fühlen kann. Ich habe sie selbst am eigenen Röntgenapparat aufgenommen. Als ich sah, wie groß das

Organ war, erschrak ich; es war fast noch einmal so groß wie normal. Mein Körper war voller Flecken. Ich wusste nicht mehr, was normales Essen war; denn ich aß nur noch jeden dritten, vierten Tag ein Häppchen. Mein Magen hatte wahrscheinlich nur noch die Größe einer Faust, es ging überhaupt nichts mehr hinein.

Von Berufs wegen kenne ich ja jedes einzelne Symptom. Ich habe alles verfolgt und gesehen, was auf mich zukam. Es hätte nur noch das Delirium gefehlt, geistige und nervliche Zersetzung, und dann das Ende. Ich magerte ab, denn es lief ja fast nur noch Alkohol durch meinen Körper hindurch. Die Folge war: Nur noch Durchfall und ständige Schmerzen. Das Riesenorgan – die aufgeschwollene Leber – drückte mich beim Gehen und Sitzen; es war nahezu so hart wie ein Tisch. Ich wusste nicht mehr ein noch aus.

Dann habe ich zum Herrn geschrien und er hat seine Hand ausgestreckt. Ich weiß es noch wie heute. Ich war nachmittags allein zu Hause und hab das Buch „Der Spion Gottes“ gelesen. Es war so spannend, dass ich es kaum aus der Hand legen konnte. Dann legte ich mich ins Bett und schlief ein, zum ersten Mal ohne viel Alkohol. Am nächsten Morgen wurde ich um 6 Uhr wach. Ich hatte einen Hunger, so etwas hatte ich seit zehn Jahren nicht mehr erlebt. Im Keller hab ich die Wurst angeschnitten, Käse und Eier hochgeholt und hab mir Essen gemacht. Ich schnitt drei, viermal um den Brotlaib herum!

Dann bin ich zur Praxis gefahren. Um 9 Uhr musste ich die Praxis unterbrechen – wegen Hunger. Beim Mittagessen fiel meine Frau aus allen Wolken, als sie sah, wie viel ich aß. Nachmittags wieder Sprechstunde, so schnell wie möglich die Tiere behandeln und wieder hoch in die Wohnung – Hunger! Dann habe ich meine Leber gesucht; ich hab sie überhaupt nicht mehr gefühlt. Mit Atemübungen kann man die gesunde Leber etwas vordrücken, das geht, und so hab ich sie gerade noch fühlen können. Ein Organ regeneriert sich, aber das dauert gerade bei der Leber Jahre, und dann höchstens bei Diät und absolutem Alkoholverzicht, das ist sowieso klar. Aber dieses Riesenorgan hatte sich innerhalb von 24 Stunden bis auf das normale Maß verkleinert. Preis dem Herrn dafür! Es ist medizinisch vollkommen unmöglich, dass sich ein Körper so schnell regeneriert. Aber bei Jesus Christus ist alles möglich. Die Mengen, die ich nun aß, hätten in den kleinen Magen gar nicht reingepasst; doch auch mein Magen wurde geheilt. Ich hatte danach zum ersten Mal wieder normalen Stuhlgang und nahm an Gewicht zu. Auch meine Nervosität verschwand und meine Hände zitterten nicht mehr.

Mein Gesicht wurde ebenfalls wieder durchblutet. Vorher hatten schon die Bauern zu mir gesagt: ‚Sie sehen ja richtig gelb und elend aus.' – ‚Nun ja', sagte ich, ‚das ist eine Krankheit, davon versteht ihr doch nichts.' Aber meine Umwelt wusste schon Bescheid, und so hat es sich auch schnell herumgesprochen: Der Doktor trinkt nicht mehr! Ich brauche den Alkohol nicht mehr. Wenn ich heute Alkohol nur sehe, dann wird mir übel.

Jetzt segnet der Herr auch meine Arbeit in ganz besonderer Weise; überall ist der Segen des Herrn zu verspüren. Denn was Jesus tut, das tut er gründlich. Ihre Umwelt, ja die ganze Umgebung, wird geändert. Ich möchte durch dieses Zeugnis jeden anregen: Versuche es mit Jesus!"

Dieser Bericht wurde damals zusammen mit dem Bild des Tierarztes in unserer Zeitschrift veröffentlicht. Als er dann Jahre später seinen vorerwähnten „Wetterbericht" vor der Gemeinde in Karlsruhe abgegeben hatte, schloss er sein Zeugnis glücklich und dankbar mit den Worten aus Johannes 15, Vers 7: „Wenn ihr in mir bleibt, und meine Worte in euch bleiben, werdet ihr bitten, was ihr wollt, und es wird euch widerfahren."

Wir sollten das, was Jesus hier zusagt, ruhig öfter mal lesen und uns die Worte immer wieder vorsagen: „... werdet ihr bitten, was ihr wollt ..." Diese Verheißung ist so gewaltig, dass sie – so befürchte ich – die meisten Christen in ihrer ganzen Bedeutung überhaupt noch nicht erfasst haben.

Der Herr gewährt uns unsere Bitten. Im Psalm 20,5 sagt er durch David unmissverständlich: „... dass er dir gibt, was dein Herz begehrt, und erfüllt alles, was du vorhast." – Da dies in der Bibel steht, ist es eine unerschütterliche und absolute Wahrheit. Wenn Gott sagt, dass er alle deine Bitten erhören will, dann meint er es auch so, und dann ist davon keine einzige Bitte ausgenommen. Er steht mit seiner ganzen Autorität hinter jedem Wort, das in der Bibel geschrieben wurde.

Gott hat uns alle seine Zusagen testamentarisch vererbt. Dieser Nachlass ist rechtskräftig durch den Tod Jesu. Und jeder, der an ihn glaubt, ist als Vollerbe von Gott selbst eingesetzt. Wir können also unser Erbteil annehmen oder auch ausschlagen; aber wir sollten in jedem Fall wissen, dass alle Verheißungen, die in der Heiligen Schrift stehen, für uns ganz persönlich bestimmt sind. Kann uns Gott noch deutlicher zum Ausdruck bringen, wie sehr er uns liebt?

Ich selbst habe mein Erbteil längst angenommen, und seitdem gehöre ich zu den glücklichsten Menschen auf Erden. Mit David kann ich im Vers 7 des obigen Psalms freudig bekennen: „Nun weiß ich, dass der Herr seinem Gesalbten hilft und ihn erhört von seinem heiligen Himmel. Seine rechte Hand hilft mit Macht."

Es war während des letzten Krieges. Wir, meine Eltern und ich, wohnten damals in Bad Urach auf der Schwäbischen Alb. Ich war zu jener Zeit noch ein kleiner Junge, als mein Vater eines Tages eine Einladung bekam, in einer kleinen Gemeinde mit dem Wort Gottes zu dienen. Wie bereits vorerwähnt, war unsere Familie zu dieser Zeit durchaus nicht mit materiellen Gütern gesegnet, sodass es für meinen Vater immer ein Problem war, weiter entfernt liegende Gemeinden sicher und vor allem auch immer pünktlich zu erreichen. Aber der Herr gab Gnade und Hilfe.

Ein guter Freund schenkte ihm ein kleines Auto, einen BMW-Dixie, mit dem er dann fröhlich und lobpreisend über das weite Land kutschierte..., sofern er Benzin im Tank hatte. Doch das war nicht immer der Fall. Wir waren arm und nahmen es aus der Hand des Herrn, wie er es uns in seiner Güte und Barmherzigkeit zuteil werden ließ.

So war es auch an jenem Tag, an dem wir in Richtung Reutlingen losfuhren. Mein Vater hatte meine Mutter und mich mitgenommen. Aber als wir starteten, war nur so viel Benzin im Tank, dass wir nicht wussten, ob wir damit überhaupt unser Ziel erreichen würden. Wie wir darüber hinaus wieder nach Hause kommen sollten, war uns ohnehin unklar.

Doch irgendwo in einem kleinen Ort warteten unsere Glaubensgeschwister und mein Vater wusste, er durfte diese Menschen nicht enttäuschen. So begann er also die Fahrt im Glauben an den Herrn, der ihn noch nie im Stich gelassen hatte. Und im festen Bewusstsein seines Auftrags, Gott zu dienen, warf er sein Anliegen auf ihn, der alle seine Kinder versorgt.

Unterwegs rief er immer wieder froh gelaunt meiner Mutter zu: „Elsa, er läuft noch...!“ Seine Freude war groß, und er lobte und dankte immer wieder frohen Herzens. So gelangten wir dann auch mit der Hilfe des Herrn glücklich zu unserem Ziel, wonach der Hauskreisgottesdienst noch zum großen Segen für alle wurde.

Bevor wir nunmehr die Heimfahrt antraten, sagte mein Vater voller Zuversicht zu meiner Mutter: „Elsa, wenn uns Gott bis hierher gebracht hat, dann wird er uns bestimmt auch wieder nach Hause bringen.“ Und ich glaube, im Stillen wird er wohl wie David gebetet haben: „Ich aber traue darauf, dass du so gnädig bist; mein Herz freut sich, dass du so gerne hilfst!"

Jedenfalls – ich weiß heute noch nicht wie – wir fuhren und fuhren, bergauf und bergab. Der Wagen rollte und rollte und unterwegs hörte ich meinen Vater am Steuer immer wieder laut „Dank sei dir, Herr Jesus!" und „Halleluja!" sagen. Wenn wir einen Berg hochfuhren und oben waren, sagte er zu meiner Mutter: „Oben sind wir, nach unten rollt er von alleine." Mein Vater hatte solch ein großes Gottvertrauen, dass er sich wie ein Kind freuen konnte, das von Engeln getragen wird.

Irgendwie gelangten wir dann auch zu später Stunde wieder nach Hause, obwohl wir nach menschlicher Berechnung unmöglich bis hierher hätten kommen können.

Als kleiner Junge wusste ich zwar damals schon, dass wir betend und mit Gottes Hilfe heimgekommen waren; aber meine kindliche Neugier ließ mir trotzdem keine Ruhe und einen Tag später versuchte ich, der Sache zusätzlich noch auf meine Art auf den Grund zu gehen.

Ich wollte gewissermaßen die Probe aufs Exempel machen, schnitzte mir einen Haselnussstecken, schraubte den Tankdeckel unseres Dixie auf und versenkte den Stock bis auf den Boden des Benzintanks. Als ich ihn wieder herauszog, war er total trocken. Es war also kein Benzin mehr im Tank. Mit dieser Entdeckung wusste ich nichts Besseres anzufangen, als sofort darauf zu meinem Vater zu laufen, um ihm mitzuteilen: „Papa, stell dir vor, der Tank ist tatsächlich ganz trocken!"

Wenn ich nun erwartet hatte, mein Vater würde sich über diese Feststellung freuen und mich wegen meiner sensationellen Entdeckung loben, so hatte ich mich ganz gewaltig geirrt. Er schimpfte stattdessen mit mir und konnte seine Enttäuschung kaum verhehlen, als er sagte: „Du kleiner

Kerl, wer hat dir eigentlich erlaubt, in den Tank zu schauen! Jetzt hätte ich ihn endlich so weit gehabt, dass der Wagen ohne Benzin fährt ..."

Ich habe und werde auch diesen „Vorwurf" meines Vaters wohl nie vergessen; denn er erinnert mich immer daran, was für ein Glaubensheld mein Vater damals schon gewesen ist. Für ihn war die Verheißung unseres Herrn Jesu: „Ihr werdet bitten, was ihr wollt, und es wird euch zuteil werden", nämlich nicht die Ausnahme, sondern vielmehr die Regel. Seinen biblischen Glaubensgrundsatz entnahm er nicht zuletzt aus dem Brief an die Hebräer, Kap. 11,6: „Aber ohne Glauben ist's unmöglich, Gott zu gefallen; denn wer zu ihm kommen will, der muss glauben, dass er sei und dass er denen, die ihn suchen, ein Vergelter sein werde."

Gott ist getreu und er wird immer denen, die ihn im Glauben und aufrichtigen Herzens suchen, ihren Lohn geben. Das durften auch meine Eltern in einer wunderbaren Weise erfahren. Meine Mutter war 28 Jahre alt und immer noch kinderlos. Ihre Ehe mit meinem Vater war glücklich, obwohl sie beide arm an irdischen Gütern waren. Doch umso reicher waren sie in ihrem Herzen und ihr gemeinsamer Glaube an den Herrn war wie ein kostbarer Juwel.

Was sie sich aber noch sehnlichst wünschten, war, dass Gott ihnen noch ein Kind schenken möge. Dann wäre ihr Glück vollkommen gewesen. Meine Mutter befand sich zu jener Zeit in einer tiefen Not. Sie hatte schon zwei Fehlgeburten hinter sich und ihre Hoffnung auf Erfüllung ihres sehnsüchtigsten Wunsches wich allmählich zunehmender Verzagtheit.

Da aber mein Vater ein echter Gottesmann war, brachte er ihr gemeinsames Anliegen im Gebet vor den Herrn. Mein Vater kannte seine Bibel und wusste auch, was im Buch des Propheten Samuel gleich am Anfang steht: Es ist die Geschichte von Hanna und Elkana. Hanna, die Frau von Elkana, war auch kinderlos. Jahrelang weinte sie deshalb bitterlich und oft überwältigte sie Trauer und Hoffnungslosigkeit so sehr, dass sie nicht einmal mehr etwas aß.

Elkana, der unter der Verzweiflung seiner Frau sehr litt, sprach zu ihr: „Hanna, warum weinst du und warum issest du nichts? Und warum ist dein Herz so traurig, bin ich dir nicht mehr wert als zehn Söhne?"

Doch Hanna war zu betrübt in ihrem Herzen und wusste, dass nur noch der Herr ihr in ihrer Not helfen konnte. Darum brachte sie dem Herrn ein Gelübde dar und flehte aus tiefstem Herzen: „Herr Zebaoth, wirst du das Elend deiner Magd ansehen und deiner Magd einen Sohn geben, so will ich ihn dem Herrn weihen sein Leben lang ... Lass deine Magd Gnade finden vor deinen Augen."

Nachdem sie Gott ihr Herz so ausgeschüttet hatte, ging sie ihres Weges, aß wieder und sah nicht mehr so traurig drein. In der Bibel heißt es dann weiter: „... und der Herr gedachte an sie. Hanna ward schwanger; und als die Tage um waren, gebar sie einen Sohn und nannte ihn Samuel, denn, so sprach sie: Ich habe ihn vom Herrn erbeten."

Mit derselben Glaubenszuversicht wie Hanna gingen auch meine Eltern ins Gebet vor Gott. Auch sie gelobten, wenn ihnen der Herr einen Sohn schenken möge, dann würden sie ihn Gott auch ganz übergeben. Dieser erbetene Sohn solle ein ebenso Gesalbter sein wie einst Samuel.

Und meine Mutter wurde danach erneut schwanger und als ihre Zeit da war, gebar sie einen Sohn, und dieser Sohn war ich.

In Samuel, 1. Kapitel, heißt es abschließend: „Ach, mein Herr, so wahr du lebst, ich bin die Frau, die hier vor dir stand, um zum Herrn zu beten. Um diesen Knaben bat ich. Nun hat der Herr mir diese Bitte erfüllt, die ich an ihn gerichtet hatte. Darum gebe ich ihn dem Herrn wieder sein Leben lang, weil er vom Herrn erbeten ist." Nun, nach meiner Geburt hatte meine Mutter wiederum eine Fehlgeburt, und so blieb ich das einzige Kind meiner Eltern.

Diese Geschichte erzählte mir meine Mutter erst dann, als sie sah, wie Gott mich in seinem Dienst gebraucht. Ihren Worten fügte sie hinzu: „Siegfried, du bist ein von Papa und mir Erbetener und ein Gott Geweihter!"

Schon als kleiner Junge fühlte ich, dass die Hand des Herrn über mir ist. Es war noch in dem alten Haus in Karlsruhe-Durlach, in dem mein Vater seine ersten Gottesdienste abhielt. Während des Gebets in einem kleinen Kreis gläubiger Geschwister kam die Kraft Gottes über mich und ich erlebte dort als Teenager bereits die Taufe im Heiligen Geist. Von da an konnte ich Gott im Geist und in der Wahrheit anbeten (Joh 4,24).

Ich war damals 14 Jahre alt. Unmittelbar darauf habe ich mich zur Wassertaufe angemeldet. Ich war noch ein ziemlich kleiner Kerl und erinnere mich, wie ich bei der Tauffeier sehr zur Belustigung der Anwesenden wiederholt auf mein Taufkleid getreten bin, weil es zu lang war. Da ich von Anfang an den ganzen Weg mit meinem Herrn gehen wollte, habe ich auch schon frühzeitig die Bestätigung des bekannten Liedtextes erfahren: „Hast du dich früh dem Herrn geweiht, wird schön dein Leben sein…"

Ich war überhaupt von Kind an glücklich eingebettet in den geheiligten Schoß meiner Familie, denn mein eigenes Glaubensleben wurde von dem meiner Eltern segensreich mitgeformt. Mein Vater war, wie viele wissen, ein begnadeter Gottesmann und meine Mutter stand ihm treu zur Seite. So durften wir als Familie manche herrliche Gebetserhörung erleben.

Nun aber nach dem Tode meines Vaters erkrankte eines Tages meine Mutter sehr schwer. Sie war schon 75 Jahre alt, als sie plötzlich Gallensteine bekam. Schwere, schmerzliche Koliken waren die Folge. Einer Operation wollte sie zuerst nicht zustimmen, weil sie meinte, durch „Unglauben“ den Herrn zu betrüben. Hannelore und ich haben ihr jedoch wiederholt zugeredet, dass die Ärzte nur ihr Bestes tun und ihr helfen wollten. Schließlich konnte sie es vor Schmerzen nicht mehr aushalten, sodass es unumgänglich wurde, dass sie doch ins Krankenhaus ging.

Nach der viereinhalbstündigen Operation wurde mir von dem Stationsarzt mitgeteilt, dass es ein schwerer Eingriff gewesen sei. Bedenklich fügte er noch hinzu:

„Herr Müller, ich muss Ihnen leider mitteilen, dass wir bei Ihrer Mutter Krebsverdacht haben. Außer den Gallensteinen fanden wir einen Tumor mit Tochtergeschwülsten. Auch von der Leber mussten wir einen Teil entfernen und im Labor untersuchen lassen. Das alles bedeutet, dass die Lebenserwartung Ihrer Mutter nicht mehr sehr groß sein dürfte.“

Das war sehr deutlich und ich wusste, dass unter diesen Umständen und nach menschlichem Ermessen ihr kein Arzt mehr helfen konnte. Unter dieser Last ging ich zurück zur Intensivstation, wo meine Mutter lag und betete mit ihr. Sie war zu diesem Zeitpunkt sehr, sehr schwach. Meine Mutter rief mir nach: „Auf Wiedersehen, Siegfried.“ Es war mir, als hörte ich zum letzten Mal meinen Namen aus dem Mund meiner Mutter. Dann verließen wir, meine Frau und ich, das Krankenhaus mit Tränen in den Augen.

In der Nacht erwachte ich und betete erneut für meine Mutter. Da ging es mir wie Hiskia, als er todkrank war: „Ich wandte mein Antlitz zur Wand und betete zum Herrn.“ Und als ich über die Krankheit meiner Mutter nachdachte, flehte ich für sie, wie es in der Bibel steht: „Ach, Herr, gedenke doch daran, dass sie vor dir in Treue und mit rechtschaffenem Herzen gewandelt ist und getan hat, was dir wohlgefällt.“ – Und in 2. Könige 20 heißt es weiter: „Als der Herr das Weinen Hiskias sah, sprach er zu ihm: ‚Ich habe dein Gebet gehört und deine Tränen gesehen. Siehe, ich will dich gesund machen…'"

Da ich in meinem Leben immer wieder erfahren durfte, wie ernst der Herr die Gebete nimmt, die aus aufrichtigem Herzen kommen, überließ ich alles Weitere getrost seiner grenzenlosen Gnade und Barmherzigkeit.

Es war eine Woche später, als ich den Arzt erneut nach dem Ergebnis der Untersuchungen fragte. Nachdem er noch einmal in die Krankenpapiere geschaut hatte, als wollte er sich vergewissern, dass auch tatsächlich kein Irrtum vorliege, teilte er mir freudestrahlend mit:

„Herr Müller, Sie dürfen sich freuen: Alles ist gut verlaufen. Es gibt bei Ihrer Mutter auch keine Anzeichen mehr für Krebs. Die Laborwerte sind plötzlich hervorragend!"

Ja, bei Gott ist kein Ding unmöglich! Christus ist immer noch derselbe gestern, heute und in alle Ewigkeit! – Als meine Mutter wieder gesund war, erkannte auch sie – es war der Weg des Herrn, dass sie ins Krankenhaus musste. So konnte das Wunder, das an ihr geschah, von den Ärzten unmittelbar bestätigt werden. Ihr treuer Herr und Heiland hat sie hinterher noch so wunderbar getragen, dass sie am 25. März 2000 sogar ihren 93. Geburtstag erleben durfte.

Obwohl ich es immer wieder erleben darf, dass ohne Zutun der medizinischen Wissenschaft, nur durch das Gebet, Kranke geheilt werden, war doch der Weg bei meiner Mutter ein anderer. Gott bewahrt oft nicht vor dem Löwengraben, sondern erst im Löwengraben, so wie es auch bei Daniel geschah. Genauso bewahrte er Sadrach, Mesach und Abed-Nego nicht vor dem Feuerofen, sondern erst im glühenden Ofen (Dan 3,14). – Ebenso hat er auch meine Mutter erst im Krankenhaus geheilt. Gerade dadurch war der Sieg Jesu viel gewaltiger, da die Ärzte bestätigen konnten, dass meine Mutter von ihren krebsartigen Tumoren geheilt worden war.

Während ich mir dieses wunderbare Erlebnis und die damit verbundene erneute persönliche Erfahrung der Macht und Treue Gottes ins Gedächtnis rufe, kommen mir die Worte des Psalmisten in den Sinn: „Als er im Elend rief, hörte ihn der Herr und half ihm aus allen seinen Nöten ... Ich will den Herrn preisen allezeit; sein Lob soll immerdar in meinem Munde sein."

Gott sprach zu Jakob: „Und siehe, ich bin mit dir und will dich behüten allenthalben, wo du auch hinziehst", – und so wie er Abrahams Enkel sicher leitete und segnete, so bewahrt er seine Kinder heute noch auf allen ihren Wegen.

Dies durfte ich schon als Kind mehrfach erfahren und die erstaunlichen Gebetserhörungen in meinem Elternhaus veranschaulichten mir frühzeitig die Herrlichkeit Gottes. So machte ich schon sehr früh in meinem Leben die Erfahrung, dass es bei Gott absolut kein Unmöglich gibt.

13
Segen aus dem Heiligtum

Im Sommer 1982 – wir waren damals noch in der Bachstraße – besuchte uns bei einem Gottesdienst auch ein katholischer Pfarrer. Er hatte eine meiner Radioansprachen gehört, woraufhin wir anschließend in Briefwechsel traten. Eines Tages entschloss er sich, uns einmal zu besuchen. Er musste dreieinhalb Stunden auf der Autobahn fahren, um nach Karlsruhe zu kommen.

Gesehen hatten wir uns noch nicht. Als ich ihn in den Saal hereinkommen sah, dachte ich sofort, dass dies sicher ein Geistlicher sein müsse. Er kam geradewegs auf mich zu, stellte sich vor und sagte:

„Pastor Müller, ich brauche eine neue Salbung des Heiligen Geistes. Ich möchte ganz neu von Gott gesegnet werden."

Er hatte außerdem seinen Bruder und seine Nichte mitgebracht. Letztere stand während des Gottesdienstes so stark unter der Salbung des Heiligen Geistes, dass sie spontan dem Altarruf folgte und mit Tränen in den Augen ihr junges Leben dem Herrn weihte.

Ihr priesterlicher Onkel wandte sich zuvor mit ein paar herzlichen Grußworten an unsere Gemeinde und berichtete unter anderem wörtlich:

„Ich habe mich schon lange auf diesen Tag gefreut. Nachdem ich heute morgen die Messe gehalten hatte, habe ich mir für den heutigen Tag ein Wort gewünscht. Und als ich meine Bibel aufschlug, sah mein Auge den Vers: ‚Mein Gott, in der Frühe halte ich Ausschau nach dir, deine Macht und deine Herrlichkeit zu sehen.' – Da habe ich meine Bibel wieder zugeschlagen und gesagt: ‚Danke, Herr, ich habe das Wort für diesen Tag!'"

Und ich wünsche mir für diesen Gottesdienst, dass wir die Kraft Gottes und seine Herrlichkeit erfahren. Ich glaube sagen zu können, als ich hier hereinkam, bemerkte ich sofort, dass der Geist Gottes hier so richtig wahrnehmbar und lebendig ist."

Dann ging er wieder zurück auf seinen Platz, gleich vorn in der ersten Reihe, wo er schon zuvor gesessen hatte. Wir sangen einige Chorusse, und wer den Ablauf unserer Gottesdienste kennt, der weiß, dass es bei uns immer ziemlich lebhaft zugeht. Wir ehren Gott so, wie es schon in den Psalmen von David beschrieben ist – wir loben und preisen mit Herzen, Mund und Händen. Ich war nicht wenig erstaunt, als ich sah, dass auch der liebe Priester aus vollem Herzen mitsang und freudig in die Hände klatschte. Er wurde durch das Wirken des Heiligen Geistes einfach mitgerissen.

Nach dem Gottesdienst sagte er mir, dass er nicht das letzte Mal bei uns in Karlsruhe gewesen sei und fuhr fort, dass er sich außerdem so sehr die Taufe im Heiligen Geist und mit Feuer wünsche und darum auch den Herrn bitten würde.

Ich fuhr mit ihm dann zu unserem neuen Missionszentrum in der Keßlerstraße, führte ihn auf dem ganzen großen Areal herum und zeigte ihm alle Einzelheiten. Als wir unseren Rundgang beendet hatten, war er sehr nachdenklich geworden. Erstaunt sah er sich noch einmal um und sagte leise – wie zu sich selbst – und mit ergriffener Stimme nur den einen kurzen Satz: „Das hat Gott getan!"

Dieser Pfarrer zog danach fröhlich seine Straße wie einst der Kämmerer, nachdem ihm Philippus die Herrlichkeit Gottes aufgetan hatte. Und mit David durfte er bekunden: „Mein Leib und meine Seele freuen sich in dem lebendigen Gott!"

Ich erlebe es stets erneut, dass wir uns in dem lebendigen Gott freuen dürfen. Unter seiner Hand werden uns täglich neue ungeahnte Gnadenerweisungen geschenkt. Zu jenen Tagen gingen wir daran, ein schon lange geplantes Projekt auf dem Grundstück unseres Missionswerks in der Keßlerstraße in Angriff zu nehmen. Wir benötigten dringend eine größere Garage für unsere Fahrzeuge: die Omnibusse, den Lastwagen und den Kleinbus. Mit letzterem wurden an den Sonntagen die auswärtigen Gottesdienstbesucher zum Bahnhof gefahren.

Bevor nun die Baufirma mit den Arbeiten begann, bat der Unternehmer um einen entsprechenden Vorschuss. Er begründete dies damit, dass in der darauf folgenden Woche der Baustahl beträchtlich teurer würde. Wenn er ihn noch zum alten Preis erhalten wolle, müsse er ihn umgehend bestellen und auch spätestens innerhalb von zwei Wochen bezahlen. Im Übrigen würden wir, wenn wir den Baustahl noch sofort kaufen könnten, einen entsprechenden Betrag einsparen.

Das war zwar durchaus einleuchtend, aber Gott allein wusste, wie wir dies so kurzfristig bewerkstelligen sollten. Unsere Konten waren zu dieser Zeit wieder einmal ziemlich leer. Kurz zuvor hatten wir noch nach Israel Geld für die Kindertagesstätten überwiesen und ebenso wurde unsere Zeitschrift in diesen Tagen versandt. Außerdem brauchten wir für unseren alten PKW dringend einen neuen Motor; er war nämlich schon nahezu 200 000 Kilometer gelaufen. Es kamen also eine ganze Menge ungünstiger Faktoren zusammen, und so trat ich im Gebet vor den Herrn und brachte ihm mein Anliegen.

Als ich an diesem Abend nach Hause kam und meiner Frau unsere Situation erklärte, tröstete sie mich, wie so oft schon, und legte kommentarlos einen Brief vor mich auf den Tisch, der am selben Tag angekommen war. In diesem Brief schrieb uns ein Freund unseres Missionswerkes, dass er seine Bank gerade angewiesen habe, einen entsprechenden Betrag als Baustein an uns zu überweisen. So wunderbar ist Gott!

Ja, an seinem Segen ist wirklich alles gelegen! Ich weiß nicht, wie oft ich diese fundamentale Wahrheit in meinen Predigten schon erwähnt habe. Vielfach haben wir in all den vergangenen Jahren in unserem Missionswerk dankbar erkennen dürfen, dass Gott sein Füllhorn über diejenigen ausschüttet, die ihn von ganzem Herzen lieben. „Die Frommen werden Gutes besitzen", so steht es in Sprüche 28,10. Das ist eine feste Zusage und gnadenvolle Verheißung unseres Herrn, über die wir uns nur freuen dürfen.

Es gibt heute immer noch so viele Christen, die offensichtlich der Meinung sind, wenn man dem Heiland nachfolgen will, dann muss man arm sein. Dies ist ein gewaltiger Irrtum, denn wer seine Bibel kennt, der weiß auch, dass darin steht: „ER wurde arm, damit wir reich würden." Wenn Gott mit uns ist, dann ist auch sein Segen bei uns, und wer sein Vertrauen ganz auf ihn setzt, der wird nie enttäuscht werden, im Gegenteil „... der Herr ist treu; der wird euch stärken und vor dem Bösen bewahren", heißt es da in 2. Thessalonicher 3.

Ich erinnere mich im Zusammenhang mit einer wundersamen Bewahrung an den Fall eines Besuchers einer unserer Gottesdienste. Während der Andacht zeigte mir der Herr, dass jemand anwesend sei, der eine Bürgschaft zu übernehmen beabsichtigte. Dieser Mann meldete sich auch sofort und ich konnte ihm sagen, dass er die Bürgschaft nicht übernehmen solle. Gott warnt ihn. Er befolgte gehorsam den Rat – kurze Zeit später stellte sich heraus, dass der Schuldner überraschend bankrott gemacht hatte.

Die Heilige Schrift ist voll von Verheißungen und göttlichen Zusagen, aber nur an einer einzigen Stelle in der ganzen umfangreichen Bibel sagt Gott zusätzlich: „Prüfet mich hierin!" Das ist in Maleachi 3,10; dort heißt es:

„Bringet aber die Zehnten in voller Höhe in mein Vorratshaus, auf dass in meinem Hause Speise sei, und prüfet mich hierin, spricht der Herr Zebaoth, ob ich euch dann nicht des Himmels Fenster auftun werde und Segen herabschütten in Fülle."

In seiner grenzenlosen Liebe ist Gott immer bereit zu segnen; aber viele Menschen stehen ihm dabei regelrecht im Wege, weil sie sich nicht nach seinen Geboten richten. Ich entsinne mich hierbei einer weiteren Begebenheit, die zwar schon einige Zeit zurückliegt, aber dessen ungeachtet in ihrer Charakteristik typisch dafür ist, dass Gott nur dort sichtbar segnet, wo ihm auch das Seine in sein Vorratshaus gebracht wird.

Ebenfalls während eines Gottesdienstes – es war noch in der Bachstraße – sprach der Heilige Geist wiederum sehr deutlich zu meinem Herzen, dass sich jemand unter den Zuhörern befinde, der schreckliche Angst vor einem bevorstehenden Termin habe. Wie üblich gab ich dies der Gemeinde auch sofort bekannt. Danach bat ich die Personen, zum Altar zu kommen, damit ich mit ihnen bete. Viele kamen nach vorn; darunter war auch ein Fabrikanten-Ehepaar. Die Salbung des Heiligen Geistes war fühlbar und alle übergaben dem Herrn Jesus ihr Leben.

Einige Monate später erhielt ich einen Anruf von der Frau jenes Fabrikanten. Sie schilderte mir mit bewegter Stimme, was sich damals in der Zeit vor und unmittelbar nach dem Gottesdienst in Karlsruhe ereignet hatte: „Unsere Firma stand vor dem Ruin", begann sie zu erzählen. „Viele Berufskollegen mussten ihre Betriebe schließen, weil gerade unsere Branche mit unvorhergesehenen und großen wirtschaftlichen Schwierigkeiten zu kämpfen hatte. Der Bankrott stand uns bereits bevor.

Hinzu kam unglücklicherweise, dass gerade zu dieser Zeit auch noch einige unserer Kunden in Konkurs gerieten und somit zahlungsunfähig wurden. Wir wussten nicht mehr ein noch aus. Da wir sogar noch nicht einmal mehr die fälligen Bankzinsen bezahlen konnten, rief uns eines Tages der Bankdirektor persönlich an und erklärte uns unmissverständlich, dass es so nicht weitergehen könne. Entweder wir würden sofort zahlen oder er sehe sich nunmehr gezwungen, unverzüglich unseren Konkurs einzuleiten. Dafür setzte er uns einen ganz bestimmten Termin, und dieser Termin verfolgte uns beide wie ein unheimliches Gespenst. Wir gingen mit dem Termin schlafen und wachten mit dem Termin auch wieder auf.

So kamen wir in unserer großen Not an jenem Sonntag nach Karlsruhe zum Gottesdienst, denn wir wussten, nun kann nur noch Gott selbst helfend eingreifen. Nur er allein war in der Lage, in unserer hoffnungslos verfahrenen Situation noch ein Wunder zu tun.

Als mein Mann und ich vorn am Altar unser Herz dem Heiland ausgeschüttet hatten, haben Sie, Herr Müller, noch für uns beide gebetet. Wir fuhren danach mit einem wohltuenden und vorher nicht verspürten inneren Frieden heim.

In dieser Stunde haben wir auch begonnen, von dem Wenigen, was wir noch hatten, Gott den zehnten Teil zu geben. Und, Herr Müller, ob Sie es glauben oder nicht, von dem Tage an, als wir einen neuen Anfang mit Gott gemacht haben, hat er bei uns sichtbar und segnend eingegriffen. Wir bekamen plötzlich Aufträge über Aufträge und wir wissen manchmal nicht, wie wir alles bewältigen sollen. Gott führte uns ganz neue Kunden zu. Übrigens, der gefürchtete Termin mit dem Bankdirektor kam nie zustande…"

Es war ein Jahr später, als ich mit dieser Frau wieder einmal am Telefon sprach. Sie ließ mich dabei unter anderem wissen, dass sie inzwischen seit jener Stunde in Karlsruhe keine einzige Mark mehr im Geschäft verloren haben. Ist das nicht wunderbar!

Dies war aber noch nicht alles. Gott hat in der Zwischenzeit diese Firma auffallend weiter gesegnet. Als ich dem Fabrikanten mal wieder begegnete, erzählte er mir strahlend, dass zu seinen vielen Kunden, die Gott ihm neu gegeben habe, nun auch noch eine große Markenfirma hinzugekommen sei. Diese Firma habe ihm derart große Aufträge erteilt, dass er nunmehr zusätzliche Maschinen anschaffen muss, damit er all seinen Lieferverpflichtungen nachkommen kann.

Und dies in einer Zeit spürbarer Rezession, wo täglich Firmen seiner Branche in Konkurs geraten, weil die ausländische Konkurrenz immer drückender wird. Er meinte dann weiter, und seine Frau, die neben ihm stand, bestätigte kopfnickend seine Worte: „Wie töricht waren wir doch früher, als wir dachten, das Geben des Zehnten habe für uns keine große Bedeutung, da es im Alten Testament stehe und damit für uns nicht gelte, seit wir unter der Gnade stehen. Das ist ein Irrtum. Die Bibel lehrt uns auch im Neuen Testament, dass wir dieselbe Verpflichtung haben und dasselbe Gesetz."

Als ich das frohe Zeugnis dieses Ehepaares vernommen hatte, kam mir die uralte christliche Erfahrung in den Sinn, nach der auch unsere Missionsarbeit von Anfang an ausgerichtet war: Wir geben nicht, weil wir haben, sondern wir haben, weil wir geben! – Gott lässt sich nichts schenken, er gibt reichlich wieder, ja, er „schüttet die Fülle herab", so sagt es die Bibel.

Das durfte auch das Fabrikanten-Ehepaar sichtbar erfahren. Und von Abraham lesen wir, dass er als Erster Gott den Zehnten gab. Er wurde daraufhin so auffallend gesegnet, dass er zu damaliger Zeit der reichste Mann der Erde war.

Wir brauchen nicht erst zu warten, bis wir in der Herrlichkeit sind, bereits auf Erden dürfen wir Gutes besitzen, so steht es geschrieben.

„Ich bin gekommen, dass sie das Leben und volle Genüge haben sollen“, heißt es in Johannes 10, Vers 11.

In meinem ganzen Leben habe ich noch kein Gotteskind gesehen, das dem Herrn den Zehnten gab und dabei arm wurde. Gott steht zu seinem Wort. Er ist der zuverlässigste Partner, den wir uns wünschen können. Die ihn lieben und ihm treu dienen, verlässt er nicht.

Die IHN aber verlassen, dürfen sich nicht wundern, wenn es ihnen schlecht geht. „Und es ist schrecklich“, so lesen wir in der Bibel, „in die Hand des lebendigen Gottes zu fallen.“

Ich erinnere mich noch sehr gut an einen christlichen Geschäftsmann, der längere Zeit treu den Zehnten gab und den der Herr daraufhin auch reichlich segnete. Doch eines Tages geschah etwas, was wir leider immer wieder erleben. Er ließ in seiner Treue Gott gegenüber nach, und bald war es soweit, dass er auch den Zehnten nicht mehr gab. Ich sagte damals zu meiner Frau: „Pass auf, es wird nicht lange dauern und es geht mit ihm geschäftlich bergab.“ Und so war es dann auch. Es war etwa ein Jahr später, da hörte ich, dass dieser Mann vor dem Bankrott stünde.

Während er immer ärmer wurde, versorgte uns der Herr in dieser Zeit auch ohne sein Hinzutun, dass unser Missionswerk ungehindert mit der Arbeit am Reich Gottes fortfahren konnte.

Wir sollten als Christen nie vergessen, dass der Feind Tag und Nacht ununterbrochen und mit einer beachtlichen Ausdauer hinter uns steht und lauert, bis wir ihm in die Falle gehen. Bei den Menschen, welche die Welt lieben, hat er es nicht notwendig; die gehören ihm ohnehin schon, aber die Gotteskinder versucht er. Wenn wir jedoch wissen, wie wir ihm begegnen können, flieht er wutentbrannt und zähneknirschend.

Wir müssen also wissen, wovor der Teufel zittert. Er zittert bestimmt nicht vor Menschen mit Klein- oder Unglauben. Er ist auch gänzlich unbeeindruckt von religiösen Gegenständen oder etwa einem Doktortitel der Theologie. So dumm ist er nicht, sonst hätte er nicht diese Erfolge errungen, die er heute in dieser Welt zu verzeichnen hat. Nein, der Teufel ist schlau. Er glaubt sogar mehr als manche Menschen. Wir brauchen nur in Jakobus 2,19 nachzulesen; dort steht geschrieben: „Die Teufel glauben auch und zittern."

Es sind drei Dinge, vor denen sich Satan am meisten fürchtet: die Bibel, also das lebendige Wort Gottes, der Glaube an Jesus Christus und unser Gebet.

Das ist unsere Waffenrüstung. Wenn er damit konfrontiert wird, packt ihn das Entsetzen und er flieht dahin, wo er eigentlich hingehört, in die Hölle.

Ich möchte aber im Zusammenhang mit dem angeführten Beispiel des Geschäftsmanns, der seinem ihn segnenden Gott wieder den Rücken kehrte, noch etwas hinzufügen, was ich schon wiederholt mit tiefstem Bedauern auch an anderer Stelle zum Ausdruck gebracht habe. Wenn alle diejenigen, die bei uns in Karlsruhe schon gesegnet und auch geheilt wurden und nicht mehr in den Gottesdienst kommen, an einem Sonntag hier wären, dann würde selbst die Schwarzwaldhalle in Karlsruhe mit ihren 4000 Sitzplätzen nicht ausreichen, um sie zu fassen.

Aber andererseits wissen wir auch, dass es seit Tausenden von Jahren, was die Unzulänglichkeit der Menschen und ihre Undankbarkeit ihrem Schöpfer gegenüber betrifft, eigentlich nicht viel Neues zwischen Himmel und Erde gibt. In der Bibel lesen wir im Lukasevangelium von einem sehr treffenden Beispiel.

Als Jesus nach Jerusalem wanderte, kam er zwischen Samarien und Galiläa in ein Dorf. Dort begegneten ihm zehn aussätzige Männer. Schon als sie den Heiland von ferne sahen, erhoben sie sich und riefen: „Jesus, lieber Meister, erbarme dich unser!“ – Und der Herr erbarmte sich ihrer in seiner unendlichen göttlichen Liebe und sprach zu ihnen: „Gehet hin und zeiget euch den Priestern.“ (Zu jener Zeit waren die Priester die oberste Gesundheitsbehörde.) Nachdem sie dann den Befehl Jesu befolgten, waren sie rein. Jesus Christus hatte sie von ihrem Aussatz geheilt.

Aussatz war damals medizinisch gesehen unheilbar und ein Aussätziger unweigerlich zum Tode verurteilt. Was geschah aber dann nach der Heilung der zehn aussätzigen Männer?

In der Bibel wird uns berichtet: „Einer aber unter ihnen, da er sah, dass er gesund geworden war, kehrte um und pries Gott mit lauter Stimme und fiel auf sein Angesicht zu Jesu Füßen und dankte ihm.“

„Wo sind aber die neun?“ fragte Jesus damals schon, und so fragt er auch heute noch.

Es ist sehr wichtig, hierzu noch etwas Grundlegendes zu betonen, was leider oft übersehen wird. Wir haben zwar einen großen, reichen, mildtätigen und barmherzigen Gott, der gerne heilt und Wunder tut. Aber er lässt seiner nicht spotten. Was nützt dem Menschen die wunderbarste Heilung seines Körpers, ja „was hülfe es dem Menschen, wenn er die ganze Welt gewönne und nähme doch Schaden an seiner Seele?“, so lesen wir es in der Bibel. Ich möchte damit in aller Deutlichkeit hervorheben, dass die Heilung des Leibes nur von sekundärer Bedeutung ist.

Gewiss ist es ein beglückendes Ereignis, wenn Kranke ihre Rollstühle wegstellen oder andere ihre Krücken fortlegen können; doch ein noch größeres Wunder ist es, wenn Gott die Seele eines Menschen von der Last seiner Sünden befreit. Gott geht es im Prinzip immer vorrangig um die Rettung der Seele. Dabei ist die Heilung der Seele genauso aufregend wie die des Körpers. Das wird jeder wiedergeborene Christ und jeder geisterfüllte Gläubige bezeugen können.

Alle Wunder im seelisch-geistigen Bereich sind schon deshalb in ihrer Bedeutung höher einzustufen als die körperlichen, weil alle Heilungen eines Tages durch den natürlichen Tod wieder aufgehoben werden. Nur die Heilung der Seele hat Ewigkeitswert.

Dessen ungeachtet aber, dass unser Gott ein Gott der Liebe und Barmherzigkeit ist, war es schon immer sein Wille, und ist es auch heute noch, dass diejenigen, die an ihn glauben, nicht krank, sondern froh und gesund sein sollen. So steht es in der Heiligen Schrift.

Gott will nicht, dass wir auf Erden ein jämmerliches Dasein fristen. Er wünscht vielmehr, „dass dir's in allen Stücken wohl gehe und du gesund seiest". So steht es im dritten Brief des Johannesevangeliums und ist wohl deutlich genug ausgedrückt.

Krankheit kommt absolut nicht von Gott. Sie ist mit der Sünde in die Welt gekommen. Gerade deshalb kam Jesus auf die Erde, damit er die Werke des Teufels zerstöre. Durch seine Kraft, die heute noch genauso wirkungsvoll ist wie vor 2000 Jahren, will er uns heilen an Leib, Seele und Geist. Die Aktualität seines göttlichen Willens ergibt sich besonders klar aus seinen letzten Worten an seine Jünger: „... und siehe, ich bin bei euch alle Tage bis an der Welt Ende."

Da Krankheit nicht von Gott kommt, kann sie also auch kein Segen sein, und es gereicht ihm auch nicht zur Ehre, wenn wir herumlaufen und sagen, wir leiden zu seiner Ehre. Damit tun wir ihm keinen Gefallen, wir beleidigen ihn vielmehr.

Vor einigen Jahren, als ich noch etwas jünger war, rief mich eine ältere Frau an und bat mich: „Pastor Müller, bitte beten Sie für einen Mann, der in unserer Nachbarschaft wohnt und Krebs hat."

Nachdem sie noch einige Ausführungen dazu gemacht hatte, schlussfolgerte sie: „Diese Krankheit kann ihm bestimmt zum Segen sein ...“ Ich habe ihr daraufhin geantwortet: „Nein, das glaube ich nicht, denn Krankheit ist ein Werk des Teufels.“

Sie wollte das nicht wahrhaben und meinte, ich sei vielleicht noch zu jung, um das zu verstehen, worauf ich ihr entgegnete: „Es mag sein, dass ich Ihnen vielleicht noch jung erscheine, aber eines kann ich ihnen mit Gewissheit sagen: Ich bin dem Herrn Jesus von ganzem Herzen dankbar, dass ich schon vielen Menschen ein Segen sein durfte und mit eigenen Augen sehen und erleben konnte, wie ER die Kranken geheilt hat.“

Wir alle gehören zum Leib des Herrn - und der Leib des Herrn ist nicht krank, sondern gesund.

Wenn Krankheit für die Leidenden tatsächlich ein Segen wäre - wie selbst manche Christen heute noch meinen -, dann hätte sich Jesus als erster versündigt, als er Menschen von ihren Krankheiten befreite; denn damit hätte er ja schließlich den Kranken den Segen geraubt. Wer überhaupt hinter jedem Gotteswort ein „Wenn“ und „Aber“ sieht, den kann Gott nicht gebrauchen, der wird in seinen eigenen Problemen umkommen. Wer nicht daran glaubt, dass Jesus auch heute noch die Kranken heilt, der wird auch keine Heilung und Wunder erfahren. Die Zweifler, die seinem Wort nicht glauben, sind ein Gräuel vor Gott, so lesen wir es in der Heiligen Schrift.

Es war schon zu Jesu Zeiten so, dass die Pharisäer seine Wunder nicht anerkannten, obwohl sie mit eigenen Augen sahen, wie Lahme wieder gehen und Blinde wieder sehen konnten. Es gibt aber leider auch heute noch genug Pessimisten, die stets versuchen, die Größe Gottes, seine Wundertaten und seine Gnadenerweisungen an den Menschen herunterzuspielen.

Ich erinnere mich hierbei an die Geschichte des einfachen Bauernmanns, eines ernsthaften und bibelgläubigen Christen, der eines Sonntags in seiner Kirche saß und der Predigt seines Pfarrers lauschte. Der Pfarrer sprach gerade davon, wie sich das Rote Meer teilte, als Mose seinen Stab darüber hielt.

Der Bauer war von den Wundertaten, die Gott seinem Volk Israel zuteil werden ließ, so angetan, dass er während der Predigt immer wieder laut „Halleluja!“ rief.

Im Verlauf seiner Ansprache sagte der Pfarrer dann, dass zu jener Zeit, als Mose dem Meer gebot, wohl nicht sehr viel Wasser darin gewesen sei, es scheine gerade Ebbe gewesen zu sein.

Als der einfache und gläubige Bauersmann diesen Satz hörte, konnte er sich nicht zurückhalten und rief noch lauter als zuvor „Halleluja!“

Verwundert fragte der Pfarrer von der Kanzel herab, warum er denn so laut „Halleluja“ rufe, das sei doch schließlich nicht so weltbewegend, wenn der Wasserstand damals so niedrig war.

Daraufhin gab ihm der Bauer zur Antwort: „Herr Pfarrer, für mich ist das ein noch größeres Wunder, wenn Gott bei einem so niedrigen Wasserstand das ganze Heer von Pharao ertränkt hat!“

Jener Pfarrer konnte anscheinend nicht so recht dem glauben, wie es in der Bibel steht. Die Klage Gottes in Hosea 4,6 gilt auch hier. „Mein Volk geht aus Mangel an Erkenntnis zugrunde.“

Mangel an Erkenntnis, wenn auch anderer, aber nicht weniger gefährlicher Art, war mit die Ursache für die Tragik jenes jungen Mädchens, das eines Sonntags zu uns nach Karlsruhe in den Gottesdienst kam. Während wir in der Anbetung waren, zeigte mir der Herr, es sei jemand hier, der eine Blutvergiftung habe und an dessen Arm ein roter Streifen sei. Sofort stand ein junges Mädchen auf, Tränen rollten über ihre beiden Wangen. Ich erschrak, als sie mir ihre Hand zeigte. Zwei tiefe Schnittwunden zeichneten sich auf ihrem Handgelenk ab. Sie wollte ihrem jungen Leben ein Ende setzen, da sie seit längerer Zeit unter schrecklichen Depressionen litt und keinen anderen Ausweg mehr wusste. Doch irgendjemand hatte sie zum Gottesdienst eingeladen und mitgebracht.

Sie war dann eine der ersten, die nach vorn zum Altar kamen, um ihr Leben dem Herrn Jesus zu übergeben. So wurde dieses junge Mädchen, das noch kurz zuvor ihr Leben wegwerfen wollte, durch die liebende Hand unseres barmherzigen Gottes gerettet. Heute ist sie ein glückliches Gotteskind.

Wir erleben aber nicht nur, wie Jesus Leib und Seele heilt, sondern wir dürfen auch oftmals erfahren, wie der Herr Menschen mit seinem erneuernden Heiligen Geist erfüllt. Dieses herrliche Geschenk Gottes sollte an dieser Stelle ebenfalls nicht unerwähnt bleiben. Auch der Apostel Paulus hielt es für besonders wichtig, alle Gnadengaben Gottes zu würdigen. Er schrieb in einem Brief an die Gemeinde in Korinth: „Was Gott und seine Gaben angeht, will ich euch nicht in Unwissenheit lassen."

Ich habe vorstehend bereits mancherlei Gaben unseres Vaters im Himmel genannt; aber das größte Geschenk, das er uns neben seinem göttlichen Sohn gab, war die Gnadengabe seines Heiligen Geistes. Genau dies hat der Apostel Paulus auch den Römern mitgeteilt, als er ihnen die Botschaft vermittelte: „Gott hat uns ja seinen Geist geschenkt und uns dadurch gezeigt, wie sehr er uns liebt."

Ist das nicht ein trostvolles Gotteswort! Und jeder, der vom Heiligen Geist erfüllt ist, weiß dieses Gottesgeschenk auch zu schätzen. Gott hätte uns, solange wir noch hier auf dieser Erde weilen, wirklich nichts Besseres geben können, als den Heiligen Geist. So sehr liebt er seine Kinder, dass er ihnen denselben Geist, der auch in ihm ist, in ihre Herzen gibt. Wenn wir also von demselben Geist durchdrungen sind, der auch im Vater ist, dann haben wir auch dieselben Eigenschaften wie er – wir denken wie er, wir reden wie er – und wir handeln wie er.

Wenn der Heilige Geist in unser Herz einzieht, dann müssen die Schwermutsgeister fliehen. Auch die Krankheitsdämonen müssen weichen. Was wir brauchen, ist die Kraft aus der Höhe, und das ist nichts anderes als der Heilige Geist. Einer unserer schönsten Chorusse, den wir bei unserem sonntäglichen Gottesdienst in Karlsruhe mit besonderer Hingabe singen, heißt: „Komm, Heil'ger Geist, ich brauch dich! Komm, erfülle mich. Komm mit deiner Kraft, deiner Vollmacht, komm, ich warte auf dich!"

Obwohl Gott die Menschen so sehr liebt, dass er sie mit seinem Geist beschenkt, ist doch unerklärlicherweise immer wieder festzustellen, dass man sich da und dort vor dem Heiligen Geist geradezu fürchtet. Ich habe schon öfter gehört, dass man vor dem Wirken des Heiligen Geistes sogar noch warnt. Hin und wieder spricht man sogar von einem „Schwarmgeist".

Welch eine Frechheit ist das dem Heiligen Geist gegenüber. Ich glaube, es kann nicht oft und nicht deutlich genug darauf hingewiesen werden, dass es sich Gott auf keinen Fall gefallen lässt, wenn man seinen Geist in dieser Form beleidigt. In Matthäus 12,31 warnt Jesus ganz eindeutig und unmissverständlich mit sehr ernsten Worten: „Darum sage ich euch: alle Sünde und Lästerung wird den Menschen vergeben; aber die Lästerung wider den Heiligen Geist wird den Menschen nicht vergeben."

Der Geist Gottes ist kein Schwarmgeist! Er ist so edel, so sanft und scheu wie eine Taube. Man kann ihn sehr leicht verletzen, betrüben oder verscheuchen. Er drängt sich auch niemandem auf; doch er kommt zu jedem Einzelnen, der ihn bittet: „Komm, Heiliger Geist, ich brauch dich …" Es ist derselbe Gottesgeist, der auch beim Vater im Himmel wohnt. Es ist sein Begehren, dass er in unsere Herzen einziehen darf, und wenn wir ihm bereitwillig unser Herz öffnen, dann wird er alles in uns neu machen.

Es ist mein inniges Verlangen, stets ganz vom Heiligen Geist erfüllt zu sein. Ohne ihn könnte ich nicht predigen und auch nicht mit den Kranken beten. – Kathryn Kuhlman, die gesegnete Magd des Herrn, durch die Gott große Wunder tat, hat einmal gesagt, dass sie keinen Augenblick länger auf dieser Erde leben möchte, wenn sie wüsste, dass der Heilige Geist von dieser Welt hinweggenommen würde.

Dem kann ich nur voll und ganz zustimmen. Wir erleben es doch Sonntag für Sonntag bei unseren Gottesdiensten in Karlsruhe, wenn der Heilige Geist nicht in unserer Mitte wäre, dann würden keine Kranken geheilt werden und Gebundene könnten keine Befreiung erleben.

Als ich bei einem Silvestergottesdienst die versammelte Gemeinde fragte, wer im abgelaufenen Jahr von Jesus berührt worden sei, hoben nahezu die Hälfte der Anwesenden die Hände.

Der Heilige Geist ist nichts anderes als derselbe Geist, der auch die Tiefen der Gottheit erforscht (1 Kor 2,10). Er ist es also, der in Gott selbst ist, der den Namen Jesu verherrlicht. Ich kann nur jedermann dringend davor warnen, über den Heiligen Geist zu spotten oder ihn zu betrüben, denn dadurch wird nicht nur sein Geist, sondern Gott selbst beleidigt.

Der heilige Gottesgeist ist außer Jesus das Beste, was Gott uns geben konnte. Wer ihn empfängt, ist die glücklichste Person auf Erden. Er ist es, der uns mit Friede, Freude und immer wieder reichlichem Segen überschüttet. Das hat er auch bei mir, bei meiner Familie und in unserer Gemeinde getan. Dies ist der Grund dafür, weshalb ich immer wieder eine solch große und unbeschreibliche Freude in mir habe.

Wenn ich am Sonntag auf der Kanzel stehe, dann weiß ich über mir die Kraft und die Nähe des Heiligen Geistes und mein Herz jubelt, wenn ich meinen lieben Geschwistern sagen darf: „Ihr glaubt gar nicht, wie glücklich ich heute wieder bin! Ich habe euch ja alle so lieb…"

Ich darf es jedem meiner Leser versichern, wenn der Heilige Geist nicht mit unserem Missionswerk in Karlsruhe wäre, dann müssten wir nicht nur die teuren Rundfunksendungen einstellen, wir könnten keine Waisenkinder in Indien unterstützen und den armen Kindern in Jerusalem würden wir auch nicht helfen können. Ja, wir müssten sogar unser Missionswerk schließen.

Wer Gott in sein Herz aufgenommen hat, in dessen Herz ist auch der Heilige Geist eingekehrt. Aber Gott bietet dem Gläubigen noch mehr an. Er bietet ihm sogar die ganze Fülle des Heiligen Geistes. Was das heißt, weiß jeder, der die Geistestaufe erlebt hat. Unser Herr Jesus hat uns verheißen, bevor er gen Himmel zu seinem Vater aufgefahren ist: „…aber ihr werdet die Kraft des heiligen Geistes empfangen, der auf euch kommen wird, und werdet meine Zeugen sein…" Erst wenn ein Christ diese göttliche Kraftausrüstung erlebt hat, wohnt die ganze Fülle Gottes in ihm. Das hat mit einem Schwarmgeist gar nichts zu tun, denn ein Schwarmgeist ist menschlich, hervorgerufen lediglich durch Übereifer. Was wir brauchen, ist der Heilige Geist, von dem Jesus spricht und von dem auch in Matthäus 3,11 geschrieben steht. Der Heilige Geist gibt uns Kraft und Autorität gegenüber all den finsteren Mächten des Teufels. Deshalb sollen wir uns gläubig nach ihm ausstrecken und Gott wird uns geben, wonach unser Herz verlangt.

Eine Gemeinde, in deren Mitte nicht der Heilige Geist wohnt, ist kraftlos. In der Bibel wird uns davon berichtet, wie Paulus nach Ephesus kam und bestürzt über die Situation der dortigen Gläubigen war. Sie machten auf ihn einen so merkwürdigen Eindruck, als sei alles geistliche Leben aus ihnen gewichen. Daraufhin fragte er sie: „Habt ihr den Heiligen Geist empfangen, da ihr gläubig wurdet?“ Beschämt mussten sie ihm eingestehen: „Wir haben noch nie gehört, ob ein Heiliger Geist sei.“

Sie waren zwar auf die Taufe des Johannes getauft, aber nicht auf den, von dem Johannes sprach, dass er nach ihm kommen und mit Geist und Feuer taufen würde. Also ließen sie sich taufen auf die heilige Dreieinigkeit – den Vater, den Sohn und den Heiligen Geist.

Als Paulus dann die Hände auf sie legte, „kam der Heilige Geist auf sie herab, und sie redeten mit neuen Zungen und weissagten“, heißt es in der Apostelgeschichte.

Ich kann nur jedem meiner Leser, der mehr über den Heiligen Geist wissen möchte, empfehlen, sich an einen geistgetauften Seelsorger zu wenden. Das wird ihm dann zum großen Segen werden. Wer aber mit jemandem über das Wesen des Heiligen Geistes spricht, der die Geistestaufe noch nicht erlebt hat, der kann sich genauso gut mit einem Blinden über die Schönheit der sommerlichen Blumenpracht in seinem Garten unterhalten. Er kann es ihm nicht erklären, weil er es nicht erlebt, gesehen und erfahren hat.

Schon oft habe ich mit Menschen gesprochen, die sind Jahr für Jahr treu in ihre Gemeinde gegangen, aber sie machten dort nie eine persönliche Erfahrung mit Gott. Als sie nach Karlsruhe kamen und die Kraft des Heiligen Geistes wirkte, tat Gott Großes an ihnen. Wenn wir all die Briefe und Zeugnisse über Heilungen des Leibes und der Seele an dieser Stelle veröffentlichen wollten, würde dieses Buch zumindest den doppelten Umfang erhalten.

Was wir heute brauchen, ist nicht Theologie oder gute Meinungen, sondern die Kraft des Heiligen Geistes. Jesus will jedem Einzelnen, der danach begehrt, diese Kraft aus der Höhe schenken. Der Heilige Geist ist derselbe Geist, der auch in Jesus wohnte, als er in menschlicher Gestalt über die Erde wandelte, und ich sehe es als dringende Notwendigkeit für jeden Christen an, dass er mit demselben Geist erfüllt wird.

In Römer 8,11 sagt uns Paulus hierzu: „Wenn nun der Geist dessen, der Jesus von den Toten auferweckt hat, in euch einkehrt, so wird derselbe, der Jesus Christus von den Toten auferweckt hat, auch eure sterblichen Leiber lebendig machen durch seinen Geist." Es ist also sehr wichtig, dass wir, solange wir auf dieser Erde sind, mit demselben Geist erfüllt werden. Und ich versichere Ihnen, wenn Sie ganz einfach und gläubigen Herzens sagen: „Heiliger Geist, ich brauch dich!" – dann wird er auch in Ihr Herz einziehen und Sie stärken und erneuern.

14
Ströme lebendigen Wassers

Immer wenn ich an die typisch schwäbische Gemeinde Hessigheim, unweit von Ludwigsburg, denke und an die Wunder, die Gott in seiner großen Gnade diesen gläubigen Menschen dort zuteil werden ließ, dann kommt mir das Hohelied der Barmherzigkeit Gottes in den Sinn, das David im 3. Psalm so wunderbar besingt:

„Lobe den Herrn, meine Seele, und was in mir ist, seinen heiligen Namen! Lobe den Herrn, meine Seele, und vergiss nicht, was er dir Gutes getan hat; der dir alle deine Sünden vergibt und heilet alle deine Gebrechen – der dein Leben vom Verderben erlöst, und der dich krönet mit Gnade und Barmherzigkeit..."

Genau das hat der Herr auch damals in jenem kleinen Hauskreis getan, weil sich die Gläubigen nach seiner Gnade ausgestreckt und nach seinem Segen gesehnt haben; denn sie wussten, was Jesus auch ihnen verheißen hatte: „Wer an mich glaubt, wie die Schrift sagt, von des Leibe werden Ströme lebendigen Wassers fließen" (Joh 7,38).

Mein Vater hatte in diesem Hauskreis schon einige Jahrzehnte lang das Wort Gottes verkündet. Es sind sehr liebe Geschwister in diesem Ort. Die Gottesdienste, zu denen früher nicht allzu viele Leute kamen, vielleicht ein Dutzend in der Regel, wurden in einem Wohnzimmer abgehalten. Es war eine familiäre Atmosphäre, durchdrungen von der tiefen Gläubigkeit dieser lieben Menschen.

Nachdem mein Vater vom Herrn in die ewige Heimat abberufen wurde, hatten die Geschwister nunmehr mich gebeten, sie doch weiter zu betreuen. In ihrer Bitte lag eine tiefe Not und ein heißes Verlangen nach dem Wort Gottes. So fuhr ich also nach Hessigheim; denn nachdem der Herr mich so sehr gesegnet hatte, wollte ich ihm überall dienen, wohin er mich auch rufen sollte.

Ich habe zuvor selten einen solchen geistlichen Hunger erlebt wie bei den Geschwistern in dem kleinen schwäbischen Ort. Sie haben jedes Wort, das von meinen Lippen kam, begierig und dankbar aufgenommen, sodass man die Freude, die auf ihren Gesichtern stand und die Hoffnung, die in ihren Herzen erwacht war, deutlich wahrnehmen konnte. Es war eine gesegnete Andacht, und der Glaube wuchs „wie die Lilien auf dem Felde".

Vier Wochen später fuhr ich zu meinem zweiten Besuch erneut zu diesem Dorf. Kaum war ich angekommen, da kam auch schon die verantwortliche Schwester auf mich zu und teilte mir etwas aufgeregt mit: „Bruder Müller, heute kommt aus dem Nachbarort eine Frau zum Gottesdienst, die sehr schwer krank ist. Der Arzt hat ein Myom im Unterleib bei ihr festgestellt. Sie ist völlig verzweifelt. Bete bitte mit ihr gesondert, sie kommt extra etwas früher."

Kurz darauf kam sie auch schon an. Es war eine nette, sympathische Frau, etwa vierzig Jahre alt. Man sah ihr sofort an, wie leidverzerrt und vergrämt sie war.

Nachdem wir uns begrüßt hatten, gingen wir ins Wohnzimmer und sie erzählte mir gleich ohne große Einleitung von dem Befund der Ärzte. Unter Tränen sagte sie, dass ihr diese Geschwulst ständig große Schmerzen verursache. Sie war ziemlich aufgelöst und ich spürte, wie sie in tiefster Verzagtheit Hilfe suchte; aber diesmal nicht bei den Ärzten dieser Welt, sondern bei dem himmlischen Arzt, der zu ihr zu sprechen schien, wie einst Gott zu den Kindern Israels in der Wüste: „... denn ich bin der Herr, dein Arzt!"

Während ich der kranken Frau aufmerksam zuhörte, geschah plötzlich etwas Eigenartiges. Es kam mir vor, als würde ich durch sie hindurchsehen wie durch eine matte Scheibe. Dahinter sah ich eine etwa kartoffelgroße weiße Geschwulst voller Eiter. Und dann platzte dieser Tumor auf und der Eiter lief aus.

Danach sah ich wieder das Gesicht der Frau klar und deutlich vor mir, es war von Tränen überlaufen und ihre große Sorge lag sichtbar in ihren Augen. Plötzlich überkam mich eine tiefe innere Ruhe; und als würde sie von dieser Ruhe mitergriffen werden, hörte sie zu weinen auf und sah mich fragend an.

„Schwester", sagte ich ganz ruhig zu ihr, „haben Sie keine Angst. Sie brauchen sich wirklich keine Sorgen mehr zu machen; denn der Herr hat Sie soeben berührt. Ich habe gesehen, wie die Geschwulst ausläuft. Wenn Sie nun nach Hause kommen und es fängt an, fürchten Sie sich nicht! Es wird alles gut werden."

Anschließend habe ich für sie noch gebetet. Ich sprach das Gebet des Glaubens und dankte Gott für seine Verheißungen, die er uns immer wieder in seiner unendlichen Gnade und Barmherzigkeit einlöst. Ich sprach zu ihr von Jesus, wie er vom Berg hinabging und der Aussätzige auf ihn zukam und rief: „Herr, so du willst, kannst du mich wohl reinigen! Und Jesus streckte seine Hand aus, rührte ihn an und sprach: Ich will's tun, sei geheilt! Und alsbald ward er von seinem Aussatz rein..." (Matth 8,2+3).

Nach dem Gebet, während des anschließenden Gottesdienstes, war diese schwer kranke Frau ganz ruhig geworden. Sie hörte aufmerksam zu, nahm jedes Wort begierig in sich auf und ich konnte bemerken, dass sie solch ein starker Glaube erfasst hatte wie damals die Jünger, als Jesus zu ihnen sagte: „Alles, was ihr bittet in eurem Gebet, glaubet nur, dass ihr's empfangt, so wird's euch werden" (Mk 11,24).

Vier Wochen später kam ich erneut nach Hessigheim. Freudestrahlend empfing mich diese geheilte Schwester und sagte gleich bei der Begrüßung: „Bruder Müller, es geschah alles genau so, wie Sie es gesehen haben. Gleich am nächsten Tag ist die Geschwulst aufgebrochen und wochenlang ausgelaufen. Ich habe mich fest darauf verlassen, was Gott Ihnen gesagt und gezeigt hat." Man sah ihr an, wie dankbar und glücklich sie war. Und aufgeregt fuhr sie fort: In den nächsten Tagen habe ich einen Termin bei meinem Arzt. Was er wohl sagen wird...?"

Ich bestärkte sie nochmals in ihrer Zuversicht: „Sie werden sehen, Schwester, der Arzt wird nur noch bestätigen können, was Gott an Ihnen tat, dass er Sie geheilt hat."

Nach weiteren vier Wochen, also acht Wochen nach dem Gebet mit dieser Schwester, versicherte sie mir strahlend, dass der Arzt absolut keine Symptome mehr an ihr feststellen konnte, die auf eine Erkrankung dieser Art hindeuten.

„Es ist wahrhaftig ein Wunder an mir geschehen!", konnte sie mir überglücklich berichten.

Diese göttliche Heilung hat sich dann wie ein Lauffeuer in dem kleinen Ort Hessigheim und darüber hinaus so herumgesprochen, dass ich bei meinem nächsten Besuch mit großem Staunen feststellen durfte, wie sich das Haus, in dem wir bisher die Gottesdienste abhielten, zusehends mit Menschen füllte.

Diese unsere Versammlungsstätte war ein altes Häuschen, und gleich neben dem Wohnzimmer waren Bad, Küche und Toilette. Da das Wohnzimmer all die Menschen, die gekommen waren, einfach nicht mehr fassen konnte, standen sie in den Gängen, saßen im Bad, in der kleinen Küche, und so komisch es klingen mag, sogar noch auf dem Klodeckel im WC. Es war alles brechend voll. Keiner der Anwesenden hätte während des Gottesdienstes umfallen können, weil dazu einfach kein Platz vorhanden war. Ein Besucher sagte laut während des Gottesdienstes: „Bruder Müller, jetzt hat sogar der Teufel keinen Platz mehr hier!"

Ich dachte daran, dass es bei den ersten Christen in der Urgemeinde wohl so ähnlich ausgesehen haben mag, als sie sich oft unter primitivsten Verhältnissen versammeln mussten. Danach hat Gott sichtbar angefangen, den Glauben dieser Leute zu stärken und zu belohnen. Auch andere neu hinzugekommene Personen wurden vom Heiligen Geist berührt und gesegnet, sodass die Zahl der Gläubigen sehr schnell wuchs. Viele in der Gemeinde erlebten im Laufe der nächsten Wochen und Monate Heilung oder sonstige Gnadenerweisungen in irgendeiner Form.

Bei einem weiteren Besuch in Hessigheim traute ich meinen Augen kaum. Zuerst einmal bekam ich einen gelinden Schrecken, als ich nach meiner Ankunft vor dem alten Bauernhäuschen bemerkte, dass überhaupt niemand zu sehen und auch kein Laut zu hören war, zudem – kein einziges Auto stand vor der Tür oder im nahen Umkreis! Verwundert betrat ich das Haus, als mir auch schon die liebe Schwester entgegenkam, die bisher immer die Gottesdienste vorbereitet hatte.

Amüsiert über mein Erstaunen zog sie sich ihren Mantel an und sagte so ganz nebenbei: „Wir haben hier keine Gottesdienste mehr. Und nun halte dich fest, Bruder Müller, wir haben nämlich einen Saal gemietet!“

Sie strahlte dabei über das ganze Gesicht und sah mich an, als hätte sie soeben eine göttliche Offenbarung verkündet. Wie sie mir dann weiter erzählte, waren die Glaubensgeschwister voller Begeisterung eines Tages einfach zum örtlichen Bürgermeister gegangen und haben ihn gebeten, ihnen doch in der neu erbauten Gemeindehalle den Mehrzweckraum zur Verfügung zu stellen.

Dies wurde dann auch gleich genehmigt. Noch mehr überrascht war ich aber, als selbst dieser Raum in der Gemeindehalle bereits schon wieder zu klein war. So wie Gott die Kinder Israels segnete und ins Gelobte Land führte, so schüttete er das Füllhorn seiner Gnade auch über der ihm treu ergebenen schwäbischen Gemeinde aus, denn in der

Bibel wird uns zugesagt: „Wir wissen aber, dass denen, die Gott lieben, alle Dinge zum Besten dienen..."

Nun sahen wir uns gezwungen, die Gottesdienste ganz in die nahe gelegene Stadt Besigheim zu verlegen und den Theatersaal in der Stadthalle „Alte Kelter" zu mieten. Seit dieser Zeit haben wir einen ungeahnten Zuwachs. Im Umkreis bis zu 100 Kilometer kommen die Geschwister zu den Gottesdiensten angereist, weil der Wunder wirkende Gott Abrahams, Isaaks und Jakobs sichtbare Zeichen und Wunder tut.

Freudestrahlend kam eine Frau auf mich zu und berichtete frohen Herzens: „Pastor Müller, stellen Sie sich vor, als Sie zuletzt hier waren, hat der Herr ein besonderes Wunder an mir getan! Der Heilige Geist zeigte ihnen, dass eine Frau hier sei, die habe eine Krankheit am Eierstock und das ganze Umfeld sei entzündet. Diese Frau war ich. Als ich später nach Hause kam, löste sich eine Geschwulst und ich hatte einige Tage lang Blutungen. Danach ging ich vorsorglich zum Arzt. Doch nachdem er mich gründlich untersucht hatte, sagte er mir, dass ich völlig gesund sei."

Preis und Dank sei dem Herrn, der auch in Besigheim immer wieder und in wunderbarer Weise kundtut, wie sehr sich all jene seiner unbeschreiblichen Liebe und Gnade erfreuen dürfen, die gläubigen Herzens zu ihm kommen. Und der Psalmist ruft freudig aus: „Lobe den Herrn, meine Seele... denn ER heilet alle deine Gebrechen!"

Diese Schwester, die Gott dort so wunderbar berührt hatte, ist Methodistin. Ihr Mann, ebenfalls ein tief gläubiger Christ, spielt in der Methodistenkirche seiner Heimatgemeinde die Orgel. An einem Sonntag kam dieses Ehepaar aus Dankbarkeit zu unserem Gottesdienst nach Karlsruhe. Sie waren eigens aus der Nähe von Stuttgart angereist. Vor der versammelten Gemeinde bezeugte die Frau überglücklich, was der Herr Jesus an ihr getan hatte. – Ja, wir dürfen es mit Dankbarkeit bekennen: Solche Wunder vollbringt Jesus durch seine gläubigen Knechte und Mägde heute überall in der Welt, deren einzige Ausrüstung der Glaube an das Wort Gottes ist.

Vor einiger Zeit kam eine Schwester, die an Brustkrebs erkrankt war, von weit her zu unserem Gottesdienst nach Karlsruhe. Sie hatte das Verlangen, an einer Abendmahlsfeier teilzunehmen, die an jedem ersten Sonntag im Monat stattfindet. Das Abendmahl ist für uns immer ein besonderes Vorrecht vom Herrn.

Nach dem Verlesen der Einsetzungsworte von Paulus, die wir in 1. Korinther 11 ab Vers 23 finden, machte ich darauf aufmerksam, wie es geschrieben steht, dass das Brot den Leib des Herrn darstellt. Wer also beim Heiligen Abendmahl nach dem Brot greift, um ein Stück zu essen, der greift nach Jesus, so wie es das blutflüssige Weib in Kapernaum tat. Sie hatte Unterleibskrebs. Als sie den Saum seines Kleides berührte, stand das Blut, und sie war im selben Augenblick von dieser Krankheit befreit. Genauso ist es mit dem Wein, den wir als das Blut des Herrn zu uns nehmen. Sein Blut macht allen Schaden gut. Sein heiliges Blut vermag zum Beispiel auch von Leukämie zu befreien.

Nun, diese Frau, die Brustkrebs hatte und von weit her zu uns nach Karlsruhe gekommen war, hörte meinen Ausführungen aufmerksam zu. Als dann die Ältesten der Gemeinde das Abendmahl austeilten, berührte auch sie im Glauben den Saum seines Kleides. Augenblicklich wurde sie geheilt. Sie zog ihre Straße fröhlich. Gleich in der darauf folgenden Woche schrieb sie uns, dass der Arzt ihre Heilung bestätigt habe. Ja, das tut unser Herr Jesus, den wir von ganzem Herzen ehren und lieben!

„Denn du, Herr, bist gnädig und von großer Güte allen, die dich anrufen. Weise mir, Herr, deinen Weg, dass ich wandle in deiner Wahrheit…“, sagt der Psalmist. Und an anderer Stelle heißt es: „Wie köstlich ist deine Güte, Gott, dass Menschenkinder unter dem Schatten deiner Flügel Zuflucht haben. Denn bei dir ist die Quelle des Lebens und in deinem Licht sehen wir das Licht."

Der Herr erwies uns seine große Gnade auch in den vier Tagen, während ich im Sommer 1982 in Münster in Westfalen bei einer Zeltmission diente.

Dabei fiel mir der Entschluss, nach Münster zu fahren, anfänglich eigentlich ungemein schwer. Ich bildete mir ein, dass ich gerade zu jener Zeit unabkömmlich wäre, da mich die Gemeinde in Karlsruhe damals dringend brauchte.

Aber der Pastor aus Münster, der mich gebeten hatte, doch unbedingt dorthin zu kommen, ließ mir keine Ruhe. Ich möge ihn doch wenigstens ein paar Tage lang bei der Zeltmission unterstützen. Während ich also hin und her disponierte und mir den Kopf darüber zerbrach, „soll ich oder soll ich nicht?" – dachte wieder einmal der Herr für mich und nahm ganz einfach die Sache in seine Hand.

Eines Morgens, als ich aufwachte, sprach Gott sehr, sehr deutlich zu meinem Herzen: „Gehe nach Münster, du wirst dort gebraucht!" Also packte ich meinen Koffer und fuhr diesmal nach Westfalen.

Als ich den ersten Abend im Zelt war, erschien mir die Situation nicht gerade erbaulich, vielmehr etwas trostlos. Es waren nur ein paar Leute anwesend, die mehr oder weniger gelangweilt herumsaßen und der Dinge harrten, die da auf sie zukommen sollten, und von denen sie bestimmt nicht glaubten, dass sie dieselben von den Stühlen reißen würden.

Ich saß auf meinem Platz und dachte resigniert: „Wärst du doch nur zu Hause geblieben! Was ist das doch eine ganz andere Atmosphäre bei uns in Karlsruhe; denn wenn bei uns gesungen wird, ist die Luft erfüllt vom mächtigen Lobpreis der Anbetung, da ist die Gegenwart des Heiligen Geistes spürbar, denn das Gebet durchdringt die Mauern."

Ich selbst war so richtig voller ungebändigter Kraft, geladen mit der Fülle des Geistes, und in mir kochte und brodelte die Energie wie in einem überheizten Kessel, der vor lauter Überdruck kurz vor der Explosion steht.

Nachdem ich vorgestellt worden war, ging ich zum Podium ans Mikrofon und fragte sogleich in meiner gewohnten Art mit lauter und froher Stimme: „Seid ihr alle glücklich...?“

Betretenes Schweigen. Kaum jemand reagierte. Eine verlegene Stille herrschte im Zelt.

Ich dachte zuerst: „Vielleicht haben sie mich nicht richtig verstanden?“

Dann fragte ich zum zweitenmal: „Versteht ihr meinen süddeutschen Dialekt etwa nicht? Ich habe euch gefragt, ob ihr alle glücklich seid?“

Erst dann kam aus verschiedenen Reihen ein erstes zaghaftes „Ja!“ Sie sahen mich dabei aber so verwundert an, als käme ich direkt vom Mond.

Ich ließ mich dadurch jedoch keineswegs entmutigen, und so wie Gott zu David gesagt hat, „ich will dich unterweisen und dir den Weg zeigen, den du wandeln sollst“, so sprach ich zu den Menschen und brachte ihnen das lebendige Wort Gottes von der erlösenden Tat unseres Heilandes, von seiner unendlichen Liebe zu uns allen und der Gnade und Herrlichkeit, die unser himmlischer Vater seinen Kindern zugedacht hat.

Allmählich fühlte ich dann, wie sie das Wort langsam aufnahmen, wie sie davon erfüllt wurden und wie der Heilige Geist begann, in ihnen zu wirken. Der göttliche Segen durchströmte mit einem Male das Zelt und der Herr berührte und heilte auf der Stelle verschiedene der Anwesenden.

So etwas hatten diese Leute anscheinend noch selten zuvor erlebt. Sie konnten es nicht fassen, aber in ihren Herzen erwachte Glaube und Zuversicht und auf ihren Gesichtern lag plötzlich ein nie gekannter Glanz, ein ungewohntes Glück angesichts der erlebten Herrlichkeit Gottes.

Gleich am nächsten Abend durfte ich zu meiner großen Freude feststellen, dass das Zelt bedeutend voller geworden war. Die Atmosphäre war auch eine ganz andere als noch einen Abend zuvor. Die Gesichter leuchteten erwartungsvoll, sodass ich schon einen vorbereiteten Boden für die himmlische Saat vorfand. Mehrere der Anwesenden bezeugten spontan, dass sie beim vorherigen ersten Gottesdienst von Krankheiten geheilt worden wären.

Einen weiteren Tag später war dann das Zelt noch voller. Aber trotzdem schien es mir, als hätte der Herr noch etwas Entscheidendes vergessen. Ich war zwar schon sehr glücklich über diese Segnungen in dem Zelt in Münster, und auch besonders darüber freute ich mich, dass so viele Menschen hier ihr Leben Jesus übergaben. Doch da der Herr mir in Karlsruhe so deutlich zu verstehen gegeben hatte, dass ich unbedingt nach Münster gehen sollte, musste er damit doch etwas Besonderes vorgehabt haben. Ich kannte aber meinen Herrn so gut, dass ich in solchen Situationen getrost warten konnte, bis er mir ein Zeichen geben würde. Und er gab es.

Am vorletzten Abend der Evangelisation, nach Abschluss des Gottesdienstes, kam eine ältere Schwester auf mich zu. Es war eine sehr bescheidene Frau mit einem etwas schüchternen Gesichtsausdruck. Verlegen sprach sie mich an. „Pastor Müller, hätten Sie vielleicht ein wenig Zeit für mich? Ich möchte gerne etwas mit Ihnen besprechen."

Ich verabschiedete gerade am Zeltausgang die Besucher und sagte ihr: „Gedulden Sie sich ein bisschen, Schwester; wenn die Letzten gegangen sind, habe ich Zeit für Sie." Zufrieden ging sie zurück zum nächsten Stuhl, setzte sich und sah wartend zu, wie einer nach dem anderen das Zelt verließ.

Als nahezu alle gegangen waren, ging ich zu ihr hin und fragte sie: „Na Schwester, was haben Sie auf dem Herzen?"

Sie sah mich an, schluckte erst einmal verlegen, und dann fing sie zögernd und mit leiser Stimme an zu sprechen: „Die Sache ist nämlich die", begann sie umständlich, „ich war gestern schon hier beim Gottesdienst, und es hat mich sehr beeindruckt, wie Gott so wunderbar gewirkt hat. Ich selbst bin auch dabei gesegnet worden, und nun hat der Herr zu meinem Herzen geredet." – Sie machte eine kleine Pause, als wollte sie erst nach den richtigen Worten suchen, bevor sie fortfuhr:

„Wissen Sie, ich bin ganz allein. Mein Mann ist vor einem halben Jahr gestorben und Kinder haben wir nicht. In Hamm, das ist etwa zwanzig Kilometer von hier entfernt, besitze ich ein Reihenhaus. Ich möchte nun, wenn ich einmal gestorben bin, dass dieses Haus eure Mission in Karlsruhe bekommt, damit ihr es verkaufen könnt." Der Erlös soll dann im Reich Gottes verwendet werden.

In diesem Augenblick wusste ich noch besser, warum mich Gott so dringend in Münster haben wollte. Am nächsten Abend erzählte ich den im Zelt versammelten Geschwistern frohen Herzens, was ich am Abend zuvor erfahren hatte: „Stellt euch vor", sagte ich glücklich und noch ganz unter dem Eindruck des Erlebten, „Gott hat unserer Mission gestern ein Reihenhaus geschenkt!"

Alle waren sprachlos, sahen sich verwundert gegenseitig an, und mancher hat sicherlich gedacht: „Nun kommt dieser Müller einmal nach Münster, und schon bekommt seine Mission ein Haus vererbt. Das haben wir noch nicht erlebt!"

Aber in diesem Moment haben sie sicher auch erkannt, warum ich schon gleich am ersten Tag so freudig in Münster ankam, weil ich nämlich schon Wunder über Wunder seit meiner Berufung erlebt habe. Jedenfalls war dies nicht nur für mich, sondern auch für die Versammelten eine große Glaubensstärkung und ein wirklich überzeugender Beweis für die unfassbar große Güte und Fürsorge unseres Herrn. Es war ein weiteres Wunder vor den Augen dieser Menschen, hinzugetan zu all den anderen Segnungen, die sie bereits in den vergangenen Tagen persönlich miterleben durften.

Dann sah ich hinunter zu dieser Frau, die der Mission ihr Reihenhäuschen versprochen hatte. Ich musste daran denken, was Jesus einmal seinen Nachfolgern verheißen hatte: „Wahrlich, ich sage euch, es gibt niemand, der Haus ... oder Acker verlässt um meinetwillen oder um des Evangeliums willen, der es nicht hundertfach wieder empfangen wird ..., und dann in der zukünftigen Welt das ewige Leben" (Mk 10,29-30).

Ich war inzwischen längst wieder zu Hause. Es war ungefähr vier Wochen später, an einem Sonntagnachmittag, kurz vor dem Gottesdienst in der Bachstraße, als zwei junge Frauen auf mich zukamen. Ich sah schon von weitem, dass sie beide über das ganze Gesicht strahlten. Im ersten Moment erkannte ich jedoch nicht, wer sie waren.

Angestrengt überlegte ich, in welche Außengemeinde ich sie nur einreihen sollte; denn dass sie nicht aus Karlsruhe waren, wusste ich sofort. Dann sprachen sie mich in der unverkennbaren Aussprache der Westfalen an. Ich erinnerte mich dann auch gleich, dass diese beiden Schwestern im Zelt in Münster waren. Sie kamen über 600 Kilometer per Bahn gefahren, nur um hierher nach Karlsruhe zum Gottesdienst zu kommen und nochmals „Danke" zu sagen für all das, was der Herr an ihnen in seiner großen Güte getan hatte.

Dabei erfuhr ich von ihnen Folgendes: Die eine der beiden Schwestern war wegen eines chronisch eiternden Kiefers jahrelang in der Universitätsklinik in Münster in Behandlung gewesen. Die Ärzte konnten ihr nicht helfen. Sie musste sich daran gewöhnen, mit ihren Schmerzen zu leben.

Als wir gemeinsam im Zeltgottesdienst beteten, hat sie der Herr berührt und ihren vereiterten Kiefer gänzlich geheilt. Ich brauchte noch nicht einmal gesondert mit ihr über ihrer Krankheit zu beten. Sie wurde ganz einfach während der Predigt geheilt, ohne dass sie es gleich bemerkte. Bei einer anschließenden Untersuchung in der Uniklinik konnten die Ärzte die Heilung nur noch bestätigen.

Sie waren sicher so hilflos und verwundert, wie seinerzeit der Priester in dem in der Bibel nicht näher bezeichneten Ort zwischen Samarien und Galiläa, zu dem Jesus den geheilten Aussätzigen sandte, damit er dessen Heilung bestätigte. Die Priester hatten damals unter anderem auch ärztliche Pflichten inne – sie waren also die oberste Gesundheitsbehörde in Israel.

Die andere der beiden Schwestern war ebenfalls jahrelang krank gewesen. Sie hatte ein chronisches Rückenleiden. Auch sie ist im Zelt in Münster von ihrer Krankheit geheilt worden. Beide Frauen gaben im Anschluss an die Begrüßung während des Gottesdienstes in Karlsruhe frohen Herzens ihr Zeugnis ab und bestätigten die Heilung, die Jesus in seiner unendlichen Liebe an ihnen getan hatte.

Später erreichten uns in Karlsruhe noch manche dankbaren Briefe. So berichtete unter anderem auch ein Besucher aus Hannover von seinem herrlichen Erlebnis, das er während der Zeltmission in Münster hatte: „Auch ich möchte bezeugen, dass der Herr mich in Münster angerührt und geheilt hat. Ich war nervlich sehr geschwächt und litt auch an Gallenschmerzen. Doch Jesus ist auch heute der größte Arzt. Seine Wundertaten möchte ich rühmen und preisen. Er hat mir alle Schmerzen und Krankheitssymptome abgenommen. Ihm gebührt alle Ehre dafür!“

Eine Frau aus Ennigerloh bekannte in ihrem Schreiben: „Schon seit meiner Kindheit hatte ich öfter unter starken Rückenschmerzen zu leiden. Vom Arzt wurde ein Knick in meiner Wirbelsäule festgestellt. Als ich las, dass Siegfried Müller ins Evangeliumszelt nach Münster kommen würde, besuchte ich gleich am ersten Abend den Gottesdienst. Gott zeigte ihm, dass Menschen anwesend seien, die an Rückenschmerzen und Bandscheibenbeschwerden leiden.

Ich stand auf und ging nach vorn, wo er mit mir betete. Sofort verspürte ich, dass der Heiland mich mit seiner göttlichen Heilungskraft berührt hatte. Schmerzfrei konnte ich an jenem Abend das Zelt verlassen. Ich bin seitdem völlig geheilt. Auch von Platzangst hat Gott mich befreit. Nur wer selbst schon darunter gelitten hat, kann diesen schrecklichen Zustand verstehen. Dem Herrn gebührt aller Dank für sein großes Erbarmen."

Aus Münster selbst erhielten wir folgende Zeilen: „Heute möchte auch ich davon berichten, dass der Herr Jesus mich in Münster von verschiedenen Krankheiten befreit hat, von den so lästigen Kopf- und Ohrenschmerzen sowie von meinem Bandscheibenleiden. Auch meine schmerzenden Knie hat er angerührt. Ebenso ist auch meine Schwiegertochter sehr dankbar, dass ihre Ellenbogen im Zelt von Gott geheilt wurden."

„Lieber Pastor Müller", schrieb ein Besucher aus Hamburg, „ich danke dem Herrn aus vollem Herzen für den reichen Segen, der mir in Münster zuteil geworden ist. Ohne jegliche Schmerzen konnte ich mein Gepäck zum Bahnhof tragen. Heute erkenne ich dankbar, dass ich erst auf das Handgelenk fallen musste, um Gottes herrliche Werke zu erleben. Ich danke Gott, dass er Sie so wunderbar gebrauchen kann."

Und wie habe ich mich doch damals anfänglich so hartnäckig gewehrt, nach Münster zu fahren. Aber Gott denkt für uns mit, und dabei meistens ein Stück voraus. So wie er im 32. Psalm David unterwiesen hat, so hat er auch zu mir gesagt: „Ich will dich unterweisen und dir den Weg zeigen, den du wandeln sollst; ich will dich beraten, mein Auge auf dich richtend."

Der Weg, den Gott mir zeigte, führte mich eines Tages auch zu einem Gottesdienst in einen Hauskreis in der Nähe von Heilbronn. In diesem Ort hatte mein Vater bereits viele Jahre hindurch mit dem Wort Gottes gedient. Nach seinem Heimgang habe ich den dortigen Geschwistern zugesagt, dass ich sie weiter besuchen und ihnen das Wort Gottes verkünden werde.

Zu diesem Hauskreis damals kam regelmäßig eine liebe, tiefgläubige Bauersfrau. Wegen ihres treuen Glaubens wurde sie in der Vergangenheit sowohl von ihrem Mann als auch von ihren Kindern schon oft verlacht und verspottet.

Zwischenzeitlich hatte diese Frau Geburtstag. Ich schrieb ihr einen Brief und gratulierte ihr darin, so wie ich das bei allen unseren Freunden tue, wenn sie mir ihren Geburtstag bekannt geben.

Als der Briefträger meinen Brief überbrachte, war zufällig ihr ungläubiger Mann an der Haustür und nahm den Brief in Empfang. Schnell ließ er ihn in seiner Tasche verschwinden und eilte damit in einen Nebenraum des Bauernhauses. Sicher dachte er, ein wenig neugierig geworden: „Was mag dieser Müller aus Karlsruhe wohl meiner Frau zu schreiben haben?"

So öffnete er den Brief und las ihn mit großem Interesse. Dabei las er auch den Satz, den ich gesondert am Ende des Briefes mit Kugelschreiber noch dazugeschrieben hatte. Darin teilte ich der Frau in meiner unkomplizierten Art mit, wenn ich wieder mal zum Gottesdienst in ihren Ort käme, würde ich ihren Mann einmal so richtig in die Arme nehmen, sodass er die echte Liebe eines Christen verspüre.

Als der Mann das las, wurde es ihm abwechselnd heiß und kalt. Schnell brachte er den Geburtstagsbrief seiner Frau, als müsste er schleunigst ein heißes Eisen loswerden.

Einige Zeit später besuchte ich diese Familie. Der Mann war auch zu Hause. Da er zu jener Zeit bei einer Tiefbaufirma arbeitete und in diesen Tagen gerade empfindliche Kälte herrschte, musste er zwangsweise pausieren. Weil er wusste, dass ich komme, hatte er sich eigens gut angezogen.

So empfing er mich an der Tür, und als ich ihn sah, sagte ich ihm gleich: „Wissen Sie, ob Sie es glauben oder nicht, ich habe Sie so recht von Herzen gern!“ – Dabei schloss ich ihn in meine Arme und drückte ihn so fest und herzlich, dass ihm fast die Luft ausging. Im Stillen dachte ich: „Der Mann soll in der Tat fühlen, dass ich ihn aufrichtig gern habe.“ Dabei hatte ich das Empfinden, dass ihm dies so richtig gut tat.

Als seine Frau das sah, war sie überglücklich. Dann setzten wir uns ins Wohnzimmer, wo die Bauersfrau das Abendbrot servierte. Da ich aus meiner früheren Tätigkeit eine Menge Ahnung vom Bau habe, hatten wir gleich ein gemeinsames Gesprächsthema, wobei der Mann sichtlich auftaute. So erzählte er mir, dass sein Vorarbeiter, der gerade mal 42 Jahre alt sei, während der Arbeit auf der Baustelle plötzlich umgefallen wäre. Man habe ihn schnellstens zum Krankenhaus gebracht, wo er einige Wochen wegen eines Herzinfarkts behandelt werden musste.

Nachdem der Vorarbeiter dann eines Tages wieder seine Arbeit aufnehmen konnte, hatten sie ein bemerkenswertes Gespräch. Während mir mein Gegenüber beim Abendbrot davon berichtete, glaubte ich zuerst, meinen Ohren nicht zu trauen. Er hatte nämlich seinem von der schweren Krankheit erst genesenden Arbeitskollegen empfohlen: „Weißt du, wenn dir der Arzt irgendwann mal nicht mehr weiterhelfen kann, dann wende dich an meine Frau. Die kennt einen in Karlsruhe, zu dem kannst du dann gehen ...“ Das brachte er so natürlich und ehrlich heraus, dass ich unwillkürlich den weichen Kern in der harten Schale dieses Mannes spürte.

Noch während des Essens lud ich ihn ein, unseren Hauskreisgottesdienst zu besuchen. Zur großen Freude seiner Frau sagte er sofort zu. Sie war darüber so glücklich wie selten zuvor.

Kurz nachdem der Gottesdienst angefangen hatte, begann der Herr auch gleich mit seiner wunderbaren Heilungskraft zu wirken. Er zeigte mir, dass jemand anwesend wäre, der am Knöchel ein Problem habe. Ich konnte mich gar nicht so schnell umschauen, da rief schon jemand, wie aus der Pistole geschossen und indem er gleichzeitig die Hand hob: „Das bin ich!"

Es war mein abendlicher Gastgeber. Er strahlte übers ganze Gesicht und war nicht wiederzuerkennen. Gott hatte den ehemaligen Spötter wunderbar berührt. Ist unser Herr nicht ein guter Gott! Wir können ihn nicht oft genug loben und preisen und ihm die Ehre geben.

Ich betone nochmals: „Der Lobpreis ist die Straße zum Sieg." – David bekundet im 146. Psalm: „Ich will den Herrn loben, solange ich lebe…" Wenn wir anfangen, Gott zu loben, dann werden die Schwierigkeiten immer kleiner, bis sie schließlich ganz verschwunden sind. Dann müssen auch die Krankheits- und Schwermutsgeister weichen. Das Loben und Danken ist die beste Waffe der Gläubigen.

Zu unserer Karlsruher Gemeinde kam eine liebe, ältere Glaubensschwester. Sie besuchte regelmäßig unsere Gottesdienste, bis sie ins betagte Alter kam. Obwohl sie voller Vitalität war, klagte sie darüber, dass sie Würmer habe und diese „Biester" trotz aller Bemühungen einfach nicht loswerde. Inzwischen habe sie einen Arzt nach dem anderen aufgesucht; aber alles blieb erfolglos. Auch wurde für sie gebetet; doch sie wurde von dieser schrecklichen Plage nicht befreit.

Aber eines Tages geschah ein Wunder an ihr. Während der Wortverkündigung, als ich gerade über die Wichtigkeit des Lobens und Dankens predigte, war die Salbung des Heiligen Geistes über der ganzen Gemeinde spürbar.

Ich unterbrach meine Predigt und rief jener Frau zu: „Schwester, auch die Würmer müssen Gott preisen!"

Niemand im Saal wusste im Augenblick, was damit gemeint war, nur sie und ich. Sie gab mir spontan mit lauter Stimme zur Antwort: „Jawohl!" Dann fuhr ich mit der Wortverkündigung fort.

In der folgenden Woche kam diese Schwester zu meiner Frau und berichtete ihr dankbaren Herzens: „Schwester Hannelore, sage bitte deinem Mann, dass ich seit jenem Gottesdienst in der Keßlerstraße keine Würmer mehr habe. Sie sind alle fortgegangen!"

Natürlich weiß jeder, dass Würmer Gott nicht preisen können. Aber als ich, vom Heiligen Geist inspiriert, diesen Ausspruch tat, war die Autorität Gottes in mir und die Macht Satans musste bei jener Frau weichen. Wenn Jesus anwesend ist und wir den Herrn loben und ihm danken, so wie es in der Bibel empfohlen wird, dann gibt es kein Wenn und Aber, dann wirkt die Kraft Gottes in uns.

Sechs Jahre lang hatte diese Frau mit Hilfe aller möglichen Medikamente ihre Würmer zu bekämpfen versucht. Sie war von Arzt zu Arzt gelaufen. Obwohl ein jeder sein Bestes versuchte konnte ihr keiner helfen. Dann kam Jesus, der größte aller Ärzte, und heilte sie in einem Augenblick! – Immer wieder stehen viele ungläubige Ärzte diesem „Phänomen" mit unbegreiflichem Erstaunen gegenüber. Während ihres langjährigen Medizinstudiums hat man sie zwar gelehrt, dass Hippokrates, Paracelsus und Sauerbruch große Ärzte gewesen seien. Aber den größten Arzt aller Zeiten, der auch heute noch Kranke heilt, genauso wie vor 2 000 Jahren, bleibt ihnen weitgehend unbekannt, den verschweigt ihnen fast jeder Professor, ihn übergeht man meistens.

Wie wohltuend ist es da zu erfahren, dass es vereinzelt immer noch Ärzte gibt, für welche die biblischen Aussagen auch heute noch Gültigkeit haben. So veröffentlichte der Schweizer Arzt Dr. med. K. Blatter aus Langenthal/Schweiz eine außerordentlich bemerkenswerte Publikation unter dem Titel: „Medizin und Bibel", in der er unter anderem feststellte: „Die heutige Schulmedizin basiert auf dem Gedankengut der Aufklärung. Prüfstein sämtlicher Vorgänge ist die menschliche Vernunft. Gott wird ausgeklammert... Der Weg des Heils für uns Menschen ist aber ganz an die Aussagen der Bibel geknüpft. Diese Bibelzeugnisse sind wie Axiome, welchen die menschliche Vernunft untergeordnet werden muss (1 Kor 1,19+24). Für den gläubigen Arzt gilt das Jesus-Wort: ‚Ohne mich könnt ihr nichts tun!' (Joh 15,5). – Desgleichen auch die Bibelstelle: ‚... und es ist in keinem anderen Heil, ist auch kein anderer Name unter dem Himmel den Menschen gegeben, darin wir sollen selig werden' (Apg 4,12). –

Es ist schade, dass nicht mehr Menschen bereit sind, anstelle eines Vertrauensverhältnisses mit einem Menschen ein Vertrauensverhältnis mit Jesus Christus einzugehen. Viele Probleme, denen die Medizin nichts oder nur ersatzweise etwas entgegenhalten kann, würden sich bei Jesus lösen. Der Arzt hat dem Patienten immer wieder deutlich zu machen, dass nicht er, sondern Jesus Christus, dem er dient, letztlich helfen kann."

15
Bei Gott gibt es kein Unmöglich

Nachdem mich der Herr in seinen Dienst berufen hatte, bedrängte mich lange Zeit immer wieder eine innere Stimme, die mir unablässig und mahnend zugleich sagte: „Gehe doch mal nach Bern in der Schweiz!“ – Da jedoch in Bern keine Gemeinde hinter mir stand, welche die Evangelisation hätte vorbereiten können, war ich begreiflicherweise lange unentschlossen. Aber Gott ließ mir keine Ruhe und ich fragte ihn immer wieder zweifelnd: „Herr, warum ausgerechnet in die Schweiz?“

Doch der Herr ließ sich durch meine Einwände nicht beirren und sprach zu mir ganz unmissverständlich: „Du weißt doch, was in meinem Wort in Lukas 11,9 steht: Bittet, so wird euch gegeben; suchet, so werdet ihr finden; klopfet an, so wird euch aufgetan!“

„Es ist gut, Herr“, antwortete ich gehorsam, „ich bin dein Diener, und wenn du es sagst, wirst du mir auch alle Türen öffnen.“

Und so trat ich wieder einmal im Glauben die Flucht nach vorn an. In einer der populärsten dortigen Zeitungen, dem „Berner Tageblatt“, ließ ich ein auffallendes Inserat veröffentlichen: „Siegfried Müller kommt nach Bern. Er spricht am Samstag, dem 11. Juli, um 20 Uhr im Palmensaal. Es singt der fröhliche Missions-Chor aus Karlsruhe.“

Offen gestanden, es war mir mehr als sonderbar zumute, als ich meinen Namen so selbstverständlich in dieser Zeitung stehen sah, als kenne mich dort jedes Kind. In Wirklichkeit war ich aber in Bern ein nahezu unbeschriebenes Blatt.

Da ich diesmal, angesichts der vielen vor mir stehenden unbekannten Faktoren, ziemlich skeptisch war, versuchte ich, es besonders schlau zu machen. Damit meine Sänger auf keinen Fall enttäuscht sein sollten, wenn in Bern tatsächlich nichts los wäre, sagte ich zu ihnen betont harmlos: „Wir machen heute mal zur Abwechslung einen Ausflug in die Schweiz. So eine Art Kaffeefahrt. Muss ja auch mal sein…“

Aber kaum war der Abend da, beschämte mich Gott wieder auf seine Weise. An jenem Abend war nämlich der Palmensaal in der Berner Zeughausgasse Nr. 39 mit erwartungsvollen Menschen überfüllt. Sie waren aus allen Teilen der Schweiz nach Bern gekommen. Ich war einfach sprachlos. Meine Helfer hatten alle Hände voll zu tun, um zusätzliche Stühle in den Saal zu bringen.

Ich erinnere mich noch an eine bezeichnende Episode mit einem lieben Bruder, den ich ebenfalls mit nach Bern nahm. Er ist ein cleverer Geschäftsmann, der Jesus von ganzem Herzen liebt. Auch er half mit, Plätze anzuweisen. Als er sah, dass kein einziger Stuhl mehr vorhanden und der Saal bis auf den letzten Platz besetzt war, kam er verzweifelt zu mir nach vorn hinter den Vorhang, wo ich mich gerade vorbereitete. Hilflos sagte er mir: „Siegfried, ich bin am Ende. Ich bin einfach davongegangen, wir können keinen Stuhl mehr auftreiben! Es gehen schon wieder Leute fort, weil sie keinen Platz mehr finden…“

Sofort zu Beginn des Gottesdienstes erfasste die Besucher eine große Freude. Wir sangen zusammen zur Ehre des Herrn die herrlichen Chorusse, die schon David in den Psalmen gesungen hat, und lobten und priesen Gott für seine wunderbare Gnade. Dadurch wurde die Atmosphäre im Saal schon zutiefst geheiligt.

Der Heilige Geist durchströmte die Menschen so stark, dass gleich an diesem ersten Abend in Bern mehrere Leute durch seine Kraft berührt und geheilt wurden. Etwa ein Drittel der Versammelten folgte dem Altarruf. Sie kamen bereitwillig nach vorn, um ihr Leben Jesus zu übergeben. Am Schluss des Gottesdienstes, bei der Verabschiedung der Besucher, bildeten unsere Sänger am Ausgang die Treppe hoch ein Spalier, um einem jeden der lieben Schweizer Freunde noch die Hand zu drücken. Sie alle waren glücklich und ihre Augen leuchteten, denn der Abend war durch die Salbung des Heiligen Geistes besonders gesegnet.

Dankbaren Herzens traten wir die Heimreise an und kamen durch Gottes Gnade wohlbehütet gegen vier Uhr am anderen Morgen singend wieder in Karlsruhe an.

Kurze Zeit später erhielten wir bereits die ersten Briefe von den Geschwistern, die beim Gottesdienst im Palmensaal in Bern von Krankheiten geheilt wurden und dies aus tiefster Dankbarkeit bezeugten. Diese Briefe wurden damals in unserer Missionszeitschrift abgedruckt und dazu das Bild der Geheilten veröffentlicht.

Eine Frau aus Rüfenacht in der Schweiz schrieb uns: Vor etwa eineinhalb Jahren zog ich mir kurz nach einer Operation einen Zwerchfellriss zu. Ich konnte vor Schmerzen nicht mehr aufrecht gehen. Man hatte mich aus dem Spital entlassen, da in diesem Fall keine Operation möglich war. Als Sie, Pastor Müller, in Bern einen Gottesdienst hielten, war ich auch dort. Plötzlich sagten Sie, dass jemand anwesend sei, der starke Schmerzen in der Brustgegend verspüre. Das war ich, und ich ging daher auch gleich nach vorn. Sie beteten noch für mich, und seitdem bin ich schmerzfrei und völlig geheilt. Auch die Schmerzen, die ich in der Hüfte und manchmal im ganzen Körper hatte, sind seitdem gänzlich verschwunden. Ich lobe den Herrn für meine wunderbare Heilung.

Eine andere Schwester, aus Bümplitz, ebenfalls Schweiz, berichtete in ihrem Brief staunend darüber, dass sie die Herrlichkeit Gottes erleben durfte: „Es ist kaum zu glauben, aber doch wahr! Gott hat mich durch das Gebet von Pastor

Müller im Palmensaal geheilt und meinen Kropf weggenommen. Zwar war das Wunder nicht sofort sichtbar; doch eine feste Gewissheit erfüllte mich seitdem. Denn von dem Tag an wurde mein Kropf immer kleiner, bis er nach einigen Tagen völlig verschwunden war. Nie werde ich jenen Abend vergessen und wie glücklich ich danach heimging. Ich bin so unsagbar dankbar und preise den Herrn dafür!"

„Groß ist meine Freude, denn ich bin von meinem Rückenleiden geheilt", jubelte ein weiterer dankbarer Besucher, der zur Berner Veranstaltung aus Eich in der Schweiz gekommen war. Er fuhr in seinem Brief dann fort: „Sie, lieber Pastor Müller, haben für mich gebetet und Gott hat Ihr Gebet erhört. Ihnen herzlichen Dank und meinem Heiland alles Lob und alle Ehre!"

Alles, was ich an jenem Abend diesen kranken und Hilfe suchenden Menschen in Bern brachte, war nur ein Buch, die Heilige Schrift, und mein Glaube an die Verheißung, die darin geschrieben steht: „Ich wünsche, dass es dir in allen Dingen wohl gehe und du gesund seiest" (3 Joh 2) – Und in Matthäus 8,3 sagt Jesus ganz einfach: „Sei gesund!"

Wir haben es in Karlsruhe inzwischen an unzähligen Beispielen erfahren dürfen, wer an Jesus Christus glaubt und ihm fest vertraut, darf Wunder über Wunder erleben.

„Die Zeichen aber, die denen folgen werden, die da glauben, sind diese: Kranken werden sie die Hände auflegen, und sie werden gesund werden", heißt es in Markus 16,17.

Ermutigt durch diese freudigen Erlebnisse, setzten wir bereits für den Herbst desselben Jahres einen erneuten Gottesdienst in Bern an. Durch den großen Anklang, den unsere erste Evangelisation im Palmensaal gefunden hatte, wurde unser Glaube derart gestärkt, dass wir statt des Palmensaals nunmehr den größeren Blaukreuzsaal im selben Haus in der Zeughausgasse mieteten. Und es bestätigte sich, dass diese Entscheidung durchaus richtig war.

Bereits eine Stunde vor Beginn der Veranstaltung war der Raum schon voll, und auch hier mussten wieder Stühle zusätzlich herangeschafft werden. Die Leute standen zum Schluss sogar in den Gängen, was normalerweise in der Schweiz überhaupt nicht üblich ist. Um die letzte Platzreserve auszuschöpfen, mussten wir zu guter Letzt auch noch unseren Büchertisch aus dem Saal nehmen. Das hatten wir zuvor noch nicht erlebt.

War dieser Auftakt schon beeindruckend, so wurde er im Laufe des Gottesdienstes von dem wunderbaren Wirken Gottes, das wir an diesem Abend erleben durften, noch weit übertroffen.

Voller Dankbarkeit und Freude berichteten verschiedene Personen, wie sie bei meinem ersten Besuch bereits aufgrund des Gebets mit ihnen durch Gottes Geist angerührt und geheilt wurden. Sie haben die Herrlichkeit Gottes erfahren dürfen und konnten mit dem Psalmisten jubeln: „Er sandte sein Wort und machte sie gesund…" (Ps 107,20).

Als der Altarruf erging, kamen auch diesmal wieder fast ein Drittel der Besucher nach vorn. Sie alle wünschten Gebet, um ihr Leben dem Herrn zu übergeben. Anschließend betete ich, wie gewohnt, für die Kranken. Niemand musste durstig bleiben; denn von dem ewigen Felsen Jesus Christus strömte Lebenswasser ohne Unterlass, und mit neuem Glaubensmut gestärkt, zog ein jeder fröhlich seine Straße.

Und wiederum bezeugten Geheilte in Briefen an uns nach Karlsruhe ihre tiefe Dankbarkeit.

„Lieber Bruder Müller", bekannte ein Besucher aus Bern, „hocherfreut möchte ich Ihnen mitteilen, dass ich bei Ihrem Gottesdienst in Bern errettet worden bin. Außerdem habe ich noch ein Wunder Gottes erlebt. Seit einiger Zeit hatte ich einen Nerv so unglücklich eingeklemmt, dass ich den Kopf und den rechten Arm nicht mehr bewegen konnte. Doch an diesem Abend wurde ich von der heilenden Hand

Jesu berührt. Seitdem habe ich keine Schmerzen mehr, und im Arm verspüre ich auch wieder volle Kraft. Meine Chiropraktikerin meinte bei der letzten Untersuchung, das könne doch unmöglich derselbe Arm sein. Er sei völlig in Ordnung. Überall erzähle ich nun von dem, was Gott an mir getan hat."

Aus Reichenbach/Schweiz bezeugte eine Frau überglücklichen Herzens, dass der treue Herr auch sie in Bern geheilt habe. Sie hatte ein schweres Knieleiden, das ihr lange Zeit große Schmerzen bereitete. Oft sei sie regelrecht zusammengeknickt, da das Bein immer kraftloser wurde.

„Doch als Sie, Pastor Müller, das letzte Mal in Bern waren", schrieb sie voller Freude, „und während des Gottesdienstes sagten, es sei jemand im Saal, der dieses Leiden habe, da ging ich vor zu Ihnen. Sie beteten daraufhin mit mir, und seit jenem Abend bin ich geheilt. Ihm, dem großen Gott gebührt alle Ehre!"

Seit dieser Zeit erlebten unsere Evangelisationen in der Schweiz einen permanenten Zustrom. Gott segnete über alle Maßen. Wir mieteten dann später an ein und demselben Tag für mittags den „Blaukreuzsaal" in Bern und für den Abend den „Blauen Saal" im Volkshaus in Zürich. Aber auch der neu gemietete Saal in Zürich war gleich bei der ersten Veranstaltung total überfüllt und mein Glaube wuchs wie die sieben Ähren aus einem Halm im Traum des Pharao.

Das veranlasste und ermutigte mich, noch einen weiteren Schritt furchtlos nach vorn zu gehen und in Bern erneut einen größeren Saal, und zwar den repräsentativen Kursaal zu mieten, obwohl dieser Saal bereits damals schon nur für eine Veranstaltung viel Miete kostete.

Aber Gott zeigte uns erneut, was er kann. Auch der Kursaal in Bern füllte sich und immer neue Besucher aus allen Teilen der Schweiz kamen mit ihren Hoffnungen und Erwartungen, mit ihrer brennenden Sehnsucht, die lebendige

Gegenwart Gottes zu erleben. Viele wurden dabei gesegnet und geheilt, denn der Herr tat Großes an ihnen.

Vielleicht verstehen jetzt manche Leser, warum unsere Mission auch in der Schweiz so viele Freunde hat.

Wen wundert es daher, dass zu unseren Gottesdiensten in Karlsruhe auch Besucher aus der Schweiz kommen. Sie reisen oft zwischen 500 und 600 Kilometer weit – die Rückfahrt mit eingerechnet –, nur um einer Andacht von zweieinhalb Stunden beizuwohnen. Einige Geschwister kommen auch aus dem nahen Frankreich, und zwar speziell aus dem Elsass, wo erfreulicherweise immer noch viel deutsch gesprochen wird.

Bei größeren Veranstaltungen wehen auf unserem Grundstück in Karlsruhe die Fahnen mehrerer europäischer Nationen und symbolisieren die Einigkeit im christlichen Glauben. Und gemeinsam loben und preisen wir unseren Gott, der die Sonne scheinen lässt über allen, die ihn lieben, und mit erhobenen Händen singen wir zur Ehre unseres Heilandes den Chorus: „Du bist der Höchste, o Herr, über allen Landen…!“

Im 1. Buch Mose lesen wir im 18. Kapitel, wie Abraham seinen Gott anruft: „Herr, wenn ich in deinen Augen Gnade gefunden habe, gehe an deinem Knecht nicht vorüber!“

Gott ging nicht an ihm vorüber, und Abraham bekam den Segen, an den er schon fast nicht mehr glaubte. Die schon erstorbene Mutterschaft im Schoß der Sara erweckte er zu neuem Leben. So geht auch Gott an unserer Not und an unserem Haus nicht vorüber, wenn wir seine Hilfe brauchen und sie aufrichtigen Herzens erflehen. Er kennt die Adresse und die Probleme eines jeden von uns.

Und Gott steht immer zu seinem zugesagten Wort; er wird es immer einlösen, auch wenn es manchmal Jahre dauert. Wichtig ist allein, dass wir warten können, bis Gottes Stunde da ist. „Eher fällt der Himmel ein, als uns täuscht sein Wort!" heißt es in einem Lied. So wie Gott den Propheten Habakuk tröstete, so ermutigt er seine Kinder auch heute noch: „Die Weissagung wird ja noch erfüllt werden zu ihrer Zeit und wird endlich frei an den Tag kommen und nicht trügen. Wenn sie sich auch hinzieht, so harre ihrer; sie wird gewiss kommen und nicht ausbleiben!"

Vor einiger Zeit erreichte mich ein Brief, ebenfalls aus der Schweiz, über den ich mich besonders gefreut habe. Ein glücklicher Vater, Ingenieur von Beruf, schrieb mir: „Lieber Pastor Müller, liebe Mitchristen! – Im Frühjahr hatte ich Ihnen geschrieben und Sie in meinem Brief gebeten, Sie möchten doch unser Bronchialasthma-krankes Kind in Ihr Gebet einschließen. Als dieses Kind, unser Christian, zwei Jahre alt war, machte sich bei ihm bereits ein hartnäckiges Bronchialasthma bemerkbar, das sich im Laufe der Zeit zu einem regelrechten Alptraum entwickelte.

Der Bub musste Unmengen von Medikamenten schlucken. Dabei wurden zusätzlich auch noch seine Nerven in Mitleidenschaft gezogen. Insgesamt mussten wir sechs Jahre lang mitansehen, wie er bei seinen Hustenanfällen manchmal fast erstickte. Ein Inhaliergerät war sein ständiger Begleiter. Natürlich beteten wir immer wieder zu Gott, dass er unserem Kind Genesung schenken möge. Aber vielleicht war es doch so, dass wir im Geheimen mehr den Medikamenten vertrauten.

Doch dann sahen wir nach dieser langen Zeit endlich ein, dass die Medizin nicht mehr weiterhelfen, sondern nur noch Jesus Christus als Arzt helfen konnte, diese quälende Krankheit unseres Jungen gründlich zu heilen. Deshalb entschloss ich mich auch, an Sie zu schreiben und um Gebet zu bitten. Sie haben mir dies ja in einem Ihrer Briefe zuvor so gütig angeboten."

Dann fährt dieser leidgeprüfte Vater fort, von dem Wunder zu berichten, das Jesus für ihn und sein Kind getan hat.

„Kurz darauf kam Ihr Antwortbrief. Schon, dass Sie uns mit Psalm 23 trösteten, welcher mein Lieblingspsalm ist, war für mich eine große Freude. Das muss Ihnen unser Herr eingegeben haben. Nach dem Erhalt dieses Briefs war das Wunder geschehen. Unser Christian ist seitdem gesund.

Das Inhaliergerät braucht er nicht mehr; es ist überflüssig geworden. Jetzt kann unser Sohn fröhlich herumtollen, ohne auch nur die geringsten Atembeschwerden zu verspüren. Meine Frau hat vor Freude geweint, als die Krankheit von einem Tag zum anderen verschwunden war. Wir können Gott nicht genug dafür danken!"

Auch der Brief an den Vater des kranken Jungen in der Schweiz, der damals unser Missionshaus verließ, wurde zuvor von unserem gemeinsamen Gebet getragen. Das sind die Wunder, an die wir glauben und die wir auch erleben.

Leider erfahren heute so wenig Menschen die tatkräftige Hilfe Gottes, weil sie nicht daran glauben, dass Jesus auch heute noch derselbe ist und dieselbe Kraft hat wie damals, als er über die Erde gewandelt ist. Wir dürfen seine göttliche Heilungskraft immer wieder bei unseren Gottesdiensten empfangen, denn die Bibel sagt uns eindeutig, er ist derselbe, gestern, heute und in alle Ewigkeit...

Kürzlich wurde ich zu einer älteren Glaubensschwester in einer größeren Stadt gerufen. Als ich zu ihr kam, berichtete sie mir aus ihrem Leben. Während ihrer Erzählung sprach der Heilige Geist sehr deutlich zu mir, was ich dieser besorgten Frau übermitteln sollte. Und so sagte ich zu ihr:

„Liebe Schwester, der Heilige Geist gab mir soeben ein, dass ich dir sagen soll, du wirst in deinem Alter kein Siechtum haben. Gott wird dich davor bewahren."

Die Frau sah mich fassungslos an und begann zu weinen. Mit tränenerstickter Stimme erklärte sie mir überglücklich: „Ja, Pastor Müller, ich habe den Herrn gebeten, dass er mir eine Antwort durch dich geben möge. Jetzt habe ich sie. Ich danke dir, Herr Jesus, dass du mein Gebet erhört hast!“

Gott erhört die Gebete derer, die an ihn glauben.

Aber er erhört nicht nur Gebete, er gibt uns auch mancherlei göttliche Gaben und teilt einem jeglichen das Seine zu, wie er will. So steht es im Korintherbrief des Apostel Paulus. Wenn mir Gott während des Gottesdienstes durch seinen Heiligen Geist beispielsweise eine Krankheit anzeigt, die er augenblicklich auch hinwegnimmt, so ist das für mich eine ganz natürliche Angelegenheit. Ich würde mit dem Herrn nie über seine Heilungsmethoden diskutieren. Er heilt auf seine Weise, und ich bin nur sein Sprachrohr und sein dienender Knecht.

Im Loblied Davids, im 145. Psalm, heißt es: „Ich will dich täglich loben und deinen Namen rühmen immer und ewiglich. Der Herr ist groß und sehr zu loben und seine Größe ist unerforschlich.“ Wie unerforschlich die Größe des Herrn ist, darf ich an einem weiteren Beispiel dieser Art zeigen.

Noch aus der Zeit meines Vaters her besteht die Verbindung zu treuen Freunden, die nun ins betagte Alter gekommen sind. Als ich an einem winterlichen Abend einen größeren Hauskreis besuchte, glaubten die Geschwister mich gleich zu Beginn damit trösten zu müssen, dass in dieser Jahreszeit ohnehin nicht viel los sei. Ich solle deshalb auch nicht verwundert sein, wenn höchstens drei Dutzend Leute zum Gottesdienst kommen würden.

Ich zog mich daraufhin als junger Pastor in mein Zimmer zurück, das mir im selben Haus, in dem der Gottesdienst stattfand, angewiesen worden war, und verbrachte die Zeit bis zum Beginn der Andacht im Gebet.

Viertel vor acht Uhr betrat ich den Gottesdienstraum, und was ich sah, ließ mein Herz höher schlagen. Anstatt der angekündigten 35 Personen waren bereits über hundert anwesend, und immer wieder kamen neue Leute in den

Saal. Die vorhandenen Stühle reichten schon nicht mehr aus, sodass die Gastgeber von draußen noch zusätzlich Gartenstühle hereinbringen mussten. Zuletzt waren es über 135 Personen. Gott hatte also in seiner Güte einfach eine eins vor die erwartete Zahl gesetzt.

Obwohl man annehmen könnte, dass ich mich eigentlich im Laufe der Jahre an Überraschungen dieser Art langsam gewöhnt haben müsste, bin ich immer wieder überwältigt, wenn ich sehe und erlebe, wie wunderbar Gott unsere Gebete und unsere Arbeit segnet.

Was mir sonst eigentlich nur selten passiert, geschah an diesem Abend. Ich konnte in der ersten Viertelstunde vor tiefer Ergriffenheit kaum sprechen. Zum Glück haben die Versammelten am Anfang des Gottesdienstes erst einige Lieder gesungen, sodass ich mich langsam wieder fassen konnte. Ich hätte sonst sicher nicht gleich predigen können.

Schon zu Beginn meiner Ansprache gab mir der Herr eine Vision, dass jemand im Raum sei, der am Knie geheilt würde. Sofort stand auch schon ein junger Mann auf und rief lebhaft in den Raum: „Das bin ich!“

Ich bat ihn, nach vorn zu kommen, und er erzählte vor der Gemeinde von der Krankheit an seinem Knie. Vor wenigen Wochen sei er in einem meiner Gottesdienste in Zürich gewesen und dort habe ihn der Herr erstmals berührt. Jetzt sei sein Knie weitgehend geheilt und er danke Gott dafür, dass der Herr heute noch den Rest erledigen werde.

Ich konnte mich an den jungen Mann nicht mehr erinnern; denn an jenem Abend in Zürich wurde eine mir unbekannte Zahl von Personen geheilt, wie ich noch wusste. Und als sollte es in diesem Augenblick besonders bestätigt werden, standen unmittelbar nach dem Zeugnis des jungen Mannes gleichzeitig mehrere Personen auf und erklärten, dass auch sie zu den Leuten zählen würden, die der Herr mit seiner großen Heilungskraft in Zürich berührt habe.

Als ich danach mit der Predigt fortfuhr, war die ganze Stimmung mit einem Male wie verändert. Jeder der Anwesenden wurde unter dem Eindruck der Liebe Gottes so gestärkt und geheiligt, dass der Glaube in den Herzen der Geschwister wuchs und sie die Herrlichkeit Gottes erleben ließ; denn die Salbung des Heiligen Geistes war deutlich wahrnehmbar.

In jener Nacht konnte ich lange nicht einschlafen. Es war aber nicht die ungewohnte Umgebung weit weg von zu Hause, was mich nicht zur Ruhe kommen ließ. Von meinem Bett aus sah ich hinaus in die dunkle winterliche Nacht. Am Himmel waren ein paar vereinzelte Sterne zu sehen und ich dachte an die Allmacht Gottes. Ich wusste, was mich nicht einschlafen ließ; es war das Glück und die Freude über diesen gesegneten Abend...

Einige Tage später, als ich wieder zu Hause war, erhielt ich von einer Frau einen Brief, der in seinem Inhalt auf den Gottesdienst Bezug nahm, bei dem nicht nur der zuvor genannte junge Mann mit dem Knie von Jesus berührt wurde, sondern wo auch noch weitere Kranke unter der Kraft Gottes Heilung erfuhren.

„Lieber Pastor Müller, es ist mir ein Anliegen, Ihnen mit diesen Zeilen für Ihren segensreichen Dienst zu danken“, schreibt diese Frau und fährt dann begeistert fort: „Ich habe gestaunt über das hohe Maß von Liebe und Kraft, das Gott geschenkt hat. Noch nie habe ich erlebt, dass Menschen auf diese Art geheilt wurden. Mir schien es, als lebten wir in der Zeit Jesu. Es war alles so wunderbar!“

Wir leben zwar nicht in der Zeit Jesu; aber Jesus lebt in unserer Zeit. Er ist durch seinen Heiligen Geist gegenwärtig: „Denn wo zwei oder drei in seinem Namen versammelt sind“, verheißt uns die Bibel, „da ist er mitten unter ihnen.“ – Das erleben wir in Karlsruhe Sonntag für Sonntag. Jesus, der große Arzt, hat uns in der Heiligen Schrift ganz klar den irdischen Heilungsauftrag gegeben, und nicht nur im Markusevangelium steht es unübersehbar geschrieben, „dass jene, die da glauben, den Kranken die Hände auflegen sollen, damit sie gesund werden". Insbesondere das Neue Testament berichtet an vielen Stellen davon, dass es Gottes ausdrücklicher Wille ist, dass auch Sie geheilt werden.

So ähnlich wie in dem kleinen Dorf erlebte ich die Herrlichkeit Gottes ebenso an einem anderen Ort. Ich kam dort hin, um einen Gottesdienst zu halten. Begonnen hatte es jedoch wenig verheißungsvoll, ja geradezu betrüblich. Nicht nur, dass relativ wenig Leute erschienen waren; diese wenigen schliefen zum Teil noch regelrecht ein, obwohl ich mir doch bei meiner Predigt die größte Mühe gab und auch fühlte, dass Gott uns durch seinen Heiligen Geist nahe war. Mir war es einfach unverständlich, dass bei einer meiner Predigten überhaupt jemand einschlafen konnte. Doch diese Geschwister hier haben es tatsächlich fertiggebracht.

Unwillkürlich dachte ich hierbei an die Geschichte, die einmal ein Pastor in Amerika erzählte, in dessen Kirche ebenfalls ein Besucher eingeschlafen war. Als er dies bemerkte, hielt er für einen kurzen Moment an und sagte zu dem Zuhörer, der neben dem Schläfer saß: „Sie, lieber Bruder, seien Sie doch bitte so nett und wecken Sie Ihren Nachbarn, der gerade so fest schläft."

Der so Angesprochene schüttelte den Kopf und sagte: „Nein, Pastor, das tue ich nicht. Sie haben ihn durch ihre Predigt eingeschläfert und Sie wecken ihn auch wieder auf."

Ich denke, es ist immer gut, wenn man ehrlich sein kann. Jedenfalls war ich nach jenem Gottesdienst betrübt, fuhr nach Hause und überlegte mir ernsthaft, ob ich überhaupt noch einmal zu dieser „ruhenden" Gemeinde gehen sollte. Aber nun begann Gott, wie so oft schon, auf seine Weise zu wirken, und als ich beim nächsten Mal in denselben Ort kam, waren schon bedeutend mehr Leute erschienen.

Dann offenbarte sich Gott inmitten der Versammelten in seiner ganzen Herrlichkeit und Gnade, indem er eine krebskranke Frau von ihrem Leiden heilte. Während der Predigt sprach der Heilige Geist zu mir, es sei eine Frau hier, die Krebs habe.

Sofort stand auch schon eine Frau auf und rief mit freudiger Stimme: „Ja, Bruder Müller, das ist die Frau neben mir, die ich mitgebracht habe...!"

Ich sagte ihr daraufhin: „Schwester, ich weiß, der Herr wird bestimmt etwas an ihr tun."

Einige Zeit später kam ich erneut zu dieser Gemeinde und staunte nicht wenig darüber, dass nunmehr über die doppelte Zahl von Besuchern zum Gottesdienst gekommen waren. Auch die Frau, die der Herr beim letzten Mal geheilt hatte, war wieder da. Dankbaren Herzens berichtete sie, dass sie inzwischen wieder ganz ohne fremde Hilfe laufen könne und es gehe ihr jetzt sichtlich besser. Nachdem ich damals mit ihr gebetet hatte, sei es zuerst noch viel schlimmer geworden. Ja, sie habe gar tagelang zwischen Tod und Leben geschwebt. Aber dann ging es nach zwei Wochen aufwärts, und dies habe bis auf den heutigen Tag angehalten.

Sicher hatte auch diese Frau, als Jesus helfend bei ihr eingegriffen hat, noch eine große Glaubensprüfung zu bestehen gehabt. Die getöteten Tumore waren nun zu Fremdkörpern in ihrem Leib geworden. Bevor sie vom Körper ausgestoßen wurden, verursachten sie der Frau noch viel größere Schmerzen als zuvor. Es muss ein fürchterlicher Kampf im Leib dieser Frau getobt haben, als die satanischen Mächte, die bösen Krankheitsgeister, unter der heilenden Kraft Gottes den Rückzug antreten mussten.

In Matthäus 12,43+45 sagt Jesus dazu: „Wenn der unsaubere Geist von dem Menschen ausgefahren ist, so durchwandert er dürre Stätten, sucht Ruhe und findet sie nicht. Da spricht er dann: Ich will wieder umkehren in mein Haus, daraus ich gegangen bin. Und wenn er kommt, so findet er's leer, gekehrt und geschmückt. Dann geht er hin und nimmt zu sich noch sieben andere Geister, die ärger sind als er selbst; und wenn sie hineinkommen, wohnen sie allda, und es wird mit demselben Menschen hernach ärger, als es zuvor war."

Deshalb ist es sehr wichtig, dass wir allezeit, trotz Schmerzen und Krankheit, mit Lobpreis vor Gottes Angesicht kommen und im Voraus für unsere Heilung danken, damit die Dämonen kein Anrecht an uns finden. Sie müssen sich so richtig unwohl in uns fühlen; denn wenn Jesus in uns wohnt, halten sie es nicht mehr aus.

Die Kunde davon, dass der Herr eine krebskranke Frau im Gottesdienst berührt hatte, sprach sich danach überall wie ein Lauffeuer herum und es war wie in den Tagen der Bibel: Wenn Gott wirkt, dann kommen die Menschen! Sein Ruf eilte ihm voraus, so heißt es von Jesus, als er lehrend und heilend durch das jüdische Land zog. Und zu seinen Jüngern sagte er: „Ihr werdet dasselbe tun…"

Schon seit langem bestehen nicht nur in Deutschland und Österreich, sondern auch in der Schweiz die Einrichtung einer Telefonandacht, die bei Tag und Nacht gehört werden kann. In ganz Deutschland kann unter einer einheitlichen Telefonnummer die Telefonandacht angewählt werden. In der Schweiz und in Österreich haben wir in verschiedenen Städten eine Telefonandacht mit einer Kurzpredigt belegt. Trost suchende Menschen können dadurch rund um die Uhr das Wort Gottes hören.

Dass gerade in unseren Tagen, in einer Welt voller Unfrieden und zunehmender Ausweglosigkeit, immer mehr Menschen oft verzweifelt nach Heil und innerem Frieden suchen, beweist die erstaunliche Zunahme der Hilfesuchenden bei unserer Telefonandacht. Jährlich sind weit mehr als eine halbe Million Anrufe, die eingehen.

Vor einiger Zeit habe ich einen unserer gelegentlichen Besucher in Karlsruhe eingeladen, einmal einen unserer Gottesdienste in der Schweiz mitzuerleben. Ich wusste, dass er sich für die Arbeit unseres Missionswerks außerordentlich interessiert und auch starken Anteil am Glaubensleben unserer Gemeinde nimmt. So konnte er dann an einem Samstag in Bern, sozusagen hautnah, eine unserer regelmäßigen Veranstaltungen mit unseren Schweizer Freunden erleben. Über seine Eindrücke dort berichtete er anschließend in einem Brief, dessen Inhalt ich aus dem Grund gern an dieser Stelle wiedergebe, weil er unter anderem so typisch die geheiligte Atmosphäre im Leuchtersaal des Kurhauses schildert.

„Um es vorwegzunehmen", erzählt dieser Freund, „der Hin- und Rückweg nach Bern betrug für mich runde 1000 Kilometer. Das ist ein beträchtlicher Aufwand für den Besuch eines einzigen Gottesdienstes. Ein Außenstehender würde sich dabei zwangsläufig fragen: Was wird dort eigentlich Besonderes geboten, dass sich eine solche nicht alltägliche Strapaze lohnt? – Ich könnte diese Frage mit nur zwei Worten beantworten: ‚Die Salbung!'

Aber ich möchte dem doch noch einiges hinzufügen, um zu erklären, warum bei einem kalten Winterwetter und den dadurch verursachten Gefährdungen der Straßen trotzdem so viele Menschen aus allen Teilen der Schweiz an jenem Tag erwartungsvoll nach Bern kamen. Die meisten von ihnen waren nicht zum ersten Male dort. Sie wussten aus Erfahrung, es erwartet sie ein großer Segen.

Als ich im Kurhaus ankam, stand im Foyer bereits eine Schlange von Menschen, die alle geduldig darauf warteten, bis sie endlich nach vorn gelangten und Pastor Müller mit ihnen über alle ihre Anliegen, Sorgen, Nöte und Krankheiten betete. Sie waren voller Hoffnung und Glauben gekommen, weil sie wussten, hier finden sie Trost und Hilfe im

Wort Gottes. Mit der Bibel in der Hand und der Geistesfülle im Herzen stand hier ein Diener Gottes mit göttlicher Inspiration und brachte die Frohe Botschaft ihnen allen, den Mühseligen und Beladenen.

Später erfuhr ich, dass die auf ein persönliches Gebet mit Pastor Müller Wartenden bereits schon Stunden vor dem Gottesdienst in der Reihe standen; und vorn diente ihnen ein Knecht Gottes in Demut, zu selbstloser Hingabe von seinem Herrn berufen. Er machte in diesen Stunden nicht eine einzige Pause, er verlor auch nicht einen Augenblick seine ermunternde Fröhlichkeit und seinen Hoffnung spendenden Glauben. Der enge brüderliche Kontakt mit jedem Hilfesuchenden machte ihn zu einem wahren Diener Christi.

Ich kann mir gut vorstellen, dass es einer kräftezehrenden Schwerarbeit gleichkommen muss, stundenlang und äußerst konzentriert mit vielen problembeladenen Menschen über den verschiedenartigsten Anliegen individuell zu beten und anschließend noch einen Gottesdienst vor mehreren Hunderten von Besuchern zu halten.

Dabei musste ich an die letzten Worte Jesu denken, die kurz vor der Himmelfahrt von seinen heiligen Lippen kamen: ‚Die Zeichen aber, die folgen werden denen, die da glauben, sind die: Auf die Kranken werden sie die Hände legen, so wird's besser mit ihnen werden.' – Diese göttliche Verheißung der Glaubensheilung galt auch all denen, die wartend in der Reihe standen, weil sie an den auferstandenen Sohn Gottes glaubten, denn Jesus lebt durch den Glauben im Herzen der Christen auch heute noch, und er tut immer noch Großes. Wer an ihn glaubt, der wird die Werke genauso tun, die er tat, sagt die Bibel.

Dann begann der Gottesdienst im Leuchtersaal des Kurhauses. Es waren ungefähr 700 Menschen gekommen. Ich befand mich mitten unter ihnen, und was ich dort erlebte, war äußerst beeindruckend. Es war so ganz anders, als es die meisten Christen gewohnt sind. Eine außergewöhnliche Freude und Liebe erfüllte die Anwesenden. Der Lobpreis kam mitten aus ihren Herzen und es war gewaltig anzusehen, wie sich über tausend Hände gleichzeitig zu einer machtvollen Demonstration erhoben, um dem Allerhöchsten ihre Anbetung darzubringen.

Dieses lebendige Glaubensbekenntnis brachte die Gegenwart Gottes in den Saal und jeder verspürte sie übermächtig und wurde vom Wirken des Heiligen Geistes ergriffen. Es war eine Form der Anbetung, wie sie biblischer nicht sein konnte, und Gott goss seinen Geist über den Häuptern der nach der ewigen Wahrheit des göttlichen Wortes Dürstenden aus. In meinen Gedanken formten sich die Worte Jesu, als er den Pharisäern, denen das laute Loben der Taten Gottes durch die Jünger nicht behagte, zurief: Wo diese werden schweigen, da werden die Steine reden!

Dann predigte Siegfried Müller in der Vollmacht des Geistes. Voller Aufmerksamkeit lauschten die Zuhörer der Wortverkündigung und über den Anwesenden standen unsichtbar die Worte Jesu: Himmel und Erde werden vergehen; aber meine Worte werden nicht vergehen!

Am Ende der Predigt rief Siegfried Müller zur Entscheidung für Jesus Christus auf und viele kamen zum Gebet nach vorn, teils mit Tränen in den Augen, um dem Heiland ihr Leben zu weihen.

Selbst nach Beendigung des offiziellen Gottesdienstes diente dieser Mann Gottes noch über eine Stunde seelsorgerlich. Als er mit dem letzten Kranken gebetet hatte, es war kurz vor 20 Uhr, also sechs Stunden nach Beginn des Dienstes, wirkte er zwar körperlich erschöpft und abgespannt; aber auf seinem Gesicht lag ein wunderbarer Glanz stillen Glücks und tiefster Freude darüber, dass ihm der Herr die Gnade geschenkt hatte, ein Botschafter an Christi Statt zu sein.

Nach diesem Erlebnis wusste ich es genau, dass ich diese 1000 Kilometer nicht umsonst gefahren war. Denn es war ein Weg, von dem Gott schon zu David gesprochen hatte: „Ich will dich unterweisen und dir den Weg zeigen, den du gehen sollst."

Soweit der Bericht jenes Mannes.

Zum Schluss möchte ich noch von einem weiteren Geschehen berichten, das ich im Berner Kursaal erlebt habe. Der Saal war gut besetzt. Es waren auch einige Kranke darunter, wie üblich bei unseren Gottesdiensten.

Wie ich später erfuhr, hatte man an diesem Tag u. a. eine schwer krebskranke Frau mit dem Auto eigens vom Kanton Zürich nach Bern gebracht. Sie hieß Dolly Ehry, war Schweizerin und sechzig Jahre alt.

Als für die Kranken gebetet wurde, nahm sie ihre letzte Kraft zusammen, erhob sich von ihrem Stuhl und ging, gestützt von ihrer Nichte, nach vorn zum Altar. Diese Nichte und ihre Mutter, eine leibliche Schwester von Frau Ehry, begleiteten sie.

Alle im Saal sahen diese sterbenskranke Frau, wie sie voller Hoffnung an die göttliche Heilungskraft sich erhoben hatte, während die Fürbitte der Gläubigen jeden ihrer Schritte begleitete. Nachdem mit ihr gebetet worden war, schien es im Augenblick, als habe sie der Herr berührt. Die Kraft Gottes schien über sie gekommen zu sein und sie konnte ohne fremde Hilfe wieder allein laufen.

Kurz darauf hatte sie das Bedürfnis, sich etwas auszuruhen. Sie ging, da die vorderen Stühle alle besetzt waren, hinter den Bühnenvorhang und setzte sich auf einen Stuhl. Und da geschah es. – Sie verlor das Bewusstsein und musste auf den Boden gelegt werden. Alle Farbe war aus ihrem Gesicht gewichen. Die Nichte nahm ihr die Zahnprothese aus dem Mund und griff nach ihrem Puls, der immer schwächer wurde, bis er schließlich gar nicht mehr zu fühlen war. Ihr Mund stand halb offen in dem leichenblassen Gesicht. Kein Atemhauch und kein Lebenszeichen waren mehr ersichtlich. Über ihr war bereits der dunkle, unverkennbare Schatten des Todes.

Ich stand ahnungslos am Rednerpult und leitete den Gesang der Gemeinde. Jemand gab mir durch ein Handzeichen zu verstehen, dass ich eiligst hinter den Bühnenvorhang kommen solle. Die Gemeinde sang aber weiter und lobte den Herrn.

Dann aber bot sich für mich hinter dem Vorhang ein Bild des Grauens, das ich wohl in meinem ganzen Leben nicht mehr vergessen werde: Dolly Ehry lag tot am Boden.

Als mich fassungslos die Nichte anschaute, sagte sie: „Dolly ist gestorben.“ In meinem Herzen schrie ich zum Herrn: „Mein Gott, lass das doch bitte nicht zu! Im Saal sind viele hundert Menschen, die alle hierher kamen, um deine Herrlichkeit zu erleben. Wir haben doch Erweckungsgottesdienste und feiern keine Sterbestunden.

Es schien, als würde die ganze Hölle triumphieren, während ich vor der Verstorbenen stand. In mein Ohr flüsterte Satan: „Siegfried, das ist nun das Ende deiner Gottesdienste in der Schweiz. Die Boulevardpresse wird darüber berichten und schreiben: „In Müllers Erweckungsgottesdiensten sterben die Menschen.“

Ich rang in der Tat mit dem Tod und gebot ihm, sein Opfer freizugeben. Zu Gott aber flehte ich und sagte: „Herr Jesus, hilf mir bitte in diesem Augenblick und erwecke, hole sie wieder ins Leben zurück.“

Kaum war das letzte flehende Wort des Gebets über meine Lippen gekommen, da redete der Herr zu meinem Herzen: „Fürchte dich nicht, sondern handle jetzt so, wie es damals Elisa bei dem toten Jungen der Schunemiterin tat (2 Kön 4,34). Diese göttliche Anweisung befolgte ich umgehend und kniete vor die Verstorbene, öffnete ihren erstarrten Mund, holte tief Luft, legte meinen Mund auf den von Schwester Dolly und blies ihr zweimal so fest ich nur konnte meinen Odem ein.

Daraufhin hustete sie kurz, öffnete ihre Augen, sah mich verwundert an und sagte: „Bruder Siegfried, jetzt war ich gestorben!" „Ja", erwiderte ich zu ihr, „der Herr Jesus hat dich wieder in diese Welt zurückgerufen."

Ich weiß nicht, ob mir jemand nachfühlen kann, wie mir in jener Situation zumute war, in welcher ich mich noch niemals zuvor befunden hatte.

Aus einer drohenden Niederlage wurde ein gewaltiger Sieg zur Ehre Gottes errungen. Jesus hat den Tod durch seinen Auferstehungssieg entmachtet!

Als ich hernach wieder einmal in einem Gottesdienst in Zürich war, begrüßte sie mich freudestrahlend. Wir umarmten uns glücklich und dankbar. Anschließend gab sie aus übervollem Herzen und in tiefer Liebe zu ihrem Heiland ein lebendiges Zeugnis über dieses unvergessliche Erlebnis damals in Bern.

Im Herbst 1982 erhielten wir in Karlsruhe einen Brief von Frau Ehry, in dem sie erneut ihren Herrn lobt und preist. Ich möchte ihn nachfolgend auszugsweise wiedergeben: „Lieber Pastor Müller, es erfüllt mich mit großer Dankbarkeit, dass es mir geschenkt war, vor drei Tagen inmitten eures Gottesdienstes in Zürich gewesen zu sein. So viel Freude hat schon lange nicht mehr in meinem Herzen gewohnt. So kann ich wieder erneut loben und danken; denn das Singen und Preisen bahnt den Wundern Gottes den Weg, bis es meinem herrlichen Meister gefällt, mich heimzuholen.

Du sagtest: ‚Aufgeweckt vom Tode, und sie lebt immer noch!' Ja, das stimmt, weil es dem Herrn so gefällt. Ich werde meinen großen Gnadentag nie vergessen! Es ist doch wunderbar, dass eine kleine Schwester in ihren körperlichen Nöten zum großen Bruder Jesus gehen darf. Dafür danke ich ihm aus tiefstem Herzen. Wir alle brauchen Jesus. Und ich weiß, wenn ich seine Hand auch nur für kurze Zeit loslassen würde, wäre ich verloren.

Mit einem freudigem Herzen darf ich bekennen, dass Gott seinen überschwänglichen Reichtum und seine Herrlichkeit gnadenvoll über mich ausgelassen hat. Der Herr hat mich bei meinem Namen gerufen und auch mit seinem Heiligen Geist getauft vor rund einem Jahr. All das hätte ich gerne noch im letzten Gottesdienst den vielen hundert Besuchern in Zürich sagen wollen, aber mein Herz schlug mir vor Aufregung bis zum Hals, und so gab ich ‚nur' Zeugnis von meiner Heilung.

Doch das Öl der Freude ist erneut bis zum Rande nachgefüllt worden und in meiner körperlichen Zerbrechlichkeit regiert nun mit aller Kraft und Stärke mein Jesus. Ich bitte, dass auch bei dir und deinen Mitbetern die Heerscharen des Himmels weiterhin immer gegenwärtig sind. Gott segne dich …"

Übrigens, nach Erscheinen der ersten Auflage dieses Buches wurde diese Totenauferweckung von einem Kritiker natürlich angezweifelt, als hätte Dolly Ehry solche „Anfälle" des Öfteren gehabt. Nach Rücksprache mit ihr bestätigte sie mir in einem Brief wie folgt: „Anfälle, wie von bösen Zungen behauptet wurde, kenne ich nicht und habe sie nie gekannt."

Schwester Ehry lebte nach ihrer Erweckung vom Tode – das war genau am 4. Februar 1979 in Bern – noch über acht Jahre. Ihre Nichte teilte uns dazu unter anderem mit, dass sie in dieser Zeit „für viele Menschen ein lebendiges Zeugnis dafür war, dass Jesus lebt". Sie fuhr dann bezeichnenderweise fort: „Das Wort in 2. Korinther 12,9, ‚Meine Kraft ist in den Schwachen mächtig', wurde im Leben meiner Tante sichtbar auch für andere …"

Am 3. Mai 1987 holte der Herr Dolly Ehry heim in seine Herrlichkeit. Sie war bereit diese Welt zu verlassen. In ihrem letzten Brief, den sie uns nach Karlsruhe geschrieben hatte, zitierte sie aus Psalm 34:

„Den Herrn will ich preisen zu jeder Zeit; nie will ich aufhören, ihm zu danken. Der Herr ist gütig, wie glücklich sind alle, die bei ihm Zuflucht suchen."

Dann fügte sie in der ihr eigenen zutiefst gläubigen Art noch hinzu: „Wenn es Zeit wird abzuscheiden, werde ich in des Herrn Herrlichkeit eingehen. Ist das nicht wunderbar? Meine Gratwanderung ist voll Freude. Sie führt zum Sieg, dies ist mir verheißen."

16
Alle eure Sorgen werfet auf ihn

Der Herr Jesus möchte nicht, dass wir nur zu ihm kommen, wenn wir körperliche Heilung brauchen. Es ist sein Wille, dass wir uns in allen Anliegen des persönlichen und täglichen Lebens an ihn wenden und seine Hilfe suchen. Darum sagt auch die Bibel im 1. Petrusbrief: „Alle eure Sorgen werft auf ihn; denn er sorgt für euch." Er will uns in allen Belangen helfen, uns aus aller Not erretten und unsere müden Seelen erfrischen, zur Verherrlichung seines Namens.

Die Erfahrungen, die wir gemacht haben, und die Zeugnisse, die uns inzwischen zu Tausenden zugegangen sind, sind ergreifend, glaubensstärkend und Gott verherrlichend, und es gehört zu den erregendsten Erlebnissen, die Verheißungen im Wort Gottes persönlich zu erfahren.

Eine an Jesus Christus, den Messias, gläubige Jüdin aus der Schweiz schrieb uns in einem ausführlichen Brief unter anderem: „Letzten Sonntag war ich zum ersten Mal in Karlsruhe. Da habe ich erst so richtig begriffen, warum Ihr Missionswerk ‚Der Weg zur Freude' heißt."

Dann beschrieb sie zunächst ein paar organisatorische Einzelheiten, vom freundlichen Empfang auf dem Parkplatz bis zum gastfreundlichen Service im Haus selbst, bevor sie begeistert feststellte: „Als ich den Gottesdienstraum betrat, spürte ich sofort: Hier wohnt Gott. Mich empfing spürbar eine Atmosphäre aus tiefer Gläubigkeit, Liebe, Frieden und Angenommensein.

Die Freude, die hier herrscht, ist ansteckend und überträgt sich unmittelbar auf alle Menschen, die in diesem Haus zusammenkommen. Es ist eine Freude ganz besonderer Art, eine Frucht des Heiligen Geistes." Und dann fügte sie ihren Ausführungen mit einem Anflug des Bedauerns bezeichnenderweise noch hinzu: „Leider gibt es vielerorts kein so frohmachendes, gläubiges und ansteckendes Christentum, wie ich es in Karlsruhe erlebt habe.“

Wir wurden schon oft von den verschiedensten Seiten – unter anderem auch bei Rundfunkinterviews – nach dem Grund unseres so genannten Erfolgs hier in Karlsruhe gefragt. Darauf gibt es nur eine Antwort: Wir haben die Kraftquelle des Universums, den Heiligen Geist, im Glauben in Anspruch genommen. Dadurch ist Gott in Karlsruhe unmittelbar selbst am Werk, durch den Heiligen Geist. Und so dürfen wir den Beweis erbringen, dass Gott lebt, hier in Karlsruhe.

Das ist ein faszinierendes geistliches Erleben ohne Ende und wir dürfen so mithelfen, das 29. Kapitel der Apostelgeschichte zu schreiben. Kaum etwas anderes ist so erregend wie die Wirklichkeit Gottes, wenn wir sehen dürfen, wie unsere Gebete erhört werden und wie sich der Herr mitten unter uns durch Zeichen und Wunder offenbart.

Jemand hat einmal gesagt: „Wer sich mit der Wirklichkeit des Wirkens Gottes in unseren Tagen auseinandersetzt, der kann – und das darf ohne Übertreibung gesagt werden – an Karlsruhe nicht vorbeigehen. Ja, es gibt auch heute noch – Lob und Dank – Orte und christliche Gemeinschaften, wo der Herr seine Macht und Herrlichkeit in wunderbarer Weise offenbart. Aber dazu bedarf es der Knechte Gottes, die sich auf allen ihren Wegen ausschließlich nur von seinem Geist leiten lassen, die einen Glauben praktizieren, der zum Sieg führt. Die allein auf die befreiende Kraft des Blutes Jesu bauen, die es mit den Forderungen der Bibel ernst nehmen und die bereit sind, allein nach den Maßstäben Gottes zu handeln.

Wir brauchen darüber hinaus Gemeinden, bei denen die Kraft Gottes real ist; wo die Bibel noch gelehrt und gepredigt wird; wo das Feuer des Geistes brennt, wo Männer am Altar stehen, die von Gott gehört und ihn persönlich erlebt haben und denen es nichts ausmacht, was die ungläubige Welt von ihnen denkt.

Männer, die um verlorene Seelen weinen und sich mit den Erlösten freuen; die mit Feuer im Herzen und in der Kraft des Heiligen Geistes predigen und von denen Gott sagen kann, wie es im Buch des Propheten Jesaja im 42. Kapitel geschrieben steht: ‚Siehe, dies ist mein Knecht, ich halte ihn, und ein Auserwählter, an dem meine Seele Wohlgefallen hat, ich habe ihm meinen Geist gegeben …'"

Ein katholischer Geistlicher hat während eines Gottesdienstes in Karlsruhe sein Erstaunen und seine innere Ergriffenheit mit den bewegten Worten zum Ausdruck gebracht: „Ich bin eine Strecke von 250 Kilometern hierher gefahren, um unter Freunden zu sein. Und jeder, der hierher kommt, an diesen Ort, ganz unvoreingenommen, wird sich fragen, was zieht wohl so viele Menschen nach Karlsruhe, was ist das Geheimnis, dass das Missionswerk einen solchen Zuspruch hat?"

Er begründete es dann unter anderem mit einer großen Sehnsucht, einem Fragen, einem Suchen und Verlangen nach dem Wort Gottes. Wenn so viele Menschen Sonntag für Sonntag nach Karlsruhe kommen, so sah der katholische Pfarrer die Ursache darin, dass das verlangende Herz der Menschen heute das Gleiche geblieben ist wie in biblischen Zeiten, die Sehnsucht nach einer geistlichen Orientierung inmitten der Finsternis unserer Tage und das Verlangen nach Heiligung und Befreiung. Von der lebendigen und der überzeugenden Verkündigung in Vollmacht hier in diesem Haus gehe eine Faszination aus.

Wer auch nur ein wenig Gespür habe für eine geistliche Atmosphäre, der würde unweigerlich erkennen, dass in diesen Gottesdiensten die Menschen erwartungsvoll und offen sind, dass hier etwas lebendig ist, was nicht Menschenwerk ist, sondern wo der Geist Gottes wirkt.

Wörtlich fügte er hinzu: „Die vielen toten Gemeinden, die es heute auch gibt, sind ein Zeichen der Abwesenheit des göttlichen Heiligen Geistes, obwohl sich die Menschen heute nach diesem Geisteswirken sehnen. Doch nur dort, wo die Salbung des Geistes spürbar ist, kann Gemeindewachstum verzeichnet werden. Wer den Weg Gottes geht, durch den wirkt der Herr auch, und er wird ein Zeuge in dieser Welt."

Als eine besondere Freude habe ich es seinerzeit auch empfunden, als mich eine Frau aus Weikersheim brieflich wissen ließ: „Als Christin einer konfessionellen Gemeinde habe ich bei Ihnen in Karlsruhe die Geistestaufe erleben dürfen. Dafür bin ich unserem gemeinsamen Herrn Jesus Christus so dankbar und möchte in meiner Gemeinde ein lebendiges Zeugnis sein."

Gott wirkt vielfältig. Man könnte sagen, wenn Jesus auftritt, dann ist er immer originell. Er kümmert sich um alles im Leben derer, die ihm angehören, und die Bibel fordert uns, wie gesagt, ausdrücklich auf, alle unsere Sorgen und Anliegen auf ihn zu werfen, denn er sorgt für uns.

Wir haben in diesem Zusammenhang schon die verblüffendsten Varianten erlebt. Ob es sich um Befreiung von Gebundenheiten, die Bewältigung schwieriger familiärer Probleme, wirtschaftliche Not oder um die Erfüllung sonstiger ungewöhnlicher Wünsche handelte. Die Bibel sagt in 1. Samuel 14,6: „Es ist dem Herrn nicht schwer, durch viel oder wenig zu helfen." Außerdem bringt es die Bibel wiederholt und unmissverständlich zum Ausdruck, dass ihm im Grunde genommen überhaupt nichts unmöglich ist.

Ich erinnere mich noch genau an den Tag. Es war kurz vor Weihnachten. Nach dem Gottesdienst stand plötzlich ein Mann vor mir. Er sagte, er käme aus der Nähe von Zürich und hätte mir vor einiger Zeit bereits geschrieben, dass seine Frau sich von ihm scheiden lassen wolle. Es sei bereits schon ein Termin beim Friedensrichter festgesetzt. Dadurch sei er in große Not geraten, denn er fühle sich schuldig. Und zu meiner und wohl auch zu seiner eigenen Verblüffung setzte er dann plötzlich und erstaunt hinzu: „Da drüben steht sie ja", und damit zeigte er auf seine Frau. Beide waren sonderbarerweise völlig unabhängig voneinander nach Karlsruhe gekommen. Jeder in seiner eigenen Not und keiner wusste zunächst vom anderen. Doch es war Gott, der sie hierher geführt hatte …

Nachdem ich gewartet hatte, bis sich der Mann von seiner Überraschung erholt hatte, nahm ich ihn bei der Hand und ging mit ihm direkt auf die Frau zu. Sie war in diesem Moment ebenso maßlos erstaunt, sodass sie nur noch sprachlos ihren Mann anstarren konnte und ihn verwundert fragte: „Wie kommst du denn so urplötzlich hierher …?"

Kurz entschlossen sagte ich den beiden: „Ihr seid hier im Hause des Herr und da Gott euch beide zusammengeführt hat, solltet ihr euch nun die Hand geben und einander vergeben."

Die Frau zögerte zunächst zwar noch, zumal ihr Mann ihr großes Leid zugefügt hatte. Doch der Heilige Geist wirkte an ihrem Herzen, sodass sie ihrem Mann die Hand gab. Ich legte dann meine Hände auf die der beiden Eheleute und bat Gott, dass er den Hass von ihrem Herzen nehmen möge, dass sie beide wieder zueinander finden und die Ehe gerettet werde.

Und siehe, Gott gab Gnade. Der Mann bereute die Verfehlungen seiner Frau gegenüber und händchenhaltend verließen sie dann gemeinsam den Gottesdienstsaal, versöhnt und im Frieden mit Gott. Jesus gibt uns in Johannes 16,20 die herrliche und köstliche Verheißung: „Eure Traurigkeit wird zur Freude werden."

Eine Frau aus der Pfalz, die ebenfalls in Scheidung lebte, hörte an einem Sonntagmorgen meine Predigt über Radio Luxemburg. Meine Predigt stellte ich unter das Thema: „Haltet die Festung." Darin zitierte ich unter anderem Johannes 14,18: „Ich will euch nicht als Waisen zurücklassen; ich komme zu euch."

Danach fuhr ich fort: „Auch heute noch gilt diese Zusage allen Gotteskindern. Manchmal scheinen die Probleme zwar unüberwindbar und die Zukunft dunkel. Aber gerade dann dürfen sich die Kinder Gottes an diese Zusage halten. Verzagen Sie darum nicht und werfen Sie Ihr Vertrauen nicht weg, denn der, dessen Name Jesus ist und dem alle Macht gegeben ist im Himmel und auf Erden, er hilft auch Ihnen ganz gewiss. Oft sieht es zwar so aus, als wenn der Feind den Sieg davontragen würde, aber gerade dann, wenn unsere Kraft am Ende und die Not am größten ist, ist die Hilfe des Herrn am nächsten."

Während der Predigt wurde so geführt, dass ich ganz intuitiv sagte: „In meinem Herzen fühle ich, dass ich gerade jetzt einem Ehepaar, das sich in Not befindet, über den Sender sagen soll: Denken Sie nicht, dass Ihr Zustand hoffnungslos sei und jede Hilfe zu spät kommt. Verzagen Sie nicht, denn der Herr hilft Ihnen. Jesus ist jetzt da, er weiß, was Ihnen Sorgen bereitet. Er wird alles wohl machen, denn er ist der Sieger über jede Macht des Feindes. Sein Sieg ist auch unser Sieg."

Diese Worte hatten die Frau am Radio mitten ins Herz getroffen, und kaum war die Predigt zu Ende, ging sie zu ihrem Mann und versöhnte sich wieder mit ihm.

Es ist immer wieder erstaunlich, wenn wir die Feststellung machen dürfen, wie ungewöhnlich der Herr handelt. Da meine Predigten am Radio vom Band laufen und darum zeitversetzt sind, ist es umso erstaunlicher, dass immer wieder bestimmte Aussagen ausgesprochen aktuell sind, das heißt, für eine bestimmte Situation zu einer bestimmten Zeit zutreffend. Dafür gibt es nur eine Erklärung: Gott selbst führt Regie!

In all den vielen Jahren, in denen ich über Briefwechsel oder persönlich mit den verschiedensten Belangen der Menschen in Berührung gekommen bin, habe ich immer wieder die uneingeschränkte Wahrheit der biblischen Verheißung erfahren dürfen: „Trachtet zuerst nach dem Reich Gottes und nach seiner Gerechtigkeit, so wird euch das alles zufallen." Das sind Worte Jesu aus der Bergpredigt.

Vor einiger Zeit zeigte mir Gott während des Gottesdienstes, dass ein Mann da sei, der sich das Leben nehmen wolle. Das Wasser stand ihm bereits bis zum Hals, wie man im Volksmund sagt. Gleich nach der Andacht kam dann auch ein circa zwei Zentner schwerer Mann zu mir in den Ausspracheraum und bat um ein seelsorgerliches Gespräch. „Herr Müller", sagte er, „ich bin heute zum ersten Mal hier in Karlsruhe im Gottesdienst. Können Sie mir helfen? Ich habe schreckliche Depressionen und habe mir aus reiner Verzweiflung vor einigen Wochen eine Giftspritze verpasst. Ich wollte meinem Leben ein Ende machen. Längere Zeit lag ich daraufhin im Koma. Die Ärzte im Krankenhaus kämpften um mein Leben. Vorübergehend war ich sogar schon klinisch tot. Als ich wieder zu mir kam, sagte man mir, dass unter tausend nur einer so etwas überleben würde. Ich sei der eine."

Dann sagte mir dieser Mann weiter: „Stellen Sie sich vor, Herr Müller, während der ganzen Zeit des klinischen Todes roch ich nur Schwefel und nochmals Schwefel. Ich war vor den Toren der Hölle. Können Sie mir helfen…?" fragte er ein zweites Mal.

Selbstverständlich betete ich anschließend für diesen armen und geplagten Mann und er zog danach erleichtert und mit einem tiefen Frieden im Herzen seine Straße.

Es kommt immer wieder vor, dass Gott mir in einer Vision die erschreckende Not von Menschen offenbart, die regelrecht am Rande des Abgrunds stehen. Selbstmordabsichten sind heutzutage in einer Welt, die, wie die Bibel es sagt, vom Teufel beherrscht wird, nichts Seltenes mehr. Und so kam während oder nach dem Gottesdienst schon so mancher verzweifelte Besucher nach vorn, um über seiner großen Not mit sich beten zu lassen.

Oft war es für ihn die letzte Gelegenheit zur Rettung, denn zu Hause hatte er bereits schon alle Vorbereitungen getroffen, um mit Strick, Revolver oder Tabletten seinem Leben ein Ende zu machen. Alle möglichen Variationen diesbezüglich habe ich schon erlebt.

Ich habe aber auch – Lob und Dank sei dem Herrn dafür – erleben dürfen, wie sich gerade an solchen Menschen das Wort aus Psalm 91 bewahrheitet, wo es heißt: „Zuflucht wirst du haben unter seinen Flügeln ... dass du nicht erschrecken musst vor dem Grauen der Nacht, vor den Pfeilen, die des Tages fliegen, vor der Pest, die im Finstern schleicht, vor der Seuche, die am Mittag Verderben bringt ..."

Zu all diesem Elend haben wir es in der Seelsorge ferner auch noch oft mit okkulten Belastungen aller Art zu tun, was heutzutage bereits zu einer Epidemie geworden ist. Auch hierbei muss der Herr immer wieder eingreifen und Menschen von allen möglichen satanischen Bindungen befreien. So dürfen wir in Karlsruhe auch hierbei auf Jesu Zusage vertrauen, als er sagte, dass er gekommen sei, um die Werke des Teufels zu zerstören. Die Liebe des Herrn ist vielfältig und seines Segens und seiner Fürsorge für uns hat es kein Ende.

Das betrifft auch materielle Gegebenheiten, denn die Bibel sagt, Gott will, dass es uns in allen Dingen gut geht. Ich betone immer wieder mit Nachdruck, wenn wir Gott das Seine geben, wird er uns über die Maßen reich segnen. Er lässt sich nichts schenken. Ich weiß unter anderem von einem Unternehmer, der seit Jahren treu zu unserer Gemeinde gehört und sogar weit über seinen Zehnten gibt, dass er eines Tages fast hilflos ausrufen musste: „Herr, mach langsam, ich kann die vielen Aufträge kaum noch bewältigen…“ So sehr hat ihn Gott gesegnet.

Und dies in einer Branche, die aufgrund von Billigimporten aus dem Ausland seit Jahren schon ausgesprochen krisengeschüttelt wird. Während rings um ihn eine Firma nach der anderen zusammenbrach oder Kurzarbeit anmelden musste, blühte und florierte sein Geschäft wie nie zuvor.

Eine Ärztin aus Köln hatte sich zu Beginn ihres Glaubenslebens entschlossen, in biblischem Gehorsam dem Herrn den Zehnten zu geben. Sie tat es zunächst ohne „Erfahrung“. Um so erstaunter war sie, als sie nach ganz kurzer Zeit vom Finanzamt eine Steuerrückzahlung in völlig unerwarteter Höhe erhielt. Davon gab sie dann wiederum den Zehnten und fortan wurde sie in nahezu allen ihren persönlichen Bereichen über die Maßen reich gesegnet. Heute ist sie ein glückliches Gotteskind.

Der Inhaber einer Fachagentur für Marketing und Kommunikation aus der Nähe von Tuttlingen – also jemand, von dem man annehmen darf, dass er sich in geschäftlichen Dingen auskennt – wollte es einmal ganz genau wissen, wie das mit dem Zehnten ist. Nachdem ein telefonischer Meinungsaustausch vorausgegangen war, bestätigte er mir einige Zeit später schriftlich:

„Lieber Pastor Müller! Ihre Vermutung wegen des Zehnten war richtig. Dem Missionswerk habe ich vor einigen Tagen den entsprechenden Betrag von meinem jüngsten Auftrag geschickt. Sowohl in Karlsruhe als auch bei den verschiedensten Evangelisationen des Missionswerkes durfte ich inzwischen schon viel Segen, auch in Form von Heilung erfahren.“

Schon der weise König Salomo sagte: „Ehre den Herrn mit deinem Besitz, mit den Erstlingen all deines Ertrages. Dann füllen sich deine Speicher mit Vorrat, und von Most fließt über deine Kelter“ (Spr 3,9+10). In diesen Versen erfahren wir ein Stück des Geheimnisses, das den göttlichen Segen betrifft. Umgekehrt haben viele Menschen deshalb Mangel, weil sie für Gott und seine Sache nichts übrig haben. Darum liegt auch kein Segen auf ihrem Tun und ihren Gütern.

Ein Bauunternehmer aus Württemberg bewarb sich in seinem Dorf um die Rohbauarbeiten im Zusammenhang mit der Erstellung einer Mehrzweckhalle. Zusammen mit ihm hatten gleichzeitig ein Dutzend weiterer Unternehmer Angebote eingereicht. In dieser Situation rief er kurzerhand beim Missionswerk in Karlsruhe an. Unter anderem meinte er besorgt, es wäre für ihn regelrecht blamabel, wenn er in dem Ort, wo er wohnt und wo ihn auch jeder kennt, den Auftrag nicht bekommen würde. Ich betete daraufhin mit ihm und wir übergaben die ganze Angelegenheit dem Herrn. Wenige Tage später erhielt er den Auftrag.

Sorgen ist des natürlichen Menschen tägliches Brot. Gott will uns aber unsere Sorgen abnehmen. Das hat er uns nachdrücklich wissen lassen und darum heißt es auch in der Bibel: „Alle eure Sorgen werfet auf ihn.“

Eine Familie in Österreich, die zu den Freunden des Missionswerkes gehört, hatte im Zusammenhang mit ihrem Hausbau finanzielle Schwierigkeiten. Bevor sie jedoch einen teuren Kredit aufnahmen, übergaben sie das Problem dem Herrn. Von dem wenigen, was sie in dieser Situation noch frei zur Verfügung hatten, überwiesen sie den zehnten Teil nach Karlsruhe. Ich schrieb ihnen dann einen Brief, in dem unter anderem zu lesen stand, dass Gott sich nichts schenken lässt und oft in ungeahnten Dimensionen wieder zurückgibt.

Das Ehepaar antwortete uns kurze Zeit später: „Wie groß war unser Erstaunen, als uns dieser Tage Handwerker Rechnungen brachten, die bis zu einem Sechstel niedriger als der Kostenvoranschlag waren, und dies nach Preis- und Lohnerhöhungen. Die Differenz war genau das Hundertfache unserer Spende, die wir dem Missionswerk in Karlsruhe gegeben hatten. An diesem Abend konnten wir nicht einschlafen, weil wir kaum begreifen konnten, wie groß unser Gott ist. Überhaupt, seit wir in Verbindung mit ihrem Missionswerk stehen, erleben wir ständig Wunder…"

Wie oft kommen Hilfesuchende zu mir und bitten um Rat, weil sie vor lauter Schulden nicht mehr ein noch aus wissen. Das Erste, was ich solche Leute frage, ist, ob sie Gott den Zehnten ihres Einkommens geben. Da kommen dann die meisten ganz schnell in Verlegenheit. „Ach ja", sagen manche, „wir geben schon unsere Opfer, wie wir es gerade können…"

Mit solchen Halbheiten gab sich jener Finanzkaufmann aus Bretten in Baden allerdings nicht ab, der sein begeistertes Schreiben an uns mit den fröhlichen Worten begann: „Einen wunderschönen guten Tag, Herr Müller! Seit einiger Zeit bin ich begeisterter Anhänger Ihrer Telefonandachten. Ich kam auf Ihre Telefonnummer bei der Suche nach einer Telefonmarketingfirma im Karlsruher Raum. Die habe ich bis heute noch nicht gefunden.

Was ich jedoch bei Ihnen gefunden habe, ist mit Marketing nicht aufzuwiegen. Da ich Unternehmer bin, dachte ich, dass mein Trost sowie die Zuversicht, gute Geschäfte zu realisieren, von meiner Umwelt kommen müsste. Das war aber ein Trugschluss. Wann immer ich nunmehr vor einem Geschäftsabschluss stehe, höre ich mir Ihre Telefonandacht an und ich muss sagen, es hilft grandios."

Zweieinhalb Jahre war ein junger Mann arbeitslos. Da er verheiratet war und zwei Kinder hatte, war die Not groß. Im

Gottesdienst in Karlsruhe erfuhr er, dass unser großer Gott einen Weg auch in seiner „Wüste“ hat, und nachdem er gelernt hatte, in allen Lebenslagen den Herrn zu loben und zu preisen, dauerte es nicht lange und er bekam bei einem renommierten Konzern eine ausgezeichnete Stellung.

„Wer mit seinen Lippen Dank opfert, dem zeige ich mein Heil…“, lesen wir in Psalm 50.

In einem Brief bedankt sich eine Frau aus Aarau in der Schweiz: „Sie haben mit mir gebetet, dass ich die Autofahrprüfung bestehe. Ich hatte damit ein echtes Problem. Das Gebet wurde vor über einem Jahr bereits erhört. Gepriesen sei der Name des Herrn.“ Ja, Gott kümmert sich wirklich um alles.

In einem ähnlichen Fall schreibt eine Mutter, ebenfalls aus der Schweiz: „Lieber Pastor Müller, ich darf Ihnen etwas Wunderbares berichten. In meinem letzten Brief bat ich um Ihre Gebetshilfe für unseren Sohn Jonas. Er hatte große Mühe bei seinen Prüfungen (Ingenieurschule). In drei Fächern hatte er Durchschnittsnoten, die ihn im Herbstzeugnis ins Provisorium versetzt hätten. Nun haben ihm drei verschiedene Lehrer auf unerklärliche Weise die Noten in diesen Fächern aufgerundet (was gar nicht üblich ist) und er kann definitiv ins dritte Semester gehen. Bei Gott ist wirklich kein Ding unmöglich.“

„Ich kann nur staunen, lieber Pastor Müller, dass der Herr so schnell Gebet erhört“, lesen wir in dem Schreiben glücklicher Großeltern aus Nürnberg. „Bereits bevor mich Ihr erster Brief erreichte, konnten wir an unserem Enkelkind feststellen, dass es mit den Schulaufgaben wunderbar klappt und dies inzwischen im Zeugnis bestätigt wurde.“

Gott ist immer bestrebt, seine Kinder glücklich zu machen und die Anleitungen zu unserem Glück finden wir in seinem Wort, wo es unter anderem heißt: „Glücklich ist, wer dem Herrn vertraut“ (Spr 16,20).

Eines Tages berichtete uns ein Mann aus Liebefeld in der Schweiz, dass er ernsthafte Sorgen wegen seines Arbeitsplatzes habe. Darauf schrieb ich ihm: „Sie werden die Hilfe erfahren, auf die Sie warten..." Kurz darauf kam postwendend die Antwort: „Trotz Rationalisierung konnte ich meinen Arbeitsplatz behalten. Ich danke unserem Herrn für seine herrliche Verheißung, dass denen, die Gott lieben, alle Dinge zum Besten gelingen."

Meine Briefe, die ich schreibe, die unter viel Gebet das Missionswerk verlassen und nicht selten an Menschen adressiert sind, die sich in großer Not befinden, hinterlassen in der Tat immer wieder ungeahnte Segensspuren. So ließ uns ein Mann aus Bremen wissen: „Nicht nur, dass auch ich schon körperliche Heilung bei einem Evangeliumsfeldzug des Missionswerkes in Hannover erleben durfte und auch durch Ihre Botschaft im Radio immer sehr gesegnet werde, darf ich Ihnen darüber hinaus mitteilen, dass bisher alle Verheißungen in Ihren Briefen präzise eingetroffen sind; und Sie schreiben mir nunmehr bereits seit Jahren schon, und zwar monatlich, wenn meine Missionsspende bei Ihnen eingeht. Ich darf dies zur Ehre des Herrn sagen und dem hinzufügen, dass ich es mir nicht nehmen lasse, dreimal am Tag für Sie und Ihre Mitarbeiter zu beten."

Die oben angeführte erstaunliche Feststellung ist übrigens kein Einzelfall. Immer wieder bestätigen mir Freunde des Missionswerkes, dass der Inhalt der an sie gegangenen Briefe nicht nur genau ihr Problem traf (von dem ich wohlweislich zuvor nichts wusste), sondern darüber hinaus auch dessen Lösung offerierte.

Aus Hagen in Nordrhein-Westfalen kam das Schreiben eines glücklichen und befreiten Mannes mit folgendem Inhalt: „Im Oktober letzten Jahres hatte meine Schwester Ihnen einen Brief geschrieben und Sie gebeten, für mich zu beten. Ich war Alkoholiker. Von diesem Brief wusste ich nichts. Als meine Schwester mich dann vierzehn Tage später besuchte und mich fragte, wie es mit dem Trinken sei, konnte ich ihr sagen, dass ich bereits seit zwei Wochen ‚trocken' sei. Da erzählte meine Schwester mir, dass sie Ihnen geschrieben habe.

Seitdem trinke ich nicht mehr und habe den Heiland gefunden. Für das große Wunder, das der Herr an mir getan hat, danke ich jeden Tag. Ich bin nunmehr ein glücklicher Mensch. Jetzt bin ich 60 Jahre alt. 40 Jahre lang hatte mich der Satan in seiner Gewalt. Nun weiß ich, dass der Herr Jesus bei mir ist bis an das Ende meines Lebens."

In einem ähnlichen Fall teilte uns eine Frau aus Bayreuth mit: „Vor über einem Jahr schrieb ich Ihnen von einer Trinkerin, die wir seit Jahren schon ohne sichtbaren Erfolg betreuten. Nunmehr hat im Zusammenhang mit Ihrer Gebetsunterstützung der treue Herr diesen Menschen aus tiefster Sündennot in einem Nu errettet. Aus einer durch den Alkohol an Leib und Seele vergifteten Frau wurde ein neuer Mensch und ein strahlendes Gotteskind, die nunmehr treu dem Herrn nachfolgt. Früher kam sie nie mit ihrem Haushaltsgeld aus und machte Schulden.

Seit ihrer Bekehrung übergab sie auch die Verfügung über ihr bescheidenes Haushaltsgeld dem Herrn und nunmehr reicht es immer. Sie preist den Herrn allezeit dafür, dass sie frei geworden ist von der Gebundenheit vom Alkohol und vom Rauchen. Vor unseren staunenden Augen sahen wir die Realität von 2. Korinther 5,17, wo es heißt: ‚Ist jemand in Christus, so ist er eine neue Schöpfung; das Alte ist vergangen, siehe, ein Neues ist geworden!' Heute ist diese liebe Schwester eine treue Beterin in unserem Hauskreis. Sie möchte am liebsten allen Menschen, die noch in Gottesferne leben, zurufen: Kommt zu dem Herrn Jesus, der Sünden vergibt, und werdet so glücklich und so frei, wie ich es durch Gottes Gnaden und Barmherzigkeit sein darf."

Verzweifelte Eltern aus Gifhorn in Niedersachsen schrieben uns nach Karlsruhe. Ihr Sohn Michael, 22 Jahre alt, war total dem Alkohol verfallen. Außerdem nahm er auch noch Drogen. Es dauerte nicht lange und er war frei. Seine Eltern bedankten sich überglücklich und bemerkten in ihrem Schreiben ferner: „Er braucht auch keine Disco und keine Kneipen mehr. Außerdem bekennt er auch anderen, was der Herr an ihm getan hat." Für Gotteskinder gibt es keinen Grund, vor dem Vernichtungswerk des Teufels zu resignieren oder gar zu kapitulieren, denn sie haben „einen Gott, der da hilft und vom Tod errettet", wie es der Psalmist sagt.

Wir haben im Schwäbischen treue Freunde des Missionswerkes. Viele von ihnen wohnen auf dem Land und haben dort ihre eigenen und spezifischen Sorgen. Als ich einmal während eines verregneten Sommers auf der Alb war, um am Wort zu dienen, kamen zwei Bauersfrauen auf mich zu und baten mich in naiv gläubiger Art: „Pastor Müller, nun beten Sie doch auch mal, dass das Wetter besser wird. Wir haben so viel Vieh zu versorgen und kriegen das Futter nicht heim, vor lauter Nässe. Wir brauchen endlich Sonnenschein."

Nach dem Gottesdienst haben wir dann zusammen gebetet. Ich sagte: „Herr, du siehst, dass die zwei Bauersfrauen gern heuen wollen, aber das Wetter ist nicht in Ordnung. Lass bitte morgen die Sonne scheinen..." „Danke, Pastor Müller", sagten sie, „danke, dass Sie für unser Anliegen gebetet haben." Und dann gingen sie zufrieden nach Hause, in kindlichem Glauben an die Aufforderung, Jesus zu vertrauen wie die Kinder.

Zu Hause sagten sie zu ihrem ungläubigen Nachbarn: „Du, Karl, morgen kannst du mähen..." Der winkte aber entschieden ab und entgegnete nur: „Das ist völlig unmöglich, denn der Wetterbericht sagt etwas ganz anderes."

„Nein, nein“, behaupteten die beiden Frauen fest. „Wir waren im Gottesdienst und haben beten lassen. Du kannst morgen mähen...“ Am nächsten Tag schien wunderbar die Sonne. Sie haben dann alle drei gemäht und konnten ihr Heu trocken und wohlbehalten heim in die Scheuer bringen. Der Herr hatte eingegriffen.

Um was sich der Herr doch alles kümmern muss. An einem Freitag im Herbst sagte ein ungläubiger Bauersmann zu seiner Frau, die oft nach Karlsruhe fährt, was er übrigens nicht gerne sieht: „Du, morgen werden Kartoffeln geerntet. Da gehst du nicht nach Nürnberg in den Gottesdienst...“ Wir hatten an diesem Tag einen evangelistischen Gottesdienst in der Meistersingerhalle.

Am nächsten Tag waren sowohl der Traktor als auch die Kartoffelerntemaschine aus unerklärlichen Gründen kaputt und die Frau war am Mittag pünktlich um 14 Uhr beim Gottesdienst in Nürnberg. Ich habe zwar die Fortsetzung dieser Geschichte nicht mehr erfahren, aber ich bin dessen ungeachtet sicher, dass die beiden Maschinen am Montag wieder voll funktionsfähig waren.

Es kommt aber noch origineller. Eine ältere Frau aus der Nähe von Karlsruhe, die treu unsere Gottesdienste besucht, inspizierte eines Tages die reifen Birnen auf ihrem Obstgrundstück. Während sie durch das hohe Gras ging, biss sie herzhaft in eine Birne. Als sie aber feststellte, dass die Birne angefault war, warf sie diese verärgert in hohem Bogen von sich. Im selben Augenblick aber merkte sie zu ihrem Entsetzen, dass sie zusammen mit der Birne gleichzeitig auch ihr Gebiss weggeworfen hatte. Sofort begann sie eifrig danach zu suchen. Aber alles Suchen war vergeblich. Das Gebiss war weg.

Verzweifelt ging sie von Baum zu Baum, aber ihr suchendes Bemühen war so ergebnislos, als wollte sie eine Stecknadel im Heuhaufen suchen. So ging sie dann traurig und voller Sorge nach Hause und überlegte, was sie nun noch tun könne.

Am nächsten Tag ging sie wieder zur Obstwiese. Aber diesmal packte sie es anders an. Sie gab Gott ein Versprechen und sagte: „Herr, ich weiß mir nicht mehr zu helfen, aber eines verspreche ich dir: Wenn du mir jetzt zeigst, wo meine Zahnprothese liegt, dann gebe ich dir das Geld, was eine neue kostet…"

Später erzählte sie mir freudestrahlend: „Ich greife unmittelbar danach seitlich zur Erde und schon hatte ich das Gebiss in der Hand." Vertraue auf ihn, er wird's wohl machen, sagt uns die Bibel mit gutem Grund. Es sei hier lediglich der Ordnung halber hinzugefügt, dass diese Frau ihr Versprechen natürlich umgehend einlöste und dem Herrn den entsprechenden Betrag gab.

Es ist im Allgemeinen schwer verständlich für jemanden, der keinen regelmäßigen Umgang mit Tieren hat, die Sorgen um das Wohl dieser Kreatur zu begreifen. So kam eine Frau aus Rottweil in den Gottesdienst nach Karlsruhe. In ihrer unbeholfenen Handschrift füllte sie eine Gebetskarte aus. Darin bat sie um Gebet für das kranke Pferd ihrer Tochter. Sie dachte sich ganz einfach, Gott hat alle seine Geschöpfe lieb, die Menschen und die Tiere.

Zwei Tage später stellte sie dann überraschend fest, dass das Pferd von ganz allein wieder an die Futterkrippe ging. Ihm fehlte nichts mehr. „Der Gerechte erbarmt sich seines Viehs", heißt es in Sprüche 12,10.

Ein ähnliches Problem hatten Geschwister in dem kleinen Dorf Siebeneich, unweit von Heilbronn. Sie schilderten ihr Erleben mit den Worten: „Durch eine schlimme Krankheit hatten wir in unserem Rindviehstall, hauptsächlich bei den Jungtieren, erhebliche Verluste. Trotz intensiver veterinärmedizinischer Bemühungen war dieser Krankheit nur schwer beizukommen.

Bedrückt durch dieses große Problem kamen wir, meine Frau und ich, zum Gottesdienst nach Besigheim. Am Ende des Gottesdienstes kamen Sie, Pastor Müller, auf mich zu und fragten mich, ob unser Vieh krank sei, denn der Herr habe Ihnen dies soeben gezeigt und er will unser Vieh wieder heilen. – Und so hat er dann auch, Lob und Preis sei seinem heiligen Namen, unsere Tiere wieder vollkommen gesund gemacht. Gott hat sein Wort aus Psalm 36,7 auch bei uns bestätigt, wo es heißt: ‚Herr, du hilfst Menschen und Tieren.'"

Dies erfuhr auf ihre Art auch eine Frau auf der Schwäbischen Alb, die eines Tages ein großes Problem mit einem ihrer Schafe hatte. Das Schaf hatte Junge bekommen und danach die Nachgeburt einfach aufgefressen. Dadurch bekam das Tier lebensbedrohende Vergiftungen, die zudem noch mit hohem Fieber verbunden waren.

Die Bäuerin machte sich darüber natürlich ernsthafte Sorgen, denn sie musste befürchten, dass das Tier verenden würde. Nachdem sie den Tierarzt gerufen hatte, konnte der ihr nur sagen, dass es in diesem Fall keine Hoffnung und auch kein Mittel gebe, das Tier noch zu retten. Man müsse das Schaf notschlachten.

Am Abend desselben Tages war die Bäuerin in unserem Gottesdienst in Albstadt, und da sie in ihrem Leben schon öfter Gottes wunderbares Eingreifen erlebt hatte, bat sie mich, mit ihr wegen des kranken Schafs zu beten. Das tat ich dann auch und am nächsten Morgen, als sie in den Stall kam, stellte sie fest, dass die unverdaulichen Fremdkörper, die das Schaf zuvor gefressen hatte, auf natürlichem Weg abgegangen waren. Das Tier fühlte sich wieder sichtlich wohl und fraß nach Herzenslust.

Wer Gott im Herzen hat und seinen Verheißungen vertraut, der braucht weder in guten noch in bösen Tagen zu sorgen. Er darf wissen, dass der Herr allezeit bei ihm ist, als Licht in der Dunkelheit, als Trost in traurigen Tagen, als Hoffnung und Zuversicht in der Not. Er gibt den Schwachen Kraft, den Verzagten Mut und den Verzweifelten Sieg.

Dies dürfen wir erproben, alle Tage unseres Lebens, und dabei erfahren, dass Gott immer seine Verheißungen getreu einlöst. Wir brauchen uns darum nicht zu fürchten. Der Psalmist sagt zu Recht, dass wir allein den Herrn fürchten sollen, denn wenn wir das befolgen, haben wir keinen Mangel (Ps 34,10).

17
Er heilet alle eure Gebrechen

Sobald wir erfassen, dass auch unser Leib am Erlösungswerk Jesu Christi auf Golgatha teilhat, ist es auch nicht mehr schwer zu erkennen, dass göttliche Heilung ein nicht unwesentlicher Bestandteil in der Bibel ist und dessen, was Gott für uns bereitet hat. Die Heilige Schrift ist voll von Verheißungen für unser körperliches Wohl und besonders im Neuen Testament lesen wir ausführlich über göttliche Heilung in Wort und Tat.

In den Berichten über Heilungen, die durch Jesus geschehen, erkennen wir seine große Liebe zu den Menschen, die Offenbarung göttlicher Macht, Kraft und Herrlichkeit, und dass er nicht nur der Heiland der Seele, sondern auch des Leibes ist. Der Erlösungstod Jesu am Kreuz von Golgatha schließt also beides ein, die Vergebung unserer Sünden sowie die Heilung von unseren körperlichen Krankheiten. Es ist sozusagen ein doppelter Segen, der hier im Evangelium fest verankert ist, ein unentbehrlicher Teil der Botschaft Christi, und wir müssen dafür sorgen, dass diese Gaben Gottes in unserer Verkündigung immer Hand in Hand gehen.

Der Herr streckt auch heute noch seine Hand aus, „dass Heilungen wie auch Zeichen und Wunder geschehen durch den Namen Jesu". Er, unser Herr, ist auch heute noch bereit, auf das Gebet des Glaubens hin die Kranken zu heilen. Dies durften, wie bereits schon vorerwähnt, auch in Karlsruhe viele Menschen erfahren. Wir wollen darum auch in diesem Kapitel, das bewusst ein einziges Plädoyer für die biblische Wahrheit und die Frohe Botschaft darstellen soll, von den großen Taten Gottes, seiner Größe und seiner Allmacht unter uns berichten.

Es war mitten im Sommer, da erlitt der elfjährige Benjamin aus Notzingen im Württembergischen einen Fahrradunfall. Dabei brach er sich das linke Handgelenk. Es war ein komplizierter Bruch mit Knochenabsplitterung. Dazu kam noch ein Bluterguss und eine Beckenverletzung, was dem Jungen große Schmerzen verursachte. Bei der ärztlichen Versorgung im Kreiskrankenhaus in Kirchheim-Teck – das war montags – erhielt Benjamin sofort einen Gipsverband bis hoch in die linke Schulter, der, wie der Arzt sagte, mindestens acht bis zwölf Wochen erforderlich sein sollte.

Am Sonntag darauf fuhren die Eltern mit ihrem Jungen zum Gottesdienst nach Karlsruhe. Benjamin selbst war während des Gottesdienstes nicht in der Kirche, sondern im Kindergottesdienst. Trotzdem zeigte mir der Herr einen verletzten Arm im Gipsverband. Später nach dem Gottesdienst, als ich den Jungen zufällig sah, war mir sofort klar, dass dieser es war, bei dem der Herr heilend eingegriffen hatte.

Einen Tag danach, also genau eine Woche nach dem Unfall, brachten die Eltern Benjamin wiederum ins Krankenhaus zum Wechseln des Gipsverbandes. Als der Gips entfernt war, wurde unmittelbar danach noch eine Röntgenaufnahme gemacht. Dabei stellte sich heraus, dass auf dem Röntgenbild absolut kein Bruch mehr festgestellt werden konnte und das Handgelenk total gesund beziehungsweise geheilt war. Auch die zuvor röntgenologisch klar erkennbar abgesplitterten Knochenstücke saßen wieder exakt an der alten Stelle, genau dort, wo sie hingehören.

Da dem Arzt dies natürlich völlig unerklärlich erschien, ließ er sich umgehend die erste Röntgenaufnahme vorlegen. Der fassungslose Mediziner – es war der Oberarzt – zog daraufhin den Chefarzt zu Rate. Aber auch der konnte keinen Bruch mehr finden. Er konnte nur noch verwundert sagen. „Das gibt's ja nicht …" Im Übrigen hatte der Junge auch keine Schmerzen und Beschwerden mehr. Der Herr Jesus hatte ihn vollkommen geheilt, und zwar in einem Zeitraum, der so verblüffend kurz war, dass er sämtliche medizinischen Kenntnisse aufhob. Das war natürlich sowohl für den Jungen als auch für seine Eltern ein großes Erlebnis mit dem lebendigen Gott.

Eine 42 Jahre alte Frau aus Alfeld an der Leine in Niedersachsen erzählte mir nach einem Gottesdienst in Karlsruhe ihre erstaunliche Heilungsgeschichte: „Um die Jahreswende litt ich an einer schweren Augenkrankheit. Ich sah Doppelbilder und konnte kaum noch lesen. Das hatte zur Folge, dass ich meine berufliche Tätigkeit – ich arbeite als Buchhalterin an einem Computer – nicht mehr ausüben konnte.

Die Therapie bestand unter anderem aus Cortison- und Kobaltstrahlenbehandlung. Dies hat aber so gut wie nichts gebracht. Der Arzt meinte im Übrigen, es sei fraglich, ob ich überhaupt jemals wieder geheilt werden könnte. Bestenfalls sei damit zu rechnen, dass die Krankheit zwar gestoppt, mein Zustand sich jedoch keineswegs grundlegend bessern würde.

Am 22. Januar beteten Sie, Pastor Müller, mit mir. Der Herr zeigte Ihnen dabei, dass meine Augen wieder besser werden würden. Kurze Zeit danach ging ich, im Glauben an diese Verheißung, wieder zur Arbeit und stellte sofort erstaunt fest, dass bereits eine spürbare Besserung eingetreten war. Zuvor konnte ich nämlich so gut wie gar nichts sehen. Am 1. Februar schließlich konnte ich wieder voll arbeiten und auch gut sehen.

Wenige Monate später stellte der Facharzt bei einer Untersuchung fest, dass meine Augenfunktion jetzt besser sei als je zuvor; also noch besser als vor der Erkrankung. Das war für ihn als Mediziner, wie er es zum Ausdruck brachte, unerklärlich. Ein weiterer Arzt erklärte bei einer späteren nochmaligen Untersuchung: ‚Es ist unglaublich. Ich hätte nie gedacht, dass es jemals wieder so gut werden würde.' Während ich etwa ab dem Zeitraum vom November bis zum Juli noch eine Lesebrille bei der Arbeit brauchte, ist selbst diese inzwischen völlig überflüssig geworden. Jesus hat mich wirklich komplett geheilt..."

Aus einem kleinen Ort namens Lauterbach in der Nähe von Dresden erreichte uns ein Brief, in dem ein Ehepaar sein bewegendes Erleben mit Gott schilderte. Lassen wir zunächst die Frau zu Wort kommen: „Vor zirka drei Jahren hatte ich starke Blutungen im Unterleib. Sie waren so stark, dass ich das Gefühl hatte, ich würde regelrecht ausbluten. Zu dieser Zeit hatte ich nur noch die halbe Blutmenge, die zum Leben nötig war. Mehrmals bekam ich Blutkonserven. So wurde ich immer schwächer und schwächer, trotz aller ärztlichen Behandlung und dem Aufenthalt im Krankenhaus. Ich hatte kaum noch Hoffnung auf Besserung meines Zustands.

An einem Mittwochmorgen hörte ich Radio Luxemburg. Da hörte ich die Sendung von Siegfried Müller. Als er am Schluss seiner Predigt den Krankheitsmächten im Namen Jesu vollmächtig geboten hatte, nahm ich dies auch für mich ganz persönlich in Anspruch. Bereits am Mittag desselben Tages hatten die Blutungen völlig aufgehört. Zuvor war ich vier Monate krank gewesen. Jesus Christus hatte mich in einem Augenblick geheilt, und diese Heilung hat bis auf den heutigen Tag angehalten."

Wenn Gott uns durch sein Wort versichert, dass er uns gesund sehen möchte, dann müssen wir auch daran glauben, genau so, wie es diese Frau aus Lauterbach tat, und unsere Zuflucht zum gläubigen Gebet nehmen. Es ist ähnlich wie bei der Erlangung der Sündenvergebung. Auch der Kranke muss mit seiner Krankheit zu Jesus kommen im Vertrauen darauf, dass er geheilt wird und Jesus wird dann das Seine tun, und das Wort aus Psalm 103,2+3 wird sich an dem Gläubigen erfüllen, wo es heißt: „Lobe den Herrn, meine Seele, der dir alle deine Sünden vergibt und heilt alle deine Gebrechen."

In Fortsetzung des vorgenannten Briefs der Frau mit den Unterleibsblutungen lesen wir: „Ich bin der Ehegatte. Auch ich war schwer krank, und zwar hatte ich schwere Nierenkoliken. Ich fühlte mich sehr elend. Es war ebenfalls bei einer Mittwochmorgen-Sendung von RTL, als Siegfried Müller an diesem Tag konkret für Nierenkranke betete. Das war für mich außerordentlich erstaunlich,und im Glauben bat ich Gott, doch das Gebet von Pastor Müller zu erhören.

Am selben Vormittag hatte ich einen Termin im Krankenhaus. Schon während der Fahrt dorthin konnte ich feststellen, dass sich mein Zustand zusehends besserte. Nachdem die Ärzte mich untersucht hatten, konnten sie nur noch feststellen, es war eine schwere Kolik. Ab sofort hatte ich keinerlei Schmerzen und Beschwerden mehr.

Am Nachmittag desselben Tages habe ich zu Hause eigenhändig einen großen Teil meines Gartens umgegraben. Als mein Hausarzt davon erfuhr, geriet er fast in Panik. Er wollte mich unbedingt krankschreiben und meinte, die Koliken würden bestimmt wieder kommen. Sie kamen aber nicht mehr, bis auf den heutigen Tag. Wenn Gott heilt, dann heilt er gründlich, zuverlässig, präzise und total. Das war vor gut drei Jahren."

„Als sie das Wort hörten, wurden sie gesund…", heißt es in der Bibel. Die Wahrheit dieser göttlichen Verheißung erleben die Zuhörer unserer Rundfunksendungen immer wieder aufs Neue. Sie werden gesegnet an Leib und Seele. „Ihre Predigten sind sehr erbauend und man fängt den Tag viel besser an", ließ mich ein Hörer aus Everlangen im Großherzogtum Luxemburg wissen, der von einem schmerzhaften Leiden geheilt wurde.

„Ich hatte zwei offene Beine", beschreibt eine Hörerin. „Während der Rundfunksendung zitierten Sie aus dem Wort Gottes: ‚Ich will dich wieder gesund machen und deine Wunden heilen.' Unter Tränen und im festen Vertrauen darauf, dass unser Herr auch meine Wunden heilen kann, habe ich während der Sendung gebetet und Gott tat ein Wunder. Meine offenen Beine sind geheilt."

Aus Zürich schrieb uns eine Frau, dass „an einem Sonntagmorgen während Ihrer Radiopredigt mein schweres Schilddrüsenleiden geheilt wurde", und aus Warstein im Rheinland erfuhren wir von einer anderen Frau: „Ich legte während des Gebets am Radio im Glauben meine Hand auf meinen Rücken und seitdem sind meine Bandscheibenbeschwerden verschwunden." Ähnlich erging es einer Hörerin aus Gunzenhausen in Bayern, die ihr „lästiges, jahrelanges Magendrücken" auf der Stelle los wurde.

Ein Hörer aus Limburg ließ uns brieflich wissen: „Seit zehn Jahren hatte ich furchtbare Schmerzen im Knie und konnte die letzten Wochen nicht mehr als zwei Stunden in der Nacht schlafen. Die Schmerzen wurden so unerträglich, dass ich es fast nicht mehr aushielt. Als ich eines morgens Ihre Predigt über RTL hörte, sagten Sie, dass jeder, der Schmerzen habe, seine Hände auf die schmerzende Stelle legen möge. Seitdem Sie dafür beteten, sind die Schmerzen weg. Ist das nicht wunderbar? Jesus hat in seiner Treue meinen Glauben belohnt und Ihr Gebet erhört."

Ebenfalls während eines gesegneten Gottesdienstes „...wurde unsere Tochter Sonja geheilt, die seit vier Jahren eine Lymphdrüsenentzündung am Hals hatte", schrieben glückliche Eltern aus Pless an der Iller.

Ein Mann aus Adelaide in Australien war zu Besuch in Deutschland. Er litt an Bronchialasthma. Sein Leiden war bereits chronisch. So kam er zu unserem Gottesdienst. Ich betete für ihn und kurze Zeit später teilte er uns mit: „...seit meiner Heilung geht es mir ausgezeichnet. Ich bin glücklich wie ein Fisch im Wasser und lobe und preise die Gnade Gottes, die er mir erwiesen hat."

Auf dem Heimweg vom Gottesdienst in St. Gallen stellte ein Mann aus Kloten, wie er uns später mitteilte, „etwas ganz Außergewöhnliches fest". Obwohl sein Hörgerät abgeschaltet war, nahm er plötzlich sämtliche Geräusche um sich herum wahr. Vom selben Moment an konnte er wieder hören. Der Herr hatte ein Wunder an ihm getan.

Jahrelang litt eine Diakonissenschwester aus Freudenberg in Westfalen an Darmbluten. Sie konsultierte die verschiedensten Ärzte und lag zeitweise auch stationär im Krankenhaus, wo sie unter anderem auch Blutkonserven bekam und wo viele Untersuchungen an ihr durchgeführt wurden. Doch die Ursache ihrer Krankheit konnte nicht festgestellt werden, wie sie uns mitteilte.

Wörtlich schrieb sie weiter: „Dann bat ich den Herrn um Hilfe und wurde an die Telefonandachten von Pastor Müller erinnert. Als die Not besonders groß war, wählte ich die entsprechende Telefonnummer und hörte diesen Mann Gottes sagen, dass der Herr seine heilende und helfende Hand auf den kranken Leib der Zuhörenden legen möchte. Ich nahm dies im Glauben an und erfuhr Heilung im selben Augenblick. Das war vor drei Jahren. Ich preise den Herrn, von dem eine Kraft ausging, die mich gesund machte." Das Schreiben der Schwester schloss mit dem Wort aus Psalm 34: „Meine Seele soll sich rühmen des Herrn, dass es die Elenden hören und sich freuen."

Probleme mit dem Darm hatte auch eine Frau aus Winterthur in der Schweiz. Jahrelang war ihr Darm so träge, dass er sich nur noch mit Hilfe sehr starker Medikamente entleerte. Da also ohne Chemie überhaupt nichts mehr ging, befürchtete sie, dieser Zustand würde nunmehr ihr ganzes Leben lang so anhalten. Eines Tages kam sie nach Karlsruhe in den Gottesdienst. Wir beteten mit ihr. Ungefähr eine Woche später war es bereits soweit. Der Darm entleerte sich ohne jegliches Medikament problemlos. Mit ihrem schriftlichen Zeugnis wartete die Frau absichtlich eine längere Zeit, um ganz sicher zu gehen, dass die Heilung auch anhielt. Abschließend schrieb sie:

„Ein großes Wunder ist an meinem Leib geschehen. Ich habe nach meiner Heilung auf meinen Knien geweint, angebetet und gedankt, alles durcheinander. 25 Jahre lang war mein Darm nicht mehr gesund ... Ich kann es kaum fassen."

Wie unangenehm und mitunter auch sehr peinlich Darmkrankheiten sein können, schilderte uns eine Frau aus Herrenberg, unweit Stuttgart, deren sehnlichster Wunsch es war, einmal mit nach Israel zu fliegen, um all die bekannten biblischen Orte persönlich kennen zu lernen. Leider war dies aber für sie nur ein Traum, da sie schon jahrelang an Darmbeschwerden litt und sich kaum aus dem Haus wagte, weil sie immer befürchtete, nicht rechtzeitig ein – wie sie sich ausdrückte – „Örtchen" zu finden.

Dessen ungeachtet aber hatte ihre Schwiegertochter – die von ihrem Sehnen nach Israel wusste – sie einfach kurzerhand beim Missionswerk angemeldet. In ihrer großen Angst betete die kranke Frau zum Herrn und bat ihn, ihr doch zumindest während der Dauer der Reise zu helfen. Und nun begann das Wunder. Sie selbst schrieb uns Monate später: „Schon am Abreisetag und dann in Israel selbst war alles normal. Und als Sie dann, lieber Pastor Müller, in der Kirche in Jericho sagten, dass jemand mit dieser Krankheit in unserer Mitte sei und der Herr diese Krankheit jetzt heilen würde, war ich endgültig frei. Jesus hat mich geheilt. Lob und Preis sei seinem Namen."

„Zu Beginn des Jahres zeigten sich bei mir Anzeichen einer Prostataerkrankung, die mit zum Teil 40 Grad Fieber verbunden war. Dies verschlimmerte sich derart, dass ich im April operiert werden sollte“, geht aus dem Schreiben eines Mannes aus Rietheim im Schwäbischen hervor. „Am Samstag vor meiner Operation, die für Dienstag anberaumt war“, fuhr er fort, „wurde ich von Bekannten zu einem Gottesdienst mit Siegfried Müller in Albstadt-Tailfingen eingeladen. Während des Gottesdienstes sagte Herr Müller plötzlich, jemand würde von einem Männerleiden geheilt. In diesem Moment merkte ich eine deutliche Entspannung. Als ich dienstags dann ins Krankenhaus kam, konnte dort nur noch festgestellt werden, dass keine Operation mehr nötig war. Seitdem habe ich keinerlei Beschwerden mehr.“

Fünf Jahre lang litt eine Frau aus Oberägeri/Schweiz an einem Bronchialasthma, das cortisonbedürftig war. Immer wieder wurden ihr neue Medikamente verordnet mit dem Vermerk „Dauertherapie“. Dann erlebte auch sie, dass es keine Grenzen für Jesu Macht gibt: „Nachdem Sie, lieber Herr Müller, mit mir in einem Gottesdienst in St. Gallen gebetet hatten, wurde mir klar, dass ich bei Jesus selbst in ‚Dauertherapie‘ sein darf. Heute kann ich nun dankbar bezeugen, dass ich seit dem Gebet mein Inhaliergerät nicht mehr brauche, das zuvor mein ständiger Begleiter gewesen ist. Das ist nunmehr schon einige Monate her und ich weiß heute, dass ich in seinen Wunden geheilt bin.“

Aus Ederswiler, ebenfalls in der Schweiz, kam eine Frau in den Gottesdienst nach Basel. Sie hatte eine Geschwulst am Bauch, die so groß war wie ein Apfel. Sie wurde unter der Wortverkündigung geheilt. Plötzlich fühlte sie, dass der Herr bei ihr eingegriffen hatte. Seitdem hatte sie keinerlei Beschwerden mehr.

Gleich sechs Heilungen in zeitlichen Abständen erfuhr eine Frau aus Heidelberg in den Gottesdiensten in Karlsruhe. In einem Schreiben zu Ehren des Herrn führte sie dieselben auf: Bronchialkatarrh, Fußbeschwerden, Rheuma, Augenleiden, Bluterguss und Hüftbeschwerden.

Bei einem Mann aus Bad Urach waren es „nur“ fünf Leiden, die ihm der Herr wegnahm: ein Knoten im Genick, den er von Kindheit an hatte, ein langjähriges Leiden am linken Ohr, eine entzündete Speiseröhre, Magenschleimhautentzündung und Schmerzen an einem Lendenwirbel.

Insgesamt 18 Jahre lang wurde eine Frau aus Chur/ Schweiz von Asthma geplagt. Als sie einmal im Schwarzwald in Erholung war, wurde sie von einem Ehepaar zum Gottesdienst nach Karlsruhe eingeladen. „Freudig sagte ich zu“, erzählte sie später. „Dieser Gottesdienst wurde zu etwas ganz Besonderem für mich. Ich habe es nicht gleich bemerkt, was sich da Wunderbares an mir vollzogen hatte. Aber immer weniger hatte ich in den nächsten Tagen das Bedürfnis, meine Tabletten zu nehmen oder zu inhalieren. Bis ich es dann kapiert hatte: Der Herr hat mich geheilt.“

Über das Wunder, das an ihrem Onkel geschah, schrieb uns dessen Nichte aus Stuttgart-Fellbach: „Beim Gottesdienst in der Schwabenlandhalle in Fellbach wurde Ihnen, lieber Pastor Müller, von Gott eine Person gezeigt, die starke Oberschenkel- und Hüftbeschwerden hat. Ich dachte sofort an meinen Onkel, der nur noch gebückt gehen konnte und auch starke Atembeschwerden hatte. Später verließ er den Gottesdienst aufrechten Ganges, ohne Schmerzen in den Hüften und ohne jegliche Atemnot. Jesus hatte ihn rundherum geheilt.“

Etwa zehn Wochen lang war sie im Magen und an den Därmen erkrankt, schrieb uns eine Frau aus Pratteln in der Schweiz und fuhr fort: „Ich getraute mich kaum zu essen, denn danach hatte ich immer furchtbare Schmerzen. So verlor ich auch mehr und mehr an Gewicht. Doch in all meiner Not waren Gebet, Glauben und Vertrauen in die Liebe des Herrn meine steten Begleiter.

Eines Tages telefonierte ich mit einer Bekannten, die gläubig ist. Nachdem ich ihr mein Leid geklagt hatte, fragte sie mich spontan, ob ich nicht einmal mit ihr nach Karlsruhe kommen möchte. So fuhren wir dann am kommenden Sonntag zum Gottesdienst ins Missionswerk. Dort zeigte der Herr Pastor Müller meine Krankheit und drei Tage später war alles vorbei. Es kam mir vor wie ein Traum. Seither geht es mir gut. Ich habe keinerlei Beschwerden mehr und darf jeden Tag dem Herrn die Ehre geben."

Jesus ist immer noch derselbe, gestern, heute und in alle Ewigkeit. Er antwortet auf das Gebet des Glaubens und tut Wunder. Seine Kraftwirkung ist nicht nur auf die Vergangenheit oder die Zukunft beschränkt, sie ist jetzt wirksam, inmitten der Not seiner Kinder.

Dies durfte auch ein Freund unseres Missionswerkes aus Rottweil erfahren, dessen Gallenoperation, für die er bereits einen Termin im Krankenhaus hatte, von heute auf morgen überflüssig wurde, nachdem er kurz zuvor nochmals untersucht worden war. Dem ging jedoch ein Gottesdienst in unserer Außengemeinde Albstadt-Tailfingen voraus, wo wir wegen dessen Krankheit zusammen gebetet hatten.

Aber auch während eines Gottesdienstes in Karlsruhe erlebte dieser Mann schon Heilung, wozu er bemerkte: „Ich muss gestehen, es war ein segensreicher Tag in Karlsruhe. Kein anderes Ereignis hätte mir mehr bieten können, als diese Stunden in der wohltuenden Atmosphäre zutiefst gläubiger Menschen. Es ist einfach unbeschreiblich, wie der Heilige Geist in dem dicht gefüllten Raum wirksam war, und die vor Glück strahlenden Gesichter gaben beredt Zeugnis von dem Erfülltsein und der Zufriedenheit der anwesenden Geschwister."

Eine Frau aus Gerstetten, die während des Gottesdienstes in Karlsruhe am Zwölffingerdarm geheilt wurde, verglich die dortige geistliche Atmosphäre mit einem „offenen Himmel". Einen ähnlichen Eindruck hatte eine junge Frau aus Pforzheim, die ebenfalls von einem Darmleiden geheilt wurde und kurz danach in einem Brief bekannte: „Nach dem Gottesdienst in Karlsruhe bin ich nach Hause nicht gefahren, sondern geschwebt…“

Ich kann mir sehr gut vorstellen, dass es schon bewegend ist, das unmittelbare Wirken des Herrn zu erleben, wie zum Beispiel bei jener Frau aus Uster in der Schweiz, die während eines Gottesdienstes in Aarau von jahrelanger Migräne geheilt wurde. Wer auch nur in etwa eine blasse Ahnung hat, was für ein Elend sich hinter dieser Krankheit verbirgt, der kann erst so richtig die ganze Größe des Wunders begreifen, das der Herr hier getan hat.

Ebenso ergriffen von der Liebe Jesu mitten unter uns war jene Frau aus Paradiso/Tessin, die bei einem unserer Gottesdienste in der Schweiz vom grünen Star geheilt wurde.

Zum Gottesdienst in den Kursaal nach Bern kam eine Frau mit Magenverengung. Sie lebte ständig in Angst, dass sich daraus ein Magenverschluss ergeben könnte. Das verwehrte ihr auch total die Lust zum Essen. Ein furchtbarer Zustand. Aber der Herr sah ihre große Not und half ihr. Geheilt durfte sie nach Hause gehen. Auch sie zog fortan fröhlich ihre Straße und lobte die gewaltigen Taten Gottes.

Bei einer Frau aus Schaffhausen war der oberste Halswirbel total verschoben. Nachdem der Arzt ihr das Röntgenbild gezeigt und ihr erklärt hatte, dass da „nichts mehr zu machen sei“, war sie zutiefst erschrocken. Als Folgeerscheinung hatte sie zudem eine schlechte Durchblutung im Kopf. „Es war sehr schlimm…“, wie sie uns später mitteilte.

In diesem Zustand kam sie nach Winterthur. Was sie dort erlebte, wollen wir sie selbst schildern lassen: „Kurz vor Ende des Gottesdienstes bat ich den Herrn im Gebet, Ihnen lieber Pastor Müller, meine Krankheit zu zeigen. In diesem Moment kamen sie auf mich zu, legten ihre beiden Hände um meinen Hals, genau auf den obersten Halswirbel. Sogleich ging auch ein warmer Strom durch meinen Kopf und es brannte einen Moment lang wie Feuer, bevor sich dieser Strom auch auf die Halswirbel erstreckte. Von dem Zeitpunkt an geht es mir gut. Mein Kopf wird normal durchblutet und hat auch wieder eine absolut gerade Haltung."

„Es war schon immer unser Wunsch, einmal einen Gottesdienst in Karlsruhe mitzuerleben", bekannte ein Ehepaar aus Hamm. „Wir sind dazu eine weite Strecke gefahren, um zu sehen und zu erleben, wie Gott wirkt. Das durfte ich dann ganz persönlich erfahren. Nachdem Sie mit mir gebetet hatten, waren meine Rückenschmerzen schlagartig verschwunden."

Voller Verzweiflung hatte eine Frau aus Obersasbach in Baden nach Karlsruhe geschrieben, dass ihr Patenkind eine ernste Blutkrankheit hat. In einem zweiten Brief bestätigte sie dann: „Durch Ihre Gebete wurde das Kind innerhalb kurzer Zeit völlig geheilt."

Um all die großen Taten des Herrn unter uns zu rühmen, müssten wir Bücher über Bücher füllen. Wir haben Mappen voller schriftlicher Heilungszeugnisse und können begreiflicherweise immer nur Teile davon veröffentlichen. Auch unsere Zeitschrift kann die Fülle der Zuschriften mit persönlichen Berichten über das Wirken Gottes durch den Heiligen Geist in unseren Gottesdiensten nicht fassen.

Vor mir liegen die Fotokopien zweier ärztlicher Gutachten. Sie liegen datumsmäßig ungefähr fünf Jahre auseinander. Im ersten Gutachten stellte der Chefarzt der Röntgenabteilung eines Kreiskrankenhauses in Südwürttemberg fest, dass bei der 65-jährigen Patientin aus Tuttlingen mittels einer Ultraschalltomographie eine deutliche faustgroße Verwölbung am unteren Leberrand erkennbar sei. In der „Beurteilung" finden sich dann die Worte: „Dringender Verdacht auf tumorösen Prozess ... primäres Leberzellkarzinom ... metastasierendes Geschehen ... usw. Nach dieser Diagnose wurde mit dieser Frau in Karlsruhe mehrfach gebetet. Es wurden ihr die Hände aufgelegt im festen Vertrauen auf die biblischen Verheißungen.

Das zweite Gutachten wurde von einem Radiologen erstellt. Darin wird der Zustand der Leber als absolut normal bezeichnet. Die Tatsache, dass das zweite Gutachten fünf Jahre nach dem ersten datiert, spricht im Übrigen für eine echte und andauernde Heilung.

Mit dem Wort aus Psalm 9,2+3: „Ich danke dem Herrn und erzähle alle seine Wunder. Ich freue mich und bin fröhlich in dir und lobe deinen Namen, du Allerhöchster", beginnt der ergreifende Bericht einer Frau aus Steinbach bei Baden-Baden:

„Probleme mit meiner Wirbelsäule hatte ich eigentlich schon seit zwanzig Jahren. Ich habe in meinem Leben schon immer schwer arbeiten müssen. Im Laufe der Zeit wurden die Schmerzen jedoch immer schlimmer und unerträglicher. Eines Tages brach ich regelrecht zusammen und nichts ging mehr. Schubweise war ich völlig bewegungsunfähig. Die Ärzte haben mir unverblümt zu verstehen gegeben, dass es für mich keine Heilung mehr geben würde. Im Gegenteil, der Verschleiß würde noch stärker werden. Zu allem Unglück hatte ich zusätzlich eine Behinderung am linken Hüftknochen, sodass ich wegen der Schmerzen das linke Bein nachziehen musste.

Es war Mitte März, als ich trotz großer Schmerzen nach Karlsruhe kam. Unmittelbar zuvor war ich wieder einmal insgesamt zehn Tage lang total bewegungsunfähig gewesen. In dieser Zeit habe ich sieben Spritzen und eine Menge Medikamente bekommen. Trotzdem aber habe ich bei jeder Bewegung laut geschrien. Der Arzt sagte mir, dass der Wirbel auf den Nerv drücken würde. So etwas sind bestialische Schmerzen.

Als ich in den Gottesdienstraum gebracht wurde, war ich voller Erwartung, und es dauerte auch nicht lange, da sagten Sie, Pastor Müller, in unserer Mitte sei jemand, dessen Wirbel verschoben seien. Der Herr Jesus werde diese Person jetzt heilen. In diesem Moment bin ich – ich weiß heute noch nicht, wie ich das geschafft habe – von meinem Stuhl hochgeschossen und habe etwas getan, was ich zuvor für total unmöglich gehalten hätte: Ich rannte nach vorn zum Altar. Innerlich habe ich gebetet: ‚Herr, ich berühre jetzt im Glauben den Saum deines Gewandes …‘, denn ich wusste, diese Heilung gehört mir.

Sie haben mit mir gebetet und dabei ging ein starker Strom durch meine Wirbelsäule. Nachdem ich dann wieder auf meinem Platz war, habe ich andauernd nur gelobt und gedankt. Auf der Rückfahrt nach Steinbach hatte ich keine Schmerzen mehr. Am Abend ging ich unter Lachen und Weinen ins Bett. Ich war seit zwei Jahren zum ersten Mal wieder ohne Schmerzen. Ich konnte mich drehen und wenden, wie ich wollte, nichts tat mir mehr weh. Es war kaum zu fassen …“

Sein Erstaunen über die Allmacht Gottes bekundete auch ein Mann aus Todtenweis bei Augsburg, bei dem der Zahnarzt zwei Zysten festgestellt hatte. Die eine wurde sogleich operativ entfernt. Die zweite Operation sollte etwas später erfolgen. Zwischenzeitlich war der Patient bei unseren Gottesdiensten. Wenige Tage später stellte der Arzt bei einer nochmaligen Röntgenuntersuchung fest, dass die zweite Zyste nicht mehr vorhanden war. Der Herr hatte sie einfach weggenommen.

Ein ähnliches Erlebnis hatte eine Frau aus Oberhaid in Oberfranken, die einen Brief nach Karlsruhe schrieb mit der Bitte um Gebetshilfe. Bei einer Ultraschall-Untersuchung im Krankenhaus wurde bei ihr eine Zyste unmittelbar neben dem Eierstock festgestellt. Ein operativer Eingriff war unumgänglich. Bei einer nochmaligen Untersuchung war jedoch keine Zyste mehr da. Auch hatte die Frau keinerlei Schmerzen mehr. Für die Gebete in Karlsruhe bedankte sie sich ganz herzlich und fügte ihren Zeilen erleichtert hinzu: „Ich kann Gott nur danken, dass meine vier Kinder jetzt wieder eine gesunde Mutti haben ..."

Wie weit verbreitet Krankheiten der vorgenannten Art sind, musste auch eine 38-jährige Frau aus Karlsruhe erfahren, die sich ein ganzes Jahr lang mit einer Zyste im Unterleib herumplagte. Die Zyste wurde immer größer und hatte zum Schluss den Umfang eines Tischtennisballs. In diesem Stadium rieten die Ärzte dringend zur Operation. Bevor die Frau jedoch das Städtische Krankenhaus in Karlsruhe aufsuchte, hatte sie zuvor noch Gelegenheit, unseren Gottesdienst zu besuchen. Ich durfte mit ihr beten und nachdem sie sich einer erneuten Untersuchung unterzogen hatte, wurde festgestellt, dass sich die Zyste merklich verkleinert hatte. Nach kurzer Zeit war sie ganz verschwunden.

Wie Jesus „operiert", ohne Skalpell, schmerzlos, umfassend und geräuschlos, konnte auch eine Frau aus Hasel in Südbaden bestätigen. Sie hatte an der linken Brust eine Geschwulst. Der Arzt wollte daraufhin beide Brüste punktieren. Die Frau entschied sich aber anders. Sie betete und fasste den Entschluss, am darauf folgenden Sonntag zum Gottesdienst nach Karlsruhe zu fahren. Später schrieb sie uns in einem Brief: „Ich war noch nicht mal in Karlsruhe, da war die Geschwulst bereits weg." Schon der Entschluss, ins Haus des Herrn zu gehen, um dort im Glauben Hilfe zu finden, hatte ihr geholfen.

Im 9. Kapitel des Matthäusevangeliums lesen wir die bekannte Geschichte von der blutflüssigen Frau in Kapernaum. Ihre Heilung wurde allein durch ihren Glauben bewirkt. Jesus bestätigte dies auch ausdrücklich, indem er zu ihr sagte: „... dein Glaube hat dir geholfen." Und dann heißt es im 22. Vers so bezeichnend: „Und die Frau wurde gesund zu derselben Stunde."

Eine Erfahrung ähnlicher Art machte ein 44 Jahre alter Mann aus Winterthur in der Schweiz. Er gab sein beeindruckendes Zeugnis während eines Taufgottesdienstes in Karlsruhe. Sein „Blutfluss" waren Hämorrhoiden. Er hatte während eines längeren Zeitraums wiederholte Blutungen bei der Darmentleerung und starke Schmerzen durch entzündete Knoten. „Oft war", wie er sagte, „die Kloschüssel rot vor lauter Blut." Als er dies zum ersten Male wahrnahm, war er zu Tode erschrocken.

Dessen ungeachtet aber setzte er seine ganze Hoffnung auf den Herrn und Gott belohnte seinen Glauben. Bei einem Neujahrsgottesdienst zeigte mir der Herr stark blutende Hämorrhoiden. Der Mann nahm seine Heilung sofort im Glauben an und bereits beim nächsten Stuhlgang war kein Blut mehr vorhanden. Er blieb bis auf den heutigen Tag beschwerdefrei.

Es war an einem Sonntag im November, da kam nach dem Gottesdienst eine Frau auf mich zu, mit der ich eine Woche zuvor gebetet hatte. Sie hatte nur noch eine Brust und die andere sollte ebenfalls amputiert werden, da sie bereits von Metastasen befallen war. Nunmehr berichtete sie mir voller Freude, dass alles in Ordnung sei und keine Operation mehr vorgenommen zu werden bräuchte. Sie erfreut sich bester Gesundheit.

Mit den Worten: „Gott ist größer als alle menschliche und medizinische Hilfe", ließ uns eine Frau aus Bremerhaven ihr Erlebnis wissen. Nachdem sie unsere Gebetshilfe erfahren hatte, erfuhr sie bei der darauffolgenden Untersuchung im Krankenhaus, dass der „Tumormarker" derart gesunken sei, dass sie getrost sein könne. Dies sei für die Ärzte ein „unglaubliches und verblüffendes Ergebnis" gewesen.

Vor fünf Jahren wurde einem Mann aus Reutlingen ein Tumor hinter dem Ohr entfernt. Eines Tages brach die Krankheit wieder aus und ein neues bösartiges Gewächs entstand an derselben Stelle. Der Mann hatte starke Schmerzen, als er in unseren Gottesdienst nach Stuttgart-Fellbach kam. Der Herr Jesus Christus half ihm während der Andacht. Geheilt konnte er nach Hause gehen.

Den weiten Weg von Luxemburg nach Karlsruhe unternahm ein Mann, für den es nach menschlichem Ermessen keine Hoffnung mehr gab. Er hatte Prostatakrebs, ziemlich im letzten Stadium, denn die Ärzte hatten ihm zu verstehen gegeben, dass der Tumor inoperabel sei. Die Krankheit sei schon zu weit fortgeschritten, denn die Metastasen befänden sich bereits im Beckenknochen und in der Wirbelsäule. Die angebotene Bestrahlung und Chemotherapie lehnte der todkranke Patient ab, weil er sich nicht noch zusätzlich quälen lassen wollte.

In einem Brief aus Luxemburg hieß es später: „Vielen herzlichen Dank für die Freude und den großen Segen, den wir aus Karlsruhe mit nach Hause nehmen durften. Vielleicht erinnern Sie sich, Herr Müller, noch daran, dass Sie im Juli für meinen Mann gebetet haben. Was niemand mehr für möglich gehalten hat, das ist eingetroffen, er ist geheilt. Kein Krebs mehr. Alles ist weg, alles ist wieder normal. Dank dem Herrn, dem in der Tat nichts unmöglich ist.

Es war um die Weihnachtszeit. Ein noch relativ junger Mann aus Augsburg hatte einen röntgenologisch einwandfrei festgestellten, etwa faustgroßen Tumor. Dieser saß unglücklicherweise genau zwischen der Lunge und dem Herz, sodass man ihm operativ nur schwerlich beikommen konnte. Die Beschwerden des Mannes waren beträchtlich und gefährlich zugleich. Er hatte nicht nur Blut gebrochen und alle Anzeichen eines Herzinfarkts, es gab auch Angina-Pectoris-Anfälle. Etwa vier Wochen lang wurde der Mann in einer Lungenspezialklinik in Franken behandelt.

Im Januar waren der Schwiegervater des Mannes und die Ehefrau zu einem unserer Gottesdienste. Noch bevor der

Gottesdienst begann, kamen die beiden auf mich zu und erzählten mir von ihrer Not. Wir fassten uns zu dritt an den Händen und beteten für den todkranken Mann. Bereits zwei Tage später teilte die Ehefrau des Kranken ihrem Vater mit, dass, wie sie im Krankenhaus erfahren hatte, die Geschwulst bei ihrem Mann inzwischen sichtlich zurückgegangen sei.

Nach einigen weiteren Tagen war die Geschwulst völlig verschwunden und der Mann konnte aus dem Krankenhaus entlassen werden. Bei nachträglicher Gelegenheit bemerkte der Hausarzt der Ehefrau gegenüber zu dem ihm unerklärlichen Wunder: „Normalerweise hätte seine Beerdigung schon längst stattgefunden ..."

Die unmittelbare Konfrontation mit der Liebe und der Heilungskraft Gottes war für diesen jungen Mann, der bis dahin Glaubensdingen, wie leider viele Menschen heute, ziemlich reserviert gegenüberstand, ein gewaltiges und tief greifendes Erleben. Seither liest er ernsthaft in der Bibel.

Es war in Besigheim bei einem unserer Gottesdienste, die jeweils in der Stadthalle „Alte Kelter" stattfinden. Ein junger Mann im Alter von 23 Jahren aus Asperg bei Ludwigsburg kam aus einer der vorderen Reihen, ging nach vorn und hechtete mit einem federnden Sprung auf das erhöhte Podium. Mit strahlendem Gesicht trat er ans Mikrofon und gab sein Zeugnis, während seine Mutter in einer der Sitzreihen ergriffen, aber von unsagbarer Freude erfüllt, weinte.

Nachdem bei ihm zunächst ein Hodentumor operativ entfernt worden war, traten einige Monate später Metastasen in der Lunge auf. Dies wurde diagnostiziert in den Städtischen Kliniken in Mannheim, wo zuvor auch die Operation stattgefunden hatte. Daraufhin wurde er in eine Spezialklinik für Krebskranke im Schwarzwald überwiesen. Dort wurde er unter anderem auch mit Chemotherapie behandelt. Eine Besserung seines Zustands trat daraufhin jedoch nicht ein; im Gegenteil, es zeigte sich eine kontinuierliche Verschlechterung.

Zu dieser Zeit begann der junge Mann seine Hilfe nicht mehr ausschließlich bei der Medizin, sondern im ernsthaften Gebet bei Gott zu suchen, der gesagt hat: „Ich bin der Herr, dein Arzt ...“ und dessen Verheißungen in der Heiligen Schrift auch heute noch gültig sind. Darüber hinaus kamen die Eltern des Kranken wiederholt zu mir und ich betete mehrmals mit ihnen für die baldige und restlose Genesung ihres Sohns. Dabei machte ich ihnen Mut und verwies sie immer wieder mit Nachdruck auf die Liebe und Allmacht des Herrn, der die Seinen in ihrer Not nicht im Stich lassen wird.

Kurz danach stellte ein Spezialist in Köln bei einer Computertomographie verwundert fest, dass sich der Krankheitsherd (Lungenkrebs) bereits bemerkenswert zurückgebildet hat. Kurz danach waren auch die letzten Metastasen einfach wie weggeblasen (es sind nur noch Narben ersichtlich) und der ehemals dem Tode Geweihte fühlt sich heute so wohl wie ein Fisch im Meer.

An dieser Stelle möchte ich bewusst noch eine Aussage anfügen, die der bekannte Autor und Bibellehrer Derek Prince in einem seiner Bücher über göttliche Heilung machte: „Ich möchte betonen, dass ich in keiner Weise die ärztliche Kunst etwa kritisieren oder herabsetzen will. Ich bin dankbar für all das Gute, das die Medizin hervorgebracht hat. Trotzdem aber muss das eine gesagt werden: Die Möglichkeiten der medizinischen Wissenschaft sind begrenzt, die Möglichkeiten Gottes dagegen sind unbegrenzt.“

Das erwies sich auch im nachfolgenden Fall: Eine Frau aus Bad Vilbel, 38 Jahre alt, verheiratet und Mutter eines Kindes, bekam eines Tages Schwellungen am ganzen Körper. Die Schwellungen waren ödematös, das heißt mit Flüssigkeit angefüllt. Durch die unnatürliche Gewichtszunahme infolge des Wassers hatte sie zeitweise das Gefühl, als würde ihre Haut platzen.

Zunächst vermuteten die Ärzte als Ursache der Krankheit eine Unterfunktion der Schilddrüse, da die Kranke zuvor schon damit belastet war. Eingehende Untersuchungen diesbezüglich ergaben aber nichts dergleichen. Auch die Blutuntersuchungen ergaben keinen stichhaltigen Anhaltspunkt. So blieb zunächst nichts anderes übrig, als den weiteren Verlauf der Krankheit abzuwarten. Das war natürlich für die Frau wenig tröstlich.

Nachdem sich ihr Zustand nicht besserte, gingen die Ärzte dazu über, eine Computertomographie des ganzen Körpers vorzunehmen. Dazu gehörte eine umfangreiche Untersuchung im so genannten Kernspintomographen. Dabei wurde festgestellt, dass sich unmittelbar hinter dem Kleinhirn der Patientin ein Tumor befand.

Da diese Stelle mit einer Sonde nicht erreicht werden kann, konnte auch nicht diagnostiziert werden, ob der Tumor gut- oder bösartig war. Aber abgesehen davon hätte dies im Grunde genommen gar nichts genutzt, da ein Tumor an einer solchen Stelle in jedem Fall inoperabel ist. Die Folge des unvermeidlichen Wachstums des Tumors wäre gewesen, dass bei dieser Frau entweder das Sprachzentrum oder das Erinnerungszentrum oder beides ausgefallen wären. Im Übrigen hätte auch Atemstillstand eintreten können.

Und erneut blieb angesichts dieser prekären Situation den Ärzten nichts anderes übrig, als abzuwarten. Damit gaben sich aber die Angehörigen der Kranken nicht zufrieden. Sie beteten über dem menschlich aussichtslosen Zustand dieser todgeweihten Frau und wandten sich auch an das Missionswerk in Karlsruhe. Und wiederum bewahrheitete sich auch in diesem Fall das Wort des Herrn Jesus, wie es in Matthäus 21,22 geschrieben steht: „Und alles, was ihr bittet im Gebet, wenn ihr glaubt, so werdet ihr's empfangen."

Bereits kurze Zeit nach dieser Gebetsinitiative hatte sich diese Frau spürbar besser gefühlt und nachdem eine nochmalige klinische Untersuchung (erneut im Kernspintomographen) vorgenommen worden war, konnte, zur Überraschung natürlich auch der Ärzte, kein Tumor mehr festgestellt werden. Wenn Gott vom Himmel her eingreift, dann tut er dies gründlich, umfassend, präzise und total.

Davon durfte sich auch eine 53-jährige Frau aus Hamburg überzeugen, bei der die Ärzte die erschütternde Diagnose auf Leber- und Knochenmarkkrebs gestellt hatten. Ihre Lage war völlig aussichtslos bei dieser unheilbaren Krankheit. Dies gaben ihr die Ärzte auch unumwunden zu verstehen und es sah so aus, als würde sie die nächsten Monate nicht mehr überleben. Der Krebs hatte inzwischen die roten Blutkörperchen fast völlig aufgefressen. Sie selbst wog nur noch etwas über 100 Pfund, hatte stundenlang Zahnfleisch- und Nasenbluten, konnte nichts mehr essen und trinken, keinen Schritt mehr allein gehen, war total kraftlos und zum Schluss ganz an den Rollstuhl gebunden.

Das hielt aber ihre Mutter nicht davon ab, einen Brief an das Missionswerk in Karlsruhe zu schreiben und um Gebet zu bitten. Sie war gläubig und wusste, dass in ihrer Bibel stand, dass bei Gott nichts unmöglich ist. Unser Antwortbrief trug das Datum vom 6. Dezember. Wenige Tage später las sie ihrer Tochter im Krankenhaus den Brief vor. Darin hatte ich aus dem Propheten Jesaja, und zwar aus dem 35. Kapitel, zitiert: „Stärket die erschlafften Hände und festigt die wankenden Knie. Sagt dem verzagten Herzen: Mut! fürchtet euch nicht! Er selber kommt, um euch zu retten…"

Am 22. desselben Monats verließ die zuvor dem Tod geweihte Frau das Krankenhaus und ging nach Hause. Bereits am 24. konnte sie wieder normal essen. Von Tag zu Tag besserte sich ihr Zustand. Sie hatte bald wieder ihr volles Gewicht, die Blutuntersuchung zeigte wieder absolut normale Werte und heute kann sie als rundum gesund bezeichnet werden.

Während eines Pfingstgottesdienstes gab diese Frau in Karlsruhe unter Tränen ihr Zeugnis. Einige Wochen zuvor hatte ihre leibliche Schwester über das Wunder berichtet, das an der Kranken geschehen war. Sie sagte damals unter anderem: „Es ist so gewaltig, was wir erlebt haben, dass man es kaum mit Worten ausdrücken kann." Ergänzend fügte sie noch hinzu, dass der ihre Schwester seinerzeit behandelnde Professor angesichts der wunderbaren Heilung seiner Patientin nur noch überrascht und fassungslos konstatieren konnte: „Das ist mehr als Medizin ..."

„Harre auf den Herrn, so wird er dich retten", sagt uns die Bibel (Spr 20,22). Dies ist eine Aussage Gottes, die immer ihre Gültigkeit behält, ein Wort, das auch dem Kranken zeigt, was er tun muss, um gesund zu werden. Es ist der Wille Gottes, dass sich seine Kinder bester Gesundheit erfreuen und darum steht auch geschrieben: „Das Gebet des Glaubens wird dem Kranken helfen, und der Herr wird ihn aufrichten" (Jak 5,15). Mögen wir uns diese himmlische Zusicherung gut einprägen und gläubig annehmen, was das Wort Gottes uns zusagt.

An dieser Stelle möchte ich alle Leser dieses Buchs ermutigen: Sollten Sie seelsorgerliche Probleme haben, dürfen Sie uns jederzeit schreiben, damit wir auch Sie in unsere Gebete einschließen. Alle die Segnungen, von denen ich in diesem Buch berichtet habe, können auch Sie erfahren, denn es gibt in der Tat keine Grenzen für Jesu Macht.

18
Herr, warum gerade ich?

In diesem Kapitel möchte ich einige Auszüge aus meinem Buch „Herr, warum gerade ich?“ wiedergeben, und versuche zu schildern, wie mein Glaube während der Bauphase unserer Christus-Kathedrale geprüft wurde.

Eines Tages, wir waren in großem Stress, denn sowohl die Reichsgottesarbeit musste getan werden, und der Kirchenbau war ebenfalls voll im Gange, fühlte ich, dass mein Gesundheitszustand nicht mehr der beste war. Es zeigten sich zunehmend Schmerzen in meinem Leib, eine Gewichtsabnahme war zu verzeichnen, begleitet von Appetitlosigkeit.

Eine Zeit lang schleppte ich mich so dahin, immer mit dem Gedanken, dass es doch wieder besser werden müsste. Schließlich geschahen in vergangener Zeit bis in die Gegenwart in unseren Gottesdiensten so viele übernatürliche Wunder und Zeichen, dass es meines Erachtens doch nicht anders sein konnte, als dass der Herr auch mich berühren würde. Aber es kam anders.

Schon einige Zeit vor dem Osterfest 1995 hatte ich heftige Schmerzen im Magen-Darm-Bereich und fühlte mich etwas elend. Ich spürte, wie meine körperlichen Kräfte von Tag zu Tag nachließen. Zusehends stellte sich auch Appetitlosigkeit ein, obwohl meine Frau immer wieder liebevoll versuchte, mit „Leckerbissen“ meine Essenslust anzuregen.

Aber es half alles nichts. Der Teller wurde nicht mehr leer. Ich war unerklärlicherweise schlagartig satt und legte lustlos Messer und Gabel beiseite. Überhaupt war es mir in diesem Zustand schließlich gleichgültig geworden, ob ich etwas aß oder nicht, denn das übliche Hungergefühl hatte ich längst nicht mehr. So wurde ich in diesen Tagen schwächer und schwächer, bis ich schließlich einen Zustand erreichte, wo ich kaum noch etwas arbeiten konnte. Die körperlichen Kräfte verließen mich rapide. Es war eine ausgesprochene Phase der körperlichen Kraftlosigkeit. Dies alles war so ungewohnt für mich und offenbar eine Art Lektion, wobei mir Gott zeigen wollte, wie es ist, wenn man aus eigener Kraft nicht mehr kann.

Im Anschluss an den Karfreitagsgottesdienst mit der Abendmahlsfeier war für den folgenden Tag die alljährliche Tauffeier in der Johanneskapelle vorgesehen. Es hatten sich in diesem Jahr viele Täuflinge angemeldet und ich hatte mir vorgenommen, wie jedes Jahr, die Taufpredigt selbst zu halten. Offensichtlich war dies allerdings in meinem prekären Zustand bereits ein gewagtes Unterfangen, denn danach war ich derart angeschlagen und von zunehmenden Schmerzen geplagt, dass mich nur noch ein Gedanke bewegte, nämlich so schnell wie möglich in ärztliche Betreuung zu kommen.

Ich hatte ganz einfach zu lange gewartet. Es ist immer wieder dasselbe. Ich glaubte, ich müsste unter allen Umständen „noch schnell" mein Programm absolvieren, so wie es im Terminkalender stand; und es war ein überaus reichhaltiges Programm über die Osterfeiertage, zudem wir außergewöhnlich viele Gottesdienstbesucher erwarteten.

Ich hatte eine Menge Erfahrungen im Heilungsdienst. Über viele Jahre hinweg erlebten wir Tausende von Heilungswundern, in denen nahezu jede Art von Krankheit vorkam. Darunter gab es auch eine Menge Spontanheilungen. Gott gebrauchte mich in wunderbarer Weise, um den Menschen körperliche Heilung zu schenken.

Warum tat ER es bei mir nicht? Die Gründe dafür können in einem solchen Fall vielseitig sein und im Laufe meines Krankenhausaufenthalts ließ mich der Herr dann auch nicht im Unklaren über die Gründe seines Handelns. Aber abgesehen von allen anderen Motiven, und da gibt es eine breite Palette, prüft uns Gott immer wieder einmal auf unsere Treue und Ergebenheit. Ob wir ihm auch dann bedingungslos vertrauen, wenn er uns durch große körperliche oder seelische Not führt.

Bis zu diesem Zeitpunkt hatte ich, wie man landläufig sagt, noch nie ein Krankenhaus von innen gesehen, wenn man von gelegentlichen kurzfristigen Stippvisiten absieht, die mir von Zeit zu Zeit im Rahmen seelsorgerlicher Betreuung oblagen. Aber der Unterschied zwischen einem Besucher, ausgestattet mit strahlender Gesundheit, und einem Hilfe suchenden und von Schmerzen geplagten Patienten wird einem eigentlich schnell klar, wenn auf einmal die Rollen vertauscht sind.

Es war also am Abend des Karsamstag, als mich im Wartezimmer der Ambulanz ein junger Arzt abholte und mich in sein Sprechzimmer nahm. Er fragte mich natürlich als erstes nach dem Schmerzzentrum, und danach stellte er die ersten Untersuchungen an.

Mittlerweile kam auch noch ein zweiter Arzt hinzu, und sie beobachteten beide sehr aufmerksam die Konturen meines Inneren am Bildschirm des Ultraschallgerätes. Eine vorläufige Diagnose schien auf Eiteransammlung im Darmbereich hinzudeuten und ich sah es den Ärzten an, dass ihnen diese Feststellung offensichtlich Sorge bereitete.

Einer von ihnen erklärte mir dann, dass die starken Schmerzen in meinem Leib zwei Ursachen haben können. Zum einen ein geplatzter Blinddarm, der sich sozusagen verkappt hat. Dazu meinte er: „Das wäre noch das beste, was uns passieren kann…“ Zum anderen – und da machte er zunächst eine bedeutungsvolle Pause, wobei er mir tief in die Augen sah – dürfte ich in meinem Alter (60) auch eine ernsthafte Sache nicht ganz ausschließen…

Sowohl sein viel sagender Blick als auch der verlegene Tonfall in seiner Aussage ließen mich sofort vermuten, was er meinte. Da stand es nun auf einmal unsichtbar mitten im Raum, dieses hässliche Wort Krebs.

Gleich am nächsten Morgen brachte man mich dann zur Endoskopie und dies zu meiner nicht gerade angenehmen Überraschung – im Rollstuhl. Mir persönlich wäre es lieber gewesen, ich hätte laufen dürfen, denn allein der Gedanke „Siegfried Müller im Rollstuhl" passte ganz einfach nicht in mein bisheriges Vorstellungsbild. Außerdem war mir der Gedanke überaus peinlich, wenn mich jemand in dieser Situation gesehen hätte.

Während der Darmspiegelung, die sehr umfassend vorgenommen wurde, konnte ich auf dem Monitor jeden Vorgang genauestens beobachten. Zwischendurch gab der Arzt den ihm assistierenden beiden OP-Schwestern immer wieder Anweisungen.

Dass ich während der Untersuchung besonders gelassen war, konnte ich nicht gerade behaupten, denn ich wusste im Grunde genommen sehr genau, was der Arzt suchte. Darum betete ich auch während der Untersuchung unablässig und sagte in meinen Inneren: „Herr Jesus, lasse ihn nichts Bösartiges finden..."

Es war nicht nur ein physischer Kampf, es war ein geistliches Ringen. Ich kämpfte in diesem Moment im Grunde genommen um das Überleben, um jeden gefährlichen Angriff des Feindes abzuwehren, rühmte das Blut Jesu und die Auferstehungskraft Christi, und ich spürte, wie diese Kraft mich trug, stärkte, festigte und mein Glaube und mein Vertrauen in Christus meinem HERRN schließlich die Schwierigkeiten überragte.

Nachdem die Kamera schließlich auch die letzte verborgene Stelle meiner Gedärme inspiziert hatte, wurde die Untersuchung abgeschlossen, und der Arzt rief mir mit geradezu enthusiastischer Stimme zu: „Herr Müller, Sie haben keinen Tumor..." Es war wie ein Jubelruf, worauf ich von unsagbarer Freude und sichtlicher Erleichterung ebenso laut antwortete: „Gott sei Lob und Dank dafür."

Ein operativer Eingriff war, dessen ungeachtet, aber trotzdem erforderlich. Genau um die Mittagsstunde des Ostersonntags, als die Osterkonferenz im Missionswerk voll im Gange war, schob man mich auf meinem Bett in den Operationssaal.

Der Ausgang dieser Situation war höchst ungewiss. Was einem in einer solchen Stunde durch den Kopf geht, kann nur der ermessen, den es selbst betrifft. So wusste auch ich nicht, in welchem Zustand ich das Krankenhaus wieder verlassen würde. Zunächst dachte ich natürlich an meine Familie, wie sie es schaffen würde, ohne mein Engagement weiterzukommen.

Der nächste Gedanke galt selbstverständlich dem begonnenen Gotteshaus. Wie würde das alles werden. Und überhaupt, so unvermittelt aus dem vollen Leben heraus, vor den Toren der Ewigkeit zu stehen…

So mancher „Mount Everest" türmt sich da urplötzlich vor einem auf, und das sogar ganz aus dem Nichts.

Aber gerade in diese Situation hinein sprach der Herr sehr deutlich durch sein Wort in Sacharja 4,9+10 zu mir:

„Die Hände Serubbabels haben dies Haus gegründet, seine Hände sollen's auch vollenden, damit ihr erkennt, dass mich der Herr Zebaoth zu euch gesandt hat. Denn wer immer den Tag des geringsten Anfangs verachtet hat, wird doch mit Freuden sehen den Schlussstein in Serubbabels Hand."

Ich konnte es kaum fassen, welch eine deutliche Antwort mir der Herr durch sein Wort in mein fragendes Herz gegeben hat. Es war eine feste Zusage, dass ich wieder genesen und das begonnene Gotteshaus, bei dem ich „den Grundstein" legen durfte, fertig stellen würde und mit meiner Hand „den Schlussstein" setzen durfte.

Während ich so durch die einzelnen Gänge und Räume geschoben wurde, dachte ich unweigerlich daran, dass nunmehr einige Stunden aus meinem Bewusstsein ausgeschaltet werden und dass der Narkosezustand – wenn auch in seltenen Fällen – die Gefahr eines Nicht-wieder-Aufwachens in sich birgt.

Aber genau in diesem Augenblick erschien mir, in einer Klarheit wie nie zuvor, Jesus vor Augen als das Bild des guten Hirten, der mit mir auch in die Nacht gehen wird. Nicht meine Frau und auch keines meiner Kinder konnten mich auf diesem Weg begleiten. Ich war ganz allein, und so betete ich im Stillen: „Herr Jesus, in deine Hände befehle ich jetzt mein Leben und meinen Geist.

Falls ich nicht mehr erwachen sollte und du mich zu dir in die himmlische Heimat holst, sei mit Hannelore, den Kindern und Enkelkindern, die dann zurückbleiben. Sei aber bitte auch weiterhin mit dem von dir gesegneten Missionswerk, das ich nach deinem Befehl gegründet habe. Lasse dein Haus für unerrettete Menschen eine Tür zum Himmel sein." Es war das erste Mal in meinem Leben, dass mir sehr deutlich vor Augen geführt wurde, wie es ist, wenn einmal die Stunde des Abscheidens von dieser Erde kommt und man ganz allein seinen Weg gehen muss. Wie geborgen fühlt man sich da als Gotteskind, wenn man an der Hand Jesu gehen kann und diese Gewissheit hat: „Herr, du bist bei mir."

Der Eingriff dauerte circa zwei Stunden. Danach brachte man mich in mein Zimmer. Als ich erwachte, war die Narkosewirkung natürlich noch nicht völlig vorbei. Das Erste, was ich wahrnahm, war Hannelore, die am Bettrand saß und meine Hand hielt. Sie sagte mir, dass alles gut verlaufen sei.

Die Visite an dem darauf folgenden Tag war ungewöhnlich früh. Bereits um 6.30 Uhr betraten die Ärzte das Krankenzimmer. Der Arzt, der mich einen Tag zuvor operiert hatte, begrüßte mich freundlich, setzte sich zu mir ans Bett und erkundigte sich sehr wohlwollend nach meinem Befinden. Dann versicherte er mir, dass die Operation gut verlaufen sei und ich mir keinerlei Sorgen zu machen bräuchte. Der Eingriff sei zwar beileibe nicht einfach gewesen, aber rundherum gelungen.

Ich bedankte mich anschließend in bewegten Worten bei dem behandelnden Arzt und reichte ihm herzlich die Hand. Dabei kamen mir unweigerlich die Tränen, derer ich mich keineswegs schämte.

Albrecht Bengel, der große schwäbische Theologe, sagte einmal: „Christen, die nicht weinen, und meinen, sie seien besonders glaubensstark, sollten sich nicht täuschen. Gott kann ihnen dann am Ziel nicht einmal die Tränen abwischen."

So verging ein Tag nach dem anderen. Inzwischen war ich bereits über eine Woche in stationärer Behandlung und die Heilung machte kontinuierlich Fortschritte. Ich hatte kein Fieber mehr und auch die Entzündung an der Wunde war zurückgegangen. Alles in allem war der Arzt mit meinem Zustand zufrieden und stellte mir in Aussicht, dass ich in wenigen Tagen entlassen werden könnte. Dies war am neunten Tag meines Krankenhausaufenthaltes.

Ich erinnere mich noch gut an die ersten Tage nach der Operation, als ich an diesem Tropf hing und Infusionen in meinen Körper flossen. Ich fühlte mich dabei so unsagbar schwach und elend, dass ich noch kaum meine Bibel halten konnte. An einem dieser Tage sagte ich zu Gott: „Herr, ich brauche eine besondere Salbung ... Du siehst, wie schwach ich bin, trotz der Flaschen ... Gib mir ein Wort, das mich wieder aufrichtet."

Dann griff ich mühsam zu meiner Bibel, die griffbereit auf meinem Nachttisch lag, und schlug sie wahllos auf. Dabei fiel mein Blick auf den Psalm 92 und blieb genau am 11. Vers hängen. Ich traute kaum meinen Augen, als ich las, was da so schön genau für mich geschrieben stand: „Aber mich machst du stark wie den Wildstier und salbst mich mit frischem Öl."

„Danke, Herr...", war das einzige, was ich in diesem Augenblick sagen konnte. Ich war innerlich zutiefst ergriffen von seiner unendlichen Liebe.

Von dieser Stunde an ging es mit mir wieder aufwärts. Ich spürte, wie ich von Tag zu Tag mehr Appetit bekam. Und jedem, der sich in der Zeit nach meinem Befinden erkundigte, konnte ich ohne weiteres sagen, dass es mir hervorragend ging. Endlich verspürte ich wieder ein echtes Hungergefühl. Vielleicht wird mancher Leser an dieser Stelle lächeln, denn Hunger ist doch eigentlich ein ganz selbstverständliches und natürliches Gefühl, das nicht besonders erwähnenswert ist.

Aber für mich war es in diesem Augenblick ein Gottesgeschenk, denn schließlich hatte ich bereits vor der Operation tagelang nichts mehr essen können und danach die erste Zeit nicht dürfen. Die Folge davon war, dass ich dabei insgesamt elf Kilo abgenommen hatte.

Ich dankte in den folgenden Tagen immer wieder meinem Herrn, dass er mich in meiner großen Not so wunderbar durchgetragen hatte und sich auch um den Heilungsprozess fürsorglich kümmerte.

Gerade in diesen Tagen durfte ich selber erneut augenscheinlich erleben, dass sich Gottes Zusagen und Verheißungen in wunderbarer Weise an denen erfüllen, die ihm ergeben und gehorsam sind.

Im Buch des Propheten Maleachi 3,18 heißt es hierzu: „Ihr werdet... sehen, was für ein Unterschied ist, zwischen dem Gerechten und dem Gottlosen, zwischen dem, der Gott dient und dem, der ihm nicht dient.

Es ist, wie bereits erwähnt, ferner auch zu unterscheiden, ob ein Gläubiger in das Krankenhaus geht oder ein Ungläubiger. Das erweist sich von Anfang an schon rein äußerlich. Auf meinem Nachttisch lag von der ersten Stunde an meine Bibel, bei den anderen Zimmerkollegen die Bildzeitung.

Leider gibt es aber auch Christen, bei denen findet man neben ihrem Krankenbett oft einen ganzen Stapel Illustrierten. Ich frage mich: Wie will ein Kranker, der geistliche Hilfe braucht, aus einer solchen Lektüre Kraft schöpfen? Wer Schriften studiert, die dem geoffenbarten Buch entgegenstehen, wird auf eine minderwertige verderbliche geistige Ebene heruntergezogen.

Wenn ein Christ die Klinik aufsuchen muss, dann sollte er nicht die Kraftquelle göttlicher Heilung, das Wort Gottes, vergessen.

Zu meinem Buch „Herr, warum gerade ich?", in welchem ich über diese Glaubensprüfung im Krankenhaus berichte, schrieb Dr. Cho in seinem Vorwort über meine Erlebnisse folgendermaßen:

„In Hiob 1,1 lesen wir von der schweren Prüfung eines frommen Mannes aus dem Altertum: ;Es war ein Mann im Lande Uz, der hieß Hiob. Der war fromm und rechtschaffen, gottesfürchtig und mied das Böse.'

Dieser machte alle möglichen Arten von Erprobungen und Prüfungen durch. Doch das Wort Gottes sagt uns, dass Hiob auf die Aufforderung seiner Frau, Gott zu verfluchen und zu sterben, antwortete: ‚Haben wir Gutes empfangen von Gott und sollten das Böse nicht auch annehmen? In diesem allen versündigte sich Hiob nicht mit seinen Lippen' (Hiob 2,9+10).

Von dieser uralten, aber wahren Geschichte können wir lernen, dass sogar die rechtschaffensten Christen Prüfungen erdulden müssen. Aber wenn diese Prüfungen sozusagen ‚überstanden‘ sind, dann werden sie zu einem wunderbaren Werkzeug, um Charakter und Reife in dem Leben eines Gläubigen aufzubauen.

In Dr. Siegfried Müllers wunderbarem neuen Buch ‚Herr, warum gerade ich?‘ begegnet uns ein weiterer gottesfürchtiger und rechtschaffener Mann, der aus der Erprobung als ein besserer Mensch und reiferer Leiter hervorgegangen ist. Diese echte Lebensbegebenheit wird Sie ermutigen und inspirieren, auch in der Mitte von Betrübnissen, Erprobungen und Prüfungen das Feld zu behalten. Er, der Herr, ist bei Ihnen und wird Sie nicht loslassen.

Dieses Buch wird ebenfalls zum Aufbau des Glaubens bei denen beitragen, die noch nicht ihre ersehnte Heilung empfangen haben. Auch mitten in der größten Schwäche, Verletzung oder Krankheit ist der Herr mit Ihnen.

In solchen Zeiten der Bedrängnis können wir mit unserem Heiland, der für uns gelitten hat, enger verbunden werden. Es kann eine herrliche Zeit der Gemeinschaft mit ihm sein und unsere Schwäche kann unsere größte Stärke werden.

Ich empfehle dieses Buch allen Christen. Es wird bei Ihnen die Hoffnung verstärken und Ihren Glauben an den Gott erneuern, der in Ihrem größten Leiden und größter Not gegenwärtig ist.

Der Herr hatte Hiob alles zweifach zurückerstattet, da er ein Gott der Wiederherstellung für die ist, welche ihn vor allem anderen lieben, sogar in der Mitte größter Erprobungen.

Während der Zeit, als Dr. Müller schlaflose Nächte im Hospital verbrachte und sich fragte: ‚Herr, warum gerade ich?‘, da hatte er auch zu dieser Zeit eine wunderbare Begegnung mit dem Herrn selber. Der Herr offenbarte Dr. Müller die Rätselhaftigkeit seiner Krankheit.

Das ganze Geschehen sollte ihn auf eine höhere Ebene des Mitgefühls für andere und zu einem tieferen Verständnis der Leiden derer führen, die oft ihre Heilung nicht empfangen.

Gott hat für uns alle ein höheres Ziel und er wird „alle Dinge“ gebrauchen, um alles zu unserem Besten zu wenden, so wie er es auch bei Dr. Müller getan hat. Möge dieses faszinierende Buch für Sie ein neues Vertrauen zu einem Gott erwecken, der größer als alle Krankheit, Prüfung und alles Leid ist.“ Soweit Dr. Cho.

Charles Haddon Spurgeon schrieb einmal über die Bedeutung des „zweischneidigen Schwertes“ gerade für kranke Menschen: „In der Schrift ist Balsam für jede Wunde, Salbe für jedes Geschwür. Oft haben wir das Wort des Herrn als den ‚Trostbecher‘ benutzt und der hat nie versagt, die Verzagten zu ermuntern.

Wir wissen, was wir sagen, denn wir haben die gesegneten Tatsachen gesehen: Die Worte der Wahrheit, die uns der Heilige Geist ins Herz drückte, haben denen Frieden und Freude gebracht, die in der Finsternis und im Tal der Todesschatten saßen.“

Nun war endlich der Tag meiner Entlassung aus dem Krankenhaus gekommen. Ich hatte ihn so sehr herbeigewünscht, und als es soweit war, erfüllte eine solch tiefe Freude mein Herz, die ich mit Worten einfach nicht beschreiben kann.

Es war der 26. April, ein Mittwoch. In der Nacht etwa gegen 3.00 Uhr bin ich bereits aufgewacht und konnte nicht wieder einschlafen. Die Erwartung, wieder nach Hause zu kommen, schuf in mir ein erhebendes Glücksgefühl. Ich war zwar körperlich noch geschwächt, aber der Heilungsvorgang war äußerst zufriedenstellend.

Während ich so in meinem Bett lag und den erwachenden Tag erwartete, betete ich mit einem von unsagbarem Glück erfüllten Herzen und dankte meinem Heiland für meine wiedererlangte Gesundheit. Er hat mir ein neues Leben geschenkt, ein zweites Leben. Auch meinen Arzt, der so viel Gutes an mir getan hatte, schloss ich in mein Gebet ein und bat Gott, ihn und seine helfende Tätigkeit an den ihm anvertrauten kranken Menschen zu segnen.

Während ich so längere Zeit im Gebet verweilte und mich die wohltuende Stille des langsam erwachenden Morgens umgab, redete der Heilige Geist zu meinem Herzen, ich solle meinem Arzt sagen, dass Gott seine Hände einmal zu einem großen Segen für kranke Menschen gebrauchen würde.

Als ich ihm dies später mitteilte, war er tief gerührt, und ich fühlte, dass unsere Begegnung während meines Krankenhausaufenthalts nicht unbedeutende Spuren in ihm hinterlassen hatte.

Auch dies zählte zweifellos zu den positiven Aspekten im Zusammenhang mit meiner Frage: „Herr, warum gerade ich?" Ich musste diesem Mann begegnen, weil es in Gottes Plan lag.

Bei der letzten abschließenden Untersuchung versicherte mir der behandelnde Arzt, dass meine Operationswunde sehr gut verheilt sei und dass ich weder irgendeine Arznei noch eine Nachbehandlung durch den Hausarzt brauchen würde.

Nach dem Frühstück, als ich auf Hannelore wartete, die mich abholen sollte, sah ich, wie die Putzfrau versuchte, mein inzwischen abgezogenes Bett aus dem Zimmer zu schieben. Da ihr dies aber offensichtlich Schwierigkeiten bereitete, stand ich von meinem Tisch auf, eilte ihr zu Hilfe und schob mein Bett selbst hinaus. Vielleicht brauchte man es schon bald wieder für einen Patienten, der „wirklich krank" war.

Nachdem ich das Krankenbett draußen auf dem Flur abgestellt hatte, kam mir unwillkürlich die Begebenheit aus Markus 2,9 in den Sinn, wo es heißt: „Stehe auf, nimm dein

Bett und wandle." Dies sagte Jesus damals zu dem Gichtbrüchigen in Kapernaum, nachdem er ihm seine Gesundheit wiedergegeben hatte. Auch mir gab er meine Gesundheit wieder und ich durfte mit großer Freude geheilt nach Hause gehen.

19
Er gab Sieg in so mancherlei Kämpfen

Gewisse Parallelen in unseren Führungen sah ich sowohl bei Jesus selbst wie auch bei Levi Petrus/Schweden, Dr. David Y. Cho/Korea und ebenso bei Charles H. Spurgeon/England. Die traurige Erfahrung, die Jesus mit Judas Iskariot machte, musste auch ich erleben. Während der heißen Ausbauphase der Christus-Kathedrale verließ uns ein mir sehr lieb gewordener Ältester, der mir durch seine Mithilfe bei der textlichen Gestaltung dieses Buchs half und zum Segen geworden war. Sein Beruf war Journalist. Als Bruder wurde er mir zu einem echten Freund.

Wie wunderbar er in unserem ehemaligen Gotteshaus in der Bachstraße Gott erleben durfte, beschreibt er selbst sehr ausführlich in diesem Buch im Kapitel „Die Führungen Gottes". Weil er an meiner Seite die großen Taten Gottes „hautnah" miterlebte, hatte er im Laufe der Jahre darüber mit großer Begeisterung sowohl in unserer Zeitschrift als auch in verschiedenen Büchern, die in unserem Verlag erschienen sind, berichtet.

Mit der Zeit aber gab er die Ehre nicht mehr allein dem HERRN, sondern sich selbst. So begann er zu kritisieren und verließ das Missionswerk.

Mit ein Grund seines Ausscheidens war auch, dass wir ihn aufgrund dieser Sinnesänderung weder in Karlsruhe noch in unseren Außengemeinden am Wort dienen lassen konnten. Seine Predigten waren lediglich noch „klug" formulierte Worte.

Nach seinem Ausscheiden ließ er seinen Gefühlen freien Lauf und veröffentlichte ein Buch, in dem er nicht nur über meine Person, sondern auch über andere von Gott gesalbte Diener nur Negatives zu berichten wusste.

Diese Verleumdungen waren ein „satanischer Angriff" aus der Hölle. Präzise in der Zeit, als wir jede Mark und jeden Pfennig zur Fertigstellung des Gotteshauses benötigten, versuchte der Feind durch ihn dem Reich Gottes zu schaden, denn Monat für Monat haben wir erhebliche Verpflichtungen für „unsere Kinder" in Jerusalem, in Kalkutta, wie auch die teuren Rundfunksendungen über RTL, um nur einige Bereiche unserer Missionsarbeit zu nennen.

Die Folge war, dass einige Missionspartner ihre Spenden reduzierten oder ganz einstellten. Gott sei's gedankt, dass jene Missionsfreunde, die sich vom Heiligen Geist leiten ließen, diesen satanischen „Angriff" sofort erkannten, sich daher nicht beirren ließen und uns sowohl durch ihre Gebete als auch durch ihre finanzielle Mithilfe weiterhin halfen, Gottes Reich zu bauen.

Die Verleumdungen dieses Mannes dauerten nur wenige Jahre, bis er plötzlich aus dem Leben scheiden musste und der Tod seine Lippen schloß.

Die Bibel sagt: „Tastet meine Gesalbten nicht an und tut meinen Propheten kein Leid" (Ps 105,15).

Wir konnten auch zu jener Zeit erleben, wie sich folgende Schriftstelle in Weisheit 3,9 bewahrheitete: „Die auf ihn vertrauen, werden seine Zuverlässigkeit erfahren, und die treu sind in der Liebe, werden bei ihm bleiben. Denn Gnade und Barmherzigkeit wohnt bei seinen Heiligen und er sucht seine Auserwählten gnädig heim."

Wer die Zuverlässigkeit des HERRN zu erfahren begehrt, muss eine starke Einstellung zu Jesus haben. Außerhalb von ihm ist es nicht möglich, eine positive Einstellung zu ihm zu haben. In Offenbarung Kapitel 19,13 steht zu lesen, dass Christus, unser HERR, das Wort Gottes ist. Wenn wir das Wort Gottes reden, dann wird dasselbe in uns auch wirken. Gottes Wort ist solch eine mächtige Gotteskraft, dass wer daran glaubt, nicht zuschanden wird.

Diese mit Worten nicht zu beschreibende Gotteskraft steht uns zur Verfügung bzw. beginnt zu wirken, wenn wir das Wort aussprechen. Ich möchte klarstellen, dass positiver Glaube an Jesus Christus nichts, aber auch gar nichts mit positivem Denken zu tun hat, denn positives Denken ist nicht von Gott.

Weil wir Kinder Gottes sind, lassen wir uns nicht entmutigen, sondern vertrauen dem HERRN. Er wird alles wohl machen. Bei all denen, die dem Wort Gottes glauben, wirkt der Heilige Geist schöpferisch und verändert Situationen. Sind wir doch Kinder des lebendigen Gottes, bei dem es kein Unmöglich gibt. In Matthäus 19,26 lesen wir, wie Christus der HERR sagt: „Bei den Menschen ist's unmöglich, aber bei Gott sind alle Dinge möglich."

Erinnert sei hier an Philippus, dessen Glaube an den Herrn Jesus negativ eingestellt war. Der sagte: „HERR, wir haben nicht genug Speise, um diese Menschenmenge zu versorgen." Doch da war auch Andreas. Dieser war positiv eingestellt. Er dachte, Jesus ist doch da und er ist der große Meister. Andreas war ganz positiv, denn er hatte Jesus in das Problem mit einbezogen. Jesus segnete den Glauben von Andreas und ebenso das Wenige, nämlich fünf Brote und zwei Fische, und alle wurden satt. Während Philippus auf die Menschen sah, schaute Andreas auf den HERRN und das war der Unterschied.

Ähnlich wie Philippus ging es auch mir damals im Jahr 1972, als ich die kleine Gemeinde meines Vaters in Karlsruhe übernahm. Als ich in meiner Heimatstadt auf die Umstände schaute, sah ich nur Wüste; doch ich hatte eine positive Einstellung zu Jesus und das war entscheidend. Als Diener in Gottes Erntefeld weiß ich, dass eine positive Einstellung sehr ansteckend ist. Die paar Leute, zu denen ich damals predigte, wurden durch meine positive Haltung zum Herrn Jesus inspiriert.

Ich denke an jene Anfänge mit unserem Gitarrenchor, mit dem ich den ersten Missionseinsatz in Bern wagte, von dem ich schon zuvor im Kapitel „Bei Gott gibt es kein Unmöglich“ dieses Buches berichtete.

Auch erinnere ich mich an einige unserer damaligen Ältesten, die sehr besorgt, ja verzagt waren, als wir uns daran machten, uns nach einem Grundstück für das geplante Gotteshaus umzusehen. Obwohl CHRISTUS der HERR deutlich zu mir geredet hatte, dass wir seinem Namen ein Haus bauen sollen, waren etliche von ihnen doch sehr verzagt. Sie waren wunderbare „Jünger von Philippus“. Nun aber, „unsere Philippusjünger“ hatten nicht Unrecht damit, denn auch wir waren wie in einer „Wüste“, nur dass Jesus selbst bei uns war.

So habe ich mich mit einigen wenigen Brüdern, die mit auf Jesus schauten, entschlossen, dem Auftrag des HERRN gemäß zu handeln und haben das Grundstück an der Keßlerstraße, auf dem sich heute die Christus-Kathedrale befindet, gekauft. Doch dann war die Missionskasse leer. Jetzt hatten wir das Grundstück, aber für das Geld zum Bauen mussten wir dem HERRN wie bisher vertrauen.

Weil die Bibel sagt: „Welche auf ihn vertrauen, werden seine Zuverlässigkeit erfahren“, dürfen wir sehr positiv mit Jesus sein. Wäre es meine Idee gewesen, eine Kirche zu bauen, dann hätte es Gott uns nicht gelingen lassen. Weil mir jedoch der HERR eine Vision gab und ich deutlich seine Stimme vernahm, hatte ich trotz großer Schwierigkeiten und harter Glaubensprüfungen nie Zweifel, diesem göttlichen Auftrag treu zu bleiben.

Wie in Nehemia 2,20 geschrieben steht, wusste auch ich: „Der Gott des Himmels wird es uns gelingen lassen; denn wir, seine Knechte, haben uns aufgemacht und bauen ...“ „Außerhalb“ des Herrn Jesus sollte man sehr, sehr vorsichtig sein. Wenn wir aber in Jesus sind, dann dürfen wir kühn sein, aber keinerlei Kompromisse eingehen. Mit der Kraft des Heiligen Geistes können wir immer „auf dem Wasser" gehen, aber außerhalb von Jesus werden wir dessen „Zuverlässigkeit" nicht erfahren.

Im Leben und Dienst von Levi Petrus in Schweden stand von Anfang an eine große Salbung des Herrn. Zu Beginn seiner Pastorenlaufbahn diente er als Hilfspastor in einer kleinen Baptistengemeinde. Sein geistlicher Dienst nahm eine totale Wendung, als er in Los Angeles dem Methodistenpfarrer T.W. Barrat begegnete und bei ihm unter Handauflegung die Geistestaufe empfing.

Von da an lag nun eine ganz neue Salbung auf seiner Wortverkündigung. Durch die Kraft des Heiligen Geistes geschahen Zeichen und Wunder. Seine Gemeinde wurde größer und größer.

Levi Petrus besuchte weder eine Bibelschule, noch hatte er eine theologische Ausbildung. Gott schenkte ihm eine Vision, salbte und segnete ihn in seinem Tun. Er war dazu berufen, Anfang des 19. Jahrhunderts die größte Pfingstgemeinde in Schweden zu gründen. Seine Kirche, die er in Stockholm baute, hat 4000 Plätze. Ein großes Gemeindewachstum war zu verzeichnen. Außengemeinden entstanden, Missionsschulen wurden gegründet, auch wurde eine eigene Zeitschrift herausgegeben.

Trotz dieser großen Erfolge blieb Levi Petrus zeit seines Lebens ein demütiger, bescheidener Mann, der sich immer abhängig von Gottes Führung und Salbung fühlte. Es war ihm bewusst: „Ohne mich könnt ihr nichts tun" (Joh 15,5). Leider blieben auch in seinem Leben Enttäuschungen nicht aus. „Der Knecht ist nicht höher als sein Meister."

An seiner Seite hatte er einen theologisch gebildeten Schriftsteller als Mitarbeiter. Nach einer fruchtbaren Zeit der Zusammenarbeit konnte dieser Mann leider die Vision, die Levi Petrus für die Gemeinde hatte, nicht mehr teilen.

So wurde aus einem Freund und Bruder ein erbitterter Feind und Gegner, der diesem gesegneten Mann Gottes großes Herzeleid zufügte. Ihre Wege trennten sich, denn die Salbung, die Levi Petrus hatte, lag nun nicht mehr auf dessen Mitarbeiter.

Solche Begebenheiten zeigen:

Gott führt seine Diener in der Weise, dass sie sich bei der Ausführung seines Auftrags nicht auf Menschen verlassen, sondern ausschließlich auf ihn sehen.

Georg Müller, der bekannte Prediger aus dem 19. Jhdt., wurde einmal gefragt, welches der beste Weg zu einem starken Glauben sei. „Der einzige Weg, starken Glauben zu erleben", erwiderte dieser Glaubensmann, ist, „große Prüfungen zu erdulden. Ich habe meinen Glauben dadurch erlernt, dass ich mitten in schweren Prüfungen fest blieb." Das ist eine tiefe Wahrheit. Großer Glaube muss durch große Prüfungen gehen.

Damit der Tempel Gottes in Jerusalem errichtet werden konnte, musste David durch große Nöte und Kämpfe gehen.

Damit das Evangelium von der Gnade Gottes aus der jüdischen Tradition gelöst wurde, musste der Apostel Paulus sein ganzes Leben lang kämpfen. Er war ein von Gott auserwähltes Werkzeug, weil er den harten Glaubensprüfungen standhielt und den ihm erteilten Auftrag nach Gottes Plan ausführte.

Auch als Dr. Cho in Seoul in Korea die große Kirche baute, hatte er ebenfalls große Glaubensprüfungen zu bestehen. In meinem Buch „Wenn Beter den Himmel stürmen" wird darüber berichtet, welche Schwierigkeiten sich bei ihm auftürmten, als Gott ihm den Auftrag gab, eine neue Kirche zu bauen.

Gott befahl ihm: „Mach dich bereit, von hier wegzuziehen. Du baust jetzt eine Kirche mit 10000 Sitzplätzen und wirst mindestens 500 Missionare aussenden."

Daraufhin sprach er mit dem Ältestenausschuss über das neue Kirchenprojekt. Sie sagten übereinstimmend, das sei unmöglich. Seine Diakone dachten genauso. Doch dann hörte er in seinem Herzen den Befehl Jesu: „Ich bat dich nicht, dich mit deinen Ältesten und Diakonen zu beraten; ich sagte dir, du sollst gehen und bauen."

Dr. Cho reichte sein Gesuch sowohl für das Grundstück als auch für den geplanten Kirchenbau ein.

Als ihn der verantwortliche Dezernent neugierig fragte, zu welcher Denomination er denn gehöre, antwortete er: „Zu den Assemblies of God." Daraufhin meinte der Beamte entrüstet: „Ach, das sind die, die so laut und lärmend Gott loben? Und wo man auch für Kranke betet und in Zungen spricht?"

Nachdem Dr. Cho bejaht hatte, schüttelte der Dezernent fast unwillig den Kopf und meinte zu ihm: „Sie wissen doch, dass die Kirche direkt gegenüber dem neuen Parlamentsgebäude stehen soll. Diese Kirche muss würdig sein, und Ihre Kirche ist das nicht. Wir müssen daher Ihr Gesuch ablehnen."

Aber Gott wusste besser als dieser kurzsichtige Beamte, was würdig ist und was nicht.

Bald schon erfuhr Dr. Cho, dass für die Erschließung des gesamten Baugebiets in Yoido der Vize-Bürgermeister der Stadt, Ill Suk Cha, verantwortlich war. Dieser war Diakon in seiner Gemeinde und erledigte sämtliche Formalitäten im Rahmen der Baugenehmigung.

Die Kirche von Dr. Cho bekam das beste und zentral gelegenste Bauland auf der Insel zugesagt.

Nun aber kam die Kostenfrage. Der Bauunternehmer bezifferte die Kosten für die Kirche in solch einer Größenordnung auf 2,5 Millionen Dollar. Für den Landkauf würden eine halbe Million Dollar benötigt und für einen anliegenden Wohnungskomplex für die Mitarbeiter der Kirche nochmals 2,5 Millionen. Das wären demnach über fünf Millionen Dollar.

In der Kasse der Gemeinde waren zu diesem Zeitpunkt aber nur 2500 Dollar. Da Dr. Cho aber nicht noch einmal mit Gott diskutieren wollte, nahm er im Glauben einen größeren Kredit auf und kaufte kurz entschlossen das vorerwähnte große Landstück nahe des Abgeordnetenhauses, einer der ausgewähltesten Landstriche Koreas.

Bei der Bebauung des 16000 qm großen Grundstücks wurde Dr. Cho noch oft geprüft. Die Kirche wurde in der Tat unter großen Entbehrungen errichtet.

Zwischendurch kam unter anderem eine empfindliche Dollarabwertung und der Bauunternehmer brach kurzerhand den Vertrag. Er wollte neu verhandeln und dabei die Baukosten erhöhen. Zu allem Unglück kam in dieser Zeit auch noch die Ölkrise und alle Banken sperrten die Kredite. Die Gemeindemitglieder begannen, ihre Arbeit zu verlieren. Weder die Zinsen für die Darlehen noch die ohnehin schon geringen Gehälter für die Mitarbeiter konnten bezahlt werden.

Schließlich drohte die Baugesellschaft mit einer Klage, weil die erhöhten Baukosten nicht mehr aufgebracht werden konnten. In Dr. Chos Büro häuften sich die Rechnungen stapelweise. Die Arbeiter liefen einer nach dem andern davon, weil sie keinen Lohn mehr erhielten. Ringsum war tiefe Nacht und die junge Gemeinde glich einem sinkenden Boot.

Die Jahre, in denen die Kirche gebaut wurde, waren für die koreanische Wirtschaft aber auch wirklich sehr schwierige Jahre gewesen. Alle litten unter der schweren Rezession. Die Zinssätze lagen unnatürlich hoch und die Inflationsrate hatte die Kaufkraft der Bevölkerung einschneidend geschwächt. Zu beachten ist hierbei noch, dass sich Korea, verglichen mit anderen Nationen, noch im Entwicklungsstadium befand. Das Durchschnittseinkommen einer Familie in Korea betrug damals nur 300 Dollar im Jahr und eine solch große Kirche mit solch armen Christen zu bauen, das war ein nahezu hoffnungsloses Unterfangen.

Wenn Dr. Cho zu dieser Zeit nach mathematischen Überlegungen gehandelt hätte, wäre er von vornherein verloren gewesen. So aber betete er und vertraute dem Herrn, und als er im Gebet und im Glauben in das Antlitz Jesu blickte, sagte er: „Es wird möglich sein dem, der da glaubt."

In diesen schweren Tagen der Not erhob sich in der Gemeinde eine Solidaritätswelle ungeahnten Ausmaßes. Von überall her kamen die Menschen und brachten buchstäblich ihr Letztes für die Kirche. Unvergleichlich war die beispiellose Opferbereitschaft der Gläubigen. Dr. Cho selbst hatte sich schweren Herzens entschlossen, sein Haus zu verkaufen und den Erlös in den Kirchenbau einfließen zu lassen. Er brachte seine Familie notdürftig in einer Rohbauwohnung unter. Dort gab es weder fließendes Wasser noch Heizung, und da es Winter war, fror die Familie ständig. Außerdem hatten sie fast nichts mehr zu essen.

Selbst für das Gehalt von Dr. Cho war kein Geld mehr vorhanden. Wegen der hohen Zinsen waren langjährige Darlehen für den Bau der Kirche nicht erwünscht. Darum verkauften neben Dr. Cho auch viele weitere Gemeindemitglieder ihre mühsam erworbenen Häuser, damit die Baukosten weiter aufgebracht werden konnten. Sie brachten alles ein, was sie hatten, sodass es ähnlich war wie in der Urgemeinde, wovon wir in Apostelgeschichte 4 lesen: „Die Menge der Gläubigen aber war ein Herz und eine Seele. Wer von ihnen Äcker oder Häuser besaß, verkaufte sie und brachte das Geld für das Verkaufte und legte es den Aposteln zu Füßen."

Eines Tages, als Dr. Cho auf den Knien vor dem Herrn war, bezüglich der neuen Kirche, sagte Gott zu ihm:

„Gehe zur Bank und sage: Du kommst von der höchsten Regierung und bittest um einen Kredit."

Als er jedoch vorsprach, sah ihn der Bankbeamte genau an und verneinte. Dr. Cho dankte für die Auskunft, stand auf und wollte gehen. Das wiederum ging dem Bankbeamten denn doch zu schnell und er rief: „Moment mal, ich will doch erst mal sehen, was wir für Sie tun können." Und tatsächlich, er bekam den Kredit in der von ihm gewünschten Höhe.

Aber obwohl die Lage in jener Zeit für die Gemeindemitglieder von Dr. Cho sehr angespannt war, erlebte niemand von ihnen einen finanziellen Ruin. Im Gegenteil, sie wurden immer wieder gesegnet.

Es gilt auch, im Zusammenhang mit der Opferbereitschaft der Koreaner, noch zu bedenken, dass sie ein ganz anderes Steuersystem wie wir haben. Sie erhalten beim Geben des Zehnten oder ihres Opfers keine Steuervergünstigung vom Finanzamt.

Trotz dieser und noch vieler anderer ungünstiger materieller Umstände hat Gott interessanterweise damals ein Entwicklungsland ausgewählt, um die größte Gemeinde dieser Erde aufzubauen.

Einmal war Dr. Cho ob der finanziellen Aussichtslosigkeit so am Boden, dass er keinen anderen Ausweg mehr sah, als sich das Leben zu nehmen. Schon wollte er sich an das Fensterkreuz hängen, aber da vernahm er die Stimme des Herrn, der ihm weitere Weisungen gab.

Es gab viele erschütternde Beispiele selbstloser Hilfsbereitschaft. So ließen sich viele Frauen sogar vorübergehend ihr langes Haar abschneiden und zu Perücken verarbeiten, weil sie sonst nichts anderes dem Herrn geben konnten. Der Erlös floss in die Gemeindekasse zum Bau der Kirche.

Eine andere Begebenheit betraf eine arme Frau. Diese gab ihre einzige Reisschüssel und aß danach ihre tägliche

Nahrung aus einem Karton. Diese Szene erlebte ein Geschäftsmann gerade mit; er war davon so berührt, dass er diese Schüssel kaufte und der Gemeinde einen größeren Geldbetrag spendete.

Der Herr sah alle diese Opfergaben, die ihm die Gläubigen auf den Altar gelegt hatten, und gab seinen Segen. An einem Sonntagmorgen wurde ein Mann, von dem alle wussten, dass er geistesgestört war, mit verbundenen Händen und Füßen in den Gottesdienstraum gebracht.

Zu dieser Zeit wurden gerade Verpflichtungskarten für den fünften Bauabschnitt der Kirche ausgefüllt. Als versehentlich auch diesem Mann eine Karte übergeben wurde, trug er 100 Dollar mit seiner verbundenen Hand ein. Die Leute um ihn herum lachten und seine Frau sagte zu den Umstehenden entschuldigend: „Nehmen Sie es nicht für ernst. Er ist verrückt."

Als jedoch der Gottesdienst beendet war, war er völlig geheilt. Gott hatte sein Opfer königlich belohnt.

Im Herbst 1973 erfolgte dann offiziell der Umzug nach Yoido und somit die Einweihung der Full Gospel Central Church. Bei Drucklegung dieses Buchs zählte die Kirche von Dr. Cho 800 bis 820 000 aktive Mitglieder und ist somit die größte Einzelkirche der Welt.

In den vielen Biographien, welche ich mittlerweile von gesegneten Gottesmännern gelesen habe, die im Reich Gottes Geschichte gemacht hatten, war immer zu vernehmen, dass auch sie erhebliche Glaubensprüfungen zu bestehen hatten.

So wird uns zum Beispiel von keinem Geringeren als von Charles Haddon Spurgeon, den man „den König der Prediger" nennt, diese entsetzliche Begebenheit berichtet:

„Als man in der Halle, genannt ‚Royal Surrey Garden', Gottesdienste durchzuführen begann, ereignete sich ein schrecklicher Zwischenfall, der in Spurgeon eine nachhaltige Erschütterung auslöste. Sogar Jahrzehnte danach hatte die Erinnerung noch eine niederschmetternde Wirkung auf sein seelisches Gleichgewicht. Was war passiert?

Während des ersten Gottesdienstes in der großen Musikhalle erhoben sich, wie vermutet wird, verabredete Gegner dieser gewaltigen Erweckungsbewegung und schrien, wild gestikulierend, in die versammelte Menge von der Galerie herunter: ‚Feuer! – Feuer! – Feuer! – Die Galerie stürzt ein, das Haus bricht zusammen!‘ Durch solche Schreckensrufe in Panik versetzt, brach ein unbeschreibliches Durcheinander unter den vielen Besuchern aus. An die acht- bis neuntausend Personen stürzten zu den Ausgängen, sprangen sogar zum Teil von den Galerien hinunter in den Saal und versuchten, wild um sich schlagend, die rettenden Ausgänge zu erreichen.

Durch das furchtbare Drängen wurden mehrere Personen auf den steinernen Stufen der nordwestlichen Treppe umgestoßen und von den Nachdrängenden regelrecht zertreten. Es gab sieben Tote und achtundzwanzig Schwerverletzte, die sofort in die nächstliegenden Krankenhäuser transportiert wurden.

Dieser Vorfall ist im Gemeindebuch damals schriftlich festgehalten: ‚Unser Prediger, der nicht ahnte, dass der Verlust irgendeines Menschenlebens zu beklagen sei, blieb auf der Kanzel und bot alles auf, was in seinen Kräften stand, um die Leute zu beruhigen, was ihm auch in nicht unbedeutendem Maße gelang. Da sich aber beim Versuch, aufs Neue den Gottesdienst zu beginnen, herausstellte, dass die Leute zu aufgeregt waren, um zuzuhören, beendete er denselben.

Dieses beklagenswerte Ereignis hatte für das Nervensystem unseres Predigers sehr bedenkliche Folgen. Er war tagelang völlig niedergeschlagen und gezwungen, seine Predigtbestellungen abzusagen.‘

Spurgeon brach nach der Versammlung zusammen. Er wurde in den Garten des Grundstücks eines seiner Diakone gebracht, wo er verzweifelt ausrief: ‚Ach, wenn nur Gott verherrlicht wird! Auf mich kommt es ja nicht an! Was macht es, wenn ich darüber zugrunde gehe!'"

Für die Zeitungen war diese Katastrophe natürlich ein „gefundenes Fressen". Mit aller Härte griffen sie Spurgeon und die Gemeinde an.

Wie Aasgeier fielen die Journalisten über den Mann Gottes her, mit ihren boshaften Beschuldigungen, obwohl weder Spurgeon noch seine Mitarbeiter in irgendeiner Weise für das Geschehene verantwortlich waren.

20
Auf den Spuren Jesu und der Propheten

Zum Schluss dieses Buchs hin möchte ich den Überblick in die Geschichte unseres Missionswerks abrunden. Zwei Dinge, zwei Kapitel noch: Eine Besonderheit sind unsere alljährlichen Reisen nach Israel. Ein nicht alljährlicher Höhepunkt war 1999 die Einweihung unserer Christus-Kathedrale.

In diesem Kapitel werde ich einen Teilnehmer unserer alljährlichen Pilgerreisen ins Heilige Land als Berichterstatter zu Wort kommen lassen, der diese „Reise" wie folgt beschreibt:

Die Israelreisen „auf den Spuren Jesu und der Propheten", die Jahr für Jahr im Monat Mai unter der bewährten Leitung von Siegfried Müller stattfinden, sind inzwischen zu einem echten Markenzeichen des Missionswerks Karlsruhe geworden. Es handelt sich um überaus gesegnete Reisen quer durch die Bibel, beginnend vom 1. Buch Mose (Abraham in Hain Mamre) bis zu den Offenbarungen des Neuen Testaments (Harmagedon/Megiddo).

Von Jahr zu Jahr nehmen Pilger aus etwa einem halben Dutzend Ländern hieran teil, zwei Drittel hiervon erfahrungsgemäß zum ersten Male. Während ursprünglich alles ganz bescheiden mit einem einzigen Bus (ab Tel Aviv) begonnen hatte, ziehen wir jetzt mehr und mehr die Aufmerksamkeit der deutschen und israelischen Medien – Presse, Rundfunk und das israelische Fernsehen – auf uns.

Unvergessen wird uns bleiben, als 1999 das israelische Fernsehen unsere Reisegruppe kurz vor dem Rückflug auf dem Flughafen in Tel Aviv gefilmt hat. Wir hatten zur Ehre Gottes und zur Freude der dabeistehenden Israelis teilweise mit erhobenen Händen und mit den Händen klatschend

„Hevenu schalom alechem“ (Wir bringen Frieden euch allen) und „Schalom chaverim lehitraot“ (Von allen Seiten umgibst du mich und hältst deine Hand über mir“) und viele andere israelische und deutsche Lieder gesungen.

Von einem jüdischen Reiseleiter wurde dem Missionswerk noch am selben Abend fernmündlich nach Deutschland mitgeteilt, dass hierüber im Fernsehen berichtet worden ist.

Zu Beginn der Reise heißen die Flugkapitäne der Fluggesellschaft EL AL die Reisegruppe mit Siegfried Müller an Bord immer herzlich willkommen und wünschen einen gesegneten Aufenthalt im Heiligen Land. Wir sind in ausgewählten Großhotels sowohl in Jerusalem als auch in Tiberias am See Genezareth untergebracht.

Bei der letzten Reise hatten wir das wunderschön über dem See gelegene Sheraton-Hotel in Tiberias mit all seinen Annehmlichkeiten ganz für uns alleine und konnten die Morgenandachten auf der Terrasse genießen.

Unterkunft und Verpflegung, aber auch die Organisation sind stets von herausragender Qualität, sodass wir uns wie Königskinder fühlen können.

Ein Teilnehmer unserer Reisegruppe hat sich einmal wie folgt geäußert: „Nie hätte ich zu träumen gewagt, so viel für das Gezahlte geboten zu bekommen, insbesondere wenn man die hervorragende Unterkunft und Verpflegung berücksichtigt.“

Die Reiseteilnehmer kommen regelmäßig aus mehr als zehn Denominationen, vorrangig aus charismatisch ausgerichteten Gemeinden und der evangelischen wie auch der katholischen Landeskirche. Dennoch ist diese überkonfessionelle Reisegruppe durch das Wirken des Heiligen Geistes stets wie eine große Familie, die nur das eine Ziel vor Augen hat: Jesus ganz neu zu erleben und die Verbindung mit ihm noch enger zu knüpfen.

Durch die einigende Kraft des Heiligen Geistes, die auf der ganzen Gruppe liegt, entsteht in kürzester Zeit eine wirklich harmonische Gemeinschaft von Gleichgesinnten. Was viele von uns immer wieder sehr berührt und dankbar macht, ist die Liebe und Hilfe der Pilger untereinander, die die Teilnehmer erleben.

Das persönlich bedeutsamste Ereignis für die Betroffenen ist zweifellos die Taufe (Röm 6,1-12) im Jordan. Es ist immer wieder schön zu sehen, wie viele Täuflinge freudestrahlend als Auferstandene aus dem Wassergrab steigen. 1992 wurde die Rekordzahl mit 113 Täuflingen erreicht, die in den Tod Jesu hineingetauft wurden und sich entschlossen, als neue Kreaturen den ganzen Weg mit Jesus zu gehen. Für sie war es bestimmt die schönste Reise ihres Lebens. Gelegentlich nehmen sogar Geschwister an der Taufe teil, die sich erst auf der Reise bekehrt haben.

Besonders beeindruckend war ein Taufgeschehen, als Siegfried Müller predigte, dass Himmel und Hölle Zuschauer bei dieser Taufe sind. Kurze Zeit später sahen mehrere Geschwister direkt über der Taufstelle das Gesicht des Herrn in den Wolken des Himmels. Andere sahen, wie bei der Taufe eines von okkulten Bindungen befreiten Bruders eine auf ihn zuschwimmende Schlange im selben Moment abtauchte, als dieser getauft wurde. Mächte des Himmels und der Finsternis waren – wie gepredigt – Zeugen, dass die Täuflinge nunmehr in einem neuen Leben mit Jesus Christus wandeln wollen.

Die eigentlichen Höhepunkte der Israelreisen sind für die meisten nicht die schönen Landschaften, bestimmte heilige Stätten oder die hervorragenden Hotels mit ihrem Komfort, sondern die Predigten an den Orten, wo Jesus Wunder wirkte, ebenso wie die Morgen- und Abendandachten in den Hotels. Auf unseren Israelreisen suchen wir nie gezielt Spuren von Reliquien und sonstigen Überbleibseln, sondern wir wollen am Ort des Geschehens das Wort des Evangeliums noch besser erfassen und uns vor Augen malen.

Aus den in der Bibel überlieferten Begebenheiten versuchen wir das Reden und Handeln Gottes herauszuhören und zu verstehen. Wir sind immer froh, da zu sein, wo auch Jesus verweilte. Wo immer er hinkam, leuchtete auferstandenes, siegreiches, machtvolles Leben auf und Herrlichkeit, Kraft und Salbung waren da. Stets erwies er sich als der Sieger über den Tod und alle Mächte der Finsternis.

Auf jeder Reise dürfen wir erleben, dass der Herr zusammen mit uns wandert, viel Gutes an uns tut und uns auf jeder der zahlreichen Stationen auf den Spuren Jesu und der Propheten eine neue Ermutigung in unsere Herzen gibt. Wir erfahren, was es bedeutet, von Gott gesegnet zu sein und unter dem Segen Abrahams zu stehen, denn er will seine Kinder glücklich sehen.

Mehr als drei Stunden im Tagesdurchschnitt verkündet Siegfried Müller das Evangelium, und zwar mit außerordentlich großer Kraft und Vollmacht. Solche Autorität kann der Herr nur den Evangelisten und Pastoren geben, die sich durch besondere Demut und völligen Gehorsam ihm gegenüber auszeichnen. Man merkt ihm an, dass er Jesus über alles liebt. Nur so lässt sich erklären, warum er alle seine Dienste, auch die Dienste in der Heilung, mit völliger Hingabe verrichtet, wovon die ganze Gruppe profitiert.

Es gibt nichts Schöneres für ihn, als zu sehen, dass der Segen des Herrn auf die Gruppe herabfällt und sein Gebet in Erfüllung geht: „Herr, lass die Menschen doch spüren und erfahren, wie gut du bist – barmherzig, geduldig, gnädig und von großer Güte. Tue neue Zeichen und Wunder, auf dass alle erkennen, dass kein anderer Gott ist denn du! Und lass deinen Kraft bringenden Strom des Lebens und des Geistes durch alle fließen, ja, lass jeden eine persönliche Offenbarung deiner Herrlichkeit wie nie zuvor erleben."

Die Auferstehungsbotschaft wird von Zeichen und Wundern begleitet als Bestätigung der Wahrheit des gepredigten Evangeliums. Gott offenbart seine Wundermacht, denn sein sind Majestät, Größe, Kraft und Herrlichkeit. Durch jede Heilung und Befreiung, die er während unseres Aufenthalts wirkt, wird er verherrlicht. Prozentual sehr viele Reiseteilnehmer geben am Schluss der Reise Zeugnis darüber, dass sie an Leib und Seele geheilt worden sind. In vielen Fällen wurden Befreiung von Depressionen und sonstigen Bindungen sowie Geistestaufen geschenkt. Auch können wir immer wieder hören: „Ich fühle mich wunderbar!"

Gottes Wundertaten zeugen wahrhaftig von seiner Liebe zu uns. Beim Lesen aller in den Evangelien geschilderten Ereignisse mit Jesus in seiner Heimatstadt Nazareth, in Jerusalem, am See Genezareth und auf seinen vielen Reisen fiel uns auf, dass er wenig über die Liebe Gottes geredet hat – er hat sie gelebt. Er hat den Menschen in Liebe zugehört und sich um sie gekümmert. Er vergab ihnen, heilte und befreite sie, trieb Dämonen aus, stillte den Sturm, weckte Tote auf und tat viele andere Wunder, in denen er seine Liebe in der Kraft und Vollmacht Gottes zum Ausdruck brachte. Jesus ist derselbe gestern, heute und morgen.

Wenn die Pilger dies in der Tiefe erkannt haben, so scheuen sie sich nicht, ihn im Verlaufe einer Reise immer mehr anzurufen, ihn um all das zu bitten, was sie so dringend brauchen. Viele Heilungen und Wunder geschehen, wenn sie flehentlich im Glauben zu ihm kommen und seine Hilfe erbitten. Bei den Missionsreisen wollen alle, dass in ihrem Leben etwas Durchgreifendes geschieht und rechnen in jedem der mehrmals täglich abgehaltenen Gottesdienste mit der überströmenden und überwältigenden Freigebigkeit Gottes.

Nach jeder weiteren Israelreise zeigt sich immer deutlicher, dass der Herr in vielen Fällen sein Eingreifen allein vom Vertrauen und Rufen der Menschen nach ihm abhängig macht. Es ist ein tägliches Loben und Preisen, eine Verherrlichung unseres auferstandenen Heilands, ein Bestürmen des Himmels, dass Segen, Zeichen und Wunder vom Himmel herabkommen mögen. Und sie geschehen auch. Vom Sonnenaufgang bis zum Sonnenuntergang loben wir fröhlich den Namen des Herrn über all seinen wunderbaren Taten, die wir erleben dürfen.

Stets werden vom Herrn jedoch auch die Wurzeln der Krankheiten aufgedeckt, die durch keine Fürbitte und kein Befreiungsgebet endgültig beseitigt werden können, sondern eigene Buße und Umkehr erfordern: Sünde, Okkultismus, Furcht, mangelnde Vergebungsbereitschaft und Annahme der Liebe Jesu.

Ein wichtiger Grund für die außerordentlichen Segnungen auf allen Israelreisen ist aber auch, dass wir Israel in Wort und Tat segnen und seit dem Jahre 1981 Kindertagesstätten in Jerusalem finanziell unterstützen. Ursprünglich konnten diese Kindergärten noch von den damals kleinen Teilnehmergruppen besichtigt werden. Bei den stetig wachsenden Teilnehmerzahlen ist dies jedoch jetzt nicht mehr möglich.

Seit vielen Jahren besucht uns deshalb stets eine kleine, fröhliche Kinderschar des zuletzt geförderten Kindergartens mit ihren Leiterinnen in unserem Jerusalemer Hotel und bedankt sich mit Liedern bei uns.

Mit dabei war auch stets Altbürgermeister Teddy Kollek in seiner Eigenschaft als Vorsitzender der Jerusalemer Stiftung („Jerusalem Foundation"), um sich für die Unterstützung durch das Missionswerk zu bedanken.

Bei Drucklegung dieses Buchs waren es schon 24 Kindergärten in Jerusalem, für die vom Missionswerk über eine Million Mark gespendet wurde. Das Missionswerk Karlsruhe hat sich hierdurch in Israel einen Namen gemacht.

Wir freuten uns alle, als Siegfried Müller bei der 23. Israelreise die wertvolle Jerusalem-Medaille von Teddy Kollek überreicht bekam, die zuvor letztmals vor drei Jahren verliehen wurde.

Siegfried Müller und sein Team überzeugen sich jedes Jahr von neuem an Ort und Stelle, dass die Spenden ordnungsgemäß und sinnvoll verwendet werden. Je einmal besuchten uns in unserem Hotel in Jerusalem auch der derzeitige Bürgermeister von Jerusalem, Ehud Olmert, und der deutsche Botschafter Theodor Wallau, um ihren Dank auszusprechen.

Israel, heute ein Land mit über sechs Millionen Einwohnern, ist für uns vor allem das Land Jesu. Wir gehen überall dorthin, wo auch er gewandelt ist – an seinen Geburtsort (Bethlehem); an dem Ort, an dem er die ersten 30 Jahre seines Lebens verbrachte (Nazareth); in der Gegend seines hauptsächlichen öffentlichen Wirkens (um den See Genezareth mit Schwerpunkt Kapernaum) und schließlich in Jerusalem, der Endstation seines irdischen Lebens.

Der Staatsanzeiger für Baden-Württemberg hat in seinen Beiträgen zur Landeskunde im April 1997 über die Wallfahrten nach Jerusalem im späten Mittelalter folgende interessante Feststellung eines bekannten Historikers veröffentlicht: „Seit der Wende vom 11. zum 12. Jahrhundert erscheint auf mittelalterlichen Weltkarten Jerusalem als der Mittelpunkt der Erdoberfläche. Durch ein Kreuz, einen Kreis oder ein Mauerquadrat markant hervorgehoben, liegt die Heilige Stadt am Schnittpunkt der Kontinente Asien, Afrika und Europa und entspricht so dem Wortlaut der Heiligen Schrift: „Dies ist Jerusalem. Ich habe es mitten unter die Völker und Länder gesetzt“ (Hes 5,5).

Viele Spuren Jesu sind über die Jahrhunderte hinweg verweht worden. Aber das, was übrig geblieben ist, erinnert uns an seine großen Taten und macht sie uns lebendig. Immer wieder werden wir daran erinnert, dass Gott sich seinem Volk in wunderbarer Weise offenbart hat.

In den letzten zehn Jahren haben wir stets folgende biblisch bedeutsamen Stätten besucht, wo solche Offenbarungen stattgefunden haben. Wie bereits genannt Bethlehem (mit den Hirtenfeldern), Nazareth und Jerusalem (mit dem Gartengrab und dem Hügel Golgatha, dem Abendmahlsaal, dem Bethesda-Teich, der Via Dolorosa, dem Garten Gethsemane, der Grabeskirche, der Westmauer, dem Ölberg und der Yardenit-Taufstelle).

Hinzu kommen die in der Nähe von Jerusalem gelegenen Stätten Emmaus, Kirjath Jearim sowie das Lazarusgrab und die Lazaruskirche in Bethanien. Schließlich besuchen wir jedes Jahr auch das Tote Meer, wo sich eine Badegelegenheit anbietet, Jericho (mit einer alten Ausgrabungsstätte und der Kirche „Bon pasteur"), Qumran, Kapernaum und Tabgha, die Gideon-Quelle in Harod, Kana sowie die Berge Tabor (Verklärungsbasilika) und Karmel. Weitere Stätten, die gar nicht alle aufgezählt werden können, kommen hinzu. Wir haben also immer ein volles Programm.

Jedes Mal, wenn wir am Tag nach unserer Ankunft in Tiberias auf dem See Genezareth eine Schifffahrt machen, werden die schön anzuschauenden Holzboote für den Gottesdienst zusammengekoppelt. Schon kurz nach Beginn der Predigt von Siegfried Müller über die stürmische Seefahrt der Jünger und den Gang von Petrus auf dem Wasser (Matth 14,22-33) befinden wir uns im Geiste inmitten der bedrohlichen Wellen und Wogen, die über uns hereinstürzen. Großes Staunen ergreift uns jedes Mal, wenn wir die großartige Reaktion von Petrus sehen, wie er auf das Wort Jesu hin im Glauben das Boot verlässt und auf den Wellen, auf dem tragenden Wort Gottes, geht! Er wagte, was alle anderen Jünger nicht gewagt haben, weil das Wort des Herrn stark ist.

„Auch du wirst nicht untergehen, wenn du der Stimme des Herrn vertraust!“, hören wir Siegfried Müller dann machtvoll predigen. „Du wirst die Werke des Herrn verkündigen, denn er thront auf den Fluten. Er steht über jeder Welle, über jeder Sorge und kommt auch dir entgegen, wie er Petrus entgegengegangen ist – er ist der Herr der Stürme!“ Und jeder spürt erleichtert, dass ihm die rettende Hand Jesu entgegengestreckt ist. „Komm zu mir!“, hat der Herr schon vielen direkt in das Herz hinein gesprochen. Jeder, der diesem Rat folgt, weiß: Jetzt hat Christus mich vor den drohenden Anfechtungen und Versuchungen wieder auf sicheren Fels gestellt.

Wenn Jesus mit seinen Jüngern von Jericho nach Jerusalem hinaufzog, kehrte er in Bethanien bei Lazarus, Martha und Maria ein, wo er sich wie zu Hause fühlte. Als Lazarus gestorben war, schien die Situation menschlich gesehen hoffnungslos. Mit göttlicher Vollmacht hatte er aber dann den Toten aus dem Grab herausgerufen. Wie die Maria den Worten des Heilands lauschte, so sitzen wir Jahr für Jahr in der Lazaruskirche nahe dem Lazarusgrab im Geiste Jesu zu Füßen, wenn wir der Predigt von Siegfried Müller über die Auferstehung des toten Lazarus und dem Triumph Jesu über die Mächte der Finsternis lauschen.

Zwei Bibelstellen bleiben besonders im Gedächtnis, weil auf sie auch an anderen Stätten eingegangen wird: „Habe ich dir nicht gesagt, du würdest die Macht der Herrlichkeit Gottes sehen, wenn du nur glaubtest?“ und „Vater, ich danke dir, dass du mein Gebet erhört hast!“ (Joh 11,40+41, Hoffnung für alle).

Stets erfüllt der Wohlgeruch Jesu den Raum, wenn wir den Herrn als Auferstandenen feiern, preisen und ihn voll Vertrauen anflehen, uns zu helfen. Und er tut es jedes Mal! Es ist immer wieder höchst erstaunlich, wie kraftvoll die Gebete an dieser Stätte sind, nur noch vergleichbar mit der machtvollen Anbetung im Abendmahlsaal und in der Kapelle „Bon pasteur" (Guter Hirte).

An allen diesen Stätten suchen wir gezielt Jesu Nähe. Wir warten still auf sein Kommen, denn wir kennen seine Sehnsucht nach uns und er belohnt unser Warten mit seiner lebendig machenden Gegenwart. Selbst geistlich Tote werden hier zu neuem Leben erweckt. Wir dürfen wissen: Jesus verspätet sich nie und er wird seine Herrlichkeit an uns, die wir seine Kinder sind, offenbaren und seine Verheißungen für uns in Erfüllung gehen lassen. Er ist die Auferstehung und das Leben selbst. Und wo er ist, ist Erweckung, Freude und Macht, die wir zum Segen für andere ausstrahlen sollen.

Jahr für Jahr lagern wir an der landschaftlich sehr schön gelegenen Gideon-Quelle in Harod und versetzen uns in die Zeit zurück, als nach Josuas Tod die Midianiter, die Amalekiter und Beduinenstämme immer wieder in das Land Kanaan eingedrungen waren. Die von Gott abgefallenen und hungernden Israeliten schrieen zum Herrn um Hilfe. Da sprach der Herr zu Gideon vom Stamme Benjamin: „Geh und rette Israel aus der Gewalt der Midianiter!"

Wie muss Gideon über seine Berufung, Israel aus der Hand der Midianiter - dem Sinnbild für die satanischen Mächte - zu befreien, erstaunt gewesen sein. Aber Gott versprach ihm: „Der Herr steht dir bei, du starker Kämpfer! Ich helfe dir! Du wirst die Midianiter schlagen, als hättest du es nur mit einem einzigen Mann zu tun" (Richter 6,12+16, Hoffnung für alle).

Der Herr führte ihn dann in den Kampf hinein, damit er vom Feind das Territorium zurückhole, das dieser den Israeliten wegen ihres Ungehorsams gestohlen hatte. Und Gideon hat diesen Kampf gewonnen, obwohl er die Schar seiner zum Sieg entschlossenen Männer auf 300 reduzierte. Er hatte Gott auf seiner Seite.

Wir nehmen diese Geschichte, die wir Jahr für Jahr hören und immer besser verstehen, sehr persönlich und freuen uns im Herzen, dass auch wir gewinnen werden, wenn wir den Kampf gegen das Böse, gegen die Werke der Finsternis aufnehmen. Der Herr steht auf unserer Seite, wenn wir für das Reich Gottes kämpfen. Durch die Worte „Du starker Kämpfer, du streitbarer Held!" fühlen wir uns immer sehr angesprochen. Wie Gott uns sieht, so sollen auch wir uns sehen: stark und siegreich. Wenn er uns wie Gideon einen Befehl gibt, so sollen und können wir ihn auch ausführen.

Als stiller Beobachter hat uns Jesus an dieser schönen Stätte besonders im Auge, ob er uns als Kämpfer für das Reich Gottes gebrauchen kann und wir auch nach dem Wasser des lebendigen Lebens, nach der Salbung Verlangen haben. „Geht vorwärts, nehmt Land ein, bietet dem Feind Widerstand und überwältigt ihn!", redet der Herr stets in unsere Herzen und der siegreiche, triumphierende Geist Jesu durchtränkt uns.

Während der ganzen Reise wollen wir den auferstandenen Christus und seine Auferstehungskraft erleben, besonders an den Stellen, wo der Auferstandene seinen Anhängern auf Erden begegnet ist – am Gartengrab, in Emmaus, im Abendmahlsaal und an der Meeresbucht in „Mensa domini", wo die Jünger Jesu am „Tisch des Herrn" speisten. Immer wieder durften wir wie die Jünger Jesu staunend erleben: „Es ist der Herr!"

Ein süddeutscher Franziskaner-Pater, der in der Bucht bei „Mensa domini" in der dortigen Franziskaner-Kirche seinen Dienst verrichtet, war vor einigen Jahren überaus glücklich, als wir ihn alle gesegnet haben.

Es war für uns im Laufe der Jahre auffallend, dass überall dort, wo Jesus, der die Auferstehung und das Leben selbst ist, nicht angenommen wurde, Tod und Vernichtung hinkam – am auffallendsten am Toten Meer, wo Gott einst fünf Städte, darunter Sodom und Gomorrha, wegen ihrer Gottlosigkeit im Meer versenkt hat, aber auch in den einst blühenden Städten Kapernaum, Chorazin und Bethsaida. Es spricht einiges dafür, dass fast alle Städte und Dörfer rings um den See Genezareth auf ein Wort des Herrn hin dem Erdboden gleichgemacht worden und fast spurlos verschwunden sind.

Von den einst über einem Dutzend Städten mit weit über 10000 Einwohnern unmittelbar am See ist heute nur noch Tiberias (heute ca. 30000 Einwohner) mit Resten von Festungsmauern und einem Turm übrig geblieben. Es ist die einstige Hauptstadt von Galiläa, die nach dem Kaiser Tiberius benannt wurde. Immer wieder wollten Menschen nichts mehr von Gott wissen. Sie meinten, ohne ihn auskommen zu können – und sind zugrunde gegangen.

Siegfried Müller motivierte uns immer wieder, den ganzen Weg mit Gott zu gehen. Er erwies sich über alle Jahre hin als ausgesprochener Evangelist mit immer wieder ernsthaft mahnenden Worten angesichts der bevorstehenden Wiederkehr Jesu. Er fordert die Menschen auf, Buße zu tun, ganz umzukehren und auf Jesus zu schauen.

Nahe der Stelle, an der wir jährlich zu Beginn der Reise den faszinierenden Blick auf das Zentrum Jerusalems haben, hat Jesus einst weinend über diese Stadt ausgerufen: „Der Friede war dir so nahe, warum nur wolltest du ihn nicht haben? Warum hast du die Gelegenheit nicht genutzt, die Gott dir geboten hat?“ Bei diesen Worten Jesu spüren wir, wie seine Hände sehnsüchtig nach uns ausgestreckt sind.

Auf allen Missionsreisen hatte der Herr während der Verkündigung des Evangeliums durch seinen Heiligen Geist immer wieder an den Herzen der Unerretteten gewirkt, auch auf dem Karmel, in Kana und im Elah-Tal (Kampf von

David gegen Goliath). Jeder einzelnen Person, die Jesus Christus vor Antritt der Reise nicht kannte, war er nahe gekommen, und wir beteten: „Herr, öffne auch den geistig Blinden die Augen, salbe sie mit dem Geist der Erkenntnis und Offenbarung, zeige ihnen deine Wege“ – und viele Augen wurden in diesen Jahren geöffnet für die Herrlichkeit der Gnade Jesu Christi. So erstaunt es nicht, dass sich schon Hunderte auf diesen Reisen entschlossen haben, Jesus als ihren persönlichen Erretter anzunehmen und in ihrem Leben an die erste Stelle zu setzen.

Manche haben an bestimmten Stätten gespürt, dass der Herr unmittelbar neben ihnen war, andere haben im Abendmahlsaal den Wind des Heiligen Geistes verspürt. Stets hat uns auf diesen Reisen die Herrlichkeit Gottes umstrahlt und der Heilige Geist uns überall hin begleitet. Die herrliche Atmosphäre, die wir regelmäßig schon beim Hinflug nach Israel im Flugzeug haben, hat uns auf den Reisen nie verlassen. Wir wandern immer mit Jesus und unsere Seele wird wieder guten Mutes.

Es sind erholsame Wanderungen, während unsere Vereinigung und unsere Freundschaft mit Jesus enger werden. Zu einem jeden aber spricht er in ganz besonderer Art und Weise. In unseren Herzen sind wir dankbar, dass wir die göttliche Stimme immer hören dürfen, denn in seiner Gegenwart empfangen wir Kraft, Führung und neues Vertrauen.

Später werden wir uns in Zeiten schwerer Anfechtungen und Versuchungen, wenn die geistigen Kräfte schwinden, daran erinnern, dass er mit uns auf dem Wege gesprochen hat. „Brannte nicht unser Herz in uns, als er unterwegs zu uns redete?“, werden wir uns dann wie die Jünger von Emmaus, die mit dem Herrn zusammen nach Jerusalem gewandert waren, fragen.

Wir sahen es als ein Gottesgeschenk an, dass wir im Mai 2000 nach über zwanzig Jahren erstmals wieder den Jakobsbrunnen besichtigen konnten. Wir schöpften während der evangelistischen Predigt von dieser Quelle des Lebens, die ewiges Leben schenkt. Verwandlungen fanden statt, weil manche Jesus persönlich erlebten und eine Offenbarung von ihm erhielten. Mögen sie wie die Samariterin werden, die die Liebe Jesu und sein Interesse an ihr spürte und die Frohe Botschaft Jesu Christi sogleich verbreitete.

Wir alle brauchen diese Quelle des Lebens in uns, damit wir als Lichter in der Welt wirken können. Wie in Kana schenkte uns der Herr von dem neuen Wein des Lebens ein und wir spürten eine neue, dynamische Kraft in uns. Wir hatten ein Verlangen danach, selbst Gefäße zu sein, gefüllt mit Leben, mit Heiligem Geist und Feuer. Alle warteten wir darauf, dass der Herr auch bei uns Zeichen setzt und wir seine Herrlichkeit erleben können, und wir wurden nicht enttäuscht.

Ebenfalls nach über zwanzig Jahren konnten wir den Hain Mamre in Hebron (Westjordanland) besuchen, wo einst Abraham wohnte und von wo aus er sah, wie die Rauchwolke von Sodom und Gomorrha und der anderen verbrannten Städte in der Jordangegend aufstieg. Die Stadt liegt zwischen 900 und 1000 m hoch, 35 km südlich von Jerusalem im judäischen Bergland und ist neben Jerusalem, Tiberias und Safed eine der vier heiligen Städte des Judentums.

Hier wurde einst David zum König von Israel gesalbt und machte es zu seiner Hauptstadt, die er erst mehrere Jahre später nach Jerusalem verlegte. Sichtlich berührt von der Gegenwart Gottes beteten wir wie Abraham: „Herr, habe ich Gnade gefunden vor deinen Augen, so gehe nicht an deinem Knecht vorüber!“ (1 Mose 18,2/Luther).

Ein besonderer Segen sind auch die Gottesdienste, die an der Stelle stattfinden, wo Jesus im Jordan von Johannes dem Täufer getauft worden war und die Nachkommen der Israeliten trockenen Fußes den Jordan überquerten. Inmitten des militärischen Sperrgebiets zwischen Israel und Jordanien, bewacht von jordanischen Soldaten, loben und preisen wir Gott an dieser historischen, heiligen Stätte. Da ein Besuch dieser Stelle für Pilger lange Zeit grundsätzlich nicht zugänglich war – auch unsere israelischen Reiseführer kannten diese Stelle bei unserer ersten Besichtigung nicht –, war es für uns ein besonderes Vorrecht, dass wir diese Stätte besuchen und eindrucksvolle Gottesdienste feiern durften.

In Nain, wo der besiegte Tod den Jüngling loslassen musste, im Garten Gethsemane und im Elah-Tal ergreifen wir stets den Sieg Jesu über Krankheiten und Depressionen, über Sorgen und Lauheit, über Angst und Versagen. Auch bitten wir den Herrn, jeden erstorbenen Glauben neu aufzuwecken. Wir dienen einem Gott, bei dem es kein „Unmöglich“ gibt, weil der Tod und alles, was dem auferstandenen Leben entgegensteht, durch das vergossene Blut Jesu entmachtet ist.

Im Garten Gethsemane, wo wir seit einigen Jahren das Abendmahl einnehmen, können immer wieder einige das tiefe Verlangen Jesu spüren, das Abendmahl mit uns zu feiern, weil er uns so sehr liebt. Immer wieder weinen einige Geschwister vor Ergriffenheit nach der Predigt (Matth 26,36+46) im Schatten der Ölbäume über das, was der Heiland an dieser Stätte für uns getan hat. Sie haben etwas von der Qual des letztlich von allen Jüngern allein gelassenen Jesus gespürt, die er in jener Nacht durchlitt.

Weil Jesus den Willen des Vaters befolgt und den Preis für die Erlösung der sündigen Menschheit bezahlt hat und aus dem unbeschreiblich schweren Ringen mit den satanischen Mächten als Sieger hervorgegangen ist, konnte er uns in die Freiheit und Herrlichkeit der Kinder Gottes hineinführen. Wir erleben hier jedes Mal auf dem Berg Tabor und im Abendmahlsaal einen Durchbruch des Lichts in unsere Dunkelheit hinein. Immer wieder offenbart uns der Herr Dinge, die wir bisher nicht erkannt haben, und wir werden aufgeladen mit der Kraft des Heiligen Geistes. In dieser Herrlichkeit und Himmelsluft wären wir, wie die Jünger auf dem Berg, an allen heiligen Stätten stets gerne länger geblieben.

Unvergessen ist den Israelis, dass wir unmittelbar nach dem Golfkrieg 1991, als erste Gruppe mit 147 Personen zu ihnen ins Heilige Land kamen. Es war die größte Reisegruppe, die sich damals dort aufhielt.

Im Jahr 1993 unternahmen wir etwas völlig Neues: Alle Reiseteilnehmer und die israelischen Reiseleiter bildeten ein Kreuz in der Jesreel-Ebene (Jesreel = Gott sät), auch Ebene Megiddo genannt, die sich von den Hügeln Samarias bis zu den Hängen in Galiläa erstreckt. Von einem gecharterten Hubschrauber aus wurden dann Film- und Fotoaufnahmen gemacht. Der Berg Tabor, auf den wir immer mit Taxis zur Verklärungsbasilika hinauffahren, bildete die Hintergrundkulisse.

Die Kongressreise anlässlich der 3000-Jahr-Feier der Hauptstadt Jerusalem im Februar 1996, deren Mittelpunkt der zweistündige Jesus-Marsch durch die Straßen von Jerusalem war, soll erwähnt werden. Stellvertretend für alle deutschsprachigen Länder hatte Siegfried Müller für den Frieden Jerusalems und die Vollendung des Heilsplans unseres Herrn mit seinem auserwählten Volk gebetet.

Bei der Israelreise im Mai 2000 haben mehrere Pilger in Nain, wie auch bei der Taufe und beim Kofferpacken, ein fast allen unbekanntes Phänomen erstmals erlebt. Gesicht, Hände, Arme und Beine funkelten von Gold – sie waren mit unzähligen millimetergroßen Goldplättchen überzogen.

Diese unerwartete Manifestation des Heiligen Geistes verwunderte uns und wir dachten an das Wort „Mein ist Silber und Gold, spricht der Herr der Heerscharen“ (Hag 2,8).

Der Goldflimmer war für uns Hinweis auf die Herrlichkeit Gottes, aber auch Zeichen und Bestätigung, dass wir in der Zukunft noch Wunderbares und Großartiges im Reich Gottes erwarten dürfen.

„Näher mein Gott zu dir“ ist unser aller Wunsch zu Beginn jeder Israelreise. Tatsächlich ist er jedem von uns immer ganz nahe gekommen. Wir haben ihn in diesen Tagen als groß und wunderbar erfahren dürfen und ihn auch persönlich erlebt. Für viele Teilnehmer sind die Israelreisen „wie ein wunderbarer Traum“. Nicht wenige kommen so verändert nach Hause, dass die daheim gebliebenen Angehörigen darüber nur staunen können. Sie hatten die Herrlichkeit Gottes nach Deutschland mitgenommen und wie Hiob erfreut feststellen dürfen: „Ich weiß, dass mein Erlöser lebt!“

Unsere alljährlichen Israelreisen enden mit dem Lied: „Gott mit euch, bis wir uns wiederseh'n. Im nächsten Jahr wieder in Jerusalem!“

21
Die Vision erfüllte sich

Die Krönung der unzähligen Gotteswunder, die wir in den dreizehn Jahren der Bauzeit unserer Christus-Kathedrale durch Gottes Güte und Gnade erleben durften, war die Einweihung dieses wunderbaren Gotteshauses. Der Herr selbst hat während der gesamten Bauzeit selbst Regie geführt und in Karlsruhe ein sichtbares Zeichen seiner Größe gesetzt.

So war in der Oktoberausgabe 1999 unserer Zeitschrift „Der Weg zur Freude" folgender Bericht von Hartmut Sattler zu lesen:

Vom 15. bis 22. August 1999 haben wir das weitaus größte Fest in der bisherigen Geschichte des Missionswerkes Karlsruhe gefeiert. Die zehnjährige Übergangszeit von der Einweihung der Johanneskapelle bis zur Einweihung der Christus-Kathedrale – und damit dem Abschluss der Gesamtbaumaßnahme – ist vorüber. Das Haus des HERRN, eine Stätte der Gemeinschaft mit Gott und der Anbetung, ein Ort der Errettung und Erweckung, ist vollendet.

Herrlich ist es geworden! Es ist ein Haus aus Gottes Meisterhand. Das derzeit bedeutendste Kirchenprojekt Deutschlands wurde eingeweiht. Groß ist unser Lob und Dank gegenüber unserem HERRN, seine Gnade reicht bis zu den Himmeln. Er ist der Fels, auf dem die Kathedrale, das Haus Gottes, gegründet ist (vgl. Lk 6,48), der wahre Architekt, Hauptpastor und Leiter dieses Hauses. „CHRISTUS ist der HERR dieses Hauses", steht daher mit Großbuchstaben an der Eingangspforte der Kathedrale.

Er hat die seinem Knecht Siegfried Müller gegebenen Verheißungen erfüllt. Gott ist treu und was er verheißen hat, ist Ja und Amen. Sein Name und sein Ruhm wurden in allen Gottesdiensten, von allen Pastoren, Chören, Lobpreisteams und der ganzen Gemeinde hoch erhoben.

Das vom Jugendchor des Missionswerks „Die Himmelsstürmer" am ersten Einweihungstag gesungene Lied „Ehre sei Gott, Ehre sei Gott!" war ein Leitmotiv über allen Gottesdiensten.

Zu seiner Ehre spielte Daniel Müller auf Europas größter Rodgers-Orgel den Halleluja-Chor aus dem Oratorium „Der Messias" von Händel. Das begeisternde Orgelkonzert mit Hector Olivera, einem der besten Organisten der Welt, der aus den USA angereist kam, setzte dann am Abend einen wunderbaren Schlusspunkt.

Unser Dank gilt auch Siegfried Müller. Gott hat mit ihm eine Person auserwählt, seinem Namen ein Haus als Heiligtum zu bauen, die wie einst Salomo eine dienende Haltung, einen dienenden Charakter hat. Alles setzte er daran, den vom HERRN im Jahre 1976 erhaltenen Auftrag bestmöglich auszuführen, um allein ihn damit zu ehren und zu verherrlichen.

Bereits in der Woche vor den Festgottesdiensten war durch eine Prophetie zu entnehmen, dass der von Gott gegebene Auftrag zum Kirchenbau erfüllt ist. Und der HERR fügte in dieser Festwoche hinzu: „Ich, der König Himmels und der Erde, bin der HERR dieser wunderbaren, heiligen Stätte, dieses Ortes der Anbetung und der Stille, wo ihr mich immer wieder neu finden könnt. Wohl meinem Knecht, dass er meine leise, sanfte Stimme gehört hat ... Ich will dich mehr und mehr gebrauchen zu meiner Ehre und Verherrlichung, weil du mir wirklich treu gedient hast. Ich will dich noch mächtiger segnen in meinem Heiligtum ..."

Über einen Gastredner bezeichnete er ihn liebevoll als „mein Freund". Und zu allen gewandt fügte er ernstlich hinzu: „Folget mir nach! Diese Welt ist nur ein Vorübergehen, und dann kommt die Ewigkeit!"

Die ursprünglich von kaum jemand zu fassende Vision unseres Missionsleiters über den Bau einer Kirche für 2 000 Besucher hat sich verwirklicht. Weitere knapp 3 000 Personen haben in der Johannes- und Pauluskapelle, im oberen Foyer, im Lobpreis-Pavillon und in den unterirdischen Versammlungsräumen Platz. Es war ein langer und mühevoller Weg, bis unsere Kirche jetzt eingeweiht werden konnte.

In diesen Festtagen konnten wir sehen und erleben, dass es Gott war, der Siegfried Müller den Auftrag gegeben hatte, dieses Haus zu bauen. Während der gesamten Bauzeit hat er über dem Vorhaben gewacht, sodass es niemals in Gefahr war, zu scheitern.

Es war ein wahres, heiliges Freudenfest, ein Fest der Anbetung und des Lobpreises, aber auch ein Fest froher Gemeinschaft untereinander. Wie bei der Einweihung des Tempels Salomo eine Woche gefeiert wurde, so haben es auch wir getan, und der ganze Himmel, alle Engel und himmlischen Heerscharen freuten sich mit und stimmten in unseren Jubel ein.

Auch die Kinder hatten ihre Freude an den von liebevollen Leiterinnen gestalteten Kindertreffs, an der Wiernsheimer Garteneisenbahn und einer großen Hüpfburg.

Wohl sind wir im Neuen Bund von Tempeln und Kultstätten unabhängig geworden, weil unser Leib wie auch die ganze Gemeinde ein Tempel des Heiligen Geistes ist. Aber auch wenn unser Herz nicht am Äußeren dieser Kathedrale hängen bleibt, das ja nur eine Hülle des Heiligtums ist, so raubt uns dies nicht die Freude an unserem neuen Gotteshaus, in dem wir lebendige Gemeinschaft mit Gott haben und in seine Gegenwart treten dürfen.

Wir alle durften mit unseren Augen sehen, welches Wunder Gott hier vollbracht hat. Unsere Herzen sind bewegt über diese schöne und zugleich technisch perfekte Kirche, die ein wahres Gnadengeschenk Gottes ist, würdig unserem Heiland. Sie ist eine von ihm geschaffene Stätte zu seinem Lobpreis und seiner Verherrlichung, ein Ort der Errettung und Erweckung.

Die Christus-Kathedrale, die den Namen unseres Erlösers, des Gesalbten Gottes, trägt, wurde für ihn gebaut und wir vertrauen darauf, dass seine Herrlichkeit das Gotteshaus in jedem Gottesdienst ausfüllen wird. Wäre der Heilige Geist in unseren Gottesdiensten nicht ständig gegenwärtig, so würde uns die ganze Kirche nichts nützen. Sie wäre wie der salomonische und der herodianische Tempel, aus denen die Gegenwart Gottes, wegen der Gottlosigkeit der in ihren Herzen verhärteten Besucher, gewichen war, eine Kirche der alten, der verdorbenen Art.

Der Verlauf der Gottesdienstveranstaltungen zeigte jedoch, dass Gott selbst während der Feierlichkeiten durch seinen Namen in unserer Mitte wohnte.

Aus mindestens zehn Staaten Europas, einschließlich Amerika, Kanada, Russland und Polen, waren die Gäste zu den Feierlichkeiten gekommen und feierten die Vollendung der Christus-Kathedrale, eines einzigartigen architektonischen Wunderwerks, wie nur Gott selbst es erstellen kann.

Höhepunkte der Feierlichkeiten am ersten Tag war die eigentliche Einweihungszeremonie, die Übergabe der Christus-Kathedrale an die Öffentlichkeit durch die Einlegung einer runden aus Messing gegossenen Platte in den Gehweg zur Kathedrale. Mit erhabenen Lettern steht der Spruch des Königs David aus Psalm 122,1 darauf zu lesen: „Ich freute mich über die, die zu mir sagten: LASSET UNS ZUM HAUSE DES HERRN GEHEN." Alles wurde dem HERRN geweiht. – Siegfried Müller breitete seine Hände aus und betete mit bewegter Stimme: „Herr Jesus, weil du CHRISTUS der Gesalbte bist, mögest du auch alle die salben und segnen, die zu dieser Stätte kommen!"

Wie Salomo vor rund 3000 Jahren anlässlich der Einweihung des Tempels gebetet hatte (1 Kön 8,23-56), betete und flehte auch er: „HERR, du Gott Israels, es ist kein Gott weder droben im Himmel noch unten auf Erden dir gleich, der du hältst den Bund und die Barmherzigkeit deinen Knechten, die vor dir wandeln von ganzem Herzen; Herr Jesus, mit deinem Mund hast du es geredet, und mit deiner Hand hast du es erfüllt, wie es offenbar ist heute an diesem Tage. Siehe HERR, der Himmel und aller Himmel Himmel können dich nicht fassen – wie wollte es dann dies Haus tun, das ich gebaut habe?

Wende dich aber zum Gebet deines Knechts und zu seinem Flehen, HERR, mein Gott, damit du hörest das Flehen und Gebet deines Knechts heute vor dir: Lass deine Augen offen stehen über diesem Hause Tag und Nacht, über der Stätte, von der du gesagt hast: Mein Name soll daselbst wohnen. Du wollest hören das Gebet, das dein Knecht an dieser Stätte betet, und wollest erhören das Flehen deines Knechtes und deines Volkes, wenn sie hier bitten werden an dieser heiligen Stätte; und wenn du es hörst in deiner Wohnung, im Himmel, wollest du gnädig sein.

Wenn eine Hungersnot im Lande herrscht oder irgendeine Krankheit sie heimsucht: Wer dann in diesem Hause seine Hände zu dir ausbreitet, dich um deine Hilfe bittet und fleht, es seien Einzelne oder die ganze Gemeinde. Die wollest du hören im Himmel, an der Stätte, wo du thronst, und gnädig sein und schaffen, dass du jedem gibst, wie er gewandelt ist, wie du sein Herz erkennst – denn du allein kennst das Herz aller Menschenkinder.

Weil du CHRISTUS der Gesalbte bist, mögest du auch die mit heiligem Öl salben und segnen, die zu dieser Stätte kommen und zu dir beten. Wenn sie ihre Gaben dir opfern, wirst du sie so segnen, wie du es zugesagt hast, sei es dreißig-, sechzig- oder gar hundertfältig. Der du CHRISTUS, der

HERR dieses Hauses bist, wollest du geben, dass es für viele Millionen unerretteter Menschen die Tür zum Himmel ist.

Heilige Majestät, ich lobe und preise dich, der du dieses Haus gegeben hast, wie du es deinem Knecht zugesagt hast. Nein, es ist nicht eines der guten Worte unerfüllt geblieben, die du durch deinen Knecht geredet hast. Gelobet sei dein heiliger Name, Herr Jesus CHRISTUS, der du von Gott der gesalbte König bist – Amen.

Neben seinen Söhnen Daniel und Thorsten Müller, die während der Bauzeit Hand in Hand harmonisch zusammenarbeiteten, und dem Leiter der Außenstelle in Albstadt-Tailfingen, Herbert Linsenmaier, sprachen als Ehrengäste vier weitere Pastoren Grußworte.

Bei allen handelte es sich um langjährige Freunde des Missionswerkes, die wie wir alle Zeugen der Herrlichkeit Gottes sind: Hermann Riefle aus Altensteig, Pastor Jean Peterschmitt aus Mühlhausen/Frankreich, der in internationalen Diensten stehende Pastor Helmut Ziegler von den Christlichen Geschäftsleuten und Pfarrer Hubert Wehner aus Gemünden, der schon vor Jahren den Namen „Christus-Kathedrale“ für dieses Bauwerk vom HERRN erhielt. Im Mittelpunkt ihrer Ansprachen standen fast durchweg Worte, die sie von Gott für diesen gesegneten Tag bekommen hatten.

Helmut Ziegler wurde schon 1983 vom HERRN in Brüssel in einer Vision die Christus-Kathedrale so gezeigt, wie sie heute steht, und zwar mit der kupfernen Riesenkuppel, obwohl zum damaligen Zeitpunkt nur ein Flachdach geplant war. Monate später erst wurde die kupferne Riesenkuppel von der zuständigen Baubehörde der Stadt Karlsruhe gebilligt.

Die Gastredner verglichen die Christus-Kathedrale mit einer Rettungsarche, einem einigenden Haus der Generationen, einem Spital (einem Haus der Heilung und Erquickung), dem Obergemach in Jerusalem (weil wir hier Pfingsten erleben dürfen), einer Kaserne (weil wir Soldaten Jesu Christi sind), einer Oase des Friedens inmitten heftiger Lebensstürme oder mit einem Tor zum Himmel.

Jeder Redner sprach von der Christus-Kathedrale als einem Ort der Errettung und der Verkündigung des ewigen Heils in Jesus Christus. Besonders auffällig war, dass auch fast jeder - vom Heiligen Geist inspiriert - sehr bestimmt von einer Stätte der Erweckung sprach, die von hier ausgehen wird.

Von allen wurde dem Bau der Christus-Kathedrale aufrichtiges Lob gezollt. Sie wurde von den Festrednern als ein besonders gelungenes Bauwerk gewürdigt. Zudem stellt es eine Bereicherung für die ganze Stadt Karlsruhe dar.

Zahlreiche interessante Einzelheiten über den Bau und Innenausbau der Christus-Kathedrale hörten wir dann vom Architekten, Herrn Ebner, wie auch vom Bauleiter, Dipl.-Ing. Herrn Münch. Als gemeinsames Geschenk an das Missionswerk überreichten beide Herren den kostbaren Abendmahlstisch.

Immer wieder kam in den Ansprachen und Predigten zum Ausdruck, was Gott hier Wunderbares getan hat, aber auch mit wie viel Liebe hier in das Reich Gottes investiert wurde.

„Was in diesem Haus geschehen wird, das begeistert mich", verkündete Pastor Mike Chance am zweiten Einweihungstag, von Gottes Geist inspiriert und in der Vorahnung dessen, was in Bälde hier geschehen wird.

Jeden Stuhl sah er im Geiste besetzt von Menschen, die gekommen waren, Gott die Ehre zu geben und seine rettende Hand zu ergreifen. Für viele, die während der Einweihungswoche hierher kamen und Jesus Christus noch nicht kannten, wurde eine Tür ins Himmelreich aufgetan, die niemand mehr verschließen kann.

Groß war unser Lob und Dank während der Festtage gegenüber unserem HERRN. Jeder wollte ein persönliches Fest mit ihm feiern, ihn anbeten, ihm begegnen, seine Segnungen empfangen. Mit dem Lied „Großer Gott, wir loben dich" priesen wir ihn für seine großen Taten und seine erbarmende Gnade.

Möge der Lobpreis im neuen Haus noch viel größer und mächtiger sein, als in den Gotteshäusern zuvor, damit es wirklich ein „Bethaus" (Matth 21,13) genannt werden kann. Dann werden seine Augen stets auf diese Anbetungsstätte gerichtet und sein Herz uns zugewandt sein.

Während der eindrucksvollen Gottesdienste blickten wir nicht auf die Kathedrale, sondern auf den HERRN der Kathedrale, den wahren Baumeister der Kirche. Wir ehrten nicht das Bauwerk, sondern ihn allein, den HERRN über das Haus Gottes aus lebendigen Steinen, den HERRN der Gemeinde. Wie ein angenehmer Wohlgeruch stieg das Dankopfer unserer Lippen zum HERRN empor. Alle erwarteten, dass er sich seinem Volk offenbarte, und er tat es.

Während aller Festtage schenkte er uns seine Gegenwart, Zuwendung und Heil bringende Nähe und gab die Saat des göttlichen Friedens und der Erneuerung in die Herzen der Menschen hinein.

Der Lobgesang, der Lobpreis und die Gebete zogen mehr und mehr die Herrlichkeit Gottes herbei, weil er sich in unserer Mitte wohl fühlte und Gefallen an uns fand. Als die Gebete zu ihm emporstiegen, fiel das Feuer herab, seine Gegenwart war mächtig unter uns und seine Herrlichkeit erfüllte die Christus-Kathedrale. Eine Woche lang wehte der Geist Gottes durch das ganze Haus.

Herrliche Tage seiner wunderbaren Heimsuchung und viele sichtbare Zeichen des himmlischen Segens haben wir in dieser Festwoche erleben dürfen – unter anderem eine Reihe von Geistestaufen und Dutzende von Heilungen (viele davon am dritten Tag während des Dienstes von Suzette Hattingh).

Blicken wir jetzt nochmals zurück auf die Stunde, in der Siegfried Müller vom HERRN den schweren Auftrag, seinem Namen ein Haus zu bauen, erhalten hatte. Viele Redner und auch ein dreiviertelstündiger (käuflicher) Video-Filmbeitrag von Thorsten Müller mit dem Thema „Eine Vision ging in Erfüllung“ haben sich damit befasst. Dieses Jesus Christus geweihte Bauwerk ist ein Glaubenswerk und in erster Linie durch Glauben und Gebet entstanden. Unser unerschütterliches Vertrauen in Gott ist das Größte, was wir ihm geben können. Ohne diese vollkommene Hingabe an ihn ist das entstandene Wunderwerk nicht zu erklären. Erstaunlich und wunderbar ist es, was der HERR aus unserem Vertrauen zu ihm wirken kann.

Mit welcher Leidenschaft, Liebe und Geduld und mit welchem Engagement hat Siegfried Müller diesen Auftrag erfüllt! Stets hat er die Fackel der Verheißung vorangetragen und war stark und fest im Glauben. Er durfte persönlich erleben, dass der HERR Gnade, Kraft und Weisheit für alles schenkt, wozu er einen Auftrag gibt.

Alles, was unser Hirte getan hat, hat er für Jesus getan, weil er ihn über alles liebt. Vieles hat er in den letzten zwei Jahrzehnten auf sich genommen, um dieses auf Geheiß Gottes begonnene Glaubenswerk nach seinen Anweisungen Schritt für Schritt im kühnen Glauben auf die ihm persönlich immer wieder gegebenen Verheißungen zu vollenden. Dafür haben er und seine Familie einen besonderen Preis bezahlt, und ihre dem HERRN gegenüber erwiesene Opferbereitschaft können wir in ihrer Tiefe nur erahnen. Die Last der Verantwortung lag – nach einem göttlichen Prinzip – auf ihnen.

Gott steht zu denen, die ungeteilten Herzens auf ihn schauen und tun, was er sagt. Da das von Gott in Auftrag gegebene Werk sehr gut getan wurde, wird Gottes Lohn nicht ausbleiben. Unser geistlicher „Erfolg“ wird danach bemessen werden, ob wir getan haben, wozu der HERR uns berufen hat.

Am 31. August 1986 war der erste Spatenstich zur Christus-Kathedrale erfolgt, und knapp zwei Jahre später, am 12. Juni 1988, wurde das Richtfest gefeiert. Fast 2000 Missionsfreunde kamen damals nach Karlsruhe, um gemeinsam dem HERRN für die neue Kirche zu danken.

Nach dreijähriger Bauzeit wurde am 3. September 1989 ein Teilabschnitt der Gesamt-Baumaßnahme – die Johanneskapelle mit bis zu 900 Sitzplätzen – fertiggestellt. Nun aber musste eine Zwangspause eingelegt werden, denn die Mittel waren aufgebraucht und unser Bankkonto war im Minus. Zehn Jahre später konnte dann aber das Gesamtbauvorhaben abgeschlossen werden.

Ein Bericht allein über die Planungen, die Entstehungsgeschichte und den Bau der Christus-Kathedrale würde ein Buch füllen.

In zahlreichen Beiträgen unserer Missionszeitschrift und in Sonderveröffentlichungen ist in den letzten Jahrzehnten über viele interessante Details berichtet worden – die zentrale Lage (über drei Autobahnen aus zu erreichen), die biblischen Bäume und Pflanzen auf dem erworbenen Grundstück, die Renovierung des hundert Jahre alten Verwaltungsgebäudes der ehemaligen jüdischen Möbelfabrik, den auf Christus deutenden Felsen auf dem nahe gelegenen Grundstück.

Hinzu kommen die Berichte über das Entstehen der Christus-Kathedrale, der Versammlungs- und Schulungsräume, die Symbolik der roten Teppiche und Stühle und des weißen Eschenholzes, die viermanuale Rodgers-Orgel, das einzige Fenster oben an der Kuppel (wie bei der Arche Noah) und vieles andere.

An Ort und Stelle sowie in der Missionszeitschrift konnten wir Jahr für Jahr mit Freude verfolgen, wie das gesamte Bauprojekt außen und innen seiner Vollendung entgegenwuchs. Die Größe und die Herrlichkeit des gesamten Innenraums mit seiner faszinierenden Schönheit und ergreifenden Atmosphäre ist jetzt noch deutlich überwältigender zu verspüren, als bei den ersten beiden Gottesdiensten in der provisorisch hergerichteten Christus-Kathedrale. Spürbar ist die Herrlichkeit des Reiches Gottes in den Gottesdiensten gegenwärtig, und sie wird noch größer werden als einst in den Tempeln von Salomo und Herodes.

„Es war einfach himmlisch!", schwärmte eine Teilnehmerin nach einer Gottesdienstversammlung. Und diese Meinung teilten viele.

Wie schon in der Johanneskapelle, so können auch in der Christus-Kathedrale Video- und Tonaufnahmen gemacht werden, die insbesondere wegen des Aufbaus der Riesenkuppel mit Fenstern gut gelingen. Auch während der Festtage wurde hiervon rege Gebrauch gemacht.

Als der HERR im Jahr 1997 Siegfried Müller den Auftrag erteilte, dass nun die Zeit gekommen ist, mit dem Innenausbau zu beginnen, damit dieses Haus vollendet werde, war es für ihn eine erneute riesengroße Glaubensprüfung. Schließlich war ihm bekannt, dass dafür nicht genügend Geld in der Missionskasse war. Nun aber musste ein Bankkredit für die noch fehlenden Mittel aufgenommen werden, der so bald als möglich zurückbezahlt werden muss, weil die Zinsen, die dafür zu zahlen sind, sehr dringend für die Mission bzw. im Reich Gottes gebraucht werden. Wir bitten daher unsere geliebten Missionsfreunde, nachdrücklich auch dafür zu beten, denn es geht hier um die Sache des HERRN.

Über allem vergessen wir nicht, dass der HERR uns diese Anbetungsstätte aus lauter Liebe und Barmherzigkeit geschenkt hat. Schon in der Paulus- und dann in der Johanneskapelle hat er den Segen über allen, die sich nach ihm ausstreckten, in Strömen ausgegossen und uns Kraft aus der Höhe geschenkt. Wie viel mehr tut er dies nun in den Erweckungsgottesdiensten, in den Seminaren und Gebetsnächten in der Christus-Kathedrale.

Allen, die dazu beigetragen haben, dass dieses wunderschöne Gotteshaus gebaut werden konnte, wurde ein herzliches Dankeschön gesagt. Wir hatten den Eindruck, so hieß es in dem Bericht weiter, dass unsere Spenden für den Kirchenbau gut angelegt sind, und wir wissen, dass sie unserem himmlischen Konto gutgeschrieben werden.

Das Kreuz in der Kathedrale, der große Konzertflügel, der Abendmahltisch sowie der Altarpult wurden im Übrigen von einzelnen Spendern finanziert.

Innerhalb weniger Jahrzehnte ist durch die Gnade des HERRN aus einer winzigen Hinterhofgemeinde eines der größten Missionswerke Europas entstanden, das noch viel von sich reden machen wird, weil es der HERR in der unmittelbar bevorstehenden großen Erweckung mächtig gebrauchen wird.

Die Ansprachen der Pastoren – Reinhard Bonnke, Dr. David Y. Cho, Mike Chance, Suzette Hattingh und Peter Wenz – waren vom Heiligen Geist inspiriert. Schwerpunkte dabei insbesondere ihre Visionen über die Christus-Kathedrale und unsere geoffenbarte Hauptaufgabe – den Bau des Reiches Gottes.

Wir empfanden es als ein großes Vorrecht, solche von Gott hoch angesehene Pastoren und Evangelisten in unserer Mitte zu haben, die erkennbar den Willen Gottes für unsere Gemeinde offenbarten. Alle Aussagen zusammen ergaben ein klares, abgerundetes Bild über die künftige Rolle und Aufgabe des Missionswerks Karlsruhe, das ein in alle Welt ausstrahlendes großes Erweckungszentrum sein wird.

Reinhard Bonnke, der frühere Missionar des Missionswerks, durch dessen Arbeit seit Gründung von „Christus für alle Nationen“ (CfaN) an die 16 Millionen Menschen zu Jesus Christus geführt wurden, hatte ein besonderes Wort – 5. Mose 32,11 – bekommen: „Ein Adler scheucht die Jungen aus dem Nest, damit sie selber fliegen lernen. Doch wachsam schwebt er über ihnen, und wenn eins müde wird und fällt, dann breitet er die Flügel unter ihm und fängt es auf und trägt es fort.“

Er erläuterte: Nach dem Willen des HERRN soll auch dieses Haus Gottes ein Nest, ein Horst des Adlers sein, von dem aus andere kleine Adler hervorkommen und in alle Welt hinausfliegen. Er spüre in seinem Herzen sehr deutlich, dass Gott hier ein großes Werk tun will und dieses Haus, das nur ein Mittel zum Zweck sei, zu einem Zentrum des Segens für die ganze Welt machen möchte. Sein innigster Wunsch und sein brennendes Verlangen sei, dass dieses Missionswerk Evangelisten in alle Welt hinausschickt, damit die Unerretteten gerettet werden.

Suzette Hattingh gratulierte uns zu dieser wunderbaren Stätte. Während einer ihrer beiden Predigten sah sie in einer Vision sehr viele Flüsse von dem Heiligtum der Christus-Kathedrale ausströmen. Erläuternd erklärte sie, dass es sich hierbei um Brüder und Schwestern handle, die an verschiedene Orte gesandt werden, wo sie der HERR benötigt.

Sie glaubt, dass Gott uns, seine Braut, derzeit für die Erweckung vorbereitet und die Christus-Kathedrale eine Quelle der Erweckung für Verlorene sein wird. Überall in Deutschland würden Menschen zusammenkommen, um für Erweckung zu beten.

Für Dr. Cho aus Seoul – Gründer der größten Einzelkirche der Welt – ist das Missionswerk Weg zur Freude Karlsruhe ein großes Wunder. Auch wenn es im Vergleich zu Korea kleiner wäre, so handle es sich doch um eine der bedeutendsten Gemeinden in Deutschland. Er sagte im Geiste, dass Gott viele „Zweiggemeinden“ des Missionswerks gründen und die bestehende Gemeinde mit den vorhandenen Diensten überall in Deutschland und in ganz Europa vervielfältigen möchte.

Auch aus dieser Weissagung ist zu schließen, dass die bereits bestehenden und die ständig neu hinzukommenden Hauskreise des Missionswerks als Evangelisationszentren unterschiedlicher Größenordnung, je nach dem Maß des dort brennenden Feuers, bei der kommenden großen Erweckung beteiligt sein werden. Dieses Feuer wird sich schnell verbreiten und überall lichterloh brennen.

Mike Chance vom Glaubenswerk Bad Gandersheim sagte, wir wissen, dass Gott dieses Gebäude ins Leben gerufen hat, um es ständig mit Menschen zu füllen, die noch fern von Gott sind und zurückfinden zu des Vaters Haus. In großen Erweckungsversammlungen werde hier die Ernte heimgebracht, die gesät worden ist.

Peter Wenz von der Biblischen Glaubensgemeinde Stuttgart sagte, dies ist ein Ort, wo Gott oft spürbar und erlebbar erscheinen wird, weil hier Jesus verherrlicht wird und er wirklich im Lobpreis seiner Kinder wohnt. Er beziehe uns wie Abraham in seine ewigen Pläne ein, auch in das, was er mit dem Missionswerk Karlsruhe vorhabe. Da, wo wie hier seine Gerechtigkeit aufgerichtet wird und Menschen sich vertrauensvoll an ihn wenden, offenbare er sich ihnen.

Peter Wenz segnete die Christus-Kathedrale mit Jesu Fülle und Gnade und bat darum, dass sein Reich hierher komme, sein Wille mit Kraft und Herrlichkeit geschehe und er dieses Haus immer wieder überfließend füllen möge.

Der Heilige Geist, das Feuer und die Salbung war das Thema aller Redner, das sie in enge Verbindung mit dem Bau des Reiches Gottes und mit der bevorstehenden Erweckung brachten. Gleichfalls von allen angesprochen wurde die erforderliche Ausübung der uns von Gott gegebenen Autorität.

Siegfried Müller ging in seiner ersten Predigt auf folgende Fragen ein: Warum kann das Missionswerk Karlsruhe eine so große Kirche bauen und weshalb gibt es hier ein solches Wachstum? Und wie ist es möglich, dass hier so viele Heilungen und Befreiungen geschehen? Wo liegt der Unterschied zu manch anderen Kirchen und Gemeinden, die Jesus genau so lieb haben, aber wo dennoch vieles stagniert?

Seine Antwort war immer dieselbe: Salbung! Diese Salbung des Heiligen Geistes verbreite sich in ganz Deutschland und sei für die kommende Erweckung unverzichtbar. Wichtig sei nicht, wo diese losgehe, sondern nur, dass sie kommt und dass wir mit dem Heiligen Geist so zusammen arbeiten, wie es auch Jesus tat, als er auf dieser Erde wandelte. Weil CHRISTUS der Gesalbte der HERR dieses Hauses ist, wird er als „Gastgeber“ auch die salben, die zu ihm in sein Haus kommen.

Evangelist Reinhard Bonnke legte die Betonung darauf, dass der Heilige Geist definitionsgemäß ein stets wehender Wind ist, dem wir uns öffnen müssen. Dieses Jahrhundert werde in die Geschichte als ein Jahrhundert eingehen, in dem ihm Fenster und Türen geöffnet wurden. Kernpunkte seiner Ausführungen waren (zusammenfassend): „Jesus lebt, der Heilige Geist weht, der Himmel ist offen, die Salbung ist und bleibt auf uns und wir haben das Vorrecht, im Reich Gottes mitarbeiten zu dürfen!“

Im Vordergrund stand die Vermittlung der Erkenntnis, dass Gottes Geist, sein Leben, seine Liebe, seine Kraft seit Pfingsten in uns sind und nicht erst herbeigerufen und herbeigebetet werden müssen. Unsere Aufgabe sei, mit der Salbung des Heiligen Geistes geladen zu bleiben und damit als Mitarbeiter Gottes zu arbeiten. Im Heiligen Geist sagte er: „Hier werden Männer und Frauen aufstehen mit einer Salbung, auf die die Welt wartet und die erkennt, wenn Gesalbte am Werk sind."

Suzette Hattingh bekannte in beiden von ihr abgehaltenen Gottesdiensten, warum sie das Feuer Gottes fast verloren hatte und sie nicht mehr so in Jesus verliebt war, obwohl sie während dieser Zeit sehr viel für ihn gearbeitet habe. Sie sehe auch hier viele solche Menschen, welche die Salbung sehr dringend benötigen.

Wie aber solle Deutschland errettet werden, wenn die Menschen hier das Feuer nicht in sich tragen und selbst Licht sind? Die Christus-Kathedrale könne kein Feuer hervorbringen, wir selbst müssten dieses Feuer Gottes in uns tragen.

In einer äußerst gesalbten Predigt mit großer Resonanz zeigte sie auf, dass es unsere himmlische Berufung ist, Könige u n d Priester – Fürbitter u n d Evangelisten – zu sein.

Wir alle sollten uns fragen: Leben wir als Könige und Priester vor Gott? Manche wollten nur beten, andere nur Zeugnis ablegen. Jeder Gläubige habe aber eine Verantwortung den Verlorenen gegenüber.

Aaron sei nur ein Priester, unser Vorbild Jesus Christus aber sei Priester und König gewesen. „Wann war es das letzte Mal, dass du ein Zeugnis abgelegt hast?", wurde sie von Gott gefragt.

Mein ganzes Leben habe ich nur gebetet und das ist auch wunderbar, sagte sie. Aber ich habe gesehen, dass es nicht ausgewogen war und ich nur einen Teil der Berufung Gottes ausgeübt hatte, also nur auf einem Bein gestanden bin. Daher sei die Vollmacht in ihrem Leben gewichen.

Suzette Hattingh fällte daraufhin eine Entscheidung. Sie ging in die Evangelisation, gewann ihre Vollmacht wieder und predigt heute in Großveranstaltungen vor bis zu

100 000 Menschen. Als der Heilige Geist ihr aufzeigte, dass viele Menschen in den Gottesdiensten keine Last mehr für die Verlorenen haben und ihr Herz nicht mehr für sie zerbricht, hat sie das Reich Gottes gestürmt, indem sie Jesus und den Heiligen Geist flehentlich anrief:

„Salbe deine Könige, salbe deine Priester, berühre die Herzen der Menschen! Gib die verloren gegangene Last für die Verlorenen wieder, gib uns das Feuer wieder, schenke uns Erweckung, setze die Salbung frei für jeden hier – für Gebet, Fürbitte, Evangelisation!“

Dann war eine Minute absolute Stille. Es folgte als Gebetserhörung eine machtvolle Geisteswelle, die wie ein Strom die ganze Gemeinde überflutete. Die Reaktionen auf das Wirken Gottes in den Herzen der Menschen waren deutlich hörbar. Jeder erlebte, dass der Himmel geöffnet war. Viele hörten den Ruf Jesu zur Fürbitte oder Evangelisation, den Ruf, seine Mitarbeiter und Partner zu sein.

Alle zu Gott Versammelten wussten jetzt: Gott hat noch etwas vor mit uns, sonst hätte er uns dieses Bauwerk nicht gegeben. „Es sind Männer und Frauen in diesem Raum, die Gott zu noch größerem Wirken im Reiche Gottes gebrauchen will“, verkündigte Siegfried Müller, vom Geiste Gottes inspiriert.

Er will sie dafür mächtig salben, dass sie fähige Arbeiter in diesem Reiche sind. Diese Salbung brauchen Könige, Evangelisten, Gemeindeleiter, Hauskreisleiter – jedes Kind im Reiche Gottes braucht sie.

Wenn wir von Gott gesalbt sind, sind wir verwandelte Menschen, neue Kreaturen, die sich nach ihm ausstrecken und in ständigem Kontakt mit CHRISTUS dem Gesalbten leben. Der HERR hält das Salbhorn über unserem Leben und das Salböl beginnt zu fließen, wenn wir unser Herz dem Wirken des Heiligen Geistes öffnen und Jesus an die erste Stelle in unserem Leben setzen.

„Fangen wir an, dieses Reich zu bauen", sagte Siegfried Müller. Überall in Deutschland breite sich die Salbung des Heiligen Geistes aus, um uns hierzu zu befähigen.

Das Gebet im Vaterunser „Dein Reich komme!" war das Predigtthema sowohl von Peter Wenz als auch von Dr. Cho. Wenn wir beten „Dein Reich komme!", beten wir „Deine königliche, himmlische Herrschaft komme!" Gottes Herrschaft und Autorität wird willkommen geheißen.

Da das Reich Gottes in Gerechtigkeit, Frieden und Freude im Heiligen Geist besteht (Röm 14,17), beten wir damit auch: „Heiliger Geist, komm, bringe die Herrschaft des Himmels!" Wir verkündigen die Herrschaft des Königreiches Gottes und erklären Satans Reich den Krieg. Wo das Reich Gottes sich ausbreitet, wird Kraft freigesetzt, die Kraft der Herrschaft Gottes im Heiligen Geist.

Jesus Christus wurde auf die Erde gesandt, um das Reich Gottes zu bauen. Er hat Satan angegriffen und gegen Tod und Hölle, Fluch, Armut und Sünden, gegen Verbrechen, Krankheit und Kummer gekämpft. Er hat die Heerscharen der Mächte der Finsternis auf Erden besiegt und ist siegreich auferstanden. Daher sind wir nicht länger Sklaven des Teufels, sondern berufen, über diese Mächte in siegreichen Kämpfen zu herrschen.

Der Heilige Geist, der die Macht und die Autorität des Reiches Gottes ist, zerbricht die Ketten, die uns an das Böse fesselten, und befähigt uns, ein heiliges Leben zu führen und Botschafter des Reiches der Liebe und der Kraft Jesu zu sein.

Das Reich der Finsternis wird aus unserem Leben verschwinden und das Reich Jesu Christi in unser Herz hineinkommen – und damit echte Autorität und Liebe im Heiligen Geist. Wir müssen die Kraft und Vollmacht dieses Reiches gebrauchen, gute Werke tun und der Liebe die Herrschaft über unser Herz geben.

Als Mitregenten Gottes sollen wir die von ihm gegebene Autorität ausüben und uns mit Jesu Liebe um die anderen kümmern sowie Zeugen für ihn sein. Paulus hat nie über dogmatischen Glauben gesprochen, sondern über Glauben, der etwas tut, der etwas ins Leben ruft. In diesem Glauben müssen wir wachsen. Was wir einem unserer geringsten Brüder getan haben, das haben wir Gott getan und ihm gegeben.

„Tut etwas für Jesus!", fordert uns auch unser Missionsleiter Siegfried Müller immer wieder auf. „Fragt ihn, unseren HERRN: Wie kann ich dir dienen, wie kannst du mich gebrauchen?"

Jesu vorbildlicher Dienst auf Erden war stets ein demütiger Dienst der Liebe, der den Menschen echte Freude, Glück und Erfüllung gebracht hat. Er hat die verlorenen Menschen als Schafe ohne Hirten gesehen und war innerlich bewegt darüber, dass sie führerlos umherirren.

Daher hat er sich ihnen immer wieder in Liebe zugeneigt und tat an ihnen Gutes, wo er konnte – er heilte sie, befreite sie und erweckte sie vom Tode zum Leben. Er war einst und ist auch jetzt noch der gute Hirte, predigte Dr. Cho (Ps 23). Auf grüne Auen führt er uns und geht vor uns her auf dem Weg, den wir gehen sollen.

Soweit der kurze Überblick über Kernpunkte der Predigten unserer Gastredner. Auffallend war, dass an allen Tagen zwischen Predigten, Gebeten und Liedern eine wohltuende Harmonie des Geistes herrschte.

Die Christus-Kathedrale ist jetzt vollendet. Wir aber wollen im HERRN weiterbauen am heiligen, lebendigen Tempel, das Reich Gottes verkünden und in die Welt hinaustragen. Wir wollen lebendige Bausteine, wahre Säulen seiner Gemeinde sein.

In diesem Haus und in den Hauskreisen wird das Reich Gottes, das Reich der Herrlichkeit und des Friedens gebaut werden, und zwar von Gott selbst und unter unserer Mitwirkung.

Seit Pfingsten sind wir, alle Gläubigen, „Gottes Haus“, der lebendige Tempel Gottes, der auf dem Christus-Felsen erbaut ist, und Jesus Christus ist der krönende Schlussstein, der Stein, der dieses Gebäude trägt und zusammenhält. So wie die Christus-Kathedrale – vom Unterbau bis zur Kuppel – nach und nach aufgebaut wurde, so wächst auch unser Haus, wenn es auf den Felsen Christus gegründet wurde. Es wächst stetig durch unsere brennende Liebe zum HERRN, durch unseren Gehorsam, durch freudiges Tun des Willens Gottes.

Bauen wir auf Jesus, den Baumeister, den Grundstein und Felsen, werden wir Kraft, Stärke und Autorität gewinnen und den Lohn ernten, der uns in Offenbarung 3,12 verheißen ist: „Wer überwindet, den werde ich im Tempel meines Gottes zu einer Säule machen, und er wird nie mehr hinausgehen“ (Elberfelder Übers.).

Das Missionswerk Karlsruhe ist keine vollendete Kirche. Aber hier wird von Siegfried Müller der Weg gezeigt, auf dem wir Jesus, dem wahren Brot des Lebens, immer näher kommen. Jesus Christus allein bietet wahres Leben, nicht das Gebäude selbst.

Dieses Äußere war nur nötig, um das ewige Leben zu den Menschen zu bringen. Er fühle in seinem Herzen, sagte Siegfried Müller, dass der HERR seit Beginn der Einweihungsfeier all denen, die er hierher führte, einen neuen, herrlichen Weg der Heiligung, der Zeichen und Wunder gezeigt hat. Viele seien diesen Weg bisher nicht gegangen. „Heiligt euch, denn der HERR wird Wunder tun!“, war sein Schlusswort.

In seiner Ansprache wies Daniel Müller darauf hin, dass die Herrlichkeit des HERRN über uns aufgegangen ist, wenn wir diesen Weg gehen und Gottes Leben und seine

Herrlichkeit in unserem Leben widerspiegeln. Unser Ziel ist es, dieser Herrlichkeit des HERRN ständig näher und näher zu kommen, seine Charakterzüge in ihm immer deutlicher zu erkennen und nach seinem Bilde verwandelt zu werden.

Es ist eine große Freude, die Vollendung dieses Bauwerks zu feiern, besonders dass Gott seinem Vater so eine Gewissheit und ein Durchhaltevermögen geschenkt hat, betonte Daniel Müller. Doch dies ist lange nicht das Ende, sondern erst der Anfang von dem, was der HERR in ganz Deutschland und ganz besonders in Karlsruhe zu tun bereit ist. Er ist sich einer kommenden Erweckung über diesem unserem Land sicher.

So zitierte er 2. Mose 33,11: „Der HERR aber redete mit Mose von Angesicht zu Angesicht, wie ein Mann mit seinem Freunde redet." Diese Kirche ist ein Ort, an dem der HERR den Menschen, die kommen, von Angesicht zu Angesicht begegnet. Ein jeder Christ muss Jesus begegnet sein, sonst redet er immer von etwas „Gehörtem", aber nicht von dem Erlebten. Darin steckt die Kraft und die Gewissheit eines Gotteskindes.

Es soll noch erwähnt werden, dass zur Einweihungsfeier mehrere Glückwunsch-Telegramme eingingen, darunter zwei aus Israel. Altbürgermeister Teddy Kollek gratulierte zur Einweihung der großen Kathedrale und bedankte sich im Namen der vielen Jerusalemer Kinder für die großzügige Finanzierung der zahlreichen Kindertagesstätten in Jerusalem. Er schätze die Liebe und Treue zu seinem Land und der heiligen Stadt Jerusalem.

Der Inhaber des Reisebüros Amiel Tours sandte seine allerherzlichsten Glückwünsche zu diesem „größten und glücklichsten Tag". Als Dankeschön für die über 12 000 Pilger, die weltweit durch das Missionswerk nach Israel kamen, erhielten wir als Geschenk direkt aus dem Heiligen

Land neun große Wasserkrüge, die an das erste Wunder Jesu erinnern sollen, als Jesus aus Wasser Wein machte (Joh 2,7).

Einige unserer israelischen Reiseleiter, die uns Jahr für Jahr durchs Heilige Land führen, kamen eigens zu dieser Einweihungsfeier aus Israel angereist und veranstalteten einen „Israeltag“, den wohl niemand mehr vergessen wird. Sie stellten ein Transparent dar, auf dem mit großen Lettern geschrieben stand: „Shalom Israel Reisen sowie das ganze Volk Israel beglückwünschen das Missionswerk Karlsruhe zur Einweihung der Kirche.“

Über die vielen Gratulationen, die bei uns eingingen, haben wir uns alle sehr gefreut. Von einer Gemeinde aus Berlin erreichten uns herzliche Segenswünsche, dass wir die von Gott geschenkte Vision der Christus-Kathedrale erlangt haben.

Mit seiner Beständigkeit und seinem Festhalten an dem, was Gott ihm ins Herz gelegt habe, hätte Siegfried Müller zur Ermutigung vieler Menschen, die ihn in aller Stille beobachtet haben, sein Ziel erreicht. Großes wolle Gott durch Männer und Frauen bewegen, die ihm, wie auch er, rückhaltlos vertrauen.

Wir alle sind begeistert über das, was Gott hier getan hat. Jeden Tag haben wir in dieser Festwoche Jesus Christus applaudiert und ihm so für seine überwältigende Liebe und Barmherzigkeit gedankt. Viele schöne Überraschungen hatte uns der HERR bereitet.

Er war es einst, der den Wein schenkte beim Hochzeitsfest, und er schenkte uns an diesen Tagen den Wein der Freude und des Lebens in reicher Fülle. Insgesamt war es ein großartiges, von Daniel Müller perfekt organisiertes Fest, zu dem 254 Helfer beigetragen haben.

Während dieser Tage hat sich der HERR durch den Heiligen Geist vielen Menschen, nach denen er sich sehnte, immer wieder zugekehrt und Verbindung gesucht. Viele gingen hochbeglückt nach Hause, weil sie Schönes erlebt und in Jesus einen wahren Freund kennen gelernt hatten, der sie neu belebte und inspirierte. Sie haben die Größe, die Macht und die Freuden des Königreichs Gottes erfahren und können frohen Herzens Zeugnis geben, wie es viele schon während dieser Gottesdienste getan haben.

„Ströme des Segens“

von Siegfried Müller

In diesem Buch werden 50 ausgewählte Radiopredigten veröffentlicht, die dem Leser auf anschauliche Weise die Bibel lebendig werden lassen. Wer Siegfried Müller schon einmal predigen gehört hat, sei es bei den sonntäglichen Gottesdiensten, bei Evangeliumsfeldzügen oder über den Rundfunk, der ist immer wieder davon fasziniert, wie dieser begnadete Gottesmann in der ihm eigenen, unnachahmlichen Form und Rhetorik seine Zuhörer fesselt.

Bei den vorliegenden Predigten spürt man, dass der Autor das Wort in Vollmacht des Heiligen Geistes verkündet und es sein vordringliches Anliegen ist, Seelen für Jesus zu gewinnen und Menschen zum lebendigen Glauben zu führen.

„HERR, warum gerade ich?“

von Siegfried Müller

In diesem Buch wird die schwierige Thematik des „Warum lässt Gott es zu ...?“ mit all den damit verbundenen Fragen und Problemen ausführlich behandelt – eine Frage, die schon viele Menschen, darunter auch tiefgläubige Christen, gestellt haben. Darüber hinaus ist diese Publikation eine sinnvolle Ergänzung der bislang im Verlag des Missionswerks erschienenen Bücher über göttliche Heilungen.

Dabei soll nicht nur das Verständnis für die Sorgen und Belange auch all derer betont werden, die mit ihrer Krankheitsnot Sonntag für Sonntag zum Gottesdienst nach Karlsruhe kommen und trotz aufrichtigem Gebet vielleicht nicht oder nicht sofort geheilt nach Hause gehen. Es soll gleichzeitig auch der Glaube gestärkt werden, dass Gott im Leben der Seinen, auch wenn er für uns oft unbegreifliche Wege geht, gemäß der Wahrhaftigkeit Seines Wortes letztlich alle Dinge zum Besten gedeihen lässt.

„Auf den Spuren Jesu"

von Siegfried Müller

Mit diesem Buch wurde ein lang gehegter Wunsch der Freunde des Missionswerkes erfüllt, unsere Israelreisen literarisch ausführlich nachzuvollziehen. Es ist ein Niederschlag mehrerer Besuche im Heiligen Land, dort, wo der Sohn Gottes gewandelt ist, wo seine Füße die Erde berührt und unauslöschliche Spuren hinterließen. So wurde mit viel Liebe und Sachkenntnis versucht, dem Leser eine breite Palette der historischen biblischen Stätten anzubieten. Vom Garten Gethsemane bis zum Berg Tabor, von Bethanien bis nach Jericho und von Bethlehem bis nach Kapernaum reichen die Wege, auf denen der Beschauer in geistiger und geistlicher Hinsicht mitpilgert.

Dabei wurde auch immer wieder das vielseitige Erleben der Reiseteilnehmer skizziert und von dem überreichen Segen Gottes berichtet, der die Israelreisen seit Jahren beständig und mit Zeichen und Wundern versehen begleitet. Nicht zuletzt soll dieses Buch den Teilnehmern an den bisherigen Israelreisen eine Erinnerung an unvergessliche Tage und – wie von ihnen oft erwähnt – den schönsten Urlaub ihres Lebens sein. Andererseits möge es alle diejenigen Leser, die noch nicht mit in Israel dabei waren, motivieren, ebenfalls einmal das Land der Bibel persönlich kennen zu lernen.

„So gut ist Gott!“

von Siegfried Müller

Auch in diesem Buch wird durch eine Vielzahl von interessanten Zeugnissen lebendig untermauert, wie der Herr sein Wort in wunderbarer Weise „durch mitfolgende Zeichen und Wunder“ bestätigt. Was Jesus vor 2000 Jahren getan hat, das tut er auch heute noch durch seine getreuen Knechte, die gemäß seiner Weisung handeln: „Gehet hin in alle Welt und predigt das Evangelium aller Kreatur.“

Wenn wir uns von Gott bedingungslos gebrauchen lassen, erleben wir, wie die Kraft Gottes real wird, und werden autorisierte Zeugen dafür, dass jeder, der sein Herz dem Wirken des Heiligen Geistes öffnet, in seinem Leben und im Leben der Gemeinde Gewaltiges erfahren wird. Wer wie der Verfasser Siegfried Müller so viele lebendige Erfahrungen mit Gott gemacht hat, der kann auch den Beweis dafür erbringen, dass Gott lebt, und mit dem Apostel Johannes sagen: „Was wir gesehen und gehört haben, das verkündigen wir euch …“

„Wenn Beter den Himmel stürmen“

von Siegfried Müller

Die größte Kirche der Welt steht nicht im Westen, sondern auf einem der früheren Missionsfelder. Christen in aller Welt blicken mit Staunen und Bewunderung nach Korea. „Wenn man ein Wunder in seinem Leben braucht, dann muss man in die Kirche von Dr. Cho gehen!“ oder: „Dieser Anblick hat mein Leben verändert …!“ sind berechtigte Feststellungen von Besuchern der „Full Gospel Central Church“

in Seoul. Hier begegnen wir der größten und lebendigsten Einzelgemeinde der Welt, die inzwischen bereits zu einer Art von Legende geworden ist und wo sich die Ausgießung des Heiligen Geistes in einmaliger Weise manifestiert.

In diesem Buch finden wir eine umfassende Dokumentation über die Aufsehen erregenden geistlichen Vorgänge in Korea. Es vermittelt uns die Realität Gottes und das Gefühl, dass die Bibel lebt. Es zeigt uns aber auch auf, wie eine von wahren Gebetslawinen getragene konsequente und disziplinierte Nachfolge Christi auszusehen hat. Während es heute überall in der Welt Mitternacht wird und die Glaubenssubstanz der Christenheit durch gewaltige satanische Einbrüche erschüttert wird, stehen lebendige Gemeinden wie die in Korea nachahmenswert als Leuchtfeuer inmitten der Finsternis.

„Göttliches Feuer über Rumänien“

von Siegfried Müller

In Rumänien sind die Menschen durstig nach dem Wort Gottes. Der geistliche Hunger ist dort unvorstellbar groß. Das Land erlebt einen geistlichen Aufbruch gewaltigen Ausmaßes. Die Menschen sind für das Evangelium offen wie noch nie zuvor. Das Feld ist weiß zur Ernte und reife Garben werden derzeit in Rumänien eingebracht. Überall gibt es geisterfüllte Gemeinden, erstaunliches und phänomenales Wachstum, glühender Glauben und mutige und selbstlose Hingabe für die Sache Christi.

In diesem Buch finden Sie ergreifende Berichte über das Wunderwirken Gottes, den Einsatz und die Hilfe des Missionswerks in Rumänien für die dortigen Glaubensgeschwister durch die Lieferung von vielen Tausenden von Bibeln.

Jesus sagt: „Stehe auf und wandle“

von Siegfried Müller

Auch in diesem Buch ist wiederum von Menschen die Rede, die Gott persönlich erfahren haben, die eine lebendige Begegnung mit ihm hatten. Sie bezeugen, dass er immer noch derselbe ist und sich nicht verändert hat, dass sie seine göttliche Kraft erlebt haben und zum Teil sogar von unheilbaren Krankheiten geheilt wurden. Es sind Menschen wie Sie und ich – Lehrer, Arbeiter, Angestellte, Beamte, Bauern, Handwerker, Geschäftsleute, Hausfrauen, Schüler, Sekretärinnen – alle waren krank, mehr oder weniger schwer. Zu manchen sagten die Ärzte, ihr Leiden sei unheilbar und sie müssten mit ihrer Krankheit leben. In nicht seltenen Fällen war der Zustand der Kranken lebensbedrohend, wie bei Krebs. Man sagte ihnen, dass sie sterben würden.

Aber der Herr hat an ihnen allen ein Wunder getan. Bewusst haben wir die von Gott geheilten Menschen weitgehend selber sprechen lassen, um damit der Authentizität des Geschilderten Nachdruck zu verleihen. Das Größte im Leben eines Menschen ist, wenn er sagen kann: „Ich bin dem lebendigen Gott begegnet. Ich habe ihn gesucht und er hat sich von mir finden lassen; ich habe ihn gerufen und er hat mir geantwortet.“ Es gibt nichts Beeindruckenderes als das persönliche Zeugnis. Über vierhundert Auszüge aus Berichten über Heilungen, die Menschen mit Gott erlebten, finden Sie in diesem Buch. Gott ist immer noch am Wirken in dieser Welt. Auch in unserer modernen Zeit sind die Tage der biblischen Wunder nicht vorbei. Wenn unser Glaube daran aus dem Herzen kommt und wir den Verheißungen der Bibel vertrauen, kann alles geschehen – auch das Unmögliche, sagt doch Jesus selbst: „Wenn du könntest glauben, alle Dinge sind möglich dem, der da glaubt“ (Mk 9,23).

„An seiner Seite"

von Hannelore Müller

In der Gemeinde Jesu sind Männer und Frauen zu partnerschaftlichem Dienst berufen. Diese Partnerschaft muss besonders in einer christlichen Gemeinschaft wie der Ehe gelebt werden. Oft ist die Frau das Zünglein an der Waage des Erfolgs ihres Mannes. Dies kann auch der Mann von Hannelore Müller mit Recht von seiner Frau behaupten. Sie erzählt in diesem Buch anregend und interessant von den Sorgen und Nöten, Prüfungen und Herausforderungen einer Pastorenfrau; aber auch von den Freuden und Erfolgen und der wunderbaren Kraft Gottes in ihrem Leben.

Wir lesen von Zeichen und Wundern, die heute noch geschehen in einer gesegneten Gemeinde, deren oberstes Gebot die Reinheit des Wortes Gottes ist. Hannelore Müller, Mutter von drei Kindern und vielseitig in der Reichsgottesarbeit engagiert, erzählt aber auch sehr lebensnah von ihrer gesegneten Tätigkeit in Ehe und Familie, sodass viele Frauen hier manche ihrer persönlichen Situationen entdecken können. Doch auch für die Ehemänner werden wichtige Wahrheiten vermittelt - nicht zuletzt allen denen, für die der Name Siegfried Müller ein Begriff ist.

„Christus unser Heiler"

von Fred Francis Bosworth

Die Wahrheiten, die in diesem Buch beschrieben werden, haben in Verbindung mit dem „Gebet des Glaubens" für viele Tausende leidender Menschen Heilung möglich gemacht. Für Menschen, die sich ohne das unmittelbare Eingreifen des Heiligen Geistes niemals von ihren Krankheiten erholt hätten.

In Verbindung mit Bibelstellen wird aufgezeigt, wie biblische Heilung möglich ist. Gottes Wille für seine Kinder ist Heilung. Es werden auch Probleme, Hindernisse und Fragen angesprochen, die in Bezug auf Heilung existieren. Hier liest man, wie die Bibel praktisch funktioniert. In der Vergangenheit haben sich Traditionen und Meinungen gebildet, die von der biblischen Lehre abweichen. Dieses Buch hebt nicht eine Glaubensrichtung hervor, sondern die Bibel.

Es wird von vielen bekannten Pastoren als „eines der besten Bücher über Heilung nach der Bibel" bezeichnet. Die Bibel, welche das beste Buch über Heilung ist, dient von der ersten bis zur letzten Seite als Grundlage.

Verlag
Missionswerk „Der Weg zur Freude"
76232 Karlsruhe, Postfach 10 02 63

Tel.: (07 21) 9 52 30-0
Fax: (07 21) 9 52 30-50

Internet:
www.missionswerk.de

E-Mail:
info@missionswerk.de

Gottesdienst:
Sonntags um 9.30 Uhr

Telefonandacht:
(0 18 05) 80 23 23

Raum für Notizen